唯物史观与哲学史

——普列汉诺夫哲学思想研究

李清崑◎著

中国社会科学出版社

图书在版编目（CIP）数据

唯物史观与哲学史：普列汉诺夫哲学思想研究 / 李清崑著．—北京：中国社会科学出版社，2016.3

（北京大学马克思主义哲学论丛）

ISBN 978-7-5161-7789-1

Ⅰ.①唯… Ⅱ.①李… Ⅲ.①普列汉诺夫，G.V.（1856～1918）—哲学思想—研究 Ⅳ.①B512.54

中国版本图书馆 CIP 数据核字（2016）第 051398 号

出 版 人　赵剑英
责任编辑　喻　苗
责任校对　王佳玉
责任印制　王　超

出　　版　中国社会科学出版社
社　　址　北京鼓楼西大街甲 158 号
邮　　编　100720
网　　址　http://www.csspw.cn
发 行 部　010-84083685
门 市 部　010-84029450
经　　销　新华书店及其他书店

印　　刷　北京明恒达印务有限公司
装　　订　廊坊市广阳区广增装订厂
版　　次　2016 年 3 月第 1 版
印　　次　2016 年 3 月第 1 次印刷

开　　本　710×1000　1/16
印　　张　24
字　　数　406 千字
定　　价　88.00 元

凡购买中国社会科学出版社图书，如有质量问题请与本社营销中心联系调换
电话：010-84083683

李清崑，笔名李澄，北京大学哲学系教授，已离休。生于1931年，原籍山东省潍坊市。1948年进入解放区华东大学学习，1949年4月随三野八兵团渡江南下，参加镇江市的解放与接管工作，曾任镇江地区总工会宣传部副部长等职。1956年考入北大哲学系，1958年底留校任教。历任哲学系助教、讲师、副教授、教授。长期从事马克思主义哲学教学与研究工作，侧重于唯物史观与普列汉诺夫哲学思想的研究。已出版个人专著、合著、教材、辞书等十余种，多次获省部级及以上奖项。发表论文近百篇。

总　序

在新的历史条件下推进马克思主义哲学研究，这既是时代发展和中国发展的客观要求，又是理论工作者所肩负的重要职责。要推进马克思主义哲学研究，必须处理好传承与发展的关系。这里讲的传承，既指马克思主义哲学理论本身的传承，同时也指马克思主义哲学研究成果的传承；这里讲的发展，既指马克思主义哲学理论本身的不断创新，同时也指马克思主义哲学研究水平的突破与提升。加强马克思主义哲学本身的传承与发展无疑是重要的，而对马克思主义哲学研究及其成果的传承与创新也是非常必要的。这两种传承与发展实际上并不是各自孤立进行的，而是内在地结合在一起的。马克思主义哲学的传承与发展固然离不开马克思主义内容本身的研究，同时也包含着后人的理解和阐释，不可能离开后人的研究来孤立地看待马克思主义哲学的传承和发展。因此，要加强马克思主义哲学研究，应当对后人的传承与发展加以重视和关注。这也正是我们组编这套《北京大学马克思主义哲学论丛》的初衷。

北京大学是马克思主义在中国传播的发源地，具有悠久的马克思主义理论研究传统。“五四”新文化运动中，李大钊、陈独秀发起成立“马克思学说研究会”，最早开设唯物史观课程，宣传马克思主义。新中国成立后，北京大学一直是马克思主义哲学教学、研究和宣传的重要阵地，冯定教授等对马克思主义哲学学科的建设起了重要的组织、推动作用。1978年以来，黄枬森教授等在原有的基础上，开创了马克思主义哲学史学科，拓展和完善了马克思主义哲学研究领域，使其成为全国重点学科。

多年来，北京大学马克思主义哲学学科在其研究中逐渐形成了自己的传统，这就是重视马克思主义哲学基础理论研究。“史”（马克思主义哲学史）与“论”（马克思主义哲学基本原理）成为本学科研究的重点。特别是改革开放以来，伴随马克思主义哲学史学科的成功开创，形成了独特的研究特色。由黄枬森等教授主持编写的以及与国内同行共同编写的各种版本的《马克思主义哲学史》在全国学界产生了重要影响。20 世纪 90 年代以来，本学科在保持原有传统优势的基础上，又根据新的发展的需要，逐渐拓宽了研究领域，形成了这样几个主要的研究方向：一是文本研究，包括文献研究和文本内容研究；二是基本原理的专题性研究，特别是历史哲学的研究；三是国外马克思主义研究，重点是西方马克思主义研究；四是马克思主义人学和社会发展理论研究，主要结合当代社会发展变化的实际，对相关重大理论和现实问题从人学和发展理论的视角予以新的探讨。这些研究方向的确立，意味着研究不再仅仅限于传统教科书的框架，同时面向现实问题研究，从而走向新的融合。

对于基础理论研究与现实问题研究的关系，学术界多年来有着不同的看法。有的强调研究的学术性，有的强调研究的现实性，彼此形成不同的倾向和主张。实际上，二者并不构成矛盾与对立，而是完全可以结合在一起的，并且是相互渗透、相互促进的。研究马克思主义哲学，当然需要加强基础理论研究。不能正确理解经典文本和马克思主义哲学史，就不可能真正理解和把握马克思主义哲学，因而正确地阐释文本和马克思主义哲学史，这是掌握马克思主义哲学基本理论的前提和基础。但是，马克思主义哲学又不能仅仅限于这样的研究。将马克思主义哲学研究变为文本、马克思主义哲学史和一些原理的“诠释学”“考据学”，无益于推进马克思主义哲学的发展。马克思主义哲学的基础理论也是一个发展、开放的系统，并不是一个固定不变的模式。伴随实践的发展，许多基础理论也要不断深化、调整和完善。关注现实问题，加强“问题导向”，一方面可以使文本中曾被忽视、误解以至被遗忘的思想、观点得到新的重视和开掘，另一方面可以给文本中许多思想赋予新的当代意义，从而激活其思想资源，使其焕发出新的生机、活力。就此而言，加强现实问题研究，又会有力促进基础理论研究。实现二者有机结合，有助于推动马克思主义哲学的深化和发展，这也正是本学科在原有研究基础上拓展研究方向与领域的动因所在。

收录在本论丛的书目，都是本学科老教授的研究成果。这些老教授虽已离开教学岗位，但不少人始终是“退而不休”，一直在马克思主义哲学研究的园地里辛勤耕耘，成果不断，在学科建设中发挥着重要作用。从本论丛写作的时间来看，既有过去撰写的，也有新近创作的，有的完全是近几年研究的成果；从其内容来看，涉及的论域比较广泛，既有关于马克思主义哲学史、经典文本和基本原理的研究，又有关于重大理论问题和现实问题的研究；从其关注的重点来看，既有基础性的问题，又有前沿性的问题；从其研究的领域来看，既有马克思主义哲学本身所涉及的各种领域，又有与其相关的研究领域。可以说，这些成果是这些老教授长期研究的真实记录，是他们探索轨迹的生动描绘，共同构成了马克思主义研究的绚丽画卷。

本论丛只反映了本学科过去研究的一个大致图景，并未体现其研究的全部历史和现状。收录的书目主要反映了作者在研究中的代表性成果或代表性观点。尽管各位作者研究的重点不同，旨趣各异，但其目标指向则是共同的，这就是不断深化和推进马克思主义哲学研究，以求发展、创新。正是围绕这一目标，各位作者分别从不同角度对马克思主义哲学进行了有益的探讨，形成了不同的研究特色。

值得注意的是，本论丛所收集的这些研究成果是和作者们的经历联系在一起的。这些作者都是在 20 世纪上半叶出生的，大多是在新中国建立后走进大学校园，而后留校任教。他们都经历了共和国的风风雨雨，其学术生涯又是同改革开放的历程联系在一起的。正是这些特殊的经历，使这些作者对社会、人生和马克思主义哲学有着独特而深刻的体认和感悟。这些研究成果均不同程度地打上了时代的烙印和个人体验的印记。今天看来，在这些成果中，尽管有些话题可能有些陈旧，某些看法也不一定新颖，但其确实反映了这些作者在不同历史条件下的独特思考和艰辛探索，有助于我们更好地理解和把握马克思主义哲学研究的思想历程及其经验教训。总体来看，这些成果是本学科长期积累的宝贵财富，它为本学科的发展奠定了厚实的基础，因而是其发展的重要阶梯。

传承是为了更好地发展。站在新的历史起点上，北京大学马克思主义哲学学科的同仁们始终没有忘记自己的使命和责任，没有忘记自己的天职，一直以高度的热忱投身于马克思主义哲学的教学与研究之中。我们相信，在未来的岁月中，只要充分继承和发扬北京大学马克思主义理论研究的光荣传统，锐意进取，不懈努力，就一定会在马克思主义哲学研究上取得新的更大的成就。我们将会把新的成果集中起来，以“马克思主义哲学：经典与当代”丛书加以出版。

近年来，本学科的发展得到了陕西帮建置业有限公司董事长王建良先生的大力支持和帮助，他建议并捐资设立了“黄枬森与北京大学马克思主义哲学学科发展”项目（简称“黄枬森项目”），为本学科的教学、科研作出了重要贡献，在此深表感谢！

本论丛的出版得到了陕西帮建置业有限公司董事长王建良先生和北京大学社会科学部的资助；北京大学哲学系对本论丛的出版给予了大力支持；中国社会科学出版社为本论丛的策划和出版作了很大努力，付出了辛勤劳动。在此一并表示诚挚的谢意！

论丛编委会

2016 年 4 月

代　序

19世纪中期，马克思、恩格斯创立了唯物史观（同时创立辩证唯物论），开辟了社会科学研究的新纪元。在马克思、恩格斯之后，俄国的著名马克思主义理论家普列汉诺夫从事马克思主义的阐扬与传播，作出了卓越的贡献。普列汉诺夫晚年的政治生涯虽然复杂多变，但是列宁对于普列汉诺夫的早期理论著作仍然给予高度的评价。普列汉诺夫阐发了唯物史观（以及辩证唯物论）的基本原理，并且运用唯物史观的基本方法对于哲学史进行了深入细致的研究。普列汉诺夫对于唯物史观在哲学史方法论上的重要意义作了深切著名的诠释，指出不应以思想史说明经济史而应以经济史说明思想史，同时又不应以经济史剪裁哲学史，而应尽力考察哲学思想与整个社会有机体及其中各个不同层次的关系，特别应考察哲学思想与社会心理之间的关系。普列汉诺夫在哲学史著作中熟练地贯彻了唯物史观的基本原则，运用唯物史观的基本方法对于哲学家的思想体系作了具体的历史的分析，深切精辟，令人赞叹。他的哲学史著作至今仍是运用唯物史观研究哲学史的光辉典范。

李清崑同志多年以来研究普列汉诺夫的哲学思想，卓有成就。最近又写成《唯物史观与哲学史——普列汉诺夫哲学史研究评述》一书，详细论述了普列汉诺夫对于唯物史观的贡献与普氏对于哲学史方法论的贡献，并且对于普氏关于18世纪法国唯物主义、黑格尔哲学、费尔巴哈哲学、19世纪空想社会主义、19世纪法国复辟时代历史学家以及别林斯基、车尔尼雪夫斯基哲学的研究作了详细的论述，内容精湛、观点正确、分析细密、引人入胜。我认为这是一部成功的著作，对于马克思主义哲学史研究，对于哲学史方法论，都具有重要的意义，是近年来我国学术研究的一项值得称赞的新成果，具有很高的学术价值。所以我乐于向读者推荐。是为序。

张岱年于北京大学

1989年5月

作者附言

笔者在教学之余研究普列汉诺夫哲学思想的过程中，曾得到张岱年先生多方面的指导、支持与帮助。而今，先生已驾鹤西去，特将25年前年逾八旬的岱老为拙著《唯物史观与哲学史——普列汉诺夫哲学史研究评述》所写之序，作为本书的代序，以表达我对先生的敬仰、感激与思念之情。

李清崑

2014年10月

目　录

总　论

上篇　普列汉诺夫与唯物史观

下篇　普列汉诺夫与哲学史

总　论

第一章

普列汉诺夫——俄国杰出的马克思主义理论家

格奥尔基·瓦连廷诺维奇·普列汉诺夫（1856—1918）作为俄国杰出的马克思主义理论家，在国际共产主义运动历史上留下了光辉的一页。然而，普列汉诺夫是一个十分复杂的人物，他在政治上的复杂多变和理论上的卓越贡献，大大地增加了他的复杂性，使人们对他的评价众说纷纭，争议颇多。

一　普列汉诺夫政治上复杂多变的一生

普列汉诺夫 1856 年 12 月 11 日出生在俄国沃罗涅什省利佩茨克县古达洛夫卡村的一个世袭贵族家庭里。他在家乡度过了自己的童年。

1865 年，不满 12 岁的普列汉诺夫离开了古达洛夫卡村，进入沃罗涅什陆军中学二年级学习。那时，他十分向往军官生涯，甚至幻想将来成为统帅。中学时代的普列汉诺夫就已经显露出了他的聪慧和天资。他勤奋好学，博览群书，曾被同学们称为“活的百科全书”。在沃罗涅什陆军中学的五年，为他掌握广阔的知识打下了良好基础。他兴趣广泛，酷爱文学，曾阅读了不少革命民主主义者的作品，这对他日后走上革命道路产生了很大影响。

普列汉诺夫在沃罗涅什陆军中学毕业后，于 1873 年 8 月被送入首都彼得堡康斯坦丁诺夫炮兵学校深造。但由于他受到了革命民主主义思想的影响，加之对枯燥严格的军校生活和军官阶层生活的日益不满，不久便借故离校。

1874 年 9 月，18 岁的普列汉诺夫考入彼得堡矿业学院。大学生活把他带进了一个新天地，他除了攻读自然科学外，还广泛地研读哲学、文学、经济、历史等方面的书籍，特别是车尔尼雪夫斯基的著作。车尔尼雪夫斯基的革命民主主义思想对青年时代普列汉诺夫的思想发展影响极大。正如他后来回忆自己走过的道路时所说："我自己的思想发展是在车尔尼雪夫斯基的极大影响下完成的。"①

1875 年，当普列汉诺夫还是矿业学院的一名学生时就参加了民粹派的活动。1876 年，普列汉诺夫已经成为民粹派的中坚分子并领导和组织了彼得堡第一次工人政治示威。1877 年和 1878 年他因参加民粹派的革命活动曾两次被捕。1880 年 1 月为躲避沙皇军警的搜捕，他与民粹派的其他领导人一起逃亡国外，从此便在西欧开始了长期的侨居生活。

1883 年是普列汉诺夫一生中最有意义的一年。正是在这一年，他完成了从民粹主义者向马克思主义者的转变。此后，他便以一个杰出的马克思主义理论家和革命活动家的姿态出现在俄国和国际工人运动的历史舞台上。

马克思主义时期的普列汉诺夫对俄国和国际共产主义运动作出了巨大的贡献。他在同民粹主义、第二国际机会主义特别是伯恩施坦修正主义和形形色色错误思潮的斗争中，写下了一系列优秀的马克思主义理论著作。这些理论著作博大精深，不仅在俄国，而且在整个国际共产主义运动中产生了广泛而久远的影响。

在这一时期，普列汉诺夫对俄国无产阶级政党的建立也作出了重大贡献。他不仅创建了俄国第一个马克思主义团体"劳动解放社"，为俄国社会民主工党的建立奠定了基础，而且和列宁一起直接参加了俄国社会民主工党的创建工作。在 1903 年召开的标志俄国社会民主工党建立的党的第二次代表大会上，他被推选为主席团主席，和列宁共同领导了这次代表大会的工作，大会闭幕前又被选为党的总委员会主席。历史证明，他是"俄国社会民主党创始人和领袖之一"。②

自 1883 年至 1903 年这整整 20 年间，是普列汉诺夫一生中最为光辉的时代。但是，好景不长。1903 年俄国社会民主工党第二次代表大会之

① 《普列汉诺夫哲学著作选集》第 4 卷，生活·读书·新知三联书店 1974 年版，第 433 页。

② 《列宁全集》第 4 卷，人民出版社 1984 年版，第 161 页。

后，他便从自己光辉时代的峰顶跌落下来，开始了向孟什维克演变的历程。

从 1903 年到 1914 年是普列汉诺夫的孟什维克时期。在这长达 11 年之久的时间里，他反复动摇于布尔什维克和孟什维克之间，时而倾向于布尔什维克，时而倾向于孟什维克，但总的趋势是在孟什维克的道路上越走越远，甚至成了孟什维克的思想领袖。

1917 年二月革命胜利后，普列汉诺夫返回俄国。1918 年 6 月 30 日病逝于芬兰，以悲剧性的结局了却了自己的一生。

二　普列汉诺夫政治、理论活动阶段划分的四种意见及其比较

普列汉诺夫自 1876 年作为一个职业革命家登上历史舞台到逝世，其政治活动与理论活动整整经历了 43 个年头。

关于普列汉诺夫一生政治活动和理论活动的阶段划分，人们有各种不同的看法。以笔者所见，自 20 世纪 20 年代始，国内外学术界大体有四种意见，即老三阶段论、新三阶段论、四阶段论和五阶段论。

现将这四种意见简介如下。

（一）“老三阶段论”

这种意见认为普列汉诺夫的活动可划分为以下三个阶段：

1. 从革命民粹主义者转变为马克思主义者时期（1878—1882）；

2. 马克思主义者时期（1883—1914）；

3. 同孟什维克断交并和工人运动失去联系的时期（1914—1918）。

上述意见最早是由《普列汉诺夫全集》主编梁赞诺夫提出来的。他在 1922 年 11 月为《普列汉诺夫全集》第一卷所写的“编者的说明”中指出：

“普列汉诺夫的著述活动明显地分为三个时期：第一个时期是 1878—1882 年，即准备时期。在此期间，普列汉诺夫从革命的民粹主义者变成革命的马克思主义者；第二个时期是 1883—1914 年。在这一时期，尽管他发生过种种动摇，但是作为俄国马克思主义的奠基人仍然留在革命队伍中；第三个时期是 1914—1918 年，他和孟什维克断交，并且和工人运动

几乎失去了任何联系。”①

尽管梁赞诺夫的以上意见主要指的是普列汉诺夫的“著述活动”，但实际上也涉及了他的政治活动。这种意见，在20年代的苏联是颇有影响的。

（二）“新三阶段论”

所谓“新三阶段论”，并不是新近提出来的，而是相对于“老三阶段论”而言。这种意见认为普列汉诺夫一生的政治活动和理论活动应划分为：

1. 民粹主义者时期（1875—1883）；

2. 马克思主义者时期（1883—1903）；

3. 机会主义者时期（1903—1918）。

此种意见也是苏联学者首先提出来的。罗森塔尔和尤金编的《简明哲学辞典》“普列汉诺夫”词条写道：

普列汉诺夫的“全部活动可分为三个阶段：从1875年到1883年他是民粹主义者；从1883年到1903年是马克思主义者；1903年以后，就开始右倾，变成了孟什维克，变成了孟什维主义的一个首领，背叛了革命的马克思主义。”②

苏联大百科全书“普列汉诺夫”词条大体上也持这种意见。此说自30年代即流行于苏联，成为一种极有影响的传统观点，对我国学术界有较大的影响。我国学者在50年代、60年代乃至70年代所发表的一些关于普列汉诺夫及其思想研究的论著，多持此说。

“新三阶段论”与“老三阶段论”相比较，有同也有异。其相同之处是这两种意见都以1883年为界，把普列汉诺夫区分为民粹主义者和马克思主义者。其相异之处主要表现在：第一，“老三阶段论”侧重于普列汉诺夫的“著述活动”即理论活动，“新三阶段论”则指的是他的“全部活动”即政治活动和理论活动；第二，前者把普列汉诺夫活动的起始年代定在1878年，后者则定在1875年；第三，前者把普列汉诺夫的第三个阶段划在1914年以后，而且对此阶段的性质

① 梁赞诺夫：《普列汉诺夫全集〈第一卷〉编者的说明》，《马克思主义研究参考资料》1984年第9期。

② 罗森塔尔、尤金：《简明哲学辞典》。

没有一个明确的规定，后者则把他的第三阶段划在1903年之后，并明确指出在这一阶段普列汉诺夫成为孟什维主义的领袖，背叛了马克思主义。

（三）“四阶段论”

这种意见主张把普列汉诺夫的政治活动和理论活动划分为以下四个阶段：

1. 民粹主义时期（1876—1883）；

2. 马克思主义时期（1883—1903）；

3. 孟什维克主义时期（1903—1914）；

4. 社会沙文主义时期（1914—1918）。

这种意见在我国最早见于1964年三联书店出版的《普列汉诺夫机会主义文选》（上、下册）的“出版者说明”。该“说明”认为：

“普列汉诺夫四十多年来的政治生活是复杂多变的。他的政治思想变化过程可以分为四个时期：即民粹主义时期（1876—1883）；马克思主义时期（1883—1903）；孟什维克主义时期（1903—1914）；社会沙文主义时期（1914—1918）。”①

此后，70年代末苏联出版的约夫楚克、库尔巴托娃合著的《普列汉诺夫传》，大体上也持这种意见。该书共分四章，依次叙述了普列汉诺夫在民粹主义时期、马克思主义时期、孟什维克主义时期和社会沙文主义时期这四个阶段的政治活动、理论活动及其他活动。自80年代初，随着我国学术界关于普列汉诺夫及其思想研究的深入开展，许多学者倾向于按上述四个阶段划分普列汉诺夫的政治活动和理论活动。李清崑、王秀芳合著的《普列汉诺夫与唯物史观》（河北人民出版社1984年版）和黄楠森、施德福、宋一秀主编的三卷本《马克思主义哲学史》（北京大学出版社1987年版）均持此说。

“四阶段论”不同于“新三阶段论”这种传统看法的主要之点，就在于它把1903年以后的普列汉诺夫又进一步具体地划分为“孟什维克主义时期”和“社会沙文主义时期”这两个不同的阶段，并且指出：“孟什维克主义时期的普列汉诺夫在政治上的表现最为动摇不定，经常

① 《普列汉诺夫机会主义文选》（上），生活·读书·新知三联书店1964年版，第1页。

在布尔什维克和孟什维克之间‘倒过来倒过去’。”① 也就是说，“四阶段论”不像“新三阶段论”这种长期流行的传统看法那样，把 1903 年以后的普列汉诺夫笼而统之地划为机会主义者，而是对他在 1903 年至 1918 年这长达 15 年之久的政治活动与理论活动做了较为具体的细致的分析。

（四）五阶段论

这种意见认为，普列汉诺夫一生的政治活动和理论活动应作如下的划分：

1. 民粹主义时期（1875—1883）；

2. 马克思主义时期（1883—1903）；

3. 孟什维克主义时期（1903—1908）；

4. 反对取消主义时期（1908—1914）；

5. 社会沙文主义时期（1914—1918）。

上述意见是我国学者高放、高敬增最近几年提出的新观点。他们在《普列汉诺夫评传》中指出，“四阶段论”虽然比“三阶段论”前进了一步，但这种划分没有充分反映出普列汉诺夫一生复杂多变的曲折历程。该书作者写道：“与其划分为四阶段，不如划分为五阶段。我们的看法是：第一阶段是民粹主义（1875—1883 年），第二阶段是马克思主义（1883—1903 年），第三阶段是孟什维克主义（1903—1908 年），第四阶段是反对取消主义（1908—1914 年），第五阶段是社会沙文主义（1914—1918 年）。”②

“五阶段论”与“四阶段论”的主要区别是前者把 1903 年至 1914 年期间的普列汉诺夫又具体地划分为“孟什维克主义”和“反对取消主义”这两个不同的阶段。该书作者认为，“反对取消主义”时期的普列汉诺夫是一个坚持辩证唯物主义哲学的马克思主义者，这一阶段应当作为普列汉诺夫一生中的一个独立阶段加以肯定。“只有把普列汉诺夫反对取消主义的斗争作为他一生中的一个独立阶段划分出来，才能便于看清他复杂曲折的细致变化，从而对他的功过作出准确公正的评价。”③

---

① 《普列汉诺夫机会主义文选》（上），生活·读书·新知三联书店 1964 年版，第 1 页。

② 高放、高敬增：《普列汉诺夫评传》，人民大学出版社 1985 年版，第 657—658 页。

③ 同上书，第 658 页。

如果把以上几种意见作一番比较，那么以笔者之管见，“四阶段论”是较为可取的。这是因为：

第一，按四个阶段划分普列汉诺夫的政治活动和理论活动，比较符合他一生的经历，也能够反映他在政治上和思想上复杂多变的特点。只要我们深入研究一下普列汉诺夫的历史，就不难发现，他向孟什维克的演变固然是从1903年开始的，但并不是像有些人过去所说的那样“一刀切”，即从1903年起一下子变成了孟什维克主义者。事实上，普列汉诺夫向孟什维克主义的演变经过了一个过程，而且是一个较长的过程。在这个过程中，他经常在布尔什维克和孟什维克之间“倒过来倒过去”，反反复复，动摇不定。“三阶段论”以1903年为界非此即彼，不能体现这个特点；反对取消主义时期的表现则是他在这个总的动摇过程中向左靠拢的明显而又突出的表现，不一定非把它划为一个独立的阶段不可。

第二，按“四阶段论”划分普列汉诺夫的政治活动和理论活动，比较符合列宁对他的一贯评价。列宁有不少重要论述都谈到了普列汉诺夫在1903年至1914年期间动摇不定的情况。他在《给布鲁塞尔国际社会党执行局书记处的信》中写道：“的确，在我们党内有一些同志被人们戏称为‘泥潭派’。他们在党内斗争中经常从一方面倒向另外一方面。这一些倒戈分子中的第一个是普列汉诺夫。”[①] 此后，列宁在《论冒险主义》一文中又明确指出：“从1903年以来，普列汉诺夫就在策略和组织的问题上极可笑地动摇着：（1）1903年8月是一个布尔什维克；（2）1903年11月（《火星报》第52号），主张同‘机会主义者’孟什维克建立和平；（3）1903年12月是一个孟什维克，而且是一个热烈的孟什维克；（4）1905年春天，布尔什维克胜利以后，争取‘敌对的兄弟们’的‘统一’；（5）1905年年底到1906年年中是一个孟什维克；（6）从1906年年中开始，有时离开孟什维克，在1907年伦敦代表大会上斥责孟什维克（切列万宁已经承认）‘组织上的无政府主义’；（7）1908年同取消派决裂；（8）1914年又重新转为取消派。”[②] 这里，列宁非常具体而又生动地描述了自1903年至1914年期间普列汉诺夫动摇于布尔什维克和孟什维克之间的情景。不仅如此，列宁在《工人运动中的思想斗争》一文的注解

① 《列宁全集》第45卷，人民出版社1990年版，第55页。

② 《列宁全集》第25卷，人民出版社1988年版，第295页。

中还专门谈到了普列汉诺夫在这一时期，究竟在哪些问题上离开甚至反对过孟什维克。在他看来，1903 年之后普列汉诺夫虽然有很多观点接近或赞成孟什维克，甚至成了孟什维克的思想代表，但又有“好多次脱离了孟什维克主义”。例如：在 1903 年召开的俄国社会民主工党代表大会上反对过孟什维克，代表大会之后他在自己主编的《火星报》第 46—51 号上同孟什维克进行了斗争；1905 年春天他曾脱离了孟什维克；1906 年第一届杜马解散后又采取了“根本不是孟什维克的立场”；在 1907 年俄国社会民主工党第五次代表大会上反对过孟什维克组织上的无政府主义，等等。根据以上事实，列宁认为普列汉诺夫在这一时期“采取了一种特殊的立场”，[①] 即动摇于布尔什维克和孟什维克之间的立场。

以上我们不厌其详地援引了列宁的有关论述，无非是想说明：其一，列宁实际上把 1903—1914 年看做是普列汉诺夫动摇于布尔什维克和孟什维克之间的时期，承认这一点，对于我们正确认识与了解普列汉诺夫这个历史人物至关重要；其二，列宁十分重视普列汉诺夫反对取消主义的表现并对此作出了肯定的评价，但他总是把普列汉诺夫的这一表现放到 1903—1914 年这个特定的时期当中来考察的，从未把它单独列为普列汉诺夫政治活动和理论活动的一个独立的阶段。

这里要指出的是，普列汉诺夫自 1903—1914 年这一“采取了特殊立场”的阶段，究竟称它作“孟什维克主义时期”好，还是称它作“动摇于布尔什维克和孟什维克时期”好，这个问题还可以进一步研究。笔者认为，这两种概括各有其长短。说它是“孟什维克主义时期”，是因为普列汉诺夫在这一阶段虽然动摇于布尔什维克和孟什维克之间，但就其总的倾向来说是属于“孟什维克主义”，甚至成了孟什维克的思想领袖；可是，仅从“孟什维克主义时期”这一提法本身来看，还没有突出他的动摇性和反复性的特点。说它是“动摇于布尔什维克和孟什维克的时期”，倒是体现了普列汉诺夫的动摇性和反复性的特点，但对他在这一时期总的倾向性又缺乏反映和概括。

第三，“四阶段论”还部分地解决了“三阶段论”长期所面临的一个困难：既然 1903 年以后普列汉诺夫已经演变成为孟什维克主义者，为什么他还能够写出一些很有分量的马克思主义理论著作来？他在政治上的孟

---

① 《列宁全集》第 25 卷，人民出版社 1988 年版，第 141 页。

什维克主义和理论上的马克思主义观点是怎样统一起来的？对于“三阶段论”来说，这的确是一个无法回避而又难以回答的问题。面对这一难题，一些持“三阶段论”者往往从贬低普列汉诺夫在1903年以后所发表的一些马克思主义著作的理论价值方面去找出路。例如，过多地否定他在1903年以后反对唯心主义、马赫主义和造神说、寻神说等重要哲学著作的意义和作用，过分地夸大这些著作中的缺点与错误，甚至否定这些著作的理论价值与马克思主义的性质。这种倾向，50年代曾在苏联某些学者的有关论著中，特别是在福米娜的《普列汉诺夫的哲学观点》一书中，表现得相当明显。按照他们的逻辑，既然1903年以后的普列汉诺夫已经演变成为机会主义者，当然就不可能再有什么马克思主义的理论著作问世了。殊不知他们的这一观点又引出了新的麻烦来，即同列宁对普列汉诺夫这一时期的一些理论著作的肯定性评价发生了矛盾。列宁对普列汉诺夫在1907年完稿1908年发表的《马克思主义的基本问题》一书有极高的评价，认为这本书和他的《论一元论历史观之发展》等重要马克思主义哲学著作一样，对“马克思主义哲学及历史唯物主义问题”“有很好的论述”。①

“四阶段论”则部分地解决了这一矛盾。因为按照“四阶段论”，这一时期的普列汉诺夫既然在政治上动摇于布尔什维克与孟什维克之间，那么，在理论上也就不可避免地动摇于马克思主义与孟什维克主义之间，当然，也就既可以写出一些充满孟什维克主义观点的理论著作，又可以写出一些马克思主义的理论著作来；或者，在同一部著作中既有马克思主义的观点，又有孟什维克主义的观点；在基本上是马克思主义的理论著作中夹杂着某些孟什维克主义的理论观点，在基本上是孟什维克主义中又包含着某些马克思主义的理论观点。普列汉诺夫在这一时期所表现出来的理论上的动摇性，正是其政治上的动摇性的表现和反映。

当然，在这里我们只是说“四阶段论”部分地解决了“三阶段论”所面临的难题，而不是说它彻底地解决了“三阶段论”的矛盾。其所以如此，是因为要彻底解决这个问题，还必须进一步弄清楚哲学与政治之间的联系与区别和哲学家的哲学观点与政治立场之间的联系与区别，弄清哲学思想发展的相对独立性。一个哲学家的理论体系和哲学观点同他的政治

① 《列宁全集》第26卷，人民出版社1990年版，第89页。

立场、政治倾向之间既有一致性，也有差别性。一方面看不见它们之间的一致性，忽视它们之间的联系，否定哲学家的政治立场、政治倾向对其哲学观点和思想体系的制约作用，无疑是不对的；但另一方面，看不见或忽视了它们之间的差别性，把二者等同起来，以为有什么样的政治立场、政治倾向就有什么样的哲学观点和思想体系，二者完全一致，否定了哲学思想及其发展的相对独立性，则会导致简单化的错误。在人类历史上，理论与实践、哲学观点与政治立场、政治倾向之间存在这样或那样的矛盾的思想家是不乏其人的。普列汉诺夫就是一例。列宁曾称这一时期反对俄国马赫主义并同其代表人物波格丹诺夫进行了笔战的普列汉诺夫是“马克思主义者孟什维克”[①]，还说自 1903 年至 1914 年“最近十年来”，“普列汉诺夫在理论上是激进主义、在实践上是机会主义的时期”[②]。这些论断都如实而又深刻地反映了普列汉诺夫在理论和实践、哲学观点和政治倾向之间存在着矛盾的一面。

第四，“三阶段论”以 1903 年为界，把普列汉诺夫截然划分为马克思主义者与机会主义者，不利于对他的功过是非作出实事求是的恰如其分的评价。事实上，在过去很长的一段时期里，人们对普列汉诺夫的评价之所以存在简单化、绝对化的倾向，特别是对他 1903 年以后在哲学方面的贡献多有贬低，同这种“一刀切”的划分法是不无关系的。“四阶段论”则在一定程度上避免了上述缺陷，因为它不仅把 1903 年以后的普列汉诺夫具体地划分为两个时期，而且又进一步指出自 1903 年至 1914 年这长达 11 年的时间里，他在布尔什维克与孟什维克之间反反复复，动摇多变。当他在政治上和思想上倾向布尔什维克，甚至站在布尔什维克一边时，他对无产阶级革命事业在理论上和实践上都曾作出过贡献；反之，当他倾向于孟什维克并成为孟什维克的思想领袖时，则做了许多不利于无产阶级革命的事情。这样的具体分析，显然避免了简单化和绝对化的弊病，对于实事求是地评价普列汉诺夫的功过是非是大有裨益的。但是，“四阶段论”将普氏政治理论活动的第四个阶段概括为“社会沙文主义时期”是否妥当，颇值得研究。依笔者之管见，概括为“十月革命的反对派时期”倒是较为贴切也较为符合历史事实。

① 《列宁全集》第 24 卷，人民出版社 1990 年版，第 324 页。

② 《列宁全集》第 21 卷，人民出版社 1959 年版，第 82 页。

十月革命前普列汉诺夫就反对列宁领导布尔什维克举行武装起义。十月革命胜利后的第三天，普列汉诺夫便在1917年11月10日的《统一报》上发表了《致彼得格勒工人的公开信》。在这一公开信中，他直截了当地否定十月革命，反对革命胜利后布尔什维克所建立的苏维埃无产阶级专政政权。他写道："同志们！由于种种事变，亚·费·克伦斯基的联合政府已经垮台，政权已转到彼得格勒工兵代表苏维埃手中了。毫无疑问，你们当中许多人对这些事变都感到高兴。但是，我要坦率地对你们说：这些事变使我痛心。"他说，"我之所以痛心不是因为我不希望工人阶级取得胜利"，而是因为"我国工人阶级为了自己和国家的利益远远不能把全部政权夺到自己手中来，把这样的政权强加给它，就意味着把它推上最大的历史灾难的道路，这样的灾难同时也会是整个俄国的最大灾难"。他认为，"在我国居民中无产阶级不是占多数，而是占少数。然而只有当它占多数时，它才能成功地实行专政"。他甚至说，"事变的后果现在已经非常悲惨了。如果工人阶级的觉悟分子不坚决果断地反对由一个阶级或者——比这更糟的是——由一个党夺取政权的政策，后果将更加悲惨"①。这里不能不提到的是，在普列汉诺夫的公开信发表数日之后，曾先后担任过克伦斯基资产阶级临时政府陆军部副部长兼彼得格勒军事总督的萨文科夫，以被推翻的资产阶级政府高官身份并代表武装叛乱首领克拉斯诺夫拜访普列汉诺夫，请求他支持反对苏维埃政权的武装叛乱，并许以事情成功后让他担任政府首脑时，却遭到了普列汉诺夫的断然拒绝。他对萨文科夫说："我已经献身无产阶级40年了，即使当它沿着错误的道路前进的时候，我也不会把它击毙。"② 普氏的这一态度，的确是耐人寻味的。

1999年11月30日，俄罗斯《独立报》发表了普列汉诺夫的《政治遗嘱》。2000年中共中央编译局出版的当年第二期《马克思恩格斯列宁斯大林研究》翻译刊登了这篇《政治遗嘱》，同时还刊登了《遗嘱》收藏人尼·尼热戈罗多夫收藏《遗嘱》经过的文章和俄罗斯利佩茨克市普列汉诺夫博物馆馆长亚·别列然斯基对《遗嘱》的鉴定，由普列汉诺夫的侄子谢·格·普列汉诺夫记录的普列汉诺夫的密友列·格·捷依奇关于普列

---

① ［俄］普列汉诺夫：《在祖国的一年》，王荫庭、杨永译，生活·读书·新知三联书店1980年版，第462—466页。

② 高放、高敬增：《普列汉诺夫评传》，人民大学出版社1985年版，第615页。

汉诺夫口授这份《遗嘱》经过的回忆，以及《独立报》主编维·特列季亚科夫为发表《遗嘱》所写的按语。但这份《遗嘱》的真伪尚待考证。

普列汉诺夫在《遗嘱》中，多次对列宁和布尔什维克建立起来的苏维埃无产阶级专政大加攻击，详述了他反对无产阶级专政的缘由，并预言苏维埃无产阶级专政政权在若干年后必将垮台。20 世纪 90 年代初，苏联的解体，其苏维埃无产阶级专政政权的垮塌，竟为普氏不幸而言中。

尽管普列汉诺夫的一生复杂多变，但他对马克思主义理论的巨大贡献却不容否定。列宁曾把普列汉诺夫的“全部哲学著作”誉为“整个国际马克思主义文献中的优秀著作”，并且认为这些著作“应当列为必读的共产主义教科书”。他还指出：不研究普列汉诺夫的全部哲学著作，“就不能成为一个觉悟的、真正的共产主义者”。[①] 普列汉诺夫关于马克思主义理论卷帙浩繁的鸿篇巨制足以证明他不愧为俄国杰出的马克思主义理论家。

三 关于普列汉诺夫一生中的两个重大转变

普列汉诺夫的一生经历了两个大的转变，即从革命民粹主义者向马克思主义者的转变和从马克思主义者向孟什维克的转变。

（一）从革命民粹主义者向马克思主义者的转变

普列汉诺夫出生的 19 世纪后半期，是俄国人民灾难深重的年代。这时的俄国，由于沙皇政权维护着封建农奴制度，对内残酷地剥削和压迫人民群众特别是贫苦农民，对外实行侵略扩张，致使国内外矛盾重重，危机四伏，农民暴动席卷全国。1861 年，在农民起义的狂潮猛烈冲击下，沙皇被迫进行自上而下的农奴制改革。农奴制的废除，使俄国广大农奴获得了人身自由，促进了俄国资本主义的发展。但是，在农奴获得人身自由的同时，由于必须偿付地主大量赎金，被剥夺得一贫如洗。农民耕种的大量好地也被地主借机夺走，加之地租、赋税苛重，致使农民大批破产。在当时的俄国，到处充满着对沙皇政权的不满和反抗。

① 《列宁选集》第 4 卷，人民出版社 1972 年版，第 453 页。

在旧制度行将崩溃之际，历史向人们提出了一个尖锐问题，即俄国向何处去？

19世纪60年代末，在俄国的政治舞台上出现了一个革命派别——民粹派。这个革命派别的主要成分是知识分子。他们把俄国的希望寄托在农民身上，号召知识分子"到民间去"，发动农民反抗沙皇统治。早期的民粹派，代表小生产的利益和要求，曾为反抗沙皇专制制度进行了英勇斗争。但是，民粹派的理论观点从一开始就是错误的，他们否认俄国已经开始走上资本主义道路，认为在俄国可以避免资本主义而通过农村公社进入社会主义；否认无产阶级的革命作用，认为农民是革命的主要力量；在历史观方面则否定历史的客观规律，极力夸大个人的作用，把极少数英雄人物视为人类历史的主宰。

青年时代的普列汉诺夫，曾经是革命民粹主义的信奉者。1875年普列汉诺夫和民粹派建立了联系并参加了它的活动。1876年是普列汉诺夫一生中重要的一年，就在这一年末，俄国革命形势的发展改变了他的生活行程，把他推上了一个职业革命家的道路。1876年12月，普列汉诺夫受"北方革命派小组"的委托，在彼得堡组织和领导了俄国工人的第一次政治示威，并向工人群众发表了强烈谴责沙皇制度及其压迫人民和迫害革命者的罪行的演说，高呼"土地和自由万岁！"得到了工人群众的热烈拥护和支持。但是，这次政治示威遭到了沙皇军警的镇压。普列汉诺夫在工人的保护下摆脱了军警的追捕，暂避国外。从此，他便走上了一个职业革命家的道路。7个月以后，普列汉诺夫又秘密回到俄国转入地下继续进行革命斗争。1878年民粹派发生分裂。一派为恐怖主义者所把持，他们把希望寄托在搞个人恐怖活动上；另一派则恪守原来的策略，主张继续到农民中进行革命活动。两派各自建立了自己的组织，前者为"民意党"，后者称"土地平分社"。普列汉诺夫被推举为"土地平分社"的首领。这一时期他虽已接触到了马克思主义并在自己撰写的文章中介绍了马克思的某些思想，但是却站在民粹派的立场上把马克思主义仅仅看做西欧社会学中的一个派别；他在革命实践中看到了工人阶级的重要作用，但仍把它看成是农民革命的同盟军。他自己就承认，直到70年代末，他仍是一个"彻头彻尾的民粹派"。1880年，由于"民意党"人的个人恐怖活动，加剧了沙皇政权对民粹派的镇压。"土地平分社"的印刷厂被沙皇军警捣毁，其领导人则遭到追捕。在此形势下，普列汉诺夫和"土地平分社"的其他领导人再次流亡国外。从此，他便远离他的祖国在西欧侨居达37年之久。

这里，我们着重谈谈普列汉诺夫从民粹主义者向马克思主义者转变的两个问题。

1. 普列汉诺夫从民粹主义者转变为马克思主义者的标志

普列汉诺夫从民粹主义者转变为马克思主义者是在侨居西欧的最初几年实现的。这个转变的标志有二：

（1）他在1883年创立了俄国第一个马克思主义团体——“劳动解放社”，这标志着他在政治上和组织上同民粹派的决裂。

1883年9月，普列汉诺夫和“土地平分社”的其他领导人及中坚分子阿克雪里罗德、查苏利奇、捷依奇、伊格纳托夫等人在日内瓦建立了“劳动解放社”。这是俄国第一个马克思主义组织，普列汉诺夫是这个组织的主要创始人和领导者。他为“劳动解放社”起草了成立声明——《关于出版〈现代社会主义丛书〉的通告》。这个《通告》宣布：“土地平分社的旧同人现在改变了自己的纲领，就是要同专制制度作斗争并把俄国工人阶级组织成一个具有明确的社会政治纲领的单独政党，现在组织成——‘劳动解放社’，并同旧的无政府主义倾向彻底决裂。”《通告》指出“劳动解放社”有两项任务：“一、把马克思和恩格斯学派最重要的著作以及适合不同修养程度的读者的原著作译成俄文，用这种办法传播科学社会主义思想。二、批判在我们革命者中间占统治地位的学说，并且从科学社会主义和俄国劳动居民的利益的观点来解释俄国社会生活中最重要的问题。”① 恩格斯和列宁都对“劳动解放社”的创立及其活动有很高的评价。恩格斯1885年4月23日给查苏利奇的信中写道：“我感到自豪的是，在俄国青年中有一派真诚地、无保留地接受了马克思的伟大的经济理论和历史理论，并坚决地同他们前辈的一切无政府主义的和带有一点斯拉夫主义的传统决裂。如果马克思能够多活几年，那他本人也同样会以此自豪的。这是一个对俄国革命运动发展具有重大意义的进步。”② 列宁则明确指出：“俄国的马克思主义是在19世纪80年代初期的一个侨民团体（‘劳动解放社’）的著作中产生的。”③ 他又说，“劳动解放社”的建立为

① 高放、高敬增：《普列汉诺夫评传》，人民大学出版社1985版，第56页。

② 《马克思恩格斯全集》第36卷，人民出版社1975年版，第301页。

③ 《列宁全集》第5卷，人民出版社1959年版，第367页。

俄国马克思主义政党的创立奠定了基础。“俄国社会民主党的建立，是‘劳动解放社’即普列汉诺夫、阿克雪里罗得和他们的朋友们的主要功绩。”①

（2）1883年普列汉诺夫第一本马克思主义著作《社会主义与政治斗争》的问世，标志着他在思想上和理论上同民粹派的彻底决裂，同时也标志着他已经成为一个真正的马克思主义者。

《社会主义与政治斗争》是普列汉诺夫所写的第一部用马克思主义系统而又深刻地批判俄国民粹主义的著作，也是他作为马克思主义者登上历史舞台的第一部不朽的著作。列宁对这部著作极为重视，曾把它誉为“俄国社会主义的第一个纲领”。他指出：“世界社会主义的第一个纲领‘共产党宣言’已经确立了一个从那时起就成了一种起码常识的真理：一切阶级斗争都是政治斗争，工人运动只有转向政治斗争，才能脱离萌芽状态和幼年时期，才算是阶级的运动。俄国社会主义的第一个纲领，1883年出版的普列汉诺夫的小册子《社会主义与政治斗争》，证实这个真理适用于俄国，说明俄国革命运动究竟怎样会和究竟为什么一定会使社会主义和政治斗争结合起来，使工人群众的自发运动和革命运动结合起来，使阶级斗争和政治斗争结合起来。”②

以上两个方面的标志都清楚地说明，1883年是普列汉诺夫一生的光辉起点，正是在这一年，他从一个民粹主义者转变为马克思主义者。所以，一般都认为他的第一个转变是在1883年。

可是，普列汉诺夫自己却认为他从民粹主义者转变为马克思主义者是在1882年。他认为他之成为马克思主义者不是在1883年，而是在1882年。

这两种说法之间显然存在着矛盾。

普列汉诺夫为什么强调他自己是在1882年成为马克思主义者的呢？这是因为，1882年他将《共产党宣言》译成了俄文，并写了简短的导言。在这篇导言里他指出：《宣言》及其作者们的其他著作开辟了社会主义文献和经济文献史上的新时代——无情地批判现时劳资关系以及与任何乌托邦不同的、科学地论证社会主义的时代。看来，普列汉诺夫自己认为接受

① 《列宁全集》第4卷，人民出版社1984年版，第214页。

② 同上书，第273页。

《共产党宣言》的基本思想是他从民粹主义者转变为马克思主义者的主要标志，所以他认定自己的这个转变是在1882年，而不是在别的什么时间。他的这个意见，不是像过去有些人所无端指责的那样把自己转变为马克思主义者的时间提前了从而美化了自己，而是有一定根据和道理的。

不过，笔者认为，1882年普列汉诺夫把《共产党宣言》译成俄文并在他所写的"导言"中肯定了《宣言》开辟了"科学地论证社会主义的新时代"，这只是表明他接受了《宣言》的基本思想，但还没有用马克思主义的观点系统地清算他自己信奉多年并身体力行的民粹主义，也没有在政治上和组织上与民粹派实行彻底决裂。这个任务是他在1883年由于"劳动解放社"的创立和《社会主义与政治斗争》的出版而彻底完成的。因此，把1883年定为他从民粹主义者转变为马克思主义者的年头，是恰当的，也是符合历史事实的。

其实，这个看法完全可以同普列汉诺夫自己的意见统一起来。那就是，可以把1882年翻译《宣言》并接受它的基本思想看作是普列汉诺夫从民粹主义者向马克思主义者转变的起点和重要表现，同时，又把1883年"劳动解放社"的创立和《社会主义与政治斗争》的问世看作是这一转变的彻底完成，从此以后，他便以一个马克思主义者的姿态进入了自己一生的光辉历史阶段。

2. 普列汉诺夫从民粹主义者向马克思主义者转变的主要原因

促使普列汉诺夫从民粹主义者向马克思主义者转变的原因是多方面的，概括地说，主要有以下几个方面：

（1）19世纪70年代末、80年代初俄国革命形势发展的推动。

19世纪70年代后半期，由于资本主义在俄国的发展，工人阶级力量不断壮大，已经作为一支重要社会力量登上了俄国的政治舞台。70年代，俄国全国发生了各种形式的罢工和风潮320多起，产生了第一批工人组织，如"南俄工人协会""俄国北方工人协会"等。工人运动的发展，促进了俄国推翻沙皇专制制度的斗争，使革命形势迅速起了很大的变化。正是在这种形势下，促使民粹派发生了重大变化。如果说70年代早期和中期民粹派还是一个革命派别，对反对沙皇制度的斗争起过一定积极作用的话，那么到了70年代末和80年代初，情况就大不相同了。这时的民粹派，特别是民意党人，已不再是俄国农民利益的代表者，而成了农村剥削阶级即富农利益的代表。它放弃了同沙皇政权的斗争，转而与沙皇反动统治妥协，成了一个反动的政治派别。就连以普列汉诺夫为首领的“土地平分社”，也在民粹主义的错误理论指导下陷入了绝境。在新的形势下，一些民粹派分子离开革命的轨道，投入了沙皇政权的怀抱；另外一些人在沙皇反动统治对革命的残酷镇压下悲观、消沉，成了革命洪流中来去匆匆的过客；而那些有作为的革命者，则在苦难中奋斗，在失败中反思，力图探索出一条新的革命道路。普列汉诺夫正是这样的革命者。

（2）参加工人阶级的革命斗争实践，对于推动他实现从民粹主义者到马克思主义者的转变起了重要的作用。

俄国的民粹主义者有一个“通病”，就是普遍地无视工人阶级的革命作用。他们既然错误地认为资本主义在俄国不会得到发展，俄国完全可以通过农村公社进入社会主义，也就理所当然地认为工人阶级是没有前途的阶级，俄国革命应以农民为主力军，农民才是革命的主要依靠力量。尽管普列汉诺夫在成为民粹主义者之后上述“通病”在他的身上也同样存在并发生作用，但是他比较多的参加了彼得堡工人阶级的革命斗争，特别是领导和组织了1876年12月的彼得堡工人政治示威，此后又一直在工人中进行革命活动。这对于推动他彻底放弃民粹主义观点并转变为马克思主义者无疑是十分重要的。

（3）马克思和恩格斯的著作对他的强烈而又巨大的影响是推动他实现这一转变的决定性因素。

普列汉诺夫侨居国外以后，在最初的几年里，为了总结俄国革命的经验教训，彻底清算民粹派的错误理论，给俄国革命寻找新的出路，曾如饥似渴地阅读并深入钻研了马克思和恩格斯的许多重要著作。他对马克思和恩格斯的书读得越多，理解越深刻，就越能使他看清民粹派的理论和立场的错误，坚信马克思主义的正确。他自己后来回忆这一时期的情景时写道：“没有同我们一起经历过那个时期的人，很难想象，我们以怎样的热情贪婪地研读社会民主主义的著作，其中伟大的德国理论家的著作当然占首位。而我们越熟悉社会民主主义著作，对于我们以前观点的弱点就认识得越明确，对于我们原有的革命经验就认识得越正确。”① 由此可见，从理论和实践的结合上学习和研究马克思、恩格斯的著作，对于他的这一重

① 高放、高敬增：《普列汉诺夫评传》，人民大学出版社1985版，第49—50页。

大转变起了多么重要的作用。正如他自己所说："马克思的理论正像阿莉阿德尼的线一样，把我们从我们思想所陷入的矛盾的迷宫中引导出来了。"[①]

（二）从马克思主义者向孟什维克的转变

尽管国内外学术界对普列汉诺夫一生政治活动和理论活动的阶段划分有各种不同的看法，但是都一致认为自 1883 年至 1903 年这整整 20 年间是普列汉诺夫的马克思主义者时期，也是他一生中最为光辉的时期。在这一时期，普列汉诺夫作为一个在国内外享有盛誉的马克思主义理论家和工人运动领袖，无论对俄国无产阶级革命事业还是国际共产主义运动都作出了很大贡献，留下了不朽的业绩。

在这一时期，普列汉诺夫最为突出的贡献是在同民粹主义和形形色色机会主义的斗争中系统而又深入地宣传了马克思主义，对马克思主义理论的各个方面特别是马克思主义哲学作出了重要的发挥和发展。《社会主义与政治斗争》《我们的意见分歧》《论一元论历史观之发展》《论个人在历史上的作用问题》《黑格尔逝世 60 周年》《论唯物主义历史观》《唯物主义史论丛》《阶级斗争学说的最初阶段》《论"经济因素"》《对我们的批判者的批判》《没有地址的信》等，都是他在这一时期留给后人的传世之作，不仅在当时发挥了巨大的理论作用，就是在今天仍然具有不可忽视的理论价值。列宁曾把普列汉诺夫誉为"最通晓马克思主义哲学的社会主义者"[②]，说他"精通马克思主义"[③]，"精通唯物主义"[④]。列宁还指出："在 1883—1903 年的 20 年间"，普列汉诺夫"写了很多卓越的著作，特别是反对机会主义者、马赫主义者和民粹主义者的著作"。[⑤] 列宁把《社会主义与政治斗争》称做"俄国社会主义的第一个纲领"[⑥]，说《我们的意见分歧》是俄国"第一本社会民主主义著作"[⑦]，他对《论一元论历史观之发展》更是倍加赞赏，认为这部著作"对辩证唯物主义作了极其完

① 高放、高敬增：《普列汉诺夫评传》，人民大学出版社 1985 版，第 49—59 页。
② 《列宁全集》第 19 卷，人民出版社 1959 年版，第 63 页。
③ 《列宁全集》第 20 卷，人民出版社 1989 年版，第 129 页。
④ 《列宁全集》第 17 卷，人民出版社 1959 年版，第 58 页。
⑤ 《列宁全集》第 25 卷，人民出版社 1988 年版，第 294 页。
⑥ 《普列汉诺夫哲学著作选集》第 1 卷，生活·读书·新知三联书店 1959 年版，第 25 页。
⑦ 《列宁全集》第 1 卷，人民出版社 1984 年版，第 163 页。

美的有价值的阐述"[①]，"培养了一整代俄国马克思主义者"[②]。但是，自1903年俄国社会民主工党第二次代表大会之后，普列汉诺夫便开始了向孟什维克的演变。

1. 普列汉诺夫从马克思主义者向孟什维克演变的起始

普列汉诺夫从马克思主义者向孟什维克的演变，一般都认为是自1903年俄国社会民主工党第二次代表大会之后开始的。这次代表大会于1903年7月30日在布鲁塞尔召开，8月23日在伦敦结束，历时25天。在这次代表大会期间和会后的头几个月，普列汉诺夫本来是站在以列宁为代表的布尔什维克一边和孟什维克的错误作斗争的，所以列宁说他"1903年8月是一个布尔什维克"，在代表大会以后的8—10月他主编的《火星报》第46—51号期间也"同孟什维克进行了斗争"[③]。但是不久他的态度就发生了明显的变化，他极力抹杀布尔什维克和孟什维克之间的原则分歧，鼓吹党内的无原则团结，要求布尔什维克向孟什维克让步。他不顾列宁和布尔什维克的劝告，在《火星报》第52号上发表了《不该这么办》一文，硬说布尔什维克同孟什维克之间在建党理论、组织原则等方面的重大原则分歧"是很不重要的"，完全不值得为这些分歧"争吵不休"，在原则斗争面前鼓吹要"温和待人，善于让步"，指责布尔什维克坚持原则立场是"固执己见"，甚至公然主张对破坏党的纪律的行为要"闭着一只眼睛"。[④] 所有这些，都清楚地说明了普列汉诺夫的调和主义立场。列宁指出《不该这么办》是普列汉诺夫的"划时代的文章"[⑤]，说这篇文章的基本思想就是主张对修正主义者和无政府个人主义者实行让步，它过去是，现在仍然是马尔托夫分子钻进《火星报》编辑部的"唯一的入场券"[⑥]。所谓"划时代"，就是指从发表这篇文章之日起，普列汉诺夫，就结束了他的马克思主义者时代，而步入了向孟什维克演变的时代。显然，列宁把这篇文章视为普列汉诺夫向孟什维克演变的开端。此后不久，普列汉诺夫便从一个孟什维克的同情者进一步变成了孟什维克。

---

① 《列宁全集》第4卷，人民出版社1984年版，第67页。

② 《列宁全集》第16卷，人民出版社1959年版，第267页。

③ 《列宁全集》第25卷，人民出版社1988年版，第295页。

④ 《普列汉诺夫机会主义文选》（上），生活·读书·新知三联书店1964年版，第2—9页。

⑤ 《列宁全集》第9卷，人民出版社1987年版，第56页。

⑥ 《列宁全集》第8卷，人民出版社1986年版，第375页。

不难看出，《不该这么办》一文的发表，是普列汉诺夫从马克思主义者向孟什维克演变的一个起点。如果说《社会主义与政治斗争》的面世是普列汉诺夫从民粹主义者转变为马克思主义者的标志，那么，《不该这么办》则是他从马克思主义者开始向孟什维克演变的界碑。

2. 普列汉诺夫从马克思主义者向孟什维克演变的特点

普列汉诺夫从马克思主义者向孟什维克演变的一个显著特点，是经历了一个较长的过程。在这个过程中他曾在布尔什维克与孟什维克之间长期摇摆不定，反反复复，但总的倾向是在孟什维克泥潭中越陷越深，以至于最后不能自拔。

自1903年起，普列汉诺夫就在布尔什维克与孟什维克之间“倒过来倒过去”，长达11年之久。在此期间，他最大的反复表现在对待1905年革命和取消派的态度上。前者充分地暴露了他的孟什维克主义观点，后者则表明他在一段较长的时间里又曾向布尔什维克主义和马克思主义靠拢过。

1905年俄国爆发了第一次资产阶级民主革命，在这场革命中普列汉诺夫在一系列的问题上暴露了他的孟什维克主义立场。

在对待资产阶级的问题上，他从俄国革命是资产阶级民主革命的性质出发，主张无产阶级应当与资产阶级“并肩前进”，“分进合击”，“互相亲善和彼此协调”[①]，共同领导革命，实际上是放弃无产阶级的领导权。

在对待农民的问题上，他低估了农民的革命作用，甚至错误地认为无产阶级在革命斗争中如果不同资产阶级结成联盟而同农民结成联盟，就会吓跑资产阶级使革命声势减弱。

在对待武装起义问题上，他出尔反尔，在起义前还号召，工人学会掌握武器，但起义失败后又公然谴责布尔什维克发动武装起义，说什么起义的失败证明，“本来就用不着拿起武器”。[②] 列宁痛斥了普列汉诺夫的论调，指出“正好相反，本来应该更坚决、更果敢和更主动地拿起武器”。[③]

和对待1905年革命的态度相反，普列汉诺夫对待取消派则采取了正确的立场。

---

① 《普列汉诺夫机会主义文选》（上），生活·读书·新知三联书店1964年版，第142页。

② 同上书，第282页。

③ 《列宁全集》第11卷，人民出版社1959年版，第153页。

1905 年革命失败后，反革命白色恐怖日益严重，革命处于低潮，无产阶级政党和革命事业面临生死存亡关头。在严峻的形势面前，孟什维克的领导人竟然提出取消党的秘密工作，放弃革命斗争，把全力放在争取党的合法存在和立宪改良上。这无疑是主张取消无产阶级革命，取消无产阶级政党，故被称做“取消派”。以列宁为代表的布尔什维克同“取消派”进行了坚决斗争，这场斗争得到了以普列汉诺夫为首的孟什维克“护党派”的支持。普列汉诺夫是在 1908 年同孟什维克取消派决裂的，随后他退出了为取消派所控制的《社会民主党人呼声报》编辑部，并发表了一系列从政治上和理论上揭露与批判取消派的文章，指出取消派按其实质来说是同社会民主主义完全敌对的，因此，要么拥护取消派，要么同取消派进行斗争，第三条道路是没有的。此后，他同布尔什维克结成了护党联盟，参加了反对取消派的斗争。

列宁对此有很高的评价，他指出：在 1910 年的整整一年中，“真正同心协力一起进行党的工作的只有布尔什维克和普列汉诺夫派，他们无论在中央机关报和‘工人报’中，或者在哥本哈根和俄国的合法报刊机关中，都是如此”。①

在反对取消派的同时，普列汉诺夫陆续写了一些反对唯心主义、马赫主义和造神说的论著，如《马克思主义的基本问题》（1908）、《战斗唯物主义》（1908—1910）、《论俄国的所谓宗教探寻》（1909）等，这些著作仍然闪耀着马克思主义光辉，其中有的还得到了列宁的好评。

综上可见，普列汉诺夫从马克思主义者向孟什维克演变，的确是经历了一个较长的反反复复、曲曲折折的过程。掌握这个特点，不仅有助于我们了解他这个历史人物的复杂性，对于研究他的著述活动也是十分必要的。

---

① 《列宁全集》第 17 卷，人民出版社 1959 年版，第 4 页。

第二章

普列汉诺夫对马克思主义哲学的主要贡献

在马克思主义发展史上，普列汉诺夫作为著名的马克思主义哲学家奠基了他的历史地位。他对马克思主义哲学作出了多方面的贡献，无论对唯物论、辩证法、认识论、哲学史、伦理学和美学等方面，都有精深的研究并获得了丰硕的成果。然而，在这诸多方面，贡献最大、成果最多、影响最为久远的，当推他对唯物史观、哲学史和美学的研究。他在这三个领域里留下的卷帙浩繁的论著，是马克思主义理论宝库中的一份珍贵遗产，至今仍是我们研究唯物史观、哲学史和美学的重要文献。

一　普列汉诺夫对唯物史观的贡献

普列汉诺夫对马克思主义哲学的头一个重要贡献，是对唯物史观的精辟阐发。可以毫不夸张地说，他的重要理论著作几乎没有不是论述唯物史观的。其中尤为突出的是他对唯物史观理论来源、马克思主义地理环境学说、社会结构学说、历史必然性与人的自由自觉活动学说、历史的统一性和多样性学说以及社会意识学说的研究。他在上述几个方面，不仅深刻地论证了马克思、恩格斯的思想，而且提出了许多独到而又精深的见解，对于发挥和发展唯物史观的基本原理有不可忽视的意义。

（一）普列汉诺夫系统深入地探讨了唯物史观的理论来源，论证了唯物史观的创立，既是对以往历史理论合理思想的批判继承，又是历史观领域中的革命变革，是继承性和变革性的有机统一。他的论述是颇具特色的。

他一再强调，马克思所创立的历史理论，实际上是以往历史观长期发展的产物，它“包括了一切有实际价值的历史观念，并且给予这些观念一个非常坚固的基础”[①]。因此，为了深刻理解马克思的历史理论，就“应当记住，直接先行于马克思而出现的哲学和社会科学已经得到了什么样的结果”[②]。他在《唯物主义史论丛》，《论一元论历史观之发展》《黑格尔逝世60周年》《唯物主义历史观》等论著中，对18世纪法国唯物主义、19世纪空想社会主义、复辟时期法国历史学家的历史理论、黑格尔的历史哲学和费尔巴哈哲学所作的深入研究，就是为了达到这个目的而进行的卓有成效的工作。

普列汉诺夫对唯物史观理论来源的研究是围绕着历史发展的动力这个根本问题展开的。他指出，历史发展的动力问题，乃是前人称做历史哲学而在他看来最好是称做历史观的研究对象。每一时代的历史观都对这个问题作出了回答而成为历史观发展史链条上的一个环节，马克思的唯物史观正是在批判地吸取以往历史观的合理因素的基础上建立起来的。他充分肯定了以往的历史理论在探究历史动因问题上所作出的贡献，认为从法国唯物主义者到黑格尔、费尔巴哈，都对历史的动因进行过探讨，也都提出了一些给人以启迪的颇有价值的见解，这些见解作为思想材料在唯物史观形成的过程中曾起过一定的积极作用。他肯定了法国唯物主义者提出的“人是环境的产物”的命题，认为这个命题不仅是他们“许多革新要求的主要理论基础”[③]，而且包含着唯物史观的萌芽。他十分重视爱尔维修试图用人的肉体需要解释社会发展的努力，认为尽管这个尝试未能获得成功，“因为严格说来，应当考察的并不是人的需要，而是满足这些需要所采取的手段和途径”[④]，但是他的尝试却“宛如一个给那些愿意继续法国唯物主义者事业的下世纪的思想家们的遗嘱”[⑤]，提示人们应当到人的观念、意见之外去寻找社会发展的动力。他对19世纪空想社会主义者和复

① 《普列汉诺夫哲学著作选集》第2卷，生活·读书·新知三联书店1961年版，第162页。

② 《普列汉诺夫哲学著作选集》第1卷，生活·读书·新知三联书店1959年版，第676页。

③ 同上书，第572页。

④ 《普列汉诺夫哲学著作选集》第2卷，生活·读书·新知三联书店1961年版，第163页。

⑤ 《普列汉诺夫哲学著作选集》第1卷，生活·读书·新知三联书店1959年版，第579页。

辟时期法国历史学家关于阶级斗争的理解有较高的评价，指出他们“对于阶级斗争在西欧社会现代历史中的作用，投射了极其明亮的光芒，从而为科学地说明社会现象作了准备”。[①] 这些观点后来成了马克思创立唯物史观的“理论材料”。[②] 他对复辟时期法国历史学家关于社会财产关系是一个国家政治制度、统治思想的基础，和只有注意研究公民生活、财产关系才能提供理解历史事变的钥匙的思想十分欣赏，说他们的这一见解“同马克思、恩格斯的观点没有多大区别”[③]。

尽管这样的评价未免失之过分，但就其着力于揭示上述观点同唯物史观之间的思想联系来说仍是可取的。普列汉诺夫对黑格尔历史哲学同唯物史观之间的思想渊源关系的剖析颇有精彩之笔。他对恩格斯关于黑格尔的历史哲学在形式上是唯心的而在内容上是现实的论断，作了深入的论证和发挥。在他看来，德国唯心主义哲学集大成者黑格尔的历史哲学在内容上之所以是现实的，一个重要的原因就是他对社会生活和历史现象的解释十分重视财产关系的作用。他指出，当黑格尔用“绝对观念”去说明历史时，就不可避免地会遇到很大的困难，在这些无法克服的困难面前，他不得不暂时离开自己的唯心主义观点而乞援于财产关系，用财产关系去说明问题。这样，他就“常常不得不从蒙胧不清的唯心主义的峰顶降落到经济关系的具体的地基上来”[④]。而每当他乞援于财产关系时，财产关系也就确确实实能把他“从唯心主义使他陷入的暗礁处脱离开来”[⑤]。在此情形下，黑格尔的唯心主义历史哲学便“暗中向我们指出了唯物主义的历史观”[⑥]，而成为他“无意中和不自觉地送给唯物主义的贡物”。[⑦]

在充分肯定以往的历史观在探讨历史动因问题上所提出的合理思想的同时，普列汉诺夫着重强调：“马克思恩格斯的前辈们在这方面的工作，

① 《普列汉诺夫哲学著作选集》第3卷，生活·读书·新知三联书店1962年版，第40页。

② 同上书，第56页。

③ 《普列汉诺夫哲学著作选集》第2卷，生活·读书·新知三联书店1961年版，第557页。

④ 《普列汉诺夫哲学著作选集》第1卷，生活·读书·新知三联书店1959年版，第488页。

⑤ 同上。

⑥ 同上书，第482页。

⑦ 《普列汉诺夫哲学著作选集》第2卷，生活·读书·新知三联书店1961年版，第509页。

只能当做搜集材料的一种准备工作，虽然这些材料是很丰富而且宝贵的，但是还不是系统化了的，还没有被一种普遍的思想所阐明。"①

在人类思想史上，只有马克思、恩格斯才运用彻底的唯物主义观点对前人提供的思想材料进行了批判的考察，吸取其精华，剔除其糟粕，用一种同前人不同的方法揭示了历史的根本动因和客观规律，从而创立了唯物主义的科学历史观。马克思的唯物史观是人类认识史上的"最伟大的发现"，由于这个发现，马克思把唯物主义"提升为一个完整的、首尾一贯的和彻底的世界观"②，使人类"第一次得到了说明人类历史的唯物主义哲学"③，实现了历史观领域中的伟大革命变革。为了深刻理解唯物史观的创立及其伟大意义，就应当知道马克思以前的历史观已经达到了怎样的高度，得出了哪些积极成果，它们曾经提出过什么任务，解决了哪些问题，暴露了什么矛盾，在何处失足又是怎样失足的。只有通过以上考察，才能真正认识到以往历史观所达到的终点正是马克思、恩格斯历史理论研究的起点；以往的历史观所没有而且也不可能解决的矛盾，正是马克思、恩格斯所致力解决并且已经解决了的矛盾；以往的历史观所无法逾越的界限被马克思和恩格斯彻底突破了，在以往的哲学家所无法进入的真理宫殿面前，正是马克思和恩格斯为人们提供了打开真理宝库大门的钥匙。只有了解了这些，才能真正深刻理解唯物史观的创立及其伟大意义；否则，对它的理解将会是抽象的，空洞的，肤浅的。正是在这个意义上，普列汉诺夫对唯物史观理论来源的深入考察，显示出了它的重要理论价值。

（二）普列汉诺夫深入地具体地阐明了地理环境对社会发展的作用，对马克思主义地理环境学说作出了新的发挥和发展。

长期以来，普氏的地理环境学说曾被指责为"地理环境决定论"而遭到尖锐批评。这是不公正的。普氏的地理环境理论着重论述了以下四个问题：1. 十分强调地理环境与人类社会之间的相互作用，这是马克思、恩格斯一再阐明的观点；2. 着重论证了地理环境对社会发展的作用是以

① 《普列汉诺夫哲学著作选集》第 3 卷，生活·读书·新知三联书店 1962 年版，第 134 页。

② 《普列汉诺夫哲学著作选集》第 1 卷，生活·读书·新知三联书店 1959 年版，第 494 页。

③ 《普列汉诺夫哲学著作选集》第 2 卷，生活·读书·新知三联书店 1961 年版，第 510 页。

生产力为中介实现的，这是其地理环境理论的核心；3. 阐明了地理环境对社会发展的作用是一个“可变的量”，它的变化归根到底取决于生产力的发展变化，这是具有独创性而且极为重要的观点：4. 强调人类社会发展有自己独立于地理环境的内在逻辑和规律，它决定于人类社会自身的内在矛盾，而不取决于周围的地理环境。

普氏对马克思主义地理环境学说的发挥和发展主要体现在第二、三这两个方面。

他强调，是否承认地理环境通过生产力对社会发展起作用，是区分马克思主义地理环境学说同“地理环境决定论”的主要标志。他认为，“地理环境决定论”的主要错误不在于它用变化较慢或相对不变的地理环境作为解释变化较快的社会历史的原因，而在于它“仅仅局限于探究人们周围的自然界在心理方面或生理方面对人的影响，而完全忽视了自然界对社会生产力状况并且通过生产力状况而对人类的全部社会关系以及人类的整个思想上层建筑的影响”①。

马克思的地理环境学说则完全不同。“根据马克思的意见，地理环境是通过在一定地方、在一定生产力的基础上发生的生产关系来影响人的，而生产力发展的头一项条件就是这种地理环境的特性”。② 在他看来，地理环境对生产关系和政治制度的影响不是直接的而是间接的，它必须以生产力为“中介”。“这就是科学在研究关于自然界对社会人的影响问题时所得到的结论。”③

他在阐明地理环境通过生产力对社会发展起作用的同时，还特别强调地理环境的作用不是一个恒定不变的“常数”，而是一个变动不居的“变数”，它的变化取决于生产力的发展。这是他对马克思主义地理环境学说的重要发挥和发展。他写道：“社会人和地理环境之间的相互关系，是出乎寻常地变化多端的。人的生产力在它的发展中每一进步，这个关系就变化一次。因此，地理环境对社会人的影响在不同的生产力发展阶段中产生

① 《普列汉诺夫哲学著作选集》第 1 卷，生活 · 读书 · 新知三联书店 1959 年版，第 485 页。

② 《普列汉诺夫哲学著作选集》第 3 卷，生活 · 读书 · 新知三联书店 1962 年版，第 170 页。

③ 《普列汉诺夫哲学著作选集》第 4 卷，生活 · 读书 · 新知三联书店 1974 年版，第 293 页。

着不同的结果。"① 他说，地理环境对社会的影响"是一种可变的量"，随着生产力的发展，人类控制自然界的能力增强了，因而也就使社会同周围地理环境之间"发生了一种新的关系"②。

普氏虽然同"地理环境决定论"划清了原则界限并对它作了深刻批判，但是他的某些观点也还带有一定程度的夸大地理环境作用的倾向。然而，"瑕不掩瑜"，从总体上说，他的地理环境理论不仅不失为马克思主义的地理环境理论，而且他对马克思主义地理环境学说的发挥和发展也是屈指可数的。

（三）普列汉诺夫对马克思主义社会结构理论的阐发十分引人注目。

马克思主义社会结构理论的基本思想是马克思在《〈政治经济学批判〉序言》里提出来的。他的那一大段论述，被人们誉为历史唯物主义的"经典公式"。普列汉诺夫非常重视马克思的"经典公式"，认为它"包含着可以称为'将作为科学出现的各门未来社会学的导论'的东西"③。在他看来，不论《序言》多么简短，还是应该称它作"科学社会学的导论"，而这个导论则是科学社会主义的理论基础。

根据马克思的"经典公式"的基本思想，普氏提出了关于社会结构的"五项因素公式"："1. 生产力的状况：2. 被生产力所制约的经济关系；3. 在一定经济'基础'上生长起来的社会政治制度；4. 一部分由经济直接所决定的，一部分由生长在经济上的全部社会政治制度所决定的社会中的人的心理；5. 反映这种心理特性的各种思想体系。"他认为这个公式是十分广泛的，它对于社会结构中的各项基本因素都给了一个相当的位置。

普氏的"五项因素公式"贯穿着以下两个基本思想：其一，它强调了整个社会结构的客观性，自始至终都体现着唯物主义一元论的原则。公式的前两项说明生产方式是整个社会结构的物质经济基础，属于社会物质生活方面；后三项是社会政治、思想上层建筑，属于社会政治生活和精神

① 《普列汉诺夫哲学著作选集》第 2 卷，生活 · 读书 · 新知三联书店 1961 年版，第 170 页。

② 《普列汉诺夫哲学著作选集》第 3 卷，生活 · 读书 · 新知三联书店 1962 年版，第 171 页。

③ 《普列汉诺夫哲学著作选集》第 2 卷，生活 · 读书 · 新知三联书店 1961 年版，第 403 页。

生活方面。也就是说，整个公式自始至终都贯穿着生产力决定生产关系、经济基础决定上层建筑、社会存在决定社会意识、社会物质生活过程决定社会政治生活和精神生活过程的唯物主义原则。其二，它强调社会结构就其整体来说是一个由多种因素构成的活生生的“有完全生命的有机体”，其内部的各种因素不是孤立的、分散的，也不是偶然的、任意的堆积，而是相互依存、相互制约和相互作用的。正是它们之间的相互依存、相互制约和相互作用，形成了人类社会所特有的矛盾运动，推动着人类社会的发展。

普氏的公式是对马克思的“经典公式”的具体化，它从多方面对后者作了发挥和发展。

（四）普列汉诺夫对历史唯物主义的另一个贡献是对历史必然性与人的自由自觉活动学说的发挥和发展。

普氏认为，人的意志自由与历史必然性的关系问题，乃是历史观的一个极为重要的问题，从历史唯物主义的观点来看，人的意志自由不仅不排斥历史必然性，而且相反，它是以历史必然性为自己的坚实基础的。“如果在自由的人的活动基础上没有安置着为活动者所理解的必然性，那么任何人的自由的（自觉的）活动的可能性就等于零。”[①] 他指出，那种把个人意志自由同历史必然性绝对对立起来，以前者否定后者的观点，无论在理论上和实践上都是一个“重大的错误”。而且，唯心主义者“在理论上”愈是给自由以更多的地位，则在“实践”领域中愈是将自由“归之于无”，因为正是在这里“他们不能掌握那以自由的全部力量武装着的偶然性”。[②] 换言之，唯心主义把意志自由推崇为绝对，就必然抹杀历史必然性，而一旦抹杀了历史必然性，人们在实践中就会使自己处于无数偶然性因素的支配之下，这样一来也就谈不到什么意志自由了。

普列汉诺夫还批判了另一种错误倾向，即把历史必然性与人的意志自由绝对对立起来，从而否定人的意志自由和主体作用的倾向。他说：“乍一看来，如果在历史中起支配作用的是必然性，那末，历史中似乎就没有

① 《普列汉诺夫哲学著作选集》第 1 卷，生活·读书·新知三联书店 1959 年版，第 659—660 页。

② 《普列汉诺夫哲学著作选集》第 3 卷，生活·读书·新知三联书店 1962 年版，第 659—660 页。

人类活动的地位了。这是一个重大的错误。”① 一些资产阶级学者硬说马克思强调历史必然性就意味着承认人类屈从于这种必然性。普列汉诺夫驳斥了这一观点。他指出，没有比这类指责更荒谬颠倒的了，“在庸人们看来，现代辩证唯物主义势将把人类变成自动机械，可是事实上，现代辩证唯物主义在历史上第一次破天荒地开辟了通向自由和自觉活动的王国的道路”②。他坚决反对把历史必然性曲解为历史是“自然而然地”发展的观点，认为这种观点完全歪曲了唯物史观的实质。他说，事实上，唯物史观坚持历史必然性的观点不仅不会否定人的意志自由而使人们在历史运动面前无所作为，相反，“正是唯物主义历史观，给人类指出了从必然性的领域引向自由的领域的道路”。③ 在人类认识史上，那种否定人的意志自由和主体作用的唯物主义无疑是存在的，但那不是马克思的唯物主义，而是旧唯物主义。

同历史必然性与人的自由自觉活动问题相联系，普氏还对个人在历史上的作用作了精辟的阐述。他的论述有两个显著特点：其一，始终把个人在历史上的作用同自由与必然、偶然性与必然性这两对重要范畴紧密结合在一起来考察，并以此作为正确解决这个问题的钥匙。这就使他对这一问题的论述与众不同，具有新的理论高度。其二，他对历史人物的个人作用和社会条件之间的关系作了深入解剖。他认为，要使杰出人物充分发挥其作用必须具备两个条件：一是杰出人物所具备的才能应比别人更高，并且更适合当时的社会需要；二是当时的社会制度能使杰出人物有“用武之地”，而不是妨碍其本领的施展。显然，这些特点使得他关于个人在历史上的作用的论述尤显光彩。

（五）普列汉诺夫对历史的统一性和多样性的论述颇有深度，也颇有特色。

他认为，人类社会的发展有自己的内在规律，而各个国家和民族的历史又都是按照这些到处都起作用的共同规律发展的，这就使历史具有共同性亦即统一性。可是，人所共知的事实是，沿着共同规律发展的各个国家

---

① 《普列汉诺夫哲学著作选集》第 1 卷，生活·读书·新知三联书店 1959 年版，第 493 页。

② 同上书，第 496 页。

③ 《普列汉诺夫哲学著作选集》第 2 卷，生活·读书·新知三联书店 1961 年版，第 205 页。

和民族的历史却有很大的差别性而表现出了多种多样的形式，使人类历史具有多样性。普列汉诺夫考察了形成历史发展的多样性的原因。他指出，一个原因是各个国家和民族所处的地理环境条件不同，另一个原因是各个国家和民族所处的“国际社会环境”的不同。但二者相比，“国际间的关系对这种发展也许有更大的影响”①。由于这两个原因，使按照共同规律发展的各个国家和民族的历史各具自己的特点而呈现出了差别性和多样性。

同历史发展的同一性和多样性相联系，普列汉诺夫还对历史发展的原因进行了深入探讨。他把历史发展的原因区分为“一般原因”“特殊原因”和“个别原因”，并且揭示了它们之间的区别、联系和各自在历史发展中的作用。所谓历史发展的“一般原因”，是指决定历史运动的“生产力发展情形”，亦即我们通常所说的生产力水平与状况，这是历史发展的终极和最一般的原因，社会历史的发展归根到底是由它决定的。所谓“特殊原因”，是指“某个民族生产力发展进程所处的历史环境”，亦即某个民族生产力发展进程所处的具体的历史条件。所谓“个别原因”，则是指“社会活动家个人特点及其他‘偶然性’的作用”。它影响历史的“个别外貌”。这三种原因在历史发展进程中的作用各不相同。其中，“一般原因”支配“特殊原因”，二者结合起来决定着历史的趋势和方向；“个别原因”不仅不能根本改变“一般原因”和“特殊原因”的作用，相反，它自身的作用以及它所影响的范围和方向是由“一般原因”和“特殊原因”所制约的，尽管如此，它对历史发展的影响是不可忽视的，“如果影响历史的那些个别原因已被别种个别原因所代替，那么这个历史无疑是会具有别一种外貌的”②。普氏的上述分析，对于进一步探讨历史的统一性和多样性有不可忽视的价值。

（六）普列汉诺夫对马克思主义社会意识理论的贡献也非常突出。

恩格斯在晚年，为了反对把唯物主义原则当做“标签”“套语”和把唯物史观简单化、庸俗化的倾向，曾高度重视社会意识问题的研究。他指出这是一个十分薄弱然而又是无限广阔的领域；在这个领域里，“谁肯认真

① 《普列汉诺夫哲学著作选集》第 2 卷，生活 · 读书 · 新知三联书店 1961 年版，第 204 页。

② 同上书，第 372 页。

地工作，谁就能作出许多成绩，就能超群出众”。在恩格斯之后，普列汉诺夫对社会意识问题的研究倾注了巨大的努力，成绩卓著，出众超群。

普氏认为，对唯物史观的研究，“最重要的是解释意识形态”。他写道：“现在我们比任何时候都需要奋勉地慎重地来研究在一切领域内和一切地方的人类精神发展的历史”，谁要是想证明自己是马克思的信徒，“谁就不能只是简单地重复这句话：不是意识决定存在，而是存在决定意识；相反的，他应当竭力弄清楚，这种存在决定意识事实上是怎样发生的”①。在他看来，这是一项“最有趣和诱人的”② 任务。普氏对马克思主义社会意识理论的主要贡献是：1. 他对社会意识的结构、层次作了深入考察，在马克思主义哲学史上第一次提出了社会意识两种形式说。他不仅把社会意识区分为社会心理和思想体系这两个层次，而且对它们的各自特点及其相互关系作了进一步的探讨。2. 他对社会心理的研究成就尤为突出，为马克思主义社会心理学说奠定了理论基础。他不仅把社会心理列为唯物史观的一个重要范畴，而且指出了社会心理在思想体系与政治制度、社会经济关系之间的“中介”“桥梁”作用。一方面论证了在社会意识范围内，社会心理是思想体系的根源，另一方面又揭示了社会经济关系与政治制度对社会心理的决定作用，阐明了社会心理的根源。3. 他从多方面深刻地阐述了社会意识自身的发展规律，提出了一些独到的见解，特别是深入论证了社会意识的反作用。他强调，只承认社会存在决定社会意识，“这还不是全部的历史唯物主义。必须补充一句：意识一经在存在的基础上产生，就反过来促进存在的进一步发展”③。显然，他是把社会意识的反作用当做历史唯物主义基本原理不可分割的重要组成部分来看待的。普氏特别重视革命理论的伟大作用，他在1883年完成的第一部马克思主义著作《社会主义与政治斗争》中就明确地提出了“没有革命的理论就没有名副其实的革命运动”④ 这一著名论断。19年后，即1902年，列宁在《怎么办?》中，几乎逐字逐句地重复了普氏的这一名言：“没有

① ［俄］普列汉诺夫：《论西欧文学》，吕荧译，人民文学出版社1957年版，第112页。

② 《普列汉诺夫哲学著作选集》第1卷，生活·读书·新知三联书店1959年版，第754页。

③ 《普列汉诺夫哲学著作选集》第3卷，生活·读书·新知三联书店1962年版，第346页。

④ 《普列汉诺夫哲学著作选集》第1卷，生活·读书·新知三联书店1959年版，第98页。

革命的理论，就不会有革命的运动。”①

（七）普列汉诺夫运用马克思主义观点对个人在历史上的作用作了精辟论述。他的《论个人在历史上的作用问题》堪称马克思主义发展史上的经典之作。他的突出贡献就在于把个人在历史上的作用问题同自由与必然、偶然性与必然性等范畴紧密联系起来加以考察，并深入剖析了个人在历史上的作用与社会条件的关系及正面人物和反面人物的作用及“伟大”概念的相对性。这些论述，至今仍给我们以重要启迪。

二 普列汉诺夫对哲学史的贡献

普列汉诺夫对马克思主义哲学的第二个重要贡献是熟练地将马克思主义哲学的基本观点和方法运用于哲学史的研究，这就使得他的一系列哲学史论著高屋建瓴，气势非凡。他特别致力于哲学史方法论的研究，成绩卓著，造诣极高，他关于哲学史方法论的许多论述至今仍闪耀着真理和智慧的光辉，给人以启迪。

普氏对哲学史方法论的主要贡献如下：

（一）他十分强调坚持和贯彻唯物主义的原则和方法，坚持用人类历史特别是经济发展史去说明哲学史，而不是相反。

他在《唯物主义史论丛》一书中写道：“从我个人荣幸地置身的那个学派的立场看来，‘观念现象不过是被移置于人类头脑中并在人类头脑中改造过的物质现象而已’。如果愿意从这个立场去研究观念的历史，就必须下一番功夫去说明一个时代的观念怎么样以及以何种方式为它的社会情况所造成，亦即归根到底怎么样为它的经济关系所造成。”他认为，“作出这样一个说明，是一种巨大而有意义的任务，完成这个任务，将会使观念形态的历史面貌焕然一新”②。他一贯重视在哲学史研究中贯彻这一唯物主义的原则和方法。

普氏在坚持用唯物主义的原则和方法研究哲学史时，坚决反对把这一原则和方法简单化。他一再强调，哲学思想的发展有其自身的规律，经济因素的决定意义，只是在“最后意义上”即“归根到底的意义上”才能

---

① 《列宁选集》第1卷，人民出版社1995年版，第6页。

② 《普列汉诺夫哲学著作选集》第2卷，生活·读书·新知三联书店1961年版，第32页。

表现出来，因此，绝不可用经济发展史去“剪裁”哲学史。

（二）在哲学史研究中，他坚持用历史去说明人性而不是用人性去说明历史和哲学史的原则与方法。

在马克思以前，许多哲学家对历史的说明常常从人性论的观点出发。普列汉诺夫指出马克思的伟大功绩就在于他采取了一种与前人截然不同的方法从相反的方面去说明问题。他不是把人性看做历史发展的动因，而是把它视为永远发展着的历史运动的结果。马克思指出：“不管是人们的‘内在本性’，或者是人们的对这种本性的‘意识’，即他们的‘理性’，向来都是历史的产物。”[①] 马克思发现了物质资料生产是人类社会存在和发展的基础，从这个基本事实出发，他找到了历史的动因，揭示了社会发展的一般规律。马克思不是用人性去说明历史的变迁，而是指出，事情完全相反，正是“历史运动使人的本性具有这种或那种形态”。[②] 这样，马克思就“结束了这一切迷惘，这一切虚构，这一切矛盾”。[③]

（三）历史主义的方法是普列汉诺夫在哲学史研究中一贯重视的一个方法论原则。

他总是把每一个时代的哲学家及其思想放到一定的历史条件下作具体的历史的分析，既充分肯定其贡献，又指出其局限性，甚至还深入剖析了那些在历史上很有影响的哲学思想体系中所包含的错误和失足的教训。一般地说，他不脱离特定的历史条件去评价某一哲学体系，从不苛求于前人。例如，他在评价法国唯物主义时指出：这派唯物主义者和当时的官方思想家进行了热烈的争辩，驳斥了其关于人的观念具有先天性的错误论断，尽管从现代科学的观点来看他们的某些论点不能令人满意，甚至还有错误，然而他们却有“不可争辩的宝贵的功绩，即他们是从他们同时代的科学观点上彻底思考了的，而这是能够和应该要求于思想家的一切”。[④]

他十分欣赏黑格尔提出的不要把先天的虚构硬加到历史上的原则，认为这是历史唯物主义的基本要求。他指出，黑格尔强调“应当如实地来

---

① 《马克思恩格斯全集》第3卷，人民出版社1956年版，第567页。

② ［俄］普列汉诺夫：《无政府主义与社会主义》，王荫庭译，生活·读书·新知三联书店1980年版，第23页。

③ 《普列汉诺夫哲学著作选集》第2卷，生活·读书·新知三联书店1961年版，第163页。

④ 《普列汉诺夫哲学著作选集》第1卷，生活·读书·新知三联书店1959年版，第571页。

考察历史”而不要对历史作“先天的虚构”，这是完全正确的，但遗憾的是黑格尔本人在许多方面违背了这一原则和方法。这是因为黑格尔是一个“绝对唯心主义者”，在他那里绝对观念的逻辑发展是自然界和社会历史的动因。因此，每当经验材料不适合他的哲学虚构时，他便扮演“削足适履”的角色，即“为了理论而曲解事实”。[①]

普氏非常重视对各个时代的哲学家及其思想体系作历史的比较，在广泛的比较中作出应有的历史评价，从而揭示哲学思想演进的历史线索。

（四）重视阶级分析方法是普列汉诺夫哲学史方法论的一个重要方面。

普氏历来认为，要想真正了解哲学、艺术等意识形态的历史，就必须弄清楚“社会生活机制”，而在阶级社会里，“阶级斗争是这种机制的主要推动力之一。只有考察了这个推动力，只有注意了阶级斗争和研究了它的多种多样的变化，我们才能够稍微满意地弄清楚文明社会的精神的历史”[②]。这是因为，“‘社会思想的进程’本身反映着社会各阶级和它们相互斗争的历史”。[③]

普氏虽很重视阶级斗争对哲学发展的影响，但又指出这种影响的表现并非在任何时期都是一样的，它有时表现得十分明显，有时则表现得不够明显。一般地说，当阶级斗争比较尖锐、激烈时，它对哲学思想的影响就较为明显，较为突出；反之，则不够明显，不够突出。

在考察阶级斗争同哲学的关系时，普氏反对那种把阶级斗争观点和阶级分析方法简单化、庸俗化的做法，尤其反对那种把庸俗社会学的观点“强加于现代辩证唯物主义之父的头上”的错误做法。一些人认为，马克思总是把统治阶级的思想代表看做在任何时候都会自觉地迎合本阶级的利益。普氏驳斥了这种意见，他指出，当马克思说，特定的理论适合于社会经济发展的某一时期时，他绝不想如此说：在这个时期内统治阶级的每一思想代表自觉地将自己的观点去迎合自己的多么富裕和多么宽大的恩人的利益。

---

① 《普列汉诺夫哲学著作选集》第2卷，生活·读书·新知三联书店1961年版，第789页。

② 《普列汉诺夫哲学著作选集》第5卷，生活·读书·新知三联书店1984年版，第496页。

③ 同上。

（五）普氏十分重视对哲学同社会心理之间的关系的考察，并把它作为哲学史方法论的一个重要内容。

在马克思主义哲学史上，普氏是运用唯物史观的基本观点和方法探究哲学思想及其演变与社会心理之间的关系的第一人。他的一系列论述，不仅丰富和发展了马克思主义的社会意识学说，而且为哲学史研究提供了一个重要的方法论原则。他认为，要想了解一个国家的哲学思想发展史和其他思想发展史，“只知道它的经济是不够的，必须知道如何从经济进而研究社会心理；对于社会心理若没有精细地研究与了解，思想体系的历史唯物主义解释根本就不可能”。因此，“社会心理学异常重要。甚至在法律和政治制度的历史中都必须顾及到它，而在文学、艺术、哲学等等学科的历史中，如果没有它，就一步也动不得”。

关于哲学和社会心理的关系，普氏着重强调了以下两个方面：

其一，在社会意识范围内，社会心理是哲学思想的一个重要来源，哲学思想则是对一定社会心理的反映。

必须指出，普氏是在社会意识的范围内强调社会心理对哲学思想具有根源性的，这是一个重要的前提。离开这个前提把社会心理说成是哲学思想的根源就会导致历史唯心主义。

其二，社会心理是哲学思想与社会存在之间的“中介”。

普氏一方面强调社会心理是哲学思想的根源，另一方面又强调它是由社会存在决定的。他指出，社会心理“是社会关系的结果”，更确切地说，社会心理“必然地适应于人们的生活式样，适应于他们获得食料的方式。社会的心理永远顺从它的经济的目的，永远适合于它，永远为它所决定”。[①] 作为哲学思想与社会存在之间的中介的社会心理，其中介作用大体表现在以下三个方面：一是人们的社会存在对哲学思想的决定作用要通过社会心理这个中间环节；二是哲学思想反映社会存在要以社会心理为桥梁；三是哲学思想对社会存在的反作用也要通过社会心理这一“中介”。

既然社会心理是哲学思想与社会存在之间的“中介”，那么在哲学史研究工作中就必须把它放入视野之内，而不容忽视。要善于通过社会心理

---

① 《普列汉诺夫哲学著作选集》第1卷，生活·读书·新知三联书店1959年版，第715页。

把握哲学和社会经济关系、政治关系之间的联系，否则就难以对哲学发展史作出科学解释。普列汉诺夫的这些见解对哲学史研究工作极为重要，可惜长期以来人们未曾给以应有的重视。

三 普列汉诺夫对马克思主义美学的贡献

普列汉诺夫的第三个突出贡献，是系统地发挥和发展了马克思和恩格斯的美学和艺术理论，取得了举世公认的成就。在马克思、恩格斯之后的马克思主义美学和艺术理论这个领域里，梅林、拉法格都作出了重要贡献，而普列汉诺夫无论就其研究成果之丰硕还是思想之深刻和影响之久远来说，都大大超过了他们。普列汉诺夫的美学和艺术理论曾经造就了一代马克思主义美学家和文艺理论家。包括卢那察尔斯基、弗里契等苏联早期的著名马克思主义美学家和文艺理论家，都受过普氏美学思想的直接影响。许多国家的进步的和革命的文艺理论家在形成自己的马克思主义美学观和艺术观的过程中，大都曾得益于普氏的美学论著。

普氏的美学研究涉及的范围很广，在许多方面都有新的开拓。

（一）他在建立自己的美学理论体系的过程中，十分重视研究艺术观与历史观的关系，并力图将唯物史观的基本原理和方法运用于美学和文艺学的研究，把美学和文艺学奠定在科学的理论基础之上。他在这个重大问题上所取得的卓著成就，使他在马克思主义美学发展史上享有极高的声誉。

普氏认为，艺术观从来都是从属于一定历史观的，任何美学家和文艺理论家，不管他们是否自觉，他们对美学和艺术理论的研究总是受一定的社会历史观支配和制约的。在他看来，文学艺术既然是一种社会现象，是社会生活的反映，那么，人们在研究文学艺术及其演进时，就必须首先弄清楚“社会发展的规律和使社会发展的潜伏力量”。[①]

只要人们一旦认识到艺术史和社会环境史是密切结合的，并且认识到人们的社会关系的每一重大变化都会引起人们观念的相应变化，“就会立刻承认，必须首先辨明那些造成人的关系中的重大变化的原因，然后才能

① 《普列汉诺夫哲学著作选集》第 2 卷，生活·读书·新知三联书店 1961 年版，第 177 页。

正确地建立艺术演进的规律”。[①]

在马克思、恩格斯以前的美学发展史上，一些杰出的美学家和艺术理论家虽曾提出过一些颇有价值的见解，对美学思想的历史发展起过一定的积极作用，但是恰恰由于他们在社会历史观上的迷误，使他们始终未能建立起真正科学的美学体系。18 世纪法国启蒙学者是这样，康德、黑格尔是这样，19 世纪法国的丹纳也莫不如此。

普氏通过对马克思、恩格斯以前美学思想历史发展的深入考察，得出了一个重要结论，就是“必须把‘历史的美学’建立在一个科学的社会史观上面”。[②]

这个科学的社会历史观就是唯物史观。正如他在《没有地址的信》中所说，“美学科学的理论只有依据唯物史观，才能向前迈进”[③]。美学、艺术理论演进的历史清楚地表明，它们愈是接近唯物史观，就愈能获得牢固的理论基础，从而也就愈具有理论的生命力。

普氏的“五项因素公式”既是他研究唯物史观的总纲，也是他研究美学和艺术问题的总纲。他运用这一公式的基本思想解决了美学和艺术理论领域中的一系列问题，特别是艺术发展的最终原因和影响艺术发展的多种因素问题。他在《维·格·别林斯基的文学观点》中指出：“文学、艺术、哲学等等表现着社会心理，而社会心理的性质是由构成该社会的人们所处的那些相互关系的特性决定的。这些关系归根到底依存于社会生产力的发展程度。生产力发展的每一个重大的步骤引起人们的社会关系的改变，因而也引起社会心理的改变。社会心理所发生的变化，一定也多少鲜明地既影响到文学，也影响到艺术，又影响到哲学等等。”[④]

这里，他着重论述了艺术演进的最终原因，即社会生产力，同时也指出了艺术发展与其最终原因之间的一系列中间环节——社会心理、社会政治关系、社会经济关系等。在谈到影响艺术发展的多种因素问题时，他写道：“社会关系的改变使各种不同的‘因素’行动起来，而哪

① 《普列汉诺夫哲学著作选集》第 2 卷，生活·读书·新知三联书店 1961 年版，第 181 页。

② 同上。

③ 《普列汉诺夫哲学著作选集》第 5 卷，生活·读书·新知三联书店 1984 年版，第 344 页。

④ 同上书，第 245 页。

一个因素当时对文学、艺术等等的影响更为强烈，这决定于许多同社会经济完全没有直接关系的次要的和更次要的原因。经济对艺术和其他意识形态的直接影响一般是极少看得出来的。最常发生影响的是其他的因素，即政治、哲学等等。有时候其中一种因素的影响比其他因素的影响更为显著。”①

在运用唯物史观的基本原理解释艺术时，普氏着重批评了当时颇有影响的三种观点，即艺术观中的生物学观点、地理环境决定论观点、人性论观点。

他针对19世纪下半叶一些学者纷纷用达尔文的生物进化论观点研究艺术现象时指出，唯物史观所研究的领域，恰恰开始于达尔文主义者研究领域的终结。所以，艺术的研究必须“从生物学转到社会学”上来，只有用唯物史观的观点才能科学回答艺术的起源及其规律。针对艺术观中的地理环境决定论观点，普氏强调，自然环境不是艺术发展的根本原因，“地理环境只是间接地影响艺术的发展的”，决定艺术发展的根本原因归根到底是生产力和在生产力基础上形成的社会经济关系和政治关系。针对艺术观中的人性论特别是人种论观点，他指出，人性、人种对于艺术发展有一定影响，但它不是艺术发展的根本动力，“我们知道有石器时代的艺术和铁器时代的艺术；可是我们并不知道有什么白种人、黄种人等不同种族的艺术”②。

普氏一再强调：“我毫不含糊地说，我对于艺术，就像对于一切社会现象一样，是从唯物史观的观点来观察的。”③ 这是贯穿普氏美学思想和艺术理论研究始终的一个最为突出的特点，也是他对马克思主义美学和艺术理论的一个最为突出的贡献。正是这个特点，使他在美学和艺术理论的研究中，沿着马克思指出的方向大大地超过了他的前辈。

（二）他在马克思主义美学史上第一个系统而又深入地阐明了艺术与审美的起源，这是他运用唯物史观研究美学和艺术理论最有成就的一个

① 《普列汉诺夫哲学著作选集》第5卷，生活·读书·新知三联书店1984年版，第245页。

② 《普列汉诺夫哲学著作选集》第2卷，生活·读书·新知三联书店1961年版，第276页。

③ 《普列汉诺夫哲学著作选集》第5卷，生活·读书·新知三联书店1984年版，第309页。

方面。

他从以下四个方面论证了艺术与审美起源于劳动的观点。

1. 人类最初从事艺术活动的冲动产生于劳动。他指出，游戏作为艺术的萌芽，最初往往产生于原始人想把狩猎活动中引起的快乐再度体验一番的冲动。因此，总是先有狩猎活动，人同动物先发生一定的关系，然后才会产生描绘这些动物的形象和动作的舞蹈与绘画。2. 劳动不仅在时间上先于艺术的生产，而且决定着原始艺术的内容和性质。他认为，狩猎民族的绘画所表现的主题不外两种：一是对狩猎活动场面和过程的简单描述，二是对动物的形象和动作的模仿，而且往往是对那些与原始民族的生活有密切关系的几种动物的模仿。这些民族生活在鲜花遍地的地方，但在其原始艺术中却从不见有关于植物的描绘。这正说明原始狩猎活动决定着狩猎部落原始艺术的内容。3. 原始人从事艺术活动的能力和审美感是在生产劳动中培养、锻炼和发展起来的。他认为，“需要是很好的教师”，原始狩猎民族的艺术需要有“忠实地描绘自然的才能”，要求有对动物形态和动作的敏锐的“观察能力”和模仿这些动作与形态的“手的灵巧”，而原始狩猎活动正是培养和锻炼了猎手们从事艺术活动的感官和能力。4. 人们从实用活动向审美活动的过渡，其根本原因也应到生产劳动中去寻找。他认为，有用物品的生产先于艺术生产，从前者向后者的转化，模仿快感固然是不可缺少的因素，但为什么描绘动物和狩猎活动的快感只有原始狩猎民族才能强烈地感受到，而在原始农业民族那里却表现得很少呢？这只能从生产活动的差别上去解释。因此，从根本上说，从有用物品的生产向艺术活动的转化的契机只能到生产劳动中去寻找，而不能单纯从快感中去寻找。同时，他还指出，艺术的最后形成和它对生产活动的直接依赖性的消失，其根本原因也是由促成社会分工的生产力的发展引起的。

普氏关于艺术起源于劳动的观点是从归根到底的意义上说的，指的是艺术产生的终极原因。他从不否认促使艺术产生的其他原因；相反，他认为在艺术的起源中，原始战争、性爱、原始宗教——图腾崇拜，以及实用性因素等，都起过一定的作用。他在列举了大量事例说明原始战争、性爱、图腾崇拜以及实用性因素对艺术起源的作用之后，接着就指出，研究艺术的起源，既要考察原始战争、性爱、图腾崇拜及实用性因素的作用，又要进一步探究这些因素是怎样在归根到底的意义上为生产劳动所制约的，要透过这些因素进而揭示艺术归根到底起源于生产劳动。普氏的上述论述是对马克思、恩格斯关于艺术起源的理论的系统化和进一步发展。

（三）普氏关于美感的特征也有许多精彩的论述。其基本观点是：1. 从人与对象的关系来看，审美特征是主观的非功利性与客观的功利性的统一；2. 从心理过程来看，审美的特点是直觉性与非直觉性的统一。

康德对美感的特征曾作过系统的阐述。他认为，审美快感不同于感官快感和道德上的赞许引起的快感，其特点在于它不涉及利害关系，是唯一的一种不计较利害关系的自由快感。普氏反对康德把审美判断的无功利性无限夸大和绝对化以至否定审美对象与人之间存在着客观功利性的观点。从这个意义上说，他认为“康德的定义（美是没有任何利害关系而喜爱的东西）——是不正确的”[①]。但是，他又指出，从人对审美对象的主观态度上说，审美判断确实是非功利的，“兴味判断毫无疑问是以作为这种判断的个人没有任何功利的想法为前提”，就此而言，他又认为康德关于“审美判断无利害”的观点是不错的，应该为之“留下一席地位”[②]。

有人曾批评普氏的上述意见表明他同康德的“审美无功利”论没有划清界限，这种批评是难以成立的。在他看来，审美的非功利性只是问题的一个方面；问题还有另一方面，即审美的功利性。他认为，对于审美来说，“功利性毕竟是存在的；它毕竟是审美享受的基础，如果没有它，对象看起来就不会是美的”[③]。按照他的理解，审美的非功利性只是指人们在审美时主观上没有有意识的功利观念，即不“以有意识的实用观点来看待事物”。但这并不意味着审美对象对人不存在客观的功利关系，只是人们没有自觉地意识到这种功利性罢了。普氏指出，不是任何有用的东西在人看来都是美的，“但毫无疑问，只有对他们有用的东西，就是说，在他们向自然界或别的社会的人进行的生存斗争中具有意义的东西，在他们看来才是美的”。[④]

这正是普氏区别于康德的“审美无功利”论之关键所在。不难看出，在美感问题上，普氏既不是一个庸俗的功利主义者，也不是一个超功利主义者，而是一个坚持功利性与非功利性的统一论者。他在马克思的实践观

① 《普列汉诺夫哲学著作选集》第 5 卷，生活·读书·新知三联书店 1984 年版，第 409 页。

② 同上。

③ 同上书，第 497 页。

④ 同上。

的基础上阐明了美感的功利性与非功利性的辩证统一，这恰恰是普氏思想的深刻之处。

普氏对审美活动的直觉性与非直觉性的统一的论述也颇有深度。如果说他把主观上的非功利性与客观上的功利性的统一看做是美感在人与自然的关系方面区别于非审美感的特点，那么在他看来，直觉性则是美感在人的主观心理方面区别于非审美感的特点。

普氏对审美的直觉性特点概括为：（1）它是一种不同于逻辑思维的能力；（2）主要特点是“直接性”；（3）还具有非自觉、无意识的特点，因而属于“本能”的领域。

普氏强调审美具有直觉性的特点，绝不意味着他赞同审美的非理性主义，把审美的直观等同于动物的感性直观，而是在肯定审美的属人性、社会性的前提下来探讨审美活动区别于一般认识和理智活动的心理特点。这个特点就是：人在审美活动中采取直观的形式，理性不脱离感性并直接融合于感性之中。

普氏对审美特点的探讨极有价值，其突出贡献就在于把马克思主义的实践观引入美感问题的研究，从而找到了美感的主观上的非功利性与客观上的功利性相统一、直觉性与非直觉性相统一的基础，并从理论基础上对在美学史上极有影响的康德关于审美特征的学说作了深入的批判性的考察和实事求是的评价。这在马克思主义美学史上也是屈指可数的。

（四）普氏运用唯物史观的基本观点对艺术的本质与特征作了深入探讨，他的许多论述至今对于我们研究这一问题仍有重要的价值。

普氏对艺术的本质的看法，凝结在他关于艺术的定义里。他写道：“艺术开始于一个人在自己心里重新唤起他在周围现实的影响下所体验过的感情和思想，并且给予它们以一定的形象的表现。不用说，在极大多数场合下，一个人这样做，目的是在于把他反复思索和反复感觉的东西传达给别人。艺术是一种社会现象。”①

这里，普氏首先强调了“艺术是一种社会现象”，“是人与人之间精神交往的一种手段”②。因此，对艺术的本质与规律的探索就不能脱离一

---

① 《普列汉诺夫哲学著作选集》第5卷，生活·读书·新知三联书店1984年版，第308页。

② 同上。

定的社会关系，仅就艺术本身去进行。

那么，艺术是一种什么社会现象呢？普氏认为，从社会结构来看，它是在经济基础之上产生和发展起来的“社会意识形态上层建筑”。普氏还进一步指出，艺术不是一般的社会意识形态，而是一种高级的社会意识形态。在他看来，社会意识形态有两个层次，其中法权、政治、道德观点是“第一级的，所谓低级的意识形态”；而艺术、哲学等则属于“高级的意识形态”①。二者之间的区别就在于前者与经济基础的联系较为直接、密切，后者则同经济基础距离较远，它们同经济基础的联系要通过一系列中间环节。

普氏认为，在“高级的社会意识形态”中，艺术又有自己的显著特点。他在关于艺术的定义中至少强调了以下两点：一是艺术所表现的是作家和艺术家在周围环境的影响下所体验过的感情与思想。在他看来，仅仅说艺术是生活的反映是不够的，还必须看到艺术所表现的是作者的思想与感情，即内心生活。其二，在表现人的感情与思想的方式上，艺术既不同于哲学，也不同于宗教。哲学家是以“三段论法”“逻辑证明”的方法进行思考和论证自己的思想的，宗教是以“虚幻的形式”反映社会生活，而艺术家则以自己特有的方式，即“以形象”来思索和体现自己的思想与感情。因此，普氏认为，凡是舍弃了形象而用抽象的形式来表现思想、情感的地方，就没有艺术创作的痕迹。

普氏的艺术定义揭示了艺术的本质，其优点在于：1. 它不同于那种把艺术仅仅看做自我心灵表现的唯心主义表现论的观点，因为它把艺术家所表现的思想情感看做周围现实生活影响的结果，从本质上说乃是社会生活的反映；2. 它也不同于那种简单的反映论，因为它指出艺术对社会生活的反映是通过艺术家对社会生活的认识、理解和由此而激起的情感的折射，应该说艺术既是生活的再现，也是艺术家思想情感的表现；3. 它强调了艺术既要表现情感，也要表现思想，强调了情感与思想的统一和感性与理性的统一，显示了其全面性。

（五）普氏在探索艺术及其演进规律时十分重视研究艺术与社会心理的关系，他的有关论述是其美学理论中颇具特色的一个方面。

---

① 《普列汉诺夫哲学著作选集》第 1 卷，生活・读书・新知三联书店 1959 年版，第 720 页。

在艺术与社会心理的关系问题上，普列汉诺夫着重强调了社会心理是艺术的直接来源，艺术则是社会心理的反映。这里所说的“根源关系”和“反映关系”，不是指社会存在与社会意识之间的“根源关系”与“反映关系”，而是指在社会意识范围内艺术对社会心理的依赖关系。

普氏从以下三个方面论述了艺术对社会心理的依赖关系。其一，社会心理对于文学艺术作品中人物性格的塑造具有极为重要的影响。诚然，文艺作品中人物的性格都是个性化的，然而优秀作品之所以能够引起人们的强烈共鸣，是“因为它是整个社会阶级或者至少是整个社会阶层的心理”[①] 的反映。普氏赞扬巴尔扎克是深刻的现实主义者，说他的作品是研究复辟时期和路易·菲利普时期法国的社会心理不可缺少的史料。其二，文艺作品题材的选择，也受特定时代、特定阶级或阶层社会心理的强烈制约。他通过对17、18世纪法国戏剧和绘画题材上的变化与社会心理变化之间的关系的深刻分析，生动地揭示了社会心理对文艺题材选择方面的强烈制约作用。其三，社会心理对于艺术时代风格的形成也具有不可忽视的影响。他以法国路易十四、十五时代到法国大革命前夕社会心理的演变，具体说明了这一时期法国艺术风格的演变过程，从而揭示了艺术风格对社会心理的依赖关系。

普氏实际上把文学艺术反映社会心理看做艺术的一个普遍规律，并且强调研究文学艺术必须重视对社会心理的深入考察。但是，他在强调文学艺术对社会心理的依赖关系时又特别指出，不应把这种关系简单化，不应认为文学艺术家的创作都是自觉地去迎合某一阶级或阶层的利益，或者其作品都能赢得它所反映的那个阶级或阶层的全部理解和同情；实际情况远不是那么简单。在他看来，一定阶级和“表现这一阶级的志向和趣味的思想家间的不和谐，在历史上是屡见不鲜的”。[②] 例如，法国浪漫主义文学运动是19世纪资产阶级心理的反映，然而它在法国资产阶级中间并没有得到“普遍的同情”，当时法国资产阶级在很多方面并不理解他们的作家在文学艺术方面的努力；而法国浪漫主义者本身虽然是资产阶级的思想代表，在许多方面却对“愚钝的有产者”表示了某种愤慨和不满，有时

① 《普列汉诺夫哲学著作选集》第5卷，生活·读书·新知三联书店1984年版，第187页。

② 《普列汉诺夫哲学著作选集》第3卷，生活·读书·新知三联书店1962年版，第198页。

甚至还公开加以抨击。

在马克思主义美学史上，普氏首次对艺术与社会心理的关系作了深刻的阐明。他一方面指明艺术是社会生活的反映，同时又强调了艺术与社会生活特别是社会物质生活与社会政治生活之间存在着社会心理这一不可忽视的中间环节，这就进一步揭示了艺术反映社会生活的具体途径，从而大大丰富了对艺术演进规律的研究。

此外，普氏对艺术与其他社会意识形态的关系、文学艺术发展中的继承性、文学艺术发展与社会经济发展的不平衡性、阶级斗争对艺术发展的影响和文艺批评等问题，也都作了深入的探讨，提出了不少精辟的见解。他的论述对于艺术和美学理论的研究，特别是对于马克思主义艺术和美学理论的建设，至今仍有重要的价值。

* * *

以上是关于普列汉诺夫对马克思主义哲学三个主要贡献的概述。在肯定普氏上述贡献的同时，必须指出，他的哲学思想也还保留了旧唯物主义的痕迹，在某些方面表现出了不彻底性，尤其是在那些与现实政治斗争实践联系较为密切的领域，表现得更为明显。

上　篇

普列汉诺夫与唯物史观

第三章

普列汉诺夫论唯物史观的理论来源

普列汉诺夫在历史唯物主义领域中的头一个突出贡献，是他系统而深入地考察了唯物史观同以往历史观的原则区别和思想联系，具体地阐明了唯物史观的理论来源。他对这一问题的探究是很有深度和颇具特色的，并以其丰硕的理论成果丰富了唯物主义发展史和唯物史观的内容。贯穿于普列汉诺夫全部研究工作的历史和逻辑相统一的方法，尤显光彩，至今仍给人们以启迪。

恩格斯指出："每一个时代的哲学作为分工的一个特定的领域，都具有由它的先驱者传给它而它便由以出发的特定的思想资料作为前提。"①唯物史观的创立也不例外。

诚然，在马克思主义哲学产生以前的人类哲学思想发展史上，既有一般唯物主义的传统，又有辩证法的传统，而在社会历史观方面，唯心主义则占着完全的统治地位。但是，这种情形并不意味着在马克思主义哲学产生以前的历史观领域里没有任何积极的成果，没有任何与唯物史观接近的观点或唯物史观的思想萌芽。恩格斯在1894年1月25日致符·博尔吉乌斯的信中写道："如果说马克思发现了唯物史观，那么梯叶里、米涅、基佐以及1850年以前英国所有的历史编纂学家则表明，人们已经在这方面作过努力，而摩尔根对同一观点的发现表明，发现这一点的时机已经成熟了，这一观点必定被发现。"②

普列汉诺夫系统地发挥了恩格斯的上述思想，具体地论证了唯物史观产生的必然性。他反复强调，马克思创立的唯物主义历史观，事实上是一

① 《马克思恩格斯文集》第10卷，人民出版社2009年版，第599页。

② 同上书，第669页。

个长期的历史观念发展的产物。马克思的历史理论包括了以前的一切有实际价值的历史观念，并且给予这些观念一个非常坚固的基础。普列汉诺夫指出：为了理解马克思的唯物史观，就“应该记住，直接先行于马克思而出现的哲学和社会科学已经得到了什么样的结果”①。他在《唯物主义史论丛》《论一元论历史观之发展》《黑格尔逝世60周年》《无政府主义和社会主义》《卡·马克思的哲学观和社会观》《唯物主义历史观》《〈科学社会主义的发展〉序言》《19世纪法国空想社会主义》《维·格·别林斯基》和《尼·加·车尔尼雪夫斯基》等一系列著作中，对18世纪法国唯物主义的历史观、19世纪空想社会主义的历史观、复辟时期法国历史学家的历史观和黑格尔的历史观所做的系统考察，就是为了这个目的而进行的卓有成效的工作。在做了广泛的历史分析与比较的基础上。普列汉诺夫指出，唯物史观的创立，既是对以往历史观领域中那些有价值的思想的批判继承，又是“人类思想史上绝无仅有的一次真正的革命”，“最伟大的革命”②。

普列汉诺夫对唯物史观理论来源的考察，就其系统性、具体性和深刻性而言，在马克思主义哲学发展史上是屈指可数的。这是他在马克思主义哲学宝库中留下的一份珍贵遗产。

但是，长期以来，普列汉诺夫留下的这份珍贵遗产，没有得到应有的重视和评价。这是一件憾事。鉴于此种情况，就更有必要着重地对他在这一问题上所获得的研究成果做一番介绍和探讨。

一 18世纪法国唯物主义与唯物史观

普列汉诺夫对唯物史观理论来源的考察，首先追溯到了18世纪法国唯物主义的历史观。

18世纪法国唯物主义者的历史观，虽然与马克思的唯物史观并没有什么直接的理论联系，但是它同以往以“天意”为历史发展动力和社会命运主宰的神学历史观相比，是很大的进步，同时对19世纪空想社会主

① 《普列汉诺夫哲学著作选集》第1卷，生活·读书·新知三联书店1959年版，第676页。

② 《普列汉诺夫哲学著作选集》第2卷，生活·读书·新知三联书店1961年版，第507页。

义者、复辟时期法国历史学家和黑格尔的历史观又有不可忽视的影响。因此，普列汉诺夫十分重视对法国唯物主义历史观的研究。他要求哲学家们要像说明和批判法国唯物主义者的自然观那样，也对他们的历史观作出说明和批判。他自己就是这样做的。

18 世纪的法国唯物主义哲学是战斗的唯物论和无神论。它的主要代表人物是狄德罗、拉·美特利、爱尔维修和霍尔巴赫。他们在冲击封建专制主义的斗争中高举战斗唯物主义的大旗，对宗教神学和哲学唯心主义进行了无情的批判。这场斗争，成了即将到来的法国资产阶级革命的先导。

在历史观方面，法国唯物主义者对社会历史发展的最后动因，曾经做过有益的探讨。他们提出了“人是环境的产物”这样一个无论在当时和后来都颇有影响的重要命题。

法国唯物主义者从彻底的感觉主义出发，把人的全部心理活动看做是感觉的变形，认为人的一切感觉、表象、观念和思想都是周围环境的产物，是周围环境对他们发生作用的结果。在他们看来，人及其一切观念都是由周围环境造成的。所谓环境，一是自然环境，二是社会环境。法国唯物主义者所说的造成人的特性和意见的环境，主要指的是社会环境而不是自然环境。他们认为，人最初是无所谓善，也无所谓恶的。每一个人的智力和情感生来本没有什么差别，刚刚离开母体的婴儿，在打开生活门户之际是毫无感情的，他们在摇篮里决无骄傲、悭吝、妒忌、野心、尊严、荣誉之感。那么，为什么在现实生活中，人的感情、思想、品德、才能等千差万别甚至相距甚远呢？他们认为这是由周围社会环境造成的。由于人们所处的社会环境不同，便形成了各不相同的思想、情感、才能和品德。

普列汉诺夫对于法国唯物主义者所提出的“人是环境的产物”的命题极为重视。他不仅认为这一命题包含着作为科学历史观萌芽的唯物主义因素，而且指出这一观点“乃是法国唯物主义者许多革新要求的主要理论基础”①。因为按照法国唯物主义者的观点，自然界是不会使人变善或变恶的，决定人们善或恶的是周围的社会环境。既然人依赖于社会环境，人的全部性格和思想都是为社会环境决定的，那么人的缺点也是由社会环境所决定的。他们由此得出结论：要改变人的缺点，就必须首先改变造成

① 《普列汉诺夫哲学著作选集》第 1 卷，生活·读书·新知三联书店 1959 年版，第 573 页。

人的缺点的社会环境。具体地说，在法国唯物主义者看来，要想改变当时法国社会中人们身上存在的愚昧、落后、专制、残暴等违反理性原则的种种缺点，就必须首先改变造成这些缺点的封建专制制度。这样，法国唯物主义者便从“人是环境的产物”这个命题出发，得出了反对封建专制制度的进步的革命的结论。

普列汉诺夫指出，法国唯物主义者提出的这个命题，在历史观的发展上是有积极意义的。如果任何人的思想都是为他的周围环境所决定的，那么人们思想的发展也就必然为社会环境的发展亦即被社会关系的历史所决定。假若18世纪法国唯物主义者能从“人是环境的产物”这个观点的基础上继续前进，就应该从研究人的观念的历史，转到研究社会环境的历史、社会关系的历史，进而转到研究社会发展的客观规律方面。但正是在这里，他们停步不前了。“法国唯物主义者接近了这个任务，然而非但没有能够解决它，而且甚至没有能够正确地提出来。”①

“人是环境的产物”，但决定人及其意见的社会环境是什么呢？法国唯物主义者认为主要是法律和执行法律的政治制度。例如，爱尔维修说：“造成各民族的不幸的，并不是人们的卑劣、邪恶和不正，而是他们的法律不完善。”“法律造成一切。”这样，法律和政治制度就被他们夸大成为社会历史发展的决定因素。可是，好的法律和政治制度又是从哪里来的呢？他们认为这取决于人的“理性”。有好的理性就有好的法律和政治制度。这里，人们的理性又被他们看做社会历史的决定力量。但好的理性又是怎样产生的呢？他们说是教育的结果。只有教育才能帮助人们克服愚昧、偏见、无知、轻信、惊慌失措等。在法国唯物主义者看来，道德和政治灾难的根源是人们的愚昧无知，而愚昧无知又是缺乏教育的结果。他们认为如果民众是凶恶的，那是因为他们无知；如果他们的政府是愚蠢的，那是因为他们不善于发现社会组织和政治组织的真正原则；如果民众进行的革命没有根除道德的和社会的罪恶，那是因为他们缺乏知识；如果无知、迷惘、偏见等妨碍了人们去发现政治组织和社会组织的真正原则，那显然是错误意见支配了世界。因为不论无知、迷惘和偏见都不过是错误的意见。那么，怎样才能清除无知、迷惘、偏见之类的错误意见呢？要依靠

① 《普列汉诺夫哲学著作选集》第1卷，生活·读书·新知三联书店1959年版，第573页。

教育。他们认为只有进行完善的道德教育，改善人们的理性，国家才能改善自己的政体和法律。爱尔维修把教育看做是社会影响的全部总和，认为人完全依赖于教育。这样，在18世纪法国唯物主义者那里，历史的动力就成了知识和教育，或者如他们自己所说是教育的发展和普及。这就是他们提出的“教育万能”的主张。而法律、理性、教育等，通通都属于社会意识亦即人们的“意见”范围之内，所以不论是法国唯物主义者所主张的法律决定一切，还是理性或教育决定一切，实质上都是“意见”决定一切。于是，在法国唯物主义者那里便提出了一个同“人是环境的产物”完全相反的命题，即“意见支配世界”。这显然是一个唯心主义的命题。

普列汉诺夫指出，这样一来，法国唯物主义者就陷入了如下二律背反：一方面说人及其意见是环境的产物（即“人是环境的产物”），另一方面又说环境及其一切属性又是意见的产物（即“意见支配世界”）。犹如“陆在鲸上，鲸在水上，水在陆上”，法国唯物主义者在他们无法解决的矛盾中转来转去，大兜其圈子。而只要这个矛盾得不到解决，就不可能对人类的思想史和社会形态史有正确的了解，也就不可能有社会科学。

究竟是环境决定人的观念、意见呢，还是人的观念、意见决定环境呢？这是必须进一步回答的问题。法国唯物主义者为了从上述二律背反中解脱出来，便不得不求助于“伟人”“天才”。爱尔维修说：“必须有天才，才能用好法律代替坏法律。”“一些伟大的君主在那里召唤天才，天才则召唤幸福。”这样，法国唯物主义者又从“意见支配世界”的观点进而得出了“英雄创造历史”的唯心主义结论。由此可见，法国唯物主义者在历史观领域中最终还是背叛了他们自己在自然观方面所坚持的唯物主义原则，又回到了被他们自己所批判过的唯心主义立场。这正是旧唯物主义不彻底性的集中表现。列宁在分析法国唯物主义的局限性时指出了它的这种不彻底性，说它“‘上半截’即在社会科学领域内保持着唯心主义，不懂得历史唯物主义”。[①] 普列汉诺夫则说：“唯心主义在18世纪的一切历史学说中的统治达到这样的程度，以至连当时的唯物主义者，在他们的

---

① 《列宁选集》第2卷，人民出版社1995年版，第177页。

历史观上也是极纯粹的唯心主义者。”①

法国唯物主义者在历史观领域中为什么会陷入上述无法解决的矛盾而走向唯心主义呢？普列汉诺夫认为，这是因为他们不懂得辩证法。他指出，同马克思以前的唯物主义一样，18世纪法国唯物主义的一个无可争辩的软弱的方面，是几乎完全没有任何进化观念；虽然狄德罗等人每每有一些可以为近代伟大的进化论者增光的天才见解，但是这些见解与他们的学说的本质并无联系，只不过是些例外。他说，18世纪的法国哲学家除了少数很不重要的例外之外，都没有发展观点，无论是他们对自然界的看法还是对人类历史的看法，“都有着这个根本的缺点”②。正因为他们不懂得辩证法，所以他们无法弄清楚究竟是“意见”或“公共意见”造成“社会环境”，还是“社会环境”造成“意见”或“公共意见”。对于不懂得辩证法的人来说，回答这个问题自然是件很困难的事情。

普列汉诺夫的这个见解无疑是正确的，不懂得辩证法的确是18世纪法国唯物主义的一个极大弱点，它的形而上学的局限性也正表现在这里。然而，普列汉诺夫对于法国唯物主义者在历史观上陷入唯心主义的原因所做的分析是不够全面的，主要表现在他没有充分注意到法国哲学家在实践观点上的错误。事实上，法国唯物主义者之所以会在历史观方面陷入唯心主义，除了他们不懂得辩证法以外，还由于他们不了解社会实践的作用。这两个缺点是联系在一起的。

从马克思主义的观点来看，人们的社会实践乃是人们的意见同周围环境（包括自然环境和社会环境）之间的桥梁。只有社会实践才能把人们的意见同周围环境联系起来，也只有在实践的基础上，二者才能得到辩证的统一。18世纪法国唯物主义者由于不懂得社会实践在人们认识世界和改造世界过程中的作用，因而就必然把人的意见同周围环境绝对地对立起来，没法弄清它们之间的辩证关系。马克思在《关于费尔巴哈的提纲》中说，有一种唯物主义学说，认为人是环境和教育的产物，因而认为改变了的人是另一种环境和改变了的教育的产物，——这种学说忘记了：环境正是由人来改变的，而教育者本人一定是受教育的。因此，这种学说必然

① 《普列汉诺夫哲学著作选集》第8卷，生活·读书·新知三联书店1962年版，第581页。

② 《普列汉诺夫哲学著作选集》第4卷，生活·读书·新知三联书店1974年版，第524页。

会把社会分成两部分，其中一部分高于社会之上。他指出："环境的改变和人的活动或自我改变的一致，只能被看做是并合理地理解为革命的实践。"①

这里，马克思批评的那种唯物主义学说，就是18世纪法国唯物主义和费尔巴哈唯物主义。马克思的这一著名论断，深刻地揭露了旧唯物主义由于不懂得辩证法和不了解社会实践的作用而陷入了形而上学机械论和历史唯心主义。普列汉诺夫在分析法国唯物主义者陷入历史唯心主义的原因时，只强调了他们不懂辩证法的一面，而对于他们不了解社会实践的作用这一错误有所忽视，这显然是一个缺陷。

普列汉诺夫在评价法国唯物主义者关于"人是环境的产物"和"意见支配世界"这两个命题时曾经指出，这两个命题都有其相对合理的一面。这是因为：一方面，社会环境对于人及其意见确有决定作用。人们的意见为什么在这个时代是这样的，而在另一个时代又是另一个样子，为什么相互对立的阶级和社会集团会有截然相反的意见，这个问题从意见本身是无法说明的，只有用社会环境来解释。从这个意义上可以说"人是环境的产物"。另一方面，人们的意见又确乎对于人们改造周围环境的活动有极其重要的影响，它可以支配人们改造自然和社会的实践活动。从这个意义上也未尝不可以说"意见支配世界"。法国唯物主义者的错误不在于他们看到了环境对于人的意见的决定作用和人的意见对周围环境的支配作用，而在于他们把这两个命题绝对地对立起来。当他们论证"人是环境的产物"时，片面地认为环境就是一切，忽视和抹杀了人的意见对环境的作用，忽视和抹杀了人的能动作用；当他们论证"意见支配世界"时，又极端地夸大了意见的作用，宣布社会环境决定于人们的意见，意见是社会环境的变迁的最后动因。这样一来，他们便深深地陷入了无法克服的矛盾之中。

普列汉诺夫揭露了法国唯物主义者历史观中的上述二律背反，但并没有对它简单地加以否定，而是公正地指出法国唯物主义者历史哲学中的这一矛盾，在历史观的发展史上曾有过一定的积极影响。普列汉诺夫认为，在人类认识史上有各种各样的矛盾出现。一类矛盾毫无积极意义，而另一类矛盾则不仅不会窒息人们的思想，不仅不阻滞它的发展，反而会推动人

① 《马克思恩格斯选集》第1卷，人民出版社1995年版，第55页。

们的思想前进。他说这类矛盾对于推动人们思想向前发展，有时表现得那样有力，在某种意义上甚至比“最严整的理论还要有效”，正如黑格尔所说，“矛盾引导前进”。在普列汉诺夫看来，“18 世纪法国唯物主义者的矛盾正是属于这类矛盾”。[①] 这就是说，尽管法国唯物主义者在历史观方面陷入了唯心主义，但他们所提出的人和环境之间的关系这样一个重要问题，对于后人是颇有启发的。

在人的意见和社会环境之间，无疑存在着相互作用。但是，对社会生活的科学研究却不能仅仅停留在二者的相互作用上，因为承认它们之间的相互作用还远远不能揭示社会历史发展的最后动因。所以，普列汉诺夫说：为了弄清社会发展的最后动因，揭示社会发展的客观规律，就“应该要超越于互相作用的观点之上，如果可能的话，应该发现那决定社会环境发展和意见发展的因素。19 世纪社会科学的任务就是在发现这个因素”[②]。

普列汉诺夫注意到了在法国唯物主义者当中，有人曾经试图发现那个既决定社会环境，又决定人的意见的因素。此人就是爱尔维修。爱尔维修认为知识的发展是服从于某种规律的，因而他断定存在着某种知识所依赖的隐蔽的未知因素，它决定着人类社会和智慧的发展。这种隐蔽的未知因素究竟是什么呢？他说是人类的肉体“需要”。普列汉诺夫指出，爱尔维修的这个“尝试”没有获得成功。因为他并没有真正找到那个既决定人的意见、智慧，又决定社会环境的因素。同样是“需要”，人和动物却有着本质的不同。动物不生产，它们只是占有自然界所生产的各种东西来满足自己的肉体需要，而人却通过劳动生产自己所需要的物质资料。同时，人类的需要又是不断变化的，这种情形，从需要本身显然无法得到解释。所以普列汉诺夫指出：“严格说来，应当考察的并不是人的需要，而是满足这些需要所采取的手段和途径。”[③] 普列汉诺夫所说的满足人类需要的“手段和途径”不是别的，就是物质资料的生产活动。

---

① 《普列汉诺夫哲学著作选集》第 1 卷，生活·读书·新知三联书店 1959 年版，第 575—576 页。

② 同上书，第 578 页。

③ 《普列汉诺夫哲学著作选集》第 2 卷，生活·读书·新知三联书店 1961 年版，第 163 页。

尽管爱尔维修的上述尝试归于失败，但普列汉诺夫对他在这一问题上所做的“极有兴味的至今尚未得到充分估价的尝试”却给以应有的肯定。他指出这个尝试启迪着后人的思想，它“宛如一个给那些愿意继续法国唯物主义者事业的下世纪的思想家们的遗嘱”①。

法国唯物主义者所说的意见支配世界，实际上是指人的理性支配世界。普列汉诺夫指出，18 世纪法国唯物主义者诉诸“理性”，把人的“理性”看做历史运动的最后原因，但是，正是这个抽象的“理性”，由于 18 世纪末法国大革命的“骚乱”而破灭了。法国大革命的现实向人们表明：人类的历史运动服从于当时他们自己所不知道的但又无法抗拒的某些隐蔽的力量的作用。每当理性的力量同这些隐蔽的力量发生矛盾时，它就被无情地摧毁。在这些力量的面前，理性的灵光黯然失色了。于是，研究与探索这些隐蔽力量，寻找社会发展的真正动因，便成了 19 世纪思想家们的一个重要目标。

二　19 世纪空想社会主义与唯物史观

继对 18 世纪法国唯物主义历史观的考察之后，普列汉诺夫又对 19 世纪空想社会主义的历史观进行了深入的研究。他明确指出，19 世纪空想社会主义者在历史观领域里提出了一些包含唯物主义思想的见解，这些见解为马克思和恩格斯制定唯物主义的历史观提供了重要的理论材料。

19 世纪空想社会主义是马克思主义的三个理论来源之一。它的主要代表人物是法国的圣西门、傅立叶和英国的欧文。空想社会主义学说反映了尚未成熟的无产阶级和劳动群众对资本主义制度丑恶现象的不满和反抗情绪，反映了他们要求摆脱资本主义制度和向往美好未来的愿望。普列汉诺夫认为，这些伟大的空想主义者都是一些很有天才的人物，“他们向前推进了当时完全站在空想主义观点上的社会科学”。②

在历史观方面，19 世纪空想社会主义者继承了法国唯物主义者“意见支配世界”的原则。他们对人类社会历史的考察，总的说来也是站在

① 《普列汉诺夫哲学著作选集》第 1 卷，生活·读书·新知三联书店 1959 年版，第 579 页。

② ［俄］普列汉诺夫：《无政府主义与社会主义》，王荫庭译，生活·读书·新知三联书店 1980 年版，第 89 页。

唯心主义立场上的。“在这一点上他们和 18 世纪的唯物主义者没有任何区别。”① 但是，普列汉诺夫看到了这些空想社会主义者对于从法国哲学家那里继承的历史理论有时表现出了“极大的不满”，发现了他们想摆脱其法国前辈们的唯心主义观点的狭窄圈子和想立足于更现实的基础上的意图。普列汉诺夫认为，这是一个明显的矛盾，反映了他们在历史观方面的明显进步；这个矛盾，在他们关于社会历史问题的一些论断中经常表现出来：一些在唯物主义意义上解释的事实，忽然得到了完全是唯心主义的说明；反之，在一些唯心主义的解释中又经常夹杂着唯物主义的说法。

在考察空想社会主义的历史观时，普列汉诺夫着重解剖了它的杰出代表圣西门的历史理论。他指出，圣西门的历史观在以下三个方面比法国唯物主义者的历史观有所前进。

（一）圣西门承认人类社会历史的发展是有客观规律性可循的。他曾经试图揭示社会发展的客观规律，建立社会科学的基础。在他看来，社会科学可能而且应当成为像自然科学那样精确的科学。他把这种像自然科学那样精确的社会科学称做“社会物理学”。

怎样才能建立起这样的社会科学呢？圣西门认为，要建立这样的社会科学，必须使它具备科学的基础，这就应当了解人类社会发展的规律。在他看来，人类社会的历史不是杂乱无章的偶然事件的堆积，而是有客观规律可循的。哲学家、社会科学家的一个重要任务，就是揭示这些规律。那么，怎样才能发现历史运动的规律呢？他说，要发现历史的规律就必须了解人类的过去。为此，圣西门研究了自罗马帝国衰亡以来的西欧历史。

普列汉诺夫认为，同法国唯物主义的历史观相比，圣西门关于人类历史具有客观规律性的观点是一大进步。他说：“法国启蒙学者，常常把人类历史看做是或多或少幸福地造成的偶然性，而圣西门首先在历史中找寻规律性。”② 普列汉诺夫还看到了圣西门的这一观点对后世产生的重大影响。他说，圣西门肯定社会历史有客观规律可循的思想，是“如何新颖和广大”，以至于使他的学生梯叶里能够在法国史的研究上几乎完成了“整个的革命”。

---

① ［俄］普列汉诺夫：《无政府主义与社会主义》，王荫庭译，生活·读书·新知三联书店 1980 年版，第 14 页。

② 《普列汉诺夫哲学著作选集》第 1 卷，生活·读书·新知三联书店 1959 年版，第 596 页。

（二）圣西门在历史研究中接触到了所有制对社会政治制度的决定作用这个十分重要的问题。他认为政府的形式不是本质，确立所有制才是问题的本质。这种所有制是社会大厦的基石。圣西门说的所有制实际上指的是社会财产关系。

为什么社会财产关系在社会生活中具有如此重要的作用呢？圣西门说，答案应该到产业发展的需要中去找。他指出，15 世纪以前的欧洲，农业是主要的生产部门，主要的生产资料是土地，贵族占有土地，在经济上居于支配地位，因而也就掌握着政权。后来，随着工业生产的发展，资产阶级逐渐在经济上占据了支配的地位，于是，他们就要求把政权从贵族手中夺取过来。普列汉诺夫对圣西门的这一观点给予了很高的评价。他认为圣西门这种用经济因素来解释社会现象的观点，比 18 世纪法国唯物主义显然要高明得多。他在《论一元论历史观之发展》中写道：“应该指出，圣西门较之他同时代的历史专家更深地探究了欧洲社会内部发展的动力。”“假如梯叶里、米涅及基佐都指出了财产关系是整个社会制度的基础，那么，圣西门首先异常鲜明地照明了新欧洲这些关系的历史。”① 普列汉诺夫指出，圣西门这一思想的逻辑发展，本来应该引导他得出生产的规律实质上是最终决定社会发展的规律的结论，然而正是在这里，他止步了。“有些地方他似乎接近着这个思想，可是只是有些地方，只是接近。”② 然而却始终未能得出这样的结论。

（三）圣西门还看到了阶级斗争对社会生活的重大影响，肯定阶级斗争在人类历史上的重要作用。圣西门认为，15 世纪以来的西欧历史是厂主反对封建贵族的长期斗争的历史，而厂主反对封建贵族的斗争是两个利益对立的阶级之间的斗争，法国大革命不过是这个斗争的“插曲”。对于圣西门的这个观点，普列汉诺夫极为欣赏。他说 19 世纪空想社会主义者“对于阶级斗争在西欧社会现代历史中的作用，投射了极其明亮的光芒，从而为科学地说明社会现象作了准备”③。圣西门还进一步指出，法国大革命不仅是资产阶级反对封建阶级的斗争，也是无产阶级同封建阶级和资产阶级的阶级斗争。恩格斯对此有很高的评价。他说：“这在 1802 年是极

① 《普列汉诺夫哲学著作选集》第 1 卷，生活·读书·新知三联书店 1959 年版，第 597 页。

② 同上。

③ 《普列汉诺夫哲学著作选集》第 3 卷，生活·读书·新知三联书店 1962 年版，第 40 页。

为天才的发现。”[①]

普列汉诺夫考察了19世纪空想社会主义者在历史观领域中的上述贡献之后指出，所有这些，都清楚地说明圣西门等人的历史理论比18世纪法国唯物主义者已经前进得很远了。在他们那里，不是什么“意见支配世界”，而是社会利益，更确切地说是阶级的利益和这些利益的对立所引起的社会斗争支配着世界，决定着历史的进程。同法国唯物主义者的历史观相比，这当然是相当大的进步。

在充分肯定空想社会主义者在历史观方面的进步和贡献的同时，普列汉诺夫明确指出了他们的局限性。他说，由于空想社会主义者没有摆脱唯心史观的束缚，因而“他们没有想进一步研究那些在解释历史时的唯物主义因素，这些因素在他们的学说中无疑是很多的”[②]。圣西门等人虽然承认人类社会的发展有自己的规律性，也看到了财产关系和阶级斗争对于社会生活和历史运动的重要作用，然而在他们那里，社会进步的基础并不是社会物质生产和阶级斗争，而是理性和理性的进步。在圣西门看来，研究人类历史就是要研究“人类理性进化的整个历史”。既然理性是社会发展的基础和动力，那么具有高度理性的人也就必定对社会历史的发展具有决定的作用。他们确信“社会的命运决定于社会成员对某个改革家提出的社会改组计划的‘意见’，即决定于他们的看法”[③]。例如圣西门就认为法国居民虽然是一种物质力量，但是他们只有依靠有天才的人才能使社会关系得到改造。空想社会主义者既然把人类社会今后的全部历史和社会进步归结为宣传和实行他们所提出的社会改革计划，那么他们就必然用唯心主义的观点去看待历史。他们不仅不承认社会历史发展的客观过程决定人们的思想过程，相反，却把人们的思想过程看做是人类历史发展的最后动因。这样，他们便重复了法国唯物主义者“意见支配世界”的错误，深深地陷入了历史唯心主义。

普列汉诺夫指出，乍一看来，说圣西门的历史观是纯粹的唯心主义似乎很难理解，因为他的确承认人们的财产关系是社会制度的基础，认为财产关系制约着政治关系。但是，只要一触及财产关系的起源问题，其历史

---

① 《马克思恩格斯文集》第9卷，人民出版社2009年版，第392页。

② 《普列汉诺夫哲学著作选集》第4卷，生活·读书·新知三联书店1974年版，第303页。

③ 同上。

观的唯心主义本质就立即显露出来了。在圣西门看来，财产关系是由人们的感情、观念所引起的，它决定于人们的本性。这就是说，空想社会主义者不是以历史发展的客观过程为依据去说明历史，而是诉诸人们的感情和理智，一句话，诉诸人性。所以普列汉诺夫说："空想社会主义者的观点，正如当时所有社会科学的观点一样，乃是人性论的观点。"①

他们宣称他们的哲学是"建立在用新的观点来理解人类本性的基础上"的。他们无论在评价现存社会的秩序或设计新社会组织时，都把人的本性当做一成不变的标准。由此可见，19 世纪空想社会主义者在历史观方面仍然同法国唯物主义者一样，本质上是唯心主义的。

在解剖空想社会主义的历史观时，普列汉诺夫提出了一个颇为深刻的见解。他认为 19 世纪空想社会主义者的一个极大的弱点，"就是没有坚定地站在历史的观点上的那种本领"。② 在他看来，空想社会主义的学说虽然在某些方面也闪耀着辩证法思想的光辉，然而其辩证发展的思想却是不彻底的。空想社会主义者企图寻找和确立一种永恒的完善的立法和社会制度，正是他们缺乏历史观点和辩证思维的突出表现。因为承认一种立法和社会制度是最完善的永恒的，就无疑否定了人类历史的发展。反过来说，如果认为一切事物都是发展变化的，任何事物都会在发展进程中自己否定自己，那么世界上就不可能有什么对于一切时代和一切民族来说是最完善的永恒的社会制度。普列汉诺夫说得好，"辩证的思维排斥了任何乌托邦"③。

尽管 19 世纪空想社会主义者的历史观本质上是唯心主义的，然而如上所述，他们却提出了许多极有价值的思想，在历史观的发展史上作出了自己的贡献。普列汉诺夫充分肯定了他们的历史功绩和积极影响。他指出圣西门历史哲学中的上述积极因素和有价值的思想，对复辟时代历史学家特别是梯叶里有很大的影响。圣西门把自己的历史观点传给了他的义子梯叶里，并对这位卓越的法国历史学家产生了"决定性的影响"。无论是梯

① ［俄］普列汉诺夫：《无政府主义与社会主义》，王荫庭译，生活·读书·新知三联书店 1980 年版，第 26 页。

② 《普列汉诺夫哲学著作选集》第 4 卷，生活·读书·新知三联书店 1974 年版，第 536 页。

③ 《普列汉诺夫哲学著作选集》第 1 卷，生活·读书·新知三联书店 1959 年版，第 654 页。

叶里还是米涅、基佐以及这一派所有的历史学家，“他们所抱的历史观点都正是圣西门首先有系统地加以宣传的那些历史观点”。这些历史观点后来成了马克思制定唯物主义历史观的“重要材料”[①]。这就清楚地说明，如同19世纪空想社会主义者的社会主义学说是科学社会主义学说的理论来源一样，他们历史观中的合理思想也是唯物史观的一个重要理论来源。

三 复辟时代法国历史学家的历史哲学与唯物史观

对复辟时代法国历史学家历史观的深入考察，是普列汉诺夫论述唯物史观理论来源的一个重要方面。

所谓复辟时代的法国历史学家，是指1815年拿破仑百日政变失败、波旁王朝复辟到1830年七月革命、波旁王朝被推翻这个时期的法国历史学家。其主要代表人物有梯叶里、米涅和基佐。

普列汉诺夫认为，在历史观方面，复辟时代法国历史学家继承了法国唯物主义者和空想社会主义者的许多重要观点，同时又在某些方面较他们的前辈有所前进。

（一）他们在历史研究中看到了人民群众在历史上的重要作用。普列汉诺夫认为这是一个极为重大的结果，值得把它记在心中。

18世纪法国唯物主义的历史哲学把历史的动因归结于个人自觉的活动。这种历史哲学“只知道个人、伟大人物，——群众、人民对它说来几乎是不存在的”[②]。复辟时代法国历史学家所“毅然反对的正是这种观点”[③]。他们尖锐地批评了以往的历史学家“总是顽强地不承认人民群众有首创精神”的错误，主张历史学家在历史的研究中应当重视人民群众的作用。从这个意义上说，普列汉诺夫认为复辟时代法国历史学家的这一观点是法国唯物主义者历史观点的“反题”。复辟时代法国历史学家为什么能对人民群众在历史上的作用给以重视呢？普列汉诺夫认为，一个重要

---

① 《普列汉诺夫哲学著作选集》第3卷，生活·读书·新知三联书店1962年版，第615—616页。

② 《普列汉诺夫哲学著作选集》第2卷，生活·读书·新知三联书店1961年版，第736页。

③ 同上书，第352页。

的原因，是复辟时代历史学家接受了法国大革命的强烈影响。梯叶里、基佐、米涅虽然没有亲身参加到这个大革命的洪流中去，但他们在复辟时代人们记忆犹新的惊天动地的法国大革命中，看到了人民群众所显示出来的巨大作用。这种作用向历史学家们表明，不能设想历史是一些伟大人物一手造成的，革命是人民群众的事情。正如普列汉诺夫所说，在法国大革命的强烈影响下，“历史学家不再研究伟大人物的一举一动，而开始希望研究人民的历史”。[①] 这是他们在历史观上的一个重大进步，具有非常重要的意义。

当然，普列汉诺夫也看到了在复辟时代法国历史学家的心目中，人民群众主要指的是资产阶级。他们站在资产阶级立场上，“热烈赞助过资产阶级对世俗贵族及宗教贵族进行的斗争，同样也赞助过资产阶级打破新兴无产阶级要求的企图”。[②] 这正是他们的阶级局限性在历史观上的反映。

（二）复辟时代法国历史学家对于阶级斗争在社会发展中的作用也很重视。其基本观点与空想社会主义者大致相同，但又有所前进，主要表现在他们试图探究阶级斗争的经济根源。

如上所述，复辟时代法国历史学家看到了人民群众的历史作用。可是，广大群众为什么要创造历史呢？换句话说，当群众从事创造历史的活动时，他们所抱的目的是什么呢？梯叶里回答说：为了保障自己的利益。他说，你想知道是谁创立了某种制度，是谁发起了某一社会事业吗？你就应当弄清楚实际上是谁需要这种制度和事业。也就是说，群众是根据自己的利益行事的，利益是一切社会制度和事业的源泉。普列汉诺夫很重视这一观点。他指出，按照这种意见，人们就不难理解当某种制度违反群众利益的时候，群众就会起来反对这个制度，而敌视人民群众的制度总是对特权阶级有利的，所以反对这一制度的斗争也就成了反对特权阶级的斗争。

在梯叶里的笔下，17 世纪的英国革命是被当做第三等级反对贵族的斗争来描写的。米涅的《法国革命史》，更清楚地表明了他对法国阶级斗争的历史意义有多么明确的认识。他认为各个政党之间的斗争不过是表现了各阶级之间利益的矛盾。这里，他们已经接触到了经济利益的对立是阶

① 《普列汉诺夫哲学著作选集》第 2 卷，生活 · 读书 · 新知三联书店 1961 年版，第 736 页。

② 同上书，第 353 页。

级斗争的根源的思想，在一定程度上看到了阶级斗争与经济利益的关系。正如普列汉诺夫所说，复辟时代法国历史学家是从社会各阶级的“现实的利益”的观点上去考察阶级斗争的，这一观点在他们的历史哲学中起着很大的作用。

普列汉诺夫进一步指出，复辟时代法国历史学家们不仅看到了敌对阶级经济利益的斗争决定着社会政治领域的历史进程，而且指出这一斗争还影响着人们的思想方面。例如梯叶里在论述17世纪英国的宗教斗争时就认为英国人的宗教信仰决定于他们的经济地位，一般地说站在臣民行列里的人大都是长老会派，而站在对立阵营中的封建贵族和国王则是主教和教皇的拥护者。可见，较之18世纪法国唯物主义者，复辟时代法国历史学家已经前进得很远了。从前法国唯物主义者断言“意见支配世界”，法国历史学家则认为，“意见”，甚至在宗教方面，都受着阶级斗争的规定和制约。

（三）法国历史学家还看到了财产关系是一个国家的政治制度和统治思想的深刻基础。

18世纪法国唯物主义者提出了“人是环境的产物”的命题。但社会环境是由什么决定的呢？社会环境变化发展的规律又是怎样的呢？他们未能作出正确的回答。这就给复辟时期法国历史学家提出了一个任务：对于决定人及其意见的社会环境进行探讨。普列汉诺夫非常重视他们的研究成果，认为他们得出了一个对于历史科学来说是极为重要的结论，即社会政治制度、法律制度根源于社会关系，而社会关系又是为所有权的状况决定的。

普列汉诺夫指出，如果说从前的许多哲学家和历史学家是以政治制度来解释历史的，那么复辟时代的法国历史学家则以公民生活、财产关系来解释政治制度。基佐就是这样做的。在他看来，在西罗马帝国崩溃后出现在历史舞台上的一切民族那里，公民生活是和土地关系密切联系着的。因此，对于他们的土地关系的研究，就应该先于对公民生活的研究也就是说，为了理解这些民族的社会政治制度，必须研究其社会生活中不同阶层的相互关系。而为了了解这些不同的社会阶层，就应该知道其土地关系的性质。复辟时代法国历史学家对社会环境作分析时，看到了各个民族和国家的社会风习与政治制度之间的相互作用，但并不满足于这种相互作用的观点。他们认为，一个国家、民族的风习与政治制度之间无疑是相互影响的，但二者归根到底都为第三个更为深刻的因素所决定。这个因素就是人们的公民生活，人们的财产关系。在他们看来，历史学家只有注意研究这种公民生活、财产关系，才能提供理解历史事变的钥匙。这是一个相当重要的见解。普列汉诺夫对法国历史学家的这一思想的评价极高。他甚至说法国历史学家的这一观点“同马克思、恩格斯的观点没有多大区别”[①]。这样的评价虽未免失之过分，却在一定程度上说明了法国历史学家的历史观同他们的前辈相比有了长足的进步。他们已经注意考察18世纪法国唯物主义者所长期纠缠不清的问题。

可是，社会财产关系，所有制状况又是由什么决定的？换言之，财产关系是怎样产生的？它的根源是什么？这是摆在法国历史学家面前的一个十分重要而又无法回避的问题。普列汉诺夫指出，这个问题如能得到正确解决，就可以找到历史发展的最后动因，揭示人类社会发展的客观规律。但是，正是在这个极为重要的问题面前，法国历史学家无能为力了。他们不了解生产关系是社会财产关系的基础，财产关系则是生产关系的法律表现，更不了解决定生产关系的是生产力的状况。正如普列汉诺夫所说：“关于财产关系的来源这一问题，作为一个严格地和确切地提出的科学问题，在基佐的头脑中甚至还没有发生。”[②]

普列汉诺夫指出，面对财产关系的起源这个无法回避的问题，法国历史学家不得不求援于“征服”，即用“征服”来解释财产关系的起源问题。他们认为财产关系是由“征服”引起的，它的基础是“征服”。由于征服，一个民族占有了另一个民族的财产，一些居民占有了另一些居民的财产，于是便产生了财产关系上的不平等。可是，随着他们这种对财产关系起源的解释，又产生了一个新的问题，即“征服”是由什么决定的？法国历史学家回答说：“征服”决定于人们的“实际利益”。那么，人们的“实际利益”又决定于什么呢？他们回答说：决定于财产关系。这样，法国历史学家就一方面说财产关系起源于“征服”，另一方面又说“征服”是为了一定的“实际利益”，而这种“实际利益”竟又是由财产关系决定的。结果还是在兜圈子：用征服来解释财产关系，又用财产关系去说

① 《普列汉诺夫哲学著作选集》第2卷，生活·读书·新知三联书店1961年版，第547页。

② 《普列汉诺夫哲学著作选集》第1卷，生活·读书·新知三联书店1959年版，第588页。

明征服。问题仍然没有得到解决。

法国历史学家企图用征服去解释财产关系，不仅无法正确说明财产关系的起源问题，还引出了另外的麻烦，这就是为什么征服的社会结果恰恰是这样的而不是别样的呢？如果说这是由彼此冲突的各个民族社会制度的差别决定的，那等于什么也没有说，因为仍然不知道究竟是什么东西决定其社会制度；如果说这是由从前的某个征服来决定的，这无疑是用征服来解释征服，其结果还是陷入了循环论证的圈子。这说明，对于征服所产生的社会结果，亦即为什么在一定时期内的征服者和被征服者所建立的所有制，恰恰是这样的而不是另一种样子，是无法从征服本身得到解释的；在征服的背后，还有更为深刻的原因。普列汉诺夫说，在这个问题面前，对于人类社会历史的科学研究必将得出一个结论：在各民族的社会生活中有一个未知的原因，“它不仅不为征服所制约而且它本身制约着征服的后果，甚至常常也许永远制约着征服本身”。[①]

面对着财产关系的来源这样一个难以解决的问题，复辟时代法国历史学家“都会如基佐一样，以或多或少机智地引用‘人的天性’来摆脱困难”。[②]

他们认为在人的天性中有一种与生俱来的“征服欲”“统治欲”。这种天生的征服欲、统治欲，便是产生人类社会生活中征服现象的根源。但是如果人的天性是变化的，那就首先应当说明它变化的原因；如果人的天性是不变的，它就不能解释历史的变化，因为用不变的东西去说明变化的事物是行不通的。这样一来，复辟时代法国历史学家企图用人的天性即人性去解释财产关系的起源，非但无法摆脱他们面临的困难，反而在兜了一个大圈子之后，又回到了18世纪法国唯物主义者“意见支配世界”的唯心主义出发点。所以，普列汉诺夫说：“把‘人的天性’，看做一切法权、道德、政治、经济领域内‘棘手事件’的最高裁判者的观点，19世纪的著作家完全是从上世纪的启蒙学者那里继承来的。”[③]

综上可见，法国历史学家虽然力图用“实际利益”“经济状况”“财

① 《普列汉诺夫哲学著作选集》第1卷，生活·读书·新知三联书店1959年版，第589页。

② 同上书，第590页。

③ 同上书，第590—591页。

产关系”来说明政治制度、阶级斗争、宗教斗争等社会现象，然而他们当中的任何一个都没有真正解决“经济状况”即“财产关系”的起源问题。而只要这一问题得不到科学的说明，对于社会历史的研究就仍然没有真正的科学基础。

对法国历史学家的历史观作了上述透彻的剖析之后，普列汉诺夫得出了如下结论：从本质上说，复辟时代的法国历史学家们的历史观仍然是唯心主义的历史观，但是同前辈相比，他们又前进了一大步。在历史哲学领域里，他们进行了一些新的探索，提出了一些很有价值的思想，特别是看到了人民群众在历史上的作用，试图揭示阶级斗争的经济根源和重视财产关系在社会生活中的作用等，这些思想都包含着唯物史观的萌芽。正因为这样，所以马克思和恩格斯在建立科学唯物史观时，曾经利用过“复辟时代的法国历史学家所积累的理论材料”①。

四　黑格尔的历史哲学与唯物史观

对于马克思以前的历史观，普列汉诺夫评价最高的当推黑格尔的历史哲学。他对黑格尔的历史哲学在人类思想史上的重大贡献和局限性，特别是对黑格尔历史哲学中的唯物主义因素和丰富的辩证法思想对唯物史观创立的重要影响所作的深刻剖析，是他关于唯物史观理论来源论述中十分精彩的部分。

德国唯心主义哲学集大成者——黑格尔哲学，是彻底的唯心主义的一元论。黑格尔认为“时代精神”、“民族精神”归根到底亦即“绝对精神”是一切社会制度、政治制度、宗教观点、伦理观点、道德状况等的决定者，是历史发展的最后动力。这表明，黑格尔的历史观本质上是唯心主义的。

但是，黑格尔在历史哲学领域中提出了许多合理思想和精辟见解。这些思想和见解不仅对于他那个时代的社会科学的各个方面都产生了深刻影响，而且对于唯物史观的创立有着重要的价值。

恩格斯在《卡尔·马克思〈政治经济学批判〉》中指出：黑格尔是“第一个想证明历史中有一种发展、有一种内在联系的人，尽管他的历史

① 《普列汉诺夫哲学著作选集》第3卷，生活·读书·新知三联书店1962年版，第156页。

哲学中的许多东西现在在我们看来十分古怪，如果把他的前辈，甚至把那些在他以后敢于对历史作总的思考的人同他相比，他的基本观点的宏伟，就是在今天也还值得钦佩。"[①] 恩格斯把黑格尔的历史观誉为"宏伟的""划时代的历史观"，并且指出"这个划时代的历史观是新的唯物主义观点的直接的理论前提"[②]。列宁在《哲学笔记》中也多次指出黑格尔的某些关于社会历史问题的见解，"接近历史唯物主义"[③]，"已经有历史唯物主义的萌芽"[④]。普列汉诺夫完全赞同并系统地发挥了恩格斯的上述思想，具体地论证了黑格尔的历史观对于马克思唯物史观的创立所产生的不可低估的理论影响。

普列汉诺夫说，黑格尔每次叙述到历史上的任何一个伟大民族时，都显示出了他的知识的全面性和深入的洞察力，作出了真正光辉而有教益的论述。黑格尔的这些论述，会使你"几乎忘记了你是在同一个唯心主义者打交道"，而"甘愿承认他确实是'按照历史的真象去对待历史'"，承认他"严格遵守他自己的规则：'坚守历史主义的、经验的基地'"[⑤]。黑格尔的历史哲学"是他无意中和不自觉地送给唯物主义的贡物"[⑥]。

那么，黑格尔历史哲学的主要贡献是什么呢？它对唯物史观创立的影响又表现在哪里呢？

普列汉诺夫指出，黑格尔历史哲学的首要贡献和它对唯物史观创立的最大影响，是他用发展的观点去看待历史。黑格尔在历史哲学、法哲学、宗教哲学、哲学史、美学等所有这些不同的历史领域中，都力求找出贯穿其中的"发展线索"。黑格尔在社会科学中的地位，"首先决定于他对一切社会科学的现象是从生成的过程的观点、即从这些现象的发生和消灭的观点去观察的"。[⑦]

---

① 《马克思恩格斯文集》第2卷，人民出版社2009年版，第602页。

② 同上。

③ 《列宁全集》第55卷，人民出版社1990年版，第270页。

④ 《列宁全集》第38卷，人民出版社1959年版，第348页。

⑤ 《普列汉诺夫哲学著作选集》第1卷，生活·读书·新知三联书店1959年版，第478页。

⑥ 《普列汉诺夫哲学著作选集》第2卷，生活·读书·新知三联书店1961年版，第509页。

⑦ 《普列汉诺夫哲学著作选集》第1卷，生活·读书·新知三联书店1959年版，第471页。

普列汉诺夫将黑格尔的历史观同他的前辈们的历史观作了一番比较之后向人们指出：18 世纪唯物主义在历史观方面的一个无可争辩的软弱的方面，如同它对待自然界一样，是几乎完全没有任何进化的观点即发展的观点。每当这些哲学家遇到自然界和历史的发展问题时，便暴露出了他们“惊人的薄弱”；19 世纪空想社会主义者的历史观中虽然包含着某些辩证法思想，但是由于他们追求一种对于一切时代和一切民族都是最好的社会制度，而暴露了他们“没有坚定地站在历史观点上的那种本领”；黑格尔则不同，他在历史观领域中坚持了运动和发展的观点，是一个用发展观点去考察一切社会现象的辩证论者。这正是黑格尔的历史观比前人高明之处。

从发展的观点出发，黑格尔认为人类社会的历史是服从于一定的规律的；历史人物的表面动机和真实动机都不是历史事变的最终原因，在这些动机的背后，还有应当而且必须加以探究的动力。在黑格尔以前，许多哲学家和历史学家往往以偶然性来解释社会历史现象，说明社会历史的发展，因而把社会历史看做是许许多多偶然现象的堆砌。如前所述，18 世纪法国唯物主义者虽然提出了“人是环境的产物”这一包含着唯物主义因素的命题，然而他们在对社会环境作解释时又得出了一个完全相反的结论：“意见支配世界。”他们认为人的意识的活动乃是一种自由的活动，它排斥任何必然性。这样一来，在他们的心目中，社会历史便成了被无数偶然现象所支配的杂乱无章的混合体，同法国唯物主义者的观点相反，黑格尔不是把人的“意见”“理性”“动机”视为社会发展的动力，不是把社会历史的发展看做无数偶然现象的堆砌，而是着力于透过人的“意见”“理性”“动机”，去寻找纷纭繁杂的偶然性背后的必然性，发现历史运动的规律性。正如普列汉诺夫所说：从前的“唯物主义的‘哲学家们’把人类历史只看成或多或少的贤明有德的人和多数很不贤明很不道德的人的有意识的行为。辩证唯心主义是在初看之下只表现无秩序的偶然现象、只表现一场个人情感和个人意图的无止境的斗争的地方，理解到有一种必然性存在”①。在黑格尔看来，历史发展的动力和规律，不在人们的“意见”“理性”“动机”之中，也不在“人性”之中，而在它们之外。他不仅力

① 《普列汉诺夫哲学著作选集》第 2 卷，生活·读书·新知三联书店 1961 年版，第 143 页。

求揭示历史运动的规律性，并且到某种不以人的意志为转移的客观力量中去找寻对历史运动的解释。普列汉诺夫认为，黑格尔的这些思想是极其深刻的。它无疑是历史观领域中的一个巨大进步，无论在当时和后世都产生了很大的影响。正是从黑格尔学派中产生了一些思想家和研究者，“他们给宗教、美学、法权、政治经济学、历史、哲学等等的研究以完全新的面貌”，在所有这些领域中，“没有一个杰出的工作者，在自己的发展上及对自己科学的新观点上不是获益于黑格尔的”。[①] 黑格尔的历史哲学之所以具有“划时代”的意义，根本之点就在于此。

黑格尔历史哲学中的这一重大的积极成果，对于唯物史观的创立所产生的影响是不可低估的。恩格斯曾经指出：“唯物主义历史观及其在现代的无产阶级和资产阶级之间的斗争上的特别应用，只有借助于辩证法才有可能。”[②] 普列汉诺夫也说过：“对历史作唯物主义的解释，要以辩证的思维方法为前提。”辩证的方法是科学唯物主义从德国哲学的遗产中获得的一项“最主要的科学工具”[③]。

然而，黑格尔毕竟是一个唯心主义的辩证论者。他虽然承认历史是辩证发展的，但并没有从历史运动的内部去找寻历史发展的动力，而是在历史之外，即在“世界精神”“民族精神”归根到底在“绝对观念”中找到了所谓历史发展的真正动力，又把它“输入”到历史中去。所以从本质上说，他的历史观是彻头彻尾的唯心主义历史观。一般地说，黑格尔并不否定“理性”这一概念，但他所讲的“理性”同18世纪法国唯物主义者所讲的“理性”是不同的。普列汉诺夫在考察黑格尔的历史哲学时看到了这个区别。他在《唯物主义历史观》一书中指出：按照黑格尔这位伟大思想家的观点，历史不过是普遍精神在时间中的发展。在他看来，历史哲学就是依照理性来考察历史。它按照事实本身的样子来看待事实，它加给事实的唯一思想就是“理性支配世界”。普列汉诺夫说，这无疑会使人们想起认为意见或理性支配世界的18世纪法国哲学家。但是黑格尔对这个思想的理解却完全不同。“在黑格尔看来，支配历史过程的理性是不

① 《普列汉诺夫哲学著作选集》第1卷，生活·读书·新知三联书店1959年版，第643页。

② 《马克思恩格斯文集》第3卷，人民出版社2009年版，第496页。

③ 《普列汉诺夫哲学著作选集》第1卷，生活·读书·新知三联书店1959年版，第494页。

自觉的理性，——不外是支配历史运动的规律的总合。至于说到 18 世纪法国哲学家认为是历史运动动力的人的思想、意见，黑格尔在大多数情况下都把它们看做是生活方式，换言之，社会制度决定的。”[①] 在黑格尔看来，支配人类历史的“理性”，既不是个别人头脑中的“理性”，也不是什么“公共意见”，而是存在于人的头脑之外和历史运动之外的某种客观的“理性”，他把这种支配历史的理性称做规律。普列汉诺夫进一步指出，黑格尔所说的支配历史运动的客观存在的理性或规律，就是他的“绝对观念”。他说：“在黑格尔看来，绝对观念的发展是整个世界发展的基础。最后说来，他对全部人类历史也是用这一观念的发展来解释的。但是这一绝对观念又是什么呢？这一点费尔巴哈就曾很好地指出：——这只是思维之人格化的过程。原来，一般的世界发展，尤其是历史的发展，可以由人类思维的规律来解释，换言之，历史可以由逻辑来解释。”[②] 也就是说，在黑格尔那里，“绝对观念”无非是人类思维过程的抽象。既然如此，在黑格尔的历史哲学中，“绝对观念”的逻辑特性就成了历史运动的根本原因。用观念的发展说明人类社会的发展，用逻辑解释历史，这就是黑格尔历史哲学的唯心主义实质之所在。这样，黑格尔就“扔掉历史的基础，并自愿地使自己根本不可能找到历史运动的真正原因”[③]。普列汉诺夫形象地指出，这就无异于从前门赶出了 18 世纪法国唯物主义者所推崇的“理性”，而又悄悄地从后门把它请了进来，只不过给它换上了德国哲学的肃穆端庄的服装。

尽管如此，黑格尔关于人类社会辩证发展的思想和在人的头脑之外去找寻社会发展动力和规律的思想，对于唯物史观的创立还是有一定意义的。黑格尔历史哲学的教训也给人们以启迪，它说明关于人类社会发展的规律，既不能从人的头脑中去寻找，也不能从什么“绝对观念”中去寻找，而必须从历史自身的矛盾运动中去寻找。普列汉诺夫说：“历史的运动，只有当它不用逻辑，而用社会关系的发展，主要是经济关系的发展来

① 《普列汉诺夫哲学著作选集》第 2 卷，生活·读书·新知三联书店 1961 年版，第 744 页。

② 《普列汉诺夫哲学著作选集》第 3 卷，生活·读书·新知三联书店 1962 年版，第 43—44 页。

③ 《普列汉诺夫哲学著作选集》第 1 卷，生活·读书·新知三联书店 1959 年版，第 508 页。

加以解释的时候，才变成可以理解的。”“为了给科学地解释社会——历史过程铺好一条正确的直路，研究工作者们必须与各种形式的唯心主义诀别，而转变到唯物主义的观点上来。马克思和恩格斯就是这样做的。”①

黑格尔在历史观方面的另一个重要贡献，是他力图用社会财产关系去解释社会现象，说明历史过程。在这一点上，他同19世纪空想社会主义者和复辟时代法国历史学家的观点有某些共同之处，但又有所前进。

18世纪法国唯物主义者曾经把社会历史的动力归结为人的“意见”或“公共意见”。19世纪空想社会主义者和复辟时代的法国历史学家不满意这样的解释，主张用人们的财产关系、经济状况说明历史的发展。但是，不论是法国唯物主义者还是复辟时代的历史学家，他们都在人的“意见”与“环境”或“财产关系”与“人的天性”之间兜圈子，都停留在“意见”与“环境”、“财产关系”与“人的天性”之间的“相互作用”上。黑格尔不满意仅仅用“相互作用”的观点去看问题。他认为，要想真正认识社会生活和了解历史。就必须超出“相互作用”的观点，找出那个既决定人的意见又决定社会环境、既决定“财产关系”又决定“人的本性”的“第三者”。正如普列汉诺夫所说：“辩证唯心主义越过了形而上学家不能越过的这道界限。它把相互作用关系的两方面不看成‘直接给予’的，而看成‘一个第三者’、更高者的两个环节，这个更高的第三者就是‘概念’。”② 在黑格尔那里，这个“第三者”或“更高者”就是“概念”，即“绝对观念”或曰“绝对精神”。他认为“绝对精神”的逻辑运动产生了人类社会的历史，推动着社会历史的发展，而人类社会历史的各个发展阶段不过是“绝对精神”逻辑运动的体现。这当然是不折不扣的唯心主义观点。

可是，当黑格尔用“绝对精神”去解释和说明历史理所当然地遇到困难时，他便不得不暂时背离自己的唯心主义观点，试图以“财产关系”去解释某些社会现象和说明历史。普列汉诺夫指出，黑格尔虽然肯定地认为绝对观念是人类社会发展的最后动力，但是“好像连他自己对于那种据说由概念灌注在人类历史上的光明，也是不很满意的。他感觉到不得不

① 《普列汉诺夫哲学著作选集》第3卷，生活·读书·新知三联书店1962年版，第44页。

② 《普列汉诺夫哲学著作选集》第2卷，生活·读书·新知三联书店1961年版，第145页。

降落到稳固的基地上，来仔细研究社会关系"[1]。他又说，当黑格尔用绝对观念来说明社会现象的时候，“似乎又感到这空洞的‘动因’软弱无力，于是出乎意外地又转向现实的社会关系，从其中寻找对某一历史现象的答案”。[2] 普列汉诺夫的这些论断，深刻地揭露了黑格尔历史哲学中所包含的矛盾：当黑格尔一般地说明历史发展的动力时，他总是搬出“绝对精神”这个法宝；而当他面对具体的社会现象，需要对它作出说明和解释的时候，便不得不从“绝对精神”这神话般的虚无缥缈的境界降到社会关系、财产关系的现实基地上来。矛盾！但是事实。

例如，关于某一国家的宪法和道德风习，究竟是宪法依赖于道德风习呢，还是道德风习依赖于宪法呢？黑格尔认为道德风习无疑会影响宪法，宪法也无疑会影响道德风习，但只承认二者的相互作用，什么问题也没有解决。必须看到二者都是某个“第三者”即某种特殊力量的结果。这种特殊力量，既决定影响宪法的道德风习，又决定影响道德风习的宪法。那么这个“第三者”究竟是什么呢？黑格尔说是“市民社会”即社会制度，它是各民族社会生活各种现象的基础。黑格尔在对社会生活的某些现象作解释时，非常重视“市民社会”的作用。他在分析斯巴达衰落的原因时指出是财产状况的极端不平等。他在对国家作解释时指出，国家作为政治组织是由财产的不平等和穷人反对富人的斗争而产生的。他还说家庭的产生也同原始民族的经济发展有不可分割的联系。他认为古希腊城市内部各党派之间的斗争乃是社会经济发展的结果，是古希腊社会经济矛盾的表现，如此等等。不难看出，在这里，黑格尔是力图用社会制度、财产关系去说明历史事变的原因和解释历史过程的。所以，普列汉诺夫指出：黑格尔在历史哲学上的“不变的手法”是“开始几句援引绝对理念的属性的模糊的话”，接着展开的便是对他所论述的特定民族“财产关系性质和发展的”令人心服的分析。[3] 他说：黑格尔“常常不得不从蒙胧不清的唯心主义的峰顶降落到经济关系的具体的基地上来”[4]。每当他用唯心主义观

---

① 《普列汉诺夫哲学著作选集》第 2 卷，生活·读书·新知三联书店 1961 年版，第 151 页。

② 《普列汉诺夫哲学著作选集》第 4 卷，生活·读书·新知三联书店 1974 年版，第 792—793 页。

③ 《普列汉诺夫哲学著作选集》第 1 卷，生活·读书·新知三联书店 1959 年版，第 666 页。

④ 同上书，第 488 页。

点去解释社会历史碰到无法克服的困难时，他便不得不乞援于社会关系，而每当他求助于经济关系的时候，经济关系就能使他从被唯心主义拖入的暗礁处脱离开来。在这种情形下，黑格尔的唯心主义历史哲学，“却向我们暗中指出了唯物主义的历史观”。[①] 或者说“一位最伟大的唯心主义者似乎抱定目的要为唯物主义扫清道路”[②]。黑格尔是十分蔑视唯物主义哲学的。他常常说“唯心主义是唯物主义的真理”。但是事实证明，凡是在唯心主义无能为力的时候和地方，他便不得不求助于唯物主义。普列汉诺夫说，这就无异于承认唯心主义的贫乏，默认了“唯物主义乃是唯心主义的真理”。

普列汉诺夫认为，黑格尔用财产关系说明历史的思想，已经包含着唯物史观的萌芽或接近了唯物史观。他的这些合理思想为马克思创立唯物史观提供了重要的理论材料。

黑格尔虽然力图用财产关系去说明社会现象和历史过程，然而他仍未解决财产关系的起源问题。而且，一碰到这个问题，他就像普列汉诺夫所说的那样，不得不违背自己曾经阐明的那些正确观点，“把观念的逻辑特性说成是历史运动的根本原因”。黑格尔认为财产关系决定于某种“更高级的”东西，而这种“更高级的”东西应该到民族精神的本性中去寻求。正是在这里亦即在财产关系的起源问题上，进一步暴露了他的历史哲学的唯心主义本质。普列汉诺夫指出：“黑格尔对于整个世界历史的观点是浸透着最精巧的唯心主义的。”[③] 这是一个切中要害的论断。

黑格尔虽然提出了寻找历史运动的真正动力的任务，但由于他在财产关系的起源问题上走进了唯心主义的死胡同，这个任务他自己终始未能完成。在他那里，人类社会运动的根本原因仍然是一个未被揭开的谜。可是，黑格尔既然向人们提出了到某种不以人的意志为转移的力量中去寻找历史运动的解释，就给社会科学提出了一个重要任务，即按照规律去解释历史。这个任务如能完成，就能对历史运动作出科学的说明。这个揭示历史运动的原因和社会发展规律的伟大任务，便历史地落到了唯物史观的创始人马克思的肩上。

---

① 《普列汉诺夫哲学著作选集》第1卷，生活·读书·新知三联书店1959年版，第482页。

② 同上书，第483页。

③ 同上书，第476页。

列宁在评价黑格尔的历史哲学时写道："一般说来，历史哲学所提供的东西非常之少——这是可以理解的，因为正是在这里，正是在这个领域中，在这门科学中，马克思和恩格斯向前迈了最大的一步。而黑格尔在这里则已经老朽不堪，成了古董。"① 如前所述，恩格斯曾经把黑格尔的历史观誉为"宏伟的""划时代的历史观"，明确指出这一历史观是唯物史观的"直接的理论前提"。这里，列宁则认为黑格尔的历史哲学所提供的东西"非常之少"，而且"老朽不堪，成了古董"。表面看来，恩格斯和列宁的论断似乎是相互矛盾的，其实并不矛盾。问题在于怎样理解。相对于马克思和恩格斯创立的唯物史观来说，黑格尔唯心主义的历史哲学所提供的东西的确"非常之少"，而且"老朽不堪，成了古董"；但是与他的前辈甚至同时代的历史哲学相比，黑格尔的历史观却不愧为"宏伟的""划时代的历史观"，也不失为唯物史观的"直接的理论前提"。

综上所述，不难看出，从 18 世纪法国唯物主义者的历史观到黑格尔的历史观，都对历史运动的根本原因进行过有益的探讨，也都提出过一些给人以启迪的有价值的思想。这些思想在历史观的发展史上曾经起过积极的作用，对于人类寻求社会历史的正确解释作出了一定的贡献。但是，不论是 18 世纪法国唯物主义者、19 世纪空想社会主义者、复辟时代法国历史学家，还是黑格尔，都未能对社会历史作出科学的解释。正如普列汉诺夫所说："马克思和恩格斯的前辈们在这些方面的工作，只能当做搜集材料的一种准备工作，虽然这些材料是很丰富而且宝贵的，但是还不是系统化了的，还没有被一种普遍的思想所阐明。"②

而且，他们最终都毫无例外地把历史运动的最终原因，或者归之于人的"意见""人的本性"，或者归之于"绝对观念"。他们都无法也不可能对财产关系如社会制度的起源问题作出科学解释，没有也不可能真正找到历史运动的原因，因而也就无法走出历史唯心主义的迷宫。

五　唯物史观的创立

在人类思想史上，马克思第一次把历史观发展成为一个科学的形态。

---

① 《列宁全集》第 55 卷，人民出版社 1990 年版，第 277 页。

② 《普列汉诺夫哲学著作选集》第 3 卷，生活·读书·新知三联书店 1962 年版，第 134 页。

他创立了崭新的科学的历史理论——唯物主义的历史观，为正确认识社会生活和历史现象奠定了科学的理论基础。

唯物史观的创立，既是资本主义社会矛盾和工人运动的产物，又是历史理论长期发展的结果。普列汉诺夫指出：马克思的历史理论——唯物史观，“事实上是一个长期的历史观念的发展的合法产物。马克思的理论包括了一切有实际价值的历史观念，并且给予这些观念一个非常坚固的基础，比它们在盛行一时的时代所拥有的基础要坚固得多。因此，马克思的理论，用我们已经引证过的黑格尔的话来说，是最发展的、最丰富的、最具体的”。①

马克思继承了以往人类思想史上历史哲学的优秀成果，运用彻底的唯物主义原则，对上述思想家在历史观领域里所达到的思想高度和提供的理论材料进行了批判的研究，吸取了他们的合理思想，抛弃了其唯心主义和形而上学的糟粕，接受了他们失足的经验教训，用一种同前人根本不同的方法彻底解决了以前历史哲学中所无法解决的矛盾，创立了科学的唯物主义的历史观。普列汉诺夫在《论一元论历史观之发展》中说，马克思的伟大科学功绩，就在于他同以往的哲学家、历史学家不同，完全从相反的方向去解决问题。他不是用人的“意见”“天性”“绝对观念”之类的精神因素去说明历史，而是把人的“意见”“天性”之类看做是历史运动的结果。

马克思发现了物质资料的生产是人类社会存在和发展的基础。从这个基本点出发，他找到了人类社会发展的根本原因，科学地揭示了历史运动的客观规律。恩格斯指出：“正像达尔文发现有机界的发展规律一样，马克思发现了人类历史的发展规律，即历来为繁芜丛杂的意识形态所掩盖着的一个简单事实：人们首先必须吃、喝、住、穿，然后才能从事政治、科学、艺术、宗教等等；所以，直接的物质的生活资料的生产，从而一个民族或一个时代的一定的经济发展阶段，便构成基础，人们的国家设施、法的观点、艺术以至宗教观念，就是从这个基础上发展起来的，因而，也必须由这个基础来解释，而不是像过去那样做得相反。”② 马克思对社会生

---

① 《普列汉诺夫哲学著作选集》第2卷，生活·读书·新知三联书店1961年版，第162页。

② 《马克思恩格斯文集》第3卷，人民出版社2009年版，第601页。

活作了以上的科学考察之后，得出了一个最重要的科学结论：“社会经济形态的发展是一种自然历史过程。”[①] 这样，马克思便把历史观奠定在唯物主义的科学基础之上。

马克思在历史观领域中之所以能够得出前人所无法得出的科学结论，根本原因就在于他对社会现象的研究采用了一种同前人不同的方法。他的基本方法是：从社会生活的各个领域中划分出生产关系来，并把它当做决定其余一切社会关系的基本的原始的关系。只有把全部社会关系区分为思想的社会关系和物质的社会关系即生产关系，把一切社会关系归结于生产关系，并把生产关系归结于生产力的高度，才有可靠的根据把社会经济形态的发展看做自然历史过程，才能揭示历史运动的客观规律，对社会生活作出科学的解释。普列汉诺夫在《唯物主义历史观》中写道：“马克思的基本思想可以归结如下：（一）生产关系决定着社会生活中人们之间所存在的其他一切关系。（二）生产关系本身又决定于生产力的状况。”[②] 这个概括同列宁在《什么是“人民之友”，以及他们如何攻击社会民主主义者?》中对马克思的基本思想所作的科学概括是完全一致的。

从普列汉诺夫对马克思以前的历史观所作的考察中，人们可以清楚地看到，以往那些有作为的思想家，从18世纪法国唯物主义者到黑格尔，他们至多不过是接触到了社会财产关系决定人们的其他社会关系，接近了把一切社会关系归结于生产关系的思想，但是他们却没有弄清楚社会财产关系究竟是由什么决定的，根本不懂得生产关系决定于生产力，因而他们无法科学地解释财产关系的起源问题，难以揭示历史运动的真正原因和客观规律。而且，只要一涉及这个问题，他们的历史观的唯心主义本质就毫无例外地暴露出来。只有马克思和恩格斯才把物质第一性意识第二性、物质决定意识的唯物主义原理彻底贯彻到社会历史领域中。他们不仅在错综复杂的社会生活中分清了什么是物质的社会关系，什么是思想的社会关系，二者谁是第一性的，谁是第二性的，谁是本原的，谁是派生的，谁是决定性的，谁是被决定性的，从而确立了“物质的社会关系”决定“思想的社会关系”这一唯物史观的基本原理，而且进一步揭示了物质的社

① 《马克思恩格斯全集》第23卷，人民出版社1972年版，第12页。

② 《普列汉诺夫哲学著作选集》第2卷，生活·读书·新知三联书店1961年版，第747页。

会关系赖以产生和发展的根源——社会生产力。这样，马克思和恩格斯就揭开了财产关系的起源之谜，找到了历史发展的最后动因，科学地回答了以往的历史哲学所无法回答的问题，给了人类社会生活以科学的解释。

正是在这个意义上，普列汉诺夫指出：唯物史观与复辟时代法国历史学家和黑格尔的历史观的“全部差别”，就在于马克思以前人们对财产关系的起源完全没有弄清楚，而马克思则彻底解决了这个问题，为唯物史观的创立奠定了坚实的基础。他说：“在马克思以前社会科学上的人物曾从人性的概念出发；由于这，人类发展的最重要的问题没有能够得到解决。马克思的学说给了这件事以完全不同的面貌。马克思说，当人为着保持自己的生存而作用于他之外的自然时，他改变了自己本身的天性。因之，科学地解释历史发展的事业应该从相反的一端开始：应该弄清楚，这个人对外界自然生产作用的过程是怎样完成的。按其对科学的重要性来说，这个发现可以勇敢地和哥白尼的发现以及一般的最伟大的最有效果的科学发现平立。”①

唯物史观的创立，把历史科学和其他一切社会科学奠定在唯物主义的科学基础之上。从此，唯心主义便从它“最后的避难所”中被驱逐了出去。唯物史观的创立，使人类第一次得到了说明人类历史的唯物主义哲学，从此，“唯物主义哲学被提升为一个完整的、首尾一贯的和彻底的世界观”②。

在马克思主义哲学发展史上，普列汉诺夫对于唯物史观理论来源的考察是相当深入和颇有贡献的。他的贡献是：

（一）他发挥了马克思和恩格斯的思想，对唯物史观的理论来源问题进行了具体而深入地探讨，作出了系统的阐明和论证，在一定程度上丰富和发展了马克思主义创始人的思想。

关于唯物史观的理论来源，马克思，尤其是恩格斯曾有一些精辟的论述。这些论述，为人们进一步考察这个问题指出了方向。然而，无论马克思还是恩格斯，都没有来得及充分展开自己的思想，对这一问题作出系统的阐明。普列汉诺夫系统地发挥了他们的思想，从18世纪法国唯物主义

① 《普列汉诺夫哲学著作选集》第1卷，生活·读书·新知三联书店1959年版，第706页。

② 同上书，第509页。

的历史观到黑格尔的历史观，一直到马克思的历史观，都进行了详细的考察，一步一步地揭示和论证了唯物史观是怎样从萌芽到创立的历史过程。他的系统论述，丰富和发展了马克思和恩格斯的思想，使他们关于唯物史观同以往历史观的思想联系特别是关于唯物史观产生的历史必然性的论述，有血有肉，更加丰满，更加深刻。

（二）普列汉诺夫具体而深入地论证了唯物史观的创立是历史观领域中的批判继承和革命变革的辩证统一。

普列汉诺夫不仅系统地考察了唯物史观与以往历史观之间的思想联系，具体地揭示了唯物史观的创立是对以往历史观中那些有价值的思想的批判继承，而且深刻地论证了唯物史观的创立是人类思想史上最伟大的革命变革。他明确指出：唯物史观的创立是人类思想史上的“最伟大的发现”，这一发现在社会科学中引起的革命“可以和哥白尼在天文学中所完成的革命媲美”。①

唯物史观的创立是人类思想史上的一个伟大的革命变革。任何否认或忽视这个变革的伟大意义的观点都是错误的。然而，承认这个伟大的变革，并不等于能正确深刻地理解这个变革，要想让人们正确深刻地理解这一变革，就必须下一番功夫，对唯物史观同以往历史观的关系，作深入的考察。否则，对这一变革的理解将是空洞的、抽象的和肤浅的。这就是说，为了深刻理解唯物史观的创立及其伟大历史意义，就应当知道以前的历史观已经达到了怎样的高度，得出了什么积极结果。对于这些结果的考察，可以使人们了解到以往的思想家在历史观方面曾经提出过什么任务，解决了什么问题，暴露了哪些矛盾，而他们又是在什么地方失足和怎样失足的。以往的哲学家们在历史哲学上达到的终点，正是马克思和恩格斯历史理论研究的起点；他们没有解决而且也不可能解决的矛盾，正是马克思和恩格斯所要解决并且作出了正确解决的矛盾。他们无法逾越的界限，被马克思和恩格斯彻底突破了。在他们无法进入的真理宫殿的面前，马克思和恩格斯给人们提供了打开真理大门的钥匙。只有了解了这些，人们才能真正理解唯物史观的创立在历史观和整个社会科学领域中所引起的革命变革具有多么伟大的意义。正是在这里，普列汉诺夫做了一件很有意义的工

① ［俄］普列汉诺夫：《无政府主义与社会主义》，王荫庭译，生活·读书·新知三联书店1980年版，第22页。

作。他把唯物史观对以往历史观的继承性和革命变革的论述有机地结合起来，这对于人们进一步了解唯物史观的创立及其意义是极有启发的。

（三）普列汉诺夫在论述唯物史观的理论来源时，始终贯穿着历史和逻辑相统一的方法。这就使得他对这一问题的考察具有普遍的方法论的意义。

普列汉诺夫在理论研究工作中十分重视方法论的问题。他反复强调，方法论问题乃是哲学体系的“灵魂”。对于哲学体系的研究，应当特别珍视的不是些单纯的结果，不是某些个别问题的结论，而是贯穿其中的方法。在普列汉诺夫看来，一般地说，结论只有暂时的相对的意义。而且，假若把结论变成一种故步自封的东西，就不仅不再成为理论继续发展的前提，反而成了理论发展的障碍。但哲学家所采用的方法却是他们“用来发现真理的工具”，具有更为普遍的意义。他在给卢梭《论人类不平等的起源和基础》一书所写的注释中指出：“在分析任何理论著作时，只考虑其中包含的思想和叙述的方法是不够的。在这里，还绝对必须考虑某个第三种的东西，这就是研究的方法。”① 这是因为研究的方法相对于得出的研究结论来说，具有特殊的意义。它之所以具有特别重要的意义，并不在于研究者可以利用这种方法得到其中的任何一个结论，而在于研究方法往往制约着某一哲学的整个体系。“结果里面如有错误，在进一步应用正确的方法的时候一定会被发现和被纠正，至于错误的方法则相反，只是在罕有的个别场合可以得到与某一个个别真理不相矛盾的结果。”②

普列汉诺夫在自己的理论研究工作中，既重视研究马克思以前的那些有作为有影响的哲学家们的方法论，更重视研究马克思和恩格斯的方法论，同时着力于运用正确的研究方法考察各种问题。这是他的理论研究活动中的一个重要特点。他在考察唯物史观的理论来源时，运用历史和逻辑相统一的方法，对马克思以前历史哲学的发展历程作了透彻的分析。他对每一时代历史哲学的解剖，都采取历史主义的方法，即把它放到一定的历史条件之下作具体的历史的分析。既充分地肯定它在当时的历史条件下所提出的某些合理思想及其在人类思想史上的贡献，又指出了它的局限性，

---

① ［法］卢梭：《论人类不平等的起源和基础》，李常山译，生活·读书·新知三联书店1963年版，第204页。

② 《普列汉诺夫哲学著作选集》第1卷，生活·读书·新知三联书店1959年版，第184—185页。

揭露了它的唯心主义的本质，同时还具体地剖析了这些在历史上有相当影响的哲学体系中所包含的错误和哲学家们失足的教训。他从不脱离一定的历史条件去评价某种历史观，从不苛求前人，否定一切。例如他在评价法国唯物主义时就指出："不必说，法国唯物主义者还不知道现在每个小学生都知道的许多东西……可是法国唯物主义者有一个不可争辩的宝贵的功绩，即他们是从他们同时代的科学的观点上彻底地思想了的。"①

普列汉诺夫的历史主义的研究方法还表现在他非常重视对各个时代的历史哲学作历史的比较，在广泛的历史比较中对它们作出应有的评价。他对黑格尔历史哲学在历史观发展史上的地位和作用的论述，对唯物史观创立的伟大意义的论述，都是在进行了广泛的历史比较之后提出来的。由于他十分重视历史比较的方法，所以对以往历史哲学的评价就能够得出比较中肯的结论。由于他的这些评价是建立在广泛的历史比较基础之上的，所以也必然具有相当大的说服力。普列汉诺夫在运用历史主义方法的同时，还运用了逻辑的方法即矛盾分析的方法，并把这两种方法紧密地结合了起来。他把历史观的中心问题归结为历史发展的动力问题。环绕着这个中心问题，他清晰地描绘了历史观的发展史。在普列汉诺夫看来，以往的历史哲学对历史发展的动力问题，都曾进行过探讨，提出过各式各样的答案。每一种答案都力图揭示历史运动的最后动因，企图对这一问题作出正确回答。其中不少思想家虽然提出过一些有价值的合理的思想，但是在马克思以前，没有一种历史哲学在本质上不是唯心主义的，没有一种历史哲学在它自己理论体系的范围之内不包含着无法克服的矛盾。可是，这些矛盾并非窒息人们思想的消极的东西。它总是以这种或那种方式给后人以启迪。一般地说，凡是后来的有作为的哲学家，总是力求解决前人所无法解决的矛盾，而且，不论这些矛盾在他们那里是否能够得到解决，都会在历史条件所容许的范围内或多或少地有所贡献，在人类思想史上留下自己的印记。在历史观的发展史上，每当后来者解决了前人所遗留下来的矛盾之后，他们又会碰到新的问题，陷入新的矛盾，这些矛盾又启发着后来者，成为下一阶段哲学家们注意的目标，从而推动着历史哲学向新的阶段迈进。这样，每一时代的历史哲学便构成了历史观的漫长行程中的一个必经

---

① 《普列汉诺夫哲学著作选集》第1卷，生活·读书·新知三联书店1959年版，第571页。

的阶段，起着承前启后的作用。人们对社会历史的认识，从一个相对独立的阶段过渡到另一个相对独立的阶段，如此发展下去，便形成了一部历史哲学的发展史。

普列汉诺夫运用逻辑分析的方法，把逻辑的方法与历史的方法统一起来，从神学的历史观、18 世纪法国唯物主义者的历史观、19 世纪空想社会主义者的历史观、复辟时代法国历史学家的历史观，到黑格尔的历史观，对每一时代历史哲学中所包含的矛盾都作了透彻的分析，揭示了这些矛盾是怎样产生和如何解决，以及它们怎样推动历史哲学不断向前发展的。这就在人们面前展现了一幅历史哲学发展史的清晰画面，使人们清楚地看到，唯物史观的创立，既是时代的产物，又是以往历史哲学发展的必然结果。

第四章

普列汉诺夫的地理环境学说

地理环境与社会发展的关系，一直是普列汉诺夫十分重视的一个问题。关于这一问题的论述，在他的一系列历史唯物主义论著中占有相当重要的地位。可以说，自从马克思、恩格斯创立马克思主义地理环境学说以来，在马克思主义的著作家中，对于地理环境与社会发展的关系问题作了系统而又深入的考察和论证的，首推普列汉诺夫。

但是，长期以来，普列汉诺夫关于地理环境的学说曾经被指责为有“严重错误”而受到了尖锐的批评。有人说他对地理环境的作用“估计过高”，“是对社会学中地理学派的让步”。有人说他的地理环境理论“是以过度夸大地理环境作用为特征的”，这就意味着他已经“滚向了所谓社会学中地理学派的立场”。还有人说他“蓄意想在地理环境中寻求社会发展的根源”，陷入了地理环境决定论的错误，等等。①

那么，普列汉诺夫的地理环境学说究竟是正确的呢，还是错误的？是马克思主义的地理环境理论呢，还是资产阶级地理学派的地理环境决定论？要回答这个问题，就必须全面地考察和研究他的地理环境学说的出发点和基本内容。

一　普列汉诺夫地理环境学说的出发点

唯物史观是研究人类社会发展一般规律的科学。要揭示人类社会发展的一般规律，就要探究社会发展的动力问题。这就必须揭示人类社会同地理环境的关系，弄清地理环境对社会发展究竟起什么作用和通过什么方

① 《普列汉诺夫哲学著作选集》第1卷，生活·读书·新知三联书店1959年版，第25页。

式、途径起作用。普列汉诺夫之所以重视对地理环境作用的研究，正是为了用唯物主义的观点回答这个问题，驳斥种种唯心主义的谬论。

前面我们已经谈到，马克思以前，一些有作为的哲学家和历史学家，在探究社会历史发展动力的过程中，虽然提出过一些很有价值的思想，但是由于他们用唯心主义的观点去观察社会生活，不可能做到把人们的一切社会关系归结于生产关系和把生产关系归结于生产力，因而无法找到社会发展的动力和规律。只有马克思才在人类认识史上第一次发现了物质资料的生产活动是一切社会存在和发展的基础，指出了生产力是社会发展的根本动力，从而使人类对于社会历史的认识奠定在唯物主义的科学基础之上。

生产力是人类社会发展的动力，可是，生产力最初又是由什么决定的呢？它是决定于“神”意或人的意志、智慧等精神力量呢，还是决定于某种不以人的意志和意识为转移的客观的物质力量呢？这是必须回答的一个问题。如果承认生产力最初决定于“神”意或人的意志、智慧等精神因素，那无疑是又回到了唯心主义立场；如果认为最初对生产力起决定作用的是某种物质力量，那就坚持了唯物主义的观点。当普列汉诺夫成为马克思主义者之后，正是在这个问题上面临着唯心主义的挑战。在俄国，向唯物史观“叫阵”的主要角色，是民粹派的理论家米海洛夫斯基等人。

米海洛夫斯基等人无法否认生产力在人类社会发展进程中的重要作用，但是他们极力宣扬生产力是人的智慧的产物，并以此为根据，说明人的智慧特别是杰出人物的智慧乃是推动历史发展的决定因素，从而否定人类社会的发展具有客观规律性，否定唯物史观关于社会经济形态的发展是“自然历史过程”的基本思想。他们的逻辑是：生产力的重要因素是劳动工具，而劳动工具又是依靠人的智慧所创造和使用的，所以，人的智慧便成为生产力发展的决定力量。普列汉诺夫在《论一元论历史观之发展》中，曾经转述了米海洛夫斯基等人的上述观点。他写道：米海洛夫斯基等人“常对马克思主义者说：谁也不会争辩在人类历史运动中劳动工具的重要意义，生产力的巨大作用，可是劳动工具是为人所发明和人所使用的。你们自己也承认：人们使用劳动工具需要比较的很高度的智慧的发展。在劳动工具改进上的每一个新步骤要求人的智慧的新的努力。智慧的努力——原因，生产力的发展——结果”。米海洛夫斯基等人由此得出结论："智慧是历史进步的主要推动者"。①

普列汉诺夫指出，乍一看来，米海洛夫斯基等人的上述意见似乎颇能令人信服，因为工具的确是生产力的重要因素，它们的创造、使用和由此而推动的生产力的发展也的确是同人的智慧分不开的。但是，他们把智慧说成是生产力发展的根本原因和历史运动的最终决定力量，这无异于断言"意见支配世界"的唯心史观是正确的，而唯物史观是错误的。

普列汉诺夫对米海洛夫斯基等人的挑战作出了明确的回答。

他指出，马克思主义者从来不否认人的智慧的作用。智慧的发展推动了新的劳动工具的创造和使用，劳动工具的发展又反过来推动了智慧的提高，它们之间的因果关系是经常变换的。而且，人的智慧的提高和劳动工具的发展之间的这种相互作用，是一个漫长的过程。但是，"如只从简单的相互作用的观点上去观察这个过程，那将是错误的"。② 要彻底解决问题，还必须进一步弄清楚人们创造工具的智慧最初是怎样获得的，而"智慧的努力"又何以成为可能。

为了回答这个问题，普列汉诺夫将人类社会的历史追溯到了过去的遥远的时代。他指出：人类的祖先，正如一切其他动物一样，是完全屈从于自然界的。他们在生存斗争中完全通过自然淘汰而适应周围的环境。对于人类的祖先来说，这曾经是"生理必然性"占统治地位的时代，亦即"意识的曙光""自由的曙光"尚未燃亮的时代。然而，生理的必然性却引导人类祖先慢慢地从其余的动物界中区分出来，而成了"制造工具的动物"。从此，人类便结束了"生理必然性的阴暗统治"，开始了征服自然界的漫长的历史行程。这说明，工具的制造和使用是人类历史的开端。但是工具的制造和使用要有一个先决条件，就是人类祖先前后肢的分工。"如果不使用双手——这个异常听他意志指挥的工具，人永远也不会在宇宙间达到统治地位"。(这是普列汉诺夫十分欣赏并引用过的达尔文的话)可是，人的双手又是怎样形成的呢？人类的祖先亦即那"类似人的人"是从哪里来的呢？普列汉诺夫回答说："大约，他们由于某种地理环境的特点形成的，这种环境使得前肢和后肢之间的肢体分工成为有利的。"③

① 《普列汉诺夫哲学著作选集》第1卷，生活·读书·新知三联书店1959年版，第796页。

② 同上书，第806页。

③ 同上书，第680页。

而人的“理性”和“智慧”的成功则是这个分工的“遥远的结果”。就是说，由于地理环境的影响，推动了人类祖先前后肢的分工，形成了人的双手，开始了人类制造和使用工具征服自然界的生产活动，人类的智慧则是在这个基础上产生和发展起来的。正是在这个意义上，普列汉诺夫指出：“自然界本身，亦即围绕着人的地理环境，是促进生产力发展的第一个推动力。”[①] 这就从根本上驳斥了米海洛夫斯基等人把“智慧”之类的精神因素说成是生产力和人类历史发展的决定力量的唯心主义观点。

在《马克思主义的基本问题》中，普列汉诺夫又进一步发挥了这一思想。他说：当我们着重研究唯物主义历史观的时候，首先碰到的一个问题就是社会关系发展的真实原因究竟是什么。我们已经知道，它决定于社会的经济，但是经济又是由什么决定的呢？普列汉诺夫说，关于这个问题，马克思在《〈政治经济学批判〉序言》中作了明确的回答。他在转述了马克思的论述之后接着指出，马克思的答案把经济发展的全部问题归纳为这样一个问题，就是社会生产力的发展是由什么原因来决定的。普列汉诺夫指出：“这个问题的最后的解决方式首先就是指出地理环境的性质。”[②] 他说，无论是用来满足人的需要的“自然物品”的性质，或者是人们为着同样的目的而“生产的物品”的性质，“都是受着地理环境的特性来决定的”[③]。在没有金属的地方，土著部落不能用他们自己所有的力量越过我们称做石器时代的那个界限。同样，原始的渔猎部落要转变到畜牧和农业部落，就必须有相当的地理环境特性，亦即必须有相当的动物区系和植物区系。

可见，普列汉诺夫之所以重视对地理环境问题的研究，其基本出发点是着眼于用唯物主义观点揭示生产力发展的最初动力，回答唯心主义的挑战。

当然，必须指出，普列汉诺夫脱离生产力与生产关系的矛盾和生产力内部诸因素之间的矛盾到地理环境中去找寻生产力发展的动力，这里也包含着某些机械论的倾向。

---

① 《普列汉诺夫哲学著作选集》第 2 卷，生活·读书·新知三联书店 1961 年版，第 227 页。

② 《普列汉诺夫哲学著作选集》第 3 卷，生活·读书·新知三联书店 1962 年版，第 163 页。

③ 同上书，第 164 页。

二　人类社会与地理环境的相互作用

从人类社会同周围地理环境的相互关系考察地理环境对社会发展的作用，是普列汉诺夫地理环境学说的第一个基本观点。

自从人类社会出现之后，它就在同周围自然界的相互作用中不断发展着。一方面，人类不断地改造自然，征服自然，在自然界身上打下自己的印记；另一方面，周围自然界又反过来影响人类社会，制约着人类改造自然的活动和社会历史的发展。普列汉诺夫对社会和自然界相互作用的观点是很重视的。在他看来，自然界对社会的制约，突出地表现在地理环境对社会发展的作用上。他在《尼·加·东尔尼雪夫斯基》一文中说，人类的生存斗争条件首先是自然界给予的，其次是由人们自己创造的。所谓自然界给予的条件即地理条件，它包括土壤、气候、动物区系、植物区系、地表特性、河流系统、海岸线，等等。所谓人们自己创造的条件即人们在生产过程中创造的那些条件，也就是社会条件。那么，自然条件和社会条件之间有无联系呢？普列汉诺夫作出了肯定的回答。他说："这种联系无疑是存在的。人类的经济发展是在地理条件的影响下进行的。正是由于某个社会的地理环境的这种或那种性质，经济发展才以或快或慢的速度进行，并采取这种或那种方向。"① 这里，普列汉诺夫在人类生存和发展的自然条件和社会条件的相互联系、相互作用中，看到了地理环境对社会发展的影响。

普列汉诺夫的《尼·加·东尔尼雪夫斯基》写于 1890 年。他不仅比斯大林早 48 年就指出了地理环境对社会发展起加速或延缓的作用，而且还指出，不同的地理环境条件会影响社会经济发展的方向。

在地理环境与社会发展的关系问题上，普列汉诺夫看到了一个古老的二律背反：孟德斯鸠认为地理环境决定社会的发展；伏尔泰则认为地理环境对社会发展不起任何作用。孟德斯鸠从特定的地理环境只能产生特定的社会制度的前提出发，得出了地理环境决定社会发展的结论，显然夸大了地理环境的作用。与此相反，伏尔泰则从同一种地理条件下可以产生不同的社会制度这一前提出发，断言地理环境对社会发展不起任何作用，明显

① 《普列汉诺夫哲学著作选集》第 4 卷，生活·读书·新知三联书店 1974 年版，第 44 页。

地否定了地理环境的影响。就是说，孟德斯鸠只看到了问题的一方面，而伏尔泰则只看到了问题的另一方面，他们各执一端，因而陷入了无法克服的矛盾之中。

在普列汉诺夫看来，要想解决这个矛盾，就必须弄清楚地理环境同人类社会之间的相互作用。这是因为，只有从二者相互作用的观点出发，才能克服孟德斯鸠和伏尔泰在这个问题上所表现出来的绝对化和片面性的错误。也就是说，一方面，只有承认人类社会对周围地理环境的能动的改造作用，才能冲破夸大地理环境作用的“地理环境决定论”的藩篱；另一方面，也只有看到地理环境对社会生活和人类历史的影响，才能摒弃那种否定地理环境对社会发展具有制约作用的错误观点。

在地理环境与人类社会的关系问题上，普列汉诺夫提出了一个极为重要的论断：人类社会同周围自然环境的关系是“变化多端的”。他的全部地理环境理论，正是在承认二者之间这种“变化多端的”关系的基础上展开的。

三 地理环境通过生产力对社会发展起作用

普列汉诺夫着重回答了地理环境因素怎样和通过什么途径对社会发展起作用的问题，明确指出地理环境对生产力的发展具有重要的制约作用，并通过对生产力的制约对社会发展起作用。这是普列汉诺夫地理环境学说的第二个基本观点，是他的地理环境理论的核心。

在现行的一些哲学原理教材中，关于地理环境对社会发展的作用问题，一般都是依据以下的传统观点论述的：第一，地理环境是社会存在的一个重要因素，它是社会存在和发展的必要条件；第二，地理环境可以加速或延缓社会发展的进程，但对社会的发展不起决定作用；第三，社会发展的决定力量是社会生产方式而不是地理环境。

上述观点直接来源于斯大林。

斯大林在1938年9月发表的《论辩证唯物主义和历史唯物主义》中指出：“地理环境无疑是社会发展的经常的和必要的条件之一，它当然影响到社会的发展，——加速或者延缓社会发展进程。但是它的影响并不是决定的影响，因为社会的变化和发展比地理环境的变化和发展快得不可比拟。"①

他说，"由此应该得出结论：地理环境不可能成为社会发展的主要的原因，决定的原因，因为在几万年间几乎保持不变的现象，决不能成为在几百年间就发生根本变化的现象的主要原因。"② 斯大林的观点从原则上说当然是正确的，因为地理环境对社会发展的确只起加速或延缓的作用而不起决定作用。但是，斯大林的观点仅仅指明了地理环境对社会发展只起加速或延缓的作用，却没有回答它是怎样对社会发展起作用即通过什么方式和途径对社会发展起作用的问题。而只要这个问题得不到解决，也就还没有弄清楚地理环境是怎样对社会发展起加速或延缓作用的。

普列汉诺夫关于地理环境通过生产力对社会发展起作用的观点，对这一问题作出了明确的回答。这是他对马克思主义地理环境理论的一个贡献。

普列汉诺夫的这一观点，是根据马克思的生产实践是自然界和人类社会相互作用的基础的思想提出来的。如前所述，孟德斯鸠和伏尔泰在地理环境与社会发展的关系问题上都犯了片面性和绝对化的错误，陷入了二律背反。这个二律背反反映出了法国启蒙学者和旧唯物主义的一个根本缺点，就是他们不懂得社会实践，看不到社会实践的作用。他们离开人的实践去谈论精神与物质的关系、主观与客观的关系，同样地，也离开实践去谈论地理环境与人类社会的关系，这就必然陷入形而上学之中。他们不论是夸大地理环境的作用，还是抹杀地理环境的作用，其根本原因都在于找不到一个既是客观的又是能动的力量作为地理环境与人类社会之间的联结因素。马克思发现了这个因素，他指出，人们的社会实践是自然界和人类社会相互作用相互影响的基础。人类社会同自然界的关系，是以实践活动为基础的相互关系。这就找到了人类社会同自然界相互作用的桥梁，为彻底克服启蒙思想家陷入的上述二律背反指出了方向。

根据马克思的思想，普列汉诺夫反复强调生产力是地理环境与人类社会之间相互作用的媒介。他指出，一方面，人类社会通过发展生产力，征服自然，改造地理环境；另一方面地理环境又通过对生产力的制约，影响

① 《斯大林选集》下卷，人民出版社 1979 年版，第 440 页。

② 同上。

社会的发展。在普列汉诺夫看来，地理环境通过生产力对社会发展起作用的观点，乃是马克思主义地理环境理论的基本观点。

普列汉诺夫对地理环境以生产力为媒介对社会发展起作用的问题作了深入的阐述。他指出，一个社会的思想面貌、政治制度决定于人们的生产关系，人们的生产关系又是由生产力决定的，而生产力又极其密切地依赖于该民族的自然生存条件即依赖于该民族在其中生活的地理环境。他说，"这就是科学在研究关于自然界对'社会人'的影响问题时所得到的结论。"①

他认为，从马克思主义的观点来看，人们之所以这样地而不是那样地创造历史，并不决定于他们的意识和意志，而是决定于不以他们意志为转移的那些条件。在这些条件中，生产关系应当占主要地位，可是生产关系是在特定的生产力的基础上形成的，而生产力又在相当程度上依赖于地理环境。因此，普列汉诺夫指出，地理环境对社会发展的影响"很少是直接的"，它往往"只是间接的"，只是通过一定生产力影响社会关系进而对社会生活和对历史发生影响。这里，普列汉诺夫实际上是把生产力看做地理环境作用于社会发展的"中介"。

普列汉诺夫在论证和发挥这一观点时，认为是否承认地理环境通过生产力对社会发展起作用，是区分马克思的地理环境理论和地理学派的地理环境决定论的主要标志。

地理学派产生于18世纪的欧洲，它的主要代表人物是孟德斯鸠、巴克尔和拉采尔。他们认为，人类同动物植物一样是由地理环境决定的，地理环境决定人的体质、心理、性格，决定人类的社会制度、国家的强弱和经济的盛衰。例如孟德斯鸠说："热带民族和老人一样胆怯；寒带民族则象青年一样勇敢。""热带民族的怠惰几乎总是使他们成为奴隶，寒带民族的勇敢则使他们保持自由。"亚洲之所以出现专制主义的大帝国，是因为它那里有"较大的平原"，而西欧之所以有民主自由的传统，是因为那里的"天然地区划分成了不大不小的国家"。普列汉诺夫指出，地理学派的主要特征是把地理环境对社会发展的影响归结为它对人的心理和生理特性的"直接影响"。这种观点的错误，主要还不在于它用变化较慢或相对

---

① 《普列汉诺夫哲学著作选集》第4卷，生活·读书·新知三联书店1964年版，第293页。

不变的地理环境作为解释变化较快的社会生活的原因，而在于它“仅仅局限于探究人们周围的自然界在心理方面或者生理方面对人的影响，而完全忽视了自然界对社会生产力状况，并且通过生产力状况而对人类的全部社会关系以及人类的整个思想上层建筑的影响”①。他说，马克思的地理环境理论则完全不同，“根据马克思的意见，地理环境是通过在一定地方、在一定生产力的基础上发生的生产关系来影响人的，而生产力发展的头一项条件就是这种地理环境的特性”。② 这就指明了两种地理环境理论的根本分歧在于，地理学派认为地理环境直接决定人们的心理和生理特征，决定社会制度的性质，而马克思的理论则坚持地理环境直接作用于生产力，通过生产力影响社会关系，对社会发展起作用。普列汉诺夫所坚持的正是马克思的观点。他反复强调，地理环境之所以成为人类历史运动的“一个重要因子”，并不是由于它对于人的心理特性的直接影响，而是由于它对生产力的直接影响，通过生产力制约着社会的发展。

普列汉诺夫在《评列·伊·梅奇尼柯夫的书》中指出，关于地理环境对人类历史命运的影响的思想，在科学上远不是什么新东西。希腊和罗马的著作家在很早以前就不止一次地谈到过。近代的孟德斯鸠、黑格尔、巴克尔和其他许多人都发挥过这种思想。可是，人们往往用很不清楚的甚至是错误的方式来解释地理环境对人类社会历史命运的影响。普列汉诺夫说，某些研究者（这里主要指以孟德斯鸠为代表的地理学派）在这个问题上的主要错误是：“他们更多地从不同种族的心理学或者甚至是生理学中，而不是在他们的社会生活方式中去寻找地理环境影响的痕迹。他们说，特定种族的某某性格是在地理环境的影响下形成的，而它的性格反过来决定了它的历史。”③

这里，普列汉诺夫指出了地理学派所犯的主要错误是认为地理环境通过决定人们的性格进而决定社会历史。普列汉诺夫写道：“这派的研究者忘记了，人生活在社会中，社会对他的性格和习惯的影响比自然界的直接影响要无限的强大。因此，为了正确地评价地理环境对人类历史命运的影

① 《普列汉诺夫哲学著作选集》第1卷，生活·读书·新知三联书店1959年版，第484—485页。

② 《普列汉诺夫哲学著作选集》第3卷，生活·读书·新知三联书店1962年版，第170页。

③ 《教学与研究》1982年第4期，第38页。

响，必须考究这个自然环境如何影响直接决定人的性格和意向的那个社会环境的特质和属性。”①

这样，普列汉诺夫就不仅从原则上划清了马克思主义地理环境理论和地理学派“地理环境决定论”的界限，而且从更深一层的意义上揭露和批判了地理学派的错误。

普列汉诺夫还阐明了这一观点的思想渊源。他指出，地理环境通过生产力对社会发展起作用的思想，最初来源于黑格尔。他说在黑格尔之前和黑格尔之后，很多人曾探讨过地理环境对人类社会发展的意义，但这些研究者都常常陷于错误，即完全忽视了地理环境对社会生产力的影响，并通过生产力对社会生活发生作用。至于黑格尔，就大不相同了。他不是在个别方面，而是“在问题的整个提法上，都完全避免了这种严重的错误”②。他认为黑格尔比地理学派的高明之处，就在于他试图从地理环境对生产力的影响方面去考察问题。普列汉诺夫对黑格尔在《历史哲学》中所提出的地理环境是“世界历史的地理背景”的思想是颇为欣赏的。黑格尔把地理环境比做人类历史的“舞台”，认为对于地理环境的作用，不应估计过高也不应估计过低。在考察地理环境的作用时，黑格尔看到了地理环境对生产力部门分布的重要意义。他指出有三种地区，由于地理环境的不同，生产力部门的分布也大不一样，因而人们之间的社会关系也就各不相同。干燥的高原和广阔的草原盛行着畜牧业。这些地区的居民游动性很大，过着家长制的游牧生活，他们没有什么法律关系。平原流域即大江大河流经过的地方盛行着农业。因为农业生产需要人们严格按照四季进行有条不紊的工作，于是便产生了土地所有权和法律关系，形成了规模宏大的帝国。沿海地区盛行着商业和手工业。在这里，经济、文化的发展比以上两种地区都高。普列汉诺夫肯定了黑格尔上述关于地理环境对生产力部门分布有重要影响的思想，认为他提出了一些“非常正确的观点”，但同时也指出，由于黑格尔把历史运动的最终原因归于观念，把地理环境看做“民族精神”活动的“场地”，因而就使他无法得出“应该得出的有益结论”。“只有唯物主义者马克思”才在批判地改造黑格尔上述思想的基础

① 《教学与研究》1982 年第 4 期，第 38 页。

② 《普列汉诺夫哲学著作选集》第 1 卷，生活·读书·新知三联书店 1959 年版，第 485 页。

上，“充分地作出了这种结论”①。

四　地理环境对人类社会的影响是一个“可变的量”

普列汉诺夫地理环境学说的第三个基本观点，是认为地理环境对人类社会的影响是个“变数”。

如上所述，普列汉诺夫十分强调地理环境通过生产力对社会发展起作用。但地理环境对社会发展的影响是个可变的因素呢，还是不变的因素呢？如果认为它是不变的因素，就明显地陷入了形而上学，如果说它是可变的因素，那么，它的变化又是由什么决定的呢？这是必须进一步作出回答的问题。普列汉诺夫根据马克思的观点对这个问题作出了正确的回答。他明确指出，地理环境对社会发展的影响不是固定不变的，而是一个“可变的量”，它的变化取决于生产力的状况。随着生产力的发展，地理环境的作用也在不断地发生变化。这个观点，既是他关于地理环境与人类社会相互作用和地理环境通过生产力影响社会发展的思想的进一步深入，也是他提出的具有独到之处的见解。

普列汉诺夫在《唯物主义史论丛》中写道：“社会人和地理环境之间的相互关系，是出乎寻常地变化多端的。人的生产力在它的发展中每进一步，这个关系就变化一次。因此，地理环境对社会人的影响在不同的生产力发展阶段中产生着不同的结果。”②

在《谈谈历史》一文中他又说，人类社会同地理环境的关系不是不变的；“人的生产力越是增长，社会的人跟自然界的关系就变化得越快，人也就能更加迅速地使自然界服从自己的控制”。③ 这些思想在他的《马克思主义的基本问题》一书中又得到了进一步发挥。他写道：“地理环境对于社会人类的影响，是一种可变的量。被地理环境的特点所决定的生产力的发展，增加了人类控制自然的权力，因而使人类对于周围的地理环境

① 《普列汉诺夫哲学著作选集》第3卷，生活·读书·新知三联书店1962年版，第164页。

② 《普列汉诺夫哲学著作选集》第2卷，生活·读书·新知三联书店1961年版，第170页。

③ 同上书，第250页。

发生了一种新的关系。”[①]

普列汉诺夫不仅指出地理环境对人类社会的影响是一个“可变的量”，而且进一步说明了地理环境的作用之所以是个“变数”，根本原因是生产力的发展。换言之，地理环境作用的变化，决定于社会生产力的变化；地理环境在人类社会发展进程中所起的作用，无论就其广度、深度和性质来说，都是由生产力的发展水平和状况决定的。这里，普列汉诺夫表达了一个极为重要的思想：一方面，人类在征服自然界的过程中必然受周围地理环境条件的制约，地理环境对于生产力的发展和人类的生产活动有重要的影响；另一方面，社会生产力的发展又制约着地理环境的作用，随着生产力的变化，地理环境的作用也在不断地发生变化。正如普列汉诺夫所说：“自然本身给了人使它自己服从于人的手段。”[②] 普列汉诺夫的这一观点，在更深刻的意义上揭示了人类社会同周围地理环境间的辩证关系，说明了地理环境对社会发展的作用不是僵死不变的，而是一个辩证发展的过程。他指出，在不同的社会发展阶段上，由于生产力水平差别很大；同一种地理环境条件，会表现出不同的作用。例如对英国人来说，克伦威尔时代的地理环境同恺撒时代并没有什么区别，但是，由于克伦威尔时代的英国人比恺撒时代所拥有的生产力要高得多，因而地理环境对他们的影响也就不同于恺撒时代。同样的道理，在原始社会生产力水平极为低下的情况下，地下有无矿藏以及矿藏多寡，对于当时人类社会的发展来说是没有什么意义的。然而在今天情况就大不相同了，因为当今人类所拥有的生产力的水平，同原始社会相比是不可同日而语的。

人类在征服自然的漫长历程中，总是受周围地理环境条件的制约的。但是，随着生产力的发展，人们控制自然的能力不断提高，又会不断地突破原有地理环境的某些限制。由于生产力水平的提高，原有的地理环境的某些不利条件可以转化为有利条件，原来有利的条件又可以转化为不利条件，原来对于社会发展没有什么意义的条件也可以转化为具有重要意义的条件。可是，当人们突破了原有地理环境条件的某些限制之后，又会在新的领域中接受某些地理环境因素的制约。例如，海洋原是使人们隔离的因

① 《普列汉诺夫哲学著作选集》第3卷，生活·读书·新知三联书店1962年版，第170—171页。

② 《普列汉诺夫哲学著作选集》第1卷，生活·读书·新知三联书店1959年版，第765页。

素，它限制着人们彼此间的交往。但是，当人们发明和制造舟船之后，原有的限制在一定程度上被打破了，隔离因素变成了使人们结合的因素。然而航海行船又不能不受海洋气候、地形、水流和航道等地理环境因素的制约。地理环境同人类社会之间的关系，就是这样以生产力为纽带不断地变化着，发展着。因此，只看到地理环境对人类社会的影响，看不见或忽视人类对地理环境这种制约作用的突破和改变，片面地夸大地理环境的作用，是片面的、错误的，它会导致地理环境决定论。反之，只看到人类对自然界的改造和征服，而看不见或忽视人类这种活动始终是在某种地理环境条件的制约下进行的，同样也是片面的、错误的，因为它否定了地理环境的作用。

普列汉诺夫关于地理环境对人类社会发展的影响是一种“可变的量”的思想告诉人们，绝不能用形而上学的静止的僵死的观点去看待地理环境对社会发展的作用，必须从不同国家、不同社会发展阶段的生产力发展状况出发，对地理环境的作用作出具体的历史的分析。

普列汉诺夫不仅阐明了地理环境对社会发展的作用因社会生产力状况的不同而不同，还运用这一观点具体地考察了地理环境在人类社会发展进程中，特别是在人类社会初期，对社会发展的作用。他实际上得出了如下结论：在人类社会初期生产力水平极低的情况下，地理环境对于社会发展具有决定的影响。

普列汉诺夫是怎样得出这个结论的呢？

（一）他指出地理环境对从猿到人的转化，对人类社会的出现，有极为重要的意义。由于地理环境的某些变化，促使了类人猿前后肢的分工，这是人类社会产生的一个重要条件。

（二）他认为地理环境条件对于人类最初制造生产工具和从事生产活动，有决定的影响。他说，如果说动物的“自然器官”，即动物的肢体的变化受周围自然环境的影响，那么对于社会人的“人工器官”即生产工具来说，情形也是一样。“只因为地理环境的某些特殊属性的荫赐，我们的人类的祖先才能提高到转化为制造工具的动物所必要的智慧发展的高度。和这完全同样的，也只有地理环境能够给这个新的‘制造工具’的能力以使用和改造的余裕”。①

① 《普列汉诺夫哲学著作选集》第1卷，生活·读书·新知三联书店1959年版，第681页。

他从以下两个方面指出了地理环境条件对人类社会初期生产工具的制造和使用具有决定的影响。

一方面，工具的制造要靠自然环境提供所必需的材料，例如在没有金属的地方，人们最初是不能发明优于石器的工具的，另一方面，新的工具又要靠自然环境提供加工对象，否则它便被置于无用之地。总而言之，在普列汉诺夫看来，"人是从周围的自然环境中取得材料，来制造用来与自然斗争的人工器官。周围自然环境的性质，决定着人的生产活动、生产资料的性质"。[①] 普列汉诺夫在《论一元论历史观之发展》一书的注解中谈到马克思的学说同达尔文的学说的关系时曾指出，动物和植物处于"物理的环境"的影响下。对于社会人来说，"物理环境"经过社会关系作用于他们，这些社会关系产生在生产力的基础上，而生产力"在起初时发展的迟速，依物理环境的属性而定"[②]。这里所说的"物理环境"就是地理环境。

（三）普列汉诺夫指出，地理环境对于生产力部门的最初分布，也有决定的影响。在人类社会发展的最初阶段上，为什么这一地区的居民从事农业，那一地区的居民从事畜牧业？为什么这一地区的居民过的是农业部落的生活，那一地区的居民过的是游牧部落的生活？为什么航海业只能出现在沿海地区，而冶炼业则只能产生在有金属矿藏的地方？普列汉诺夫回答说，这一切都是由既定的地理环境条件决定的。无论是用来满足于人们需要的自然产品的性质，或者是人们为着满足自己的需要所生产的产品的性质，都决定于地理环境的特性。在没有马、牛、羊等野生动物的地方，不会有最初的畜牧业，在没有金属的地方，不会有最初的冶炼业，原始渔猎部落转变为农业部落和畜牧业部落，必须有相应的地理条件，即必须有相当的动物区系和植物区系，造舟航海技术是断然不会在没有江河湖海的草原上产生的。所有这些，都说明了生产力部门的最初分布，既不决定于人的意志，又不决定于什么神的力量，而是取决于特定的地理环境。

（四）普列汉诺夫认为，由于地理环境的差别，产生了人类社会

① 《普列汉诺夫哲学著作选集》第 2 卷，生活·读书·新知三联书店 1961 年版，第 168 页。

② 《普列汉诺夫哲学著作选集》第 1 卷，生活·读书·新知三联书店 1959 年版，第 767 页。

最初的劳动分工和交换，促进了生产的发展和社会的进步。他在《论一元论历史观之发展》中说，原始社会的居民所居住的地方，地理条件的差异越多，他们之间的产品交换就越频繁，人们之间的相互接触和交往就越多，原始社会的生产和智慧的发展也就越快。在《马克思主义的基本问题》中，他又进一步指出：人类的部落在最低的发展阶段上就相互发生关系，彼此交换他们一部分产品，这就打破了影响每一部落生产力发展的地理环境界限，而加速了这种发展过程。“不过，很明显的，这种关系的产生和保持的难易也是依地理环境的特性为转移的。”①

（五）普列汉诺夫还看到了地理环境的差别对于原始社会解体之后社会发展的形式和进程有很大影响。他在《尼·加·车尔尼雪夫斯基》中指出，在中国和阿提喀，在北美洲平原和尼罗河沿岸，人类发展初期的社会关系形式完全是一样的，研究原始制度的科学到处都发现了氏族生活方式，这显然说明人类有一个共同的出发点。“但是，由于生存斗争的自然条件不同，因此人类共同生活的形式也渐渐地具有不同的性质。到处相同的氏族生活方式让位给各种不同的社会关系。雅典社会的制度不同于中国的制度，西方的经济发展进程根本不同于东方的经济发展进程。当然，这里有许多东西也依赖于该社会的历史环境的影响，但人类发展的‘地理背景’毕竟无疑地表现出强烈的影响。”② 为了论证这一点，普列汉诺夫援引了著名的原始社会研究者摩尔根的《古代社会》、人类学家怀茨的《北美洲印第安人》、民族学家史文富特的《在非洲的心脏》等著作中所提供的大量材料。普列汉诺夫认为，在氏族社会解体后所出现的“东方生产方式”（普列汉诺夫还称它作“东方社会制度”——即马克思所说的“亚细亚生产方式”）和西方的“古代生产方式”两种经济制度的类型，虽然都是氏族内部生产力增长的结果，但是，“如果这两种类型彼此有着很大的区别，那么他们的主要特征是在地理环境的影响之下形成的。在一种情形下，地理环境给了生产力发展达到一定程度的社会以一种生产关系的总和；而在另一情形下，地理环境给了另一种根本不同于第一种的生产

① 《普列汉诺夫哲学著作选集》第3卷，生活·读书·新知三联书店1962年版，第165页。

② 《普列汉诺夫哲学著作选集》第4卷，生活·读书·新知三联书店1974年版，第44页。

关系的总和”。①

以上是普列汉诺夫关于地理环境在人类社会初期对社会发展起决定作用的论证。不难看出，在地理环境与人类发展的关系问题上，普列汉诺夫实际上认为，生产力水平越低，人类对周围地理环境的依赖程度越大，地理环境对社会发展所起的作用也就越大，只是他没有以明确的语言直接说出这个结论罢了。

五 社会运动有自己独立于地理环境的内在逻辑和规律

强调社会运动有其独立于地理环境的内在逻辑和规律，这是普列汉诺夫在考察地理环境对社会发展的作用时所坚持的第四个基本观点。在《唯物主义史论丛》中，他论述了地理环境对社会发展的重要作用之后，紧接着指出：这只是事情的一个方面，如果不愿意得出完全错误的结论的话，还必须看到事情的另一方面，这就是：“生产关系和生产力的相互影响，造成了一个社会运动，这个社会运动有它自己的逻辑和它自己独立于自然环境的规律”。② 他认为，生产力和生产关系的矛盾是人类社会发展进程中的“根本矛盾”③。正是生产力与生产关系的矛盾运动，才形成了社会运动的特有逻辑和独立于地理环境的规律。他以小生产者的私有制演变为资本主义私有制为例，说明了这一现象是私有制演进的内在规律起作用的结果，而不是由地理环境决定的。“自然环境在这种情形之下所能为力的事，只是由助成生产力的发展来促进这个运动。”④ 普列汉诺夫认为，正因为社会发展有其特有的、独立于地理环境的规律和逻辑，所以就会有这样的事情发生：同一个民族，虽然居住在同一个地方，有着同样的地理环境条件，并且其生理特性又几乎是一样的，但在它的不同的历史时期却具有彼此不相似、甚至完全不同的社会政治制度。这种情形，并不意味着

① 《普列汉诺夫哲学著作选集》第3卷，生活·读书·新知三联书店1962年版，第178页。

② 《普列汉诺夫哲学著作选集》第2卷，生活·读书·新知三联书店1961年版，第169页。

③ 同上书，第589页。

④ 同上书，第169页。

地理环境对于社会的发展就不起作用了，而是说明社会的发展是有它自己的不受地理环境条件支配的内在规律的。普列汉诺夫在《论一元论历史观之发展》中进一步发挥了这一思想。他说，既然人类社会在一定的生产力的基础上产生了一定的社会关系，那么社会的发展“就按自己本身的内部规律进行”。在这种情况下，地理环境的作用就在于它通过给生产力的发展以或大或小的可能性，制约着人类的历史运动。这样一来，人类对地理环境的依赖关系就从“直接的”变成了“间接的”了。

与“自然环境”相对应，普列汉诺夫还提出了“社会环境”的概念。所谓社会环境，就是人类的社会生活。他指出：“社会环境的发展服从着自己本身的规律。这就是说，它的属性既不取决于人们的意志和意识，亦不取决于地理环境的属性。”① 普列汉诺夫在肯定19世纪俄国著名地理学家和社会学家列·伊·梅奇尼柯夫的《文明和伟大的历史河流·现代社会发展的地理理论》一书中的唯物主义观点的同时，批判了他夸大地理环境作用的错误。他指出：“很明显，地理环境的影响不能说明历史的全部进程。当然，地理环境有自己的作用，但是在它的影响下所建立的社会关系也有自己的内在逻辑，这种逻辑常常可以同环境的要求相矛盾。”② 他说，这种社会关系自身发展内在逻辑同地理环境的要求相矛盾的情形，在人类社会历史发展的行程中是屡见不鲜的，在现代欧洲历史上也和在任何其他历史上一样，可以举出这类矛盾的若干例子。因此，他认为：“研究社会关系的内在逻辑，而且主要是研究经济关系的内在逻辑，无论如何不应当少于研究世界历史的地理背景。这两类研究是互相补充的，而在它们的联合努力下，历史的隐蔽的秘密便逐渐揭开了。”③ 普列汉诺夫指出，为了研究社会关系的内在逻辑，近40年来马克思学派做了许多工作，但遗憾的是，对于马克思学派得出的结论，梅奇尼柯夫几乎都没有加以注意。

普列汉诺夫在强调社会发展有独立于地理环境的内在规律的同时还指出，地理环境同国际关系（即国际社会环境）这两个因素对各国民族历史的多样性有巨大的影响。诚然，人类社会的发展有自己的客观规律，而

① 《普列汉诺夫哲学著作选集》第1卷，生活·读书·新知三联书店1959年版，第766页。

② 《教学与研究》1982年第4期，第40页。

③ 同上。

各国民族的历史又都是按照这些到处起作用的共同规律发展的，它们之间有着共同性。但是，事实上沿着共同规律发展的各国民族的历史却有很大的差别而表现为多种多样的形式，形成了历史发展的多样性和差别性。那么，按照共同规律演进的各国民族的历史又为什么呈现出多样性呢？普列汉诺夫回答说，原因有两个，一个是各国民族所处的地理环境条件不同，另一个是各国民族所处的国际社会环境的不同即国际关系的不同。普列汉诺夫认为，地理环境和国际环境对各民族历史发展的特点都有很大的影响，但二者相比，国际环境的影响也许更大一些。“地理环境和国际关系联合起来的影响，说明了我们在许多民族的历史中所遇见的那种巨大的差别”[①]。普列汉诺夫这一观点的意义，在于它说明了对于人类社会历史的研究，既要掌握其共同规律，承认人类历史的发展具有统一性，又要考察其具体特点，发现其多样性、差别性。而具体地考察地理环境特性对社会历史发展的影响，则是研究各国民族历史发展的多样性、差别性的一个重要的、不可忽视的方面。

六 “瑕不掩瑜”

从普列汉诺夫考察地理环境理论的出发点和基本观点来看，我们认为他的地理环境理论从总体上说是马克思主义的。他在强调地理环境作用的同时，不仅没有得出地理环境决定社会发展的一般结论，相反地，还反复阐明了人类社会的发展既不决定于人的意志，又不决定于地理环境，而是决定于它的内在矛盾，强调了社会发展有其独立于地理环境的逻辑和规律。这就从原则上同社会学中地理学派的地理环境决定论划清了界限。

在普列汉诺夫关于地理环境作用的论述中，的确使用过“决定作用”之类的概念。但是，如果对他的地理环境理论作一番全面的考察，就可以发现，他所说的地理环境对社会发展的“决定作用”，不是指人类社会发展的一切阶段而言，而是指社会发展的特定阶段，即生产力极其低下的人类社会的最初阶段。这个看法不能说是错误的。不仅如此，把唯物主义贯

① 《普列汉诺夫哲学著作选集》第 2 卷，生活·读书·新知三联书店 1961 年版，第 204 页。

彻到底，则必须承认人类是自然界的产物。从人类社会的形成或诞生这个角度看，自然环境无疑是决定性的因素。此后，才发生交互作用的问题和社会运动的内因问题。在人类社会形成之初，当人们征服自然界的能力还极其低下，人类的生活和社会发展还处于自然界的支配之下的时候，地理环境的特性的确对社会发展具有决定的作用。

马克思在《政治经济学批判》里讲到人类早期土地公社所有制的不同形式与地理环境的关系时写道："不管怎样，公社或部落成员对部落土地（即对于部落所定居的土地）的关系的这种种不同的形式，部分地取决于部落的天然性质，部分地取决于部落在怎样的经济条件下实际上以所有者的资格对待土地，就是说，用劳动来获取土地的果实；而这一点本身又取决于气候，土壤的物理性质，受物理条件决定的土壤开发方式，同敌对部落或四邻部落的关系，以及引起迁移、引起历史事件等等的变动。"① 此后，马克思在《资本论》中又进一步指出，不同的地理环境决定着原始公社的不同生产方式和生活方式。他说："不同的公社在各自的自然环境中，找到不同的生产资料和不同的生活资料。因此，它们的生产方式、生活方式和产品，也就各不相同。这种自然的差别，在公社互相接触时引起了产品的互相交换，从而使这些产品逐渐变成商品。"② 他在讲到地理环境因素同社会劳动生产率的关系时又说，外界自然条件可以分为两大类：第一类是生活资料的自然富源，例如土壤的肥力，渔产丰富的水面等；第二类是劳动资料的自然富源，如奔腾的瀑布、可以航行的河流、森林、金属、煤炭等。第一类自然富源在人类文化初期具有决定性的意义；第二类自然富源在人类社会较高的发展阶段上具有决定性的意义。恩格斯在谈到古代东方社会的特点与地理环境条件的关系时讲得更加明确，他写道："东方各民族为什么没有达到土地私有制，甚至没有达到封建的土地所有制呢？我认为，这主要是由于气候和土壤的性质，特别是由于大沙漠地带，这个地带从撒哈拉经过阿拉伯、波斯、印度和鞑靼直到亚洲高原的最高地区。"③ 他在《奥地利末日的开端》一文中还指出了直到中世纪后半期，由于地理位置的不优越给德国内地社会带来的落后性。他说早在中

① 《马克思恩格斯文集》第 8 卷，人民出版社 2009 年版，第 135 页。

② 《马克思恩格斯全集》第 23 卷，人民出版社 1972 年版，第 390 页。

③ 《马克思恩格斯文集》第 10 卷，人民出版社 2009 年版，第 113 页。

世纪的后半期，意大利、法国、英国、比利时以及德国的北部和西部都已纷纷摆脱了封建的野蛮状态，但这一时期德国境内的一部分地区却大大落后于西欧的发展水平。这是因为资本主义文明是沿着海岸顺着江河传播开来的，而德国的内地特别是贫瘠而交通阻塞的山区“就成了野蛮和封建的避难所”。这种野蛮特别集中于远离海洋的南部德意志区域，在这里，因阿尔卑斯山脉而与意大利的文明相隔绝，因波希米亚山脉和莫拉维亚山脉而与北德意志的文明相隔绝。

可见，无论是马克思和恩格斯，都没有简单地一概否定地理环境对社会发展起决定作用的观点，而是对问题进行了具体的分析。把普列汉诺夫关于地理环境在人类社会初期对社会发展具有决定性影响的观点，同马克思、恩格斯的以上论述联系起来考察，就不难看出，普列汉诺夫的观点同马克思、恩格斯的上述思想是相吻合的。

马克思和恩格斯在《德意志意识形态》《1844 年经济学——哲学手稿》《政治经济学批判》《资本论》和论东方社会的一些著作中，对地理环境与人类社会发展的关系问题作了十分精辟的论述，为马克思主义的地理环境论奠定了基础。在马克思、恩格斯以后，列宁在他的著作中谈到这个问题的地方不多，斯大林虽然提出了地理环境对社会发展只起加速或延缓作用不起决定作用的基本正确的论断，但由于没有回答地理环境怎样对社会发展起作用的问题，而存在简单化的缺陷。普列汉诺夫则根据马克思、恩格斯的观点具体地考察了地理环境对社会发展的作用，阐明了地理环境通过生产力影响社会发展和地理环境作用的可变性及其变化的规律。这是他对马克思主义地理环境理论的一个贡献。

必须指出，在普列汉诺夫的地理环境理论中也包含着某些错误。主要表现在他论述地理环境的作用时，有些地方不加任何限制地笼而统之地阐述自己的观点，例如，“自然环境的性质决定社会环境的性质”① “地理环境的特质决定着生产力的发展，而生产力的发展则决定着经济关系以及随着经济关系之后的其他一切社会关系的发展”② “生产力发展本身是为环绕着人的地理环境的属性决定的”，并且认为归根到底，社会制度是“由

① 《普列汉诺夫哲学著作选集》第 2 卷，生活 · 读书 · 新知三联书店 1961 年版，第 168 页。

② 《普列汉诺夫哲学著作选集》第 3 卷，生活 · 读书 · 新知三联书店 1962 年版，第 165—166 页。

地理环境的属性决定的"①，等等。很显然，这些观点不仅包含着片面性和绝对化的错误，而且同他大量的正确观点特别是同关于社会发展有其独立于地理环境的内在逻辑和规律的观点自相矛盾。这种情形说明，普列汉诺夫虽然从原则上同地理环境决定论划清了界线，并对这一错误理论进行了批判，但他并没有在一切方面都彻底摆脱这一理论的影响。同时，普列汉诺夫虽然驳斥了米海洛夫斯基等人把生产力发展的最终动力归结为人的智慧的唯心主义观点，并坚持用物质因素说明生产力的动力，但他却没有把生产力的动力归结为生产力与生产关系的矛盾运动和生产力内部诸因素的矛盾运动，而是把生产力的动力看做地理环境，这在一定程度上也暴露了他的地理环境理论包含着某些机械论的因素。

尽管普列汉诺夫的地理环境理论存在以上的缺点和错误，然而"瑕不掩瑜"。从总体上看，他的地理环境理论基本上是正确的，是马克思主义的地理环境理论，而不是地理环境决定论。或者更确切地说，他的地理环境理论是包含着某些错误观点的马克思主义的地理环境理论。

① 《普列汉诺夫哲学著作选集》第1卷，生活·读书·新知三联书店1959年版，第765—766页。

第五章

普列汉诺夫的社会结构学说——“五项因素公式”

一 “五项因素公式”——普列汉诺夫研究唯物史观的总纲

唯物史观对于人类社会发展一般规律的研究，是纵向和横向相结合的。从纵的方面来说，研究社会发展的一般规律，就是要揭示各种社会形态之间的区别和联系，特别是揭示社会形态由低级到高级依次更替的客观规律。人类从原始社会经奴隶社会、封建社会、资本主义社会向社会主义社会和共产主义社会的发展，就是唯物史观所揭示的社会纵向发展的一般规律。从横的方面来说，研究社会发展的一般规律，就是要弄清社会结构，解剖构成各个社会形态的基本因素，特别是揭示它们之间的相互关系，从中找出何者是本原的，何者是派生的；何者是第一性的，何者是第二性的；这些因素之间又是如何相互联系，相互制约，相互作用，从而推动人类社会不断向前发展的。社会存在决定社会意识，社会意识反作用于社会存在；生产力决定生产关系，生产关系反作用于生产力；经济基础决定上层建筑，上层建筑反作用于经济基础，等等，就是唯物史观从横的方面所揭示的构成各种社会形态基本要素之间相互联系和相互作用的规律。以上两个方面，即对社会历史的纵向研究和横向研究，是紧密联系和不可分割的，然而基础的东西却是对构成各种社会形态的基本因素及其相互关系的研究。因为正是这些基本因素间的相互联系和相互作用，构成了人类社会所特有的矛盾运动，推动着社会从低级阶段向高级阶段的过渡，使社会历史的发展过程呈现出一定的顺序性。

马克思是十分重视对社会结构问题的研究的。他运用唯物的辩证的方法对构成各种社会形态的基本因素作了透彻的剖析，从纷繁复杂的社会生活的各个领域中划分出经济领域来，从一切社会关系中划分出生产关系来，并把生产关系当做决定其他一切社会关系的基本的原始的关系，同时又发现了生产力是决定生产关系的原始基因。这样就得出了社会形态的发展是自然历史过程的科学结论，揭示了人类社会发展的客观规律，奠定了历史唯物主义的基础。

继马克思和恩格斯之后，普列汉诺夫也非常重视社会结构问题的研究。他所提出的关于社会结构的“五项因素公式”，就是根据马克思《〈政治经济学批判〉序言》的基本思想，研究社会结构问题取得的重要成果。

普列汉诺夫的“五项因素公式”，从宏观的角度对构成复杂的社会生活的各个方面作了深入的解剖。他把社会结构的基本因素概括为五项，即生产力、生产关系、政治制度、社会心理和社会思想体系。他不仅异常清晰地勾画出了构成各种社会形态的这五种基本因素的层次，而且揭示了这些因素之间相互联系、相互制约、相互作用的关系，阐明了社会形态的内在矛盾，以及由这些矛盾所推动的发展进程。普列汉诺夫的“五项因素公式”，是他的社会结构理论的核心，也是他对人类社会生活的总的描绘。他把这个公式当做研究唯物史观的总纲。这个总纲犹如一条红线，贯穿在他的全部历史唯物主义论著之中，统率着他对唯物史观的研究。从《唯物主义史论丛》到《马克思主义的基本问题》，不论是他对唯物史观的总的论述，还是对唯物史观各个原理的阐发，实际上都是对“五项因素公式”的发挥和展开。因此，研究普列汉诺夫的“五项因素公式”，不仅对了解他关于唯物史观的全部论述是十分重要的，而且对于我们研究社会结构和社会形态发展的历史进程，尤其是社会意识形态发展史，也有重要的意义。

二　“五项因素公式”的由来

普列汉诺夫关于社会结构“五项因素公式”的雏形，最初是在他写于1892—1893年间的《唯物主义史论丛》一书中提出来的。他在这部著作的第三章，用唯物主义的观点阐明人类思想史同社会物质生活条件发展史的关系时，援引了马克思《关于费尔巴哈的提纲》中的著名论断：“从前的一切唯物主义——包括费尔巴哈的唯物主义——的主要缺点是：对对象、现实、感性，只是从客体的或者直观的形式去理解，而不是把它们当做人的感性活动，当做实践去理解，不是从主体方面去理解。因此，结果竟是这样，和唯物主义相反，唯心主义却发展了能动的方面，但只是抽象地发展了，因为唯心主义当然是不知道现实的、感性的活动本身的。"①

普列汉诺夫认为，马克思的这些话，包含了近代唯物主义即辩证唯物主义的纲领。他指出，如果唯物主义不想像旧唯物主义那样永远片面下去，忽视人的主观的方面，忽视人的思想、观念的作用，如果唯物主义要彻底战胜唯心主义，"就必须给人的生活的一切方面一个唯物主义的说明"②。

普列汉诺夫注意到并且十分重视 19 世纪部分思想家、文艺批评家们在探索意识形态的根源问题上继 18 世纪法国唯物主义之后所做的新的努力。如法国文学家斯达尔夫人就认为，文学革命只能由社会演进而产生。法国历史学家、美学家泰恩则不仅看到人的关系的变化会引起人的思想的相应变化，而且试图寻求这些关系的演进规律。他在《艺术哲学》中提出了一个"无所不包"的公式，这个公式包含着一连串的四个环节：（一）一般的情况，即某种善恶的普遍存在，一种奴役和自由的状况，一种贫穷和富有的状况，一定的社会形式，一定的宗教类型；（二）由一般的情况决定的一定的能力、感情和倾向；（三）体现着这种倾向与能力的典型的人物；（四）描述这种人物，依存于这种人物的全部的艺术形式。他认为这四个环节中上一个引起下一个，每个环节发生微小的变化都会引起下几个环节的相应变化。普列汉诺夫对泰恩的"公式"做了详尽的引述之后，指出了这个公式对文学史、艺术史研究的贡献，以及他这种"寻求规律的程序"的方法上的"无可争辩的优点"，同时明确指出这个公式的根本缺点是没有真正解决艺术的根源，因为他没有辨明造成人的关系中大变化的原因。泰恩的"一般的情况"是把社会的实际情况如贫富、自由与奴役的社会状况、社会形式，和宗教这种为社会实际情况所决定的社会精神状况相提并论了，从而把原因和结果放在一条线上，这就使他最

① 《马克思恩格斯文集》第 1 卷，人民出版社 2009 年版，第 503 页。

② 《普列汉诺夫哲学著作选集》第 2 卷，生活·读书·新知三联书店 1961 年版，第 186 页。

终又陷入了18世纪法国唯物主义的困境，即人的观念起源于人的境况；人的境况又起源于人的思想。使人们从这个困境中解放出来的是马克思的唯物主义历史观。这种历史观由于确立了以人类生存的物质条件、以经济史来说明观念的历史这个基本原则，因而使人的生活的主观方面，人的精神，人的情感和观念得到了唯物主义的说明，使唯心主义者“疲于奔命”的“心理问题”得到了解决。普列汉诺夫依据马克思的观点将泰恩的公式改为：

“一定程度的生产力的发展；由这个程度所决定的人们在社会生产过程中的相互关系；这些人的关系所表现的一种社会形式，与这种社会形式相适应的一定的精神状况和道德状况，与这种状况所产生的那些能力、趣味和倾向相一致的宗教、哲学、文学、艺术。”对于这个公式的优点，普列汉诺夫写道：“我们不愿意说，这‘公式’是无所不包的——还离得很远！——但是我们觉得它有无可争辩的优点，觉得它更好地表现了存在于不同的‘一系列环节’之间的因果关系。至于人们惯常非难唯物史观的那种‘狭隘性’，和‘片面性’，在这里面是找不到一点痕迹的。”①

此后，他在《论一元论历史观之发展》《论唯物主义的历史观》《论“经济因素”》《阶级斗争学说的最初阶段》等著作中，都以不同的形式，在不同的程度上阐明和发挥了上述思想。15年后，即1907年，他在《马克思主义的基本问题》一书中，将这个“公式”阐述得更加完备，更加精确了。他说：

“如果我们想简短地说明一下马克思和恩格斯对于现在很有名的‘基础’对同样有名的‘上层建筑’的关系的见解，那么我们就可以得到下面一些东西：

（一）生产力的状况；

（二）被生产力所制约的经济关系；

（三）在一定的经济‘基础’上生长起来的社会政治制度；

（四）一部分由经济所直接决定的，一部分由生长在经济上的全部社会政治制度所决定的社会中的人的心理；

---

①《普列汉诺夫哲学著作选集》第2卷，生活·读书·新知三联书店1961年版，第186—187页。

（五）反映这种心理特性的各种思想体系。"[①]

他接着指出："这个公式是十分广泛的，对于历史发展的一切'形式'足够给一个相当的位置，同时是跟折衷主义完全无缘的，这种折衷主义除了各种社会力量相互影响之外，就不能更进一步，甚至它没有怀疑这些力量之间的相互影响的事实还没有解决它们的起源问题。这是一元论的公式。这个一元论的公式彻头彻尾贯穿着唯物主义。"[②]

把普列汉诺夫关于"五项因素公式"的这两种表述作一番比较，就不难看出，两者的基本思想虽然是一致的，但后者比前者更加精确、更加完备了。第一，他用"社会政治制度"的概念，代替了原来的生产关系"所表现的社会形式"这类不甚明确的、容易引起歧义的提法；第二，他明确地提出了"社会中的人的心理"即社会心理的概念，用以代替原来的与一定社会形式相适应的"精神状况和道德状况"这类不够准确、不够规范的表述，并且进一步指出了社会心理是由社会经济关系政治制度决定的；第三，他提出了"思想体系"的概念，指出它是社会心理的反映。

上述情况说明，后一种表述是在前者基础上的进一步发展，这个前进凝聚着他与形形色色唯心主义以及折衷主义"因素论"论战的积极成果。如果说前者是"五项因素公式"的草图，那么后者则是它的"定稿"，是更成熟、更完备的形式。

三　"五项因素公式"的基本思想

普列汉诺夫的"五项因素公式"和以这个公式为核心的社会结构理论，贯穿着以下两个基本思想。

一个基本思想是强调了社会结构的客观性。"五项因素公式"的一个突出特点是用唯物主义的原则去解释社会生活的一切方面，从始至终贯穿着鲜明的唯物主义观点。这个公式的前两项说明了社会生产方式是一切社会结构的客观物质基础，属于社会的物质生活方面。后三项讲的

① 《普列汉诺夫哲学著作选集》第3卷，生活·读书·新知三联书店1962年版，第195页。

② 同上书，第195—196页。

是社会政治上层建筑和思想上层建筑诸因素，属于社会的政治生活和精神生活方面，它们是在社会物质生活的基础上形成、发展并受它制约的。普列汉诺夫的五项公式和社会结构理论始终贯穿着社会存在决定社会意识、生产力决定生产关系、经济基础决定上层建筑等唯物史观的基本观点，论证了社会结构不以人们的意识和意志为转移的客观性，说明了社会历史的发展是以社会物质资料生产的发展为基础的，社会的物质生活归根到底决定着社会的精神生活，而生产力则是社会发展的最后动因，人类社会永远遵循着它“自己运动的自然规律”，即客观规律所展示的途径前进。这就论证和捍卫了马克思关于社会形态的发展是自然历史过程的思想。正如普列汉诺夫所说，五项公式是“彻头彻尾贯穿着唯物主义”的一元论公式，这个公式同任何形式的折衷主义是“完全无缘”的。它彻底否定了对社会结构的形形色色唯心主义和折衷主义的解释。

“五项因素公式”的另一个基本思想，是揭示了社会结构是一个由多种因素构成的活生生的“有完全生命的有机体”。它说明这个有机体所包含的各种因素不是孤立的、分散的，也不是偶然的、任意的堆砌，而是处于有机联系的统一体中。它们之间相互依存、相互制约、相互作用，构成了人类社会生活的活生生的画面。正是这些因素的相互依存、相互制约和相互作用，构成了人类社会的特殊矛盾运动，推动着社会历史的发展。从这一基本思想出发，普列汉诺夫一再强调要科学地认识人类社会及其历史，就必须对这个有机体的“一切活的机能”进行研究并给以正确的解释。具体地说，就是必须深入地考察构成社会生活的各种基本因素在社会结构中各自占据什么地位，起什么作用，以及它们之间是怎样相互联系、相互依存和相互制约从而推动社会有机体不断变化和发展的。普列汉诺夫指出，按照马克思的观点，人类社会的运动归根到底是由引起社会经济关系变化的生产力的发展所决定的。因此，对于社会历史的了解就不能不从研究社会的生产力和经济关系的状态开始。然而，对于社会历史的研究却不能仅仅停留在这里，还应当进一步考察“经济的枯燥的骸骨”是怎样为“社会政治形态的生动血肉”所包裹着的；然后，最有趣，也是最诱人的方面，就是还必须说明“经济的枯燥的骸骨”又是怎样为人类的“观念、感觉、意图和理想的血肉”所包裹着的。总而言之，对于社会生活的考察，“到研究者手里的是死的材料，……从他手里出去的应该是有完全生命的有机体"①。这也就是普列汉诺夫所说的五项公式具有"无可争辩的优点"：由于它表现了社会生活"一系列环节"之间的"因果关系"，而完全避免了任何"狭隘性"和"片面性"。

简言之，普列汉诺夫的"五项因素公式"既坚持了彻底的唯物主义的一元论，用唯物主义的观点对社会生活的一切方面作了说明，又贯彻了辩证法，用辩证的观点揭示了社会生活各项基本因素之间的关系，把社会形态看做是一个活生生的有机体。这就是贯穿于他的"五项因素公式"和全部社会结构理论中的基本思想。

四 "五项因素公式"与马克思唯物史观的经典公式

马克思1859年在《〈政治经济学批判〉序言》里，对于唯物史观的基本观点作了精辟的概括。后来，人们一直把马克思这个概括，誉为关于唯物史观的经典公式。

马克思写道：

"人们在自己生活的社会生产中发生一定的、必然的、不以他们的意志为转移的关系，即同他们的物质生产力的一定发展阶段相适合的生产关系。这些生产关系的总和构成社会的经济结构，即有法律的和政治的上层建筑竖立其上并有一定的社会意识形式与之相适应的现实基础。物质生活的生产方式制约着整个社会生活、政治生活和精神生活的过程。不是人们的意识决定人们的存在，相反，是人们的社会存在决定人们的意识。社会的物质生产力发展到一定阶段，便同它们一直在其中活动的现存生产关系或财产关系（这只是生产关系的法律用语）发生矛盾。于是这些关系便由生产力的发展形式变成生产力的桎梏。那时社会革命的时代就到来了。随着经济基础的变更，全部庞大的上层建筑也或慢或快地发生变革。"②

普列汉诺夫的"五项因素公式"同马克思关于唯物史观的经典公式之间是什么关系呢？

---

① 《普列汉诺夫哲学著作选集》第1卷，生活·读书·新知三联书店1959年版，第754页。

② 《马克思恩格斯选集》第2卷，人民出版社2012年版，第2—3页。

（一）“五项因素公式”是根据马克思的经典公式提出来的，它直接来源于马克思的公式，马克思的公式是它的指导思想，二者的基本思想是一致的。

普列汉诺夫十分重视马克思关于唯物史观的经典公式。他明确指出：马克思的《〈政治经济学批判〉序言》，“包含着可以称为‘将作为科学出现的各门未来社会学的导论’的东西”[①]。他认为，不论“序言多么简短，还是应该称它是，而且将来人们一定会称它是任何未来的社会学的导论，如果它希望成为科学的话。而且这个导论就是现代科学社会主义的基础。”[②]

普列汉诺夫几乎在他所有历史唯物主义的重要论著中，都反复地引述和论证了马克思在《序言》中所阐明的观点。这些观点，贯穿于他提出的“五项因素公式”之中。不难看出，五项公式所阐明的社会物质生活的生产方式决定社会政治生活和精神生活一般过程的思想，正是马克思在《序言》中强调的基本思想。

（二）“五项因素公式”是马克思的经典公式的具体化，它在某些方面对马克思的公式作了发挥。主要表现在：

1. 马克思的公式把社会结构的基本要素概括为三个方面、三个层次，即生产力、经济基础（生产关系的总和）、上层建筑。普列汉诺夫的五项公式则进一步把这三个方面、三个层次，具体化为五个方面、五个层次，即生产力、生产关系、政治制度、社会心理、社会思想体系，并且揭示了社会结构五项基本因素之间客观存在的“层次关系”。在五项公式中，从生产力到生产关系、政治制度、社会心理、思想体系，建立了一个由下到上的“等级序列”。在这个公式中，普列汉诺夫特别突出了马克思关于生产力是人类社会结构诸因素中最终起决定作用的因素的观点。

当然，任何公式，即使是正确的公式，也只能是对客观事物本质联系的高度概括，而不可能囊括客观事物的一切方面。“五项因素公式”也不例外。社会结构诸因素之间的关系是很复杂的，其中每一因素都在不同程度上受到其他因素的制约，同时又在不同程度上给其他因素以影响。各种

---

① 《普列汉诺夫哲学著作选集》第 2 卷，生活·读书·新知三联书店 1961 年版，第 403 页。

② ［俄］普列汉诺夫：《无政府主义与社会主义》，王荫庭译，生活·读书·新知三联书店 1980 年版，第 23 页。

社会结构因素的相互作用错综复杂地交织在一起，形成了一个复杂的社会生活之网。五项公式所描述的社会结构诸因素之间的“等级序列”和“因果关系”，只是在“归根到底”的意义上说的。

2. “五项因素公式”提出了关于社会意识两种基本形式的思想。它把社会意识区分为社会心理和思想体系这两种基本形式，并把它们相对独立出来，作为社会结构的基本因素，这就把马克思经典公式中关于社会意识的范畴具体化了。这里要特别指出的是普列汉诺夫对社会心理这个因素尤为重视。他把社会心理列为社会结构五项基本因素的第四项，认为它是介于社会经济关系、政治制度与社会思想体系之间的必不可少的中间环节。他指出，社会经济关系、政治制度通过社会心理决定各种思想体系，各种思想体系又通过社会心理反映人们的经济关系和政治关系。在他看来，社会心理对于各种社会思想体系的形成和发展有极为重要的意义，要了解各种思想体系，了解人类思想发展史，就必须在考察社会经济关系和政治关系的基础上深入地研究社会心理。为此，他提出了以社会心理为对象建立“社会心理学”的重要见解。普列汉诺夫的这些思想，是对马克思经典公式的重要发挥。它对于社会结构的研究，尤其是对各种思想体系和人类思想史的研究是非常重要的。

3. “五项因素公式”在强调社会经济关系对于社会心理、思想体系的决定作用的同时，还明确指出社会政治制度也决定着人们的社会心理，并通过社会心理给各种思想体系以决定性的影响。这里，普列汉诺夫在社会物质生活决定社会精神生活的基础上，看到了人们的政治关系对社会意识领域的重大影响，指出它对社会意识也具有决定的作用。这也是对马克思经典公式的发挥。

（三）“五项因素公式”还提出了一些同马克思的公式不尽一致，但对于理解马克思的思想却不无益处的见解。主要有以下几点：

1. 普列汉诺夫在公式中使用了“基础”这个概念，说他的五项公式就是为了阐明“基础与上层建筑”的关系。这里，他所说的“基础”是有别于马克思作为生产关系总和的“经济基础”这一概念的。他所说的“基础”实际上指的是生产方式。也就是说，他认为作为上层建筑的基础既包括生产关系，也包括生产力，是生产力和生产关系的统一体。

2. 普列汉诺夫把“社会政治制度”看做介于社会生产关系和社会心理之间的一个基本因素。实际上，他认为“社会政治制度”在整个社会结构中具有二重性。相对于社会经济关系来说，它是政治上层建筑，它的性质和变化发展归根到底是由经济关系来决定的，相对于社会心理和社会思想体系来说，它又具有社会存在的性质，它同社会经济关系一起决定着人们的社会心理，制约着各种思想体系。

3. 普列汉诺夫还提出了社会心理是思想体系的根源的观点。他认为各种社会思想体系都有一个共同的根源，这个根源就是由社会经济关系和政治制度所决定的社会心理。对于他的这个观点，人们曾经提出过尖锐的批评，对此，我们将在后面加以评述。

（四）同马克思的经典公式相比，普列汉诺夫的五项因素公式有明显的不足之处。主要表现在：

1. 马克思的公式是在人类历史运动的总过程中描述社会结构各项基本因素之间的相互联系和相互作用的，既揭示了生产力与生产关系的矛盾运动，又揭示了经济基础与上层建筑的矛盾运动，给人们提供了一幅社会矛盾运动的总画面。相比之下，普列汉诺夫的五项公式本身则对各项因素之间的矛盾运动体现得不够，虽然它并不排斥这个思想。

2. 马克思的公式把社会结构各种因素矛盾运动的考察，明确地同社会革命紧密地联系在一起，指出当生产力发展到一定阶段同现存的生产关系发生矛盾，生产关系变成生产力发展的桎梏的时候，“社会革命的时代就到来了”。这就明确地为社会革命特别是为无产阶级推翻资本主义制度的社会革命做了理论上的论证，提供了坚实的科学理论基础。相比之下，普列汉诺夫则大为逊色。他在五项公式中只着眼于考察各项因素的相互关系，而未能把这种考察同社会革命的产生紧密结合起来。从这个意义上说，他的五项公式不是比马克思的经典公式前进了，而是后退了。

基于以上分析，我们认为，同马克思的公式相比，普列汉诺夫的五项因素公式既有前进的一面，又有后退的一面。就它在某些方面对马克思的公式的具体化和发挥来说，确是前进了，但就它忽视了社会结构诸因素的矛盾运动同社会革命的联系来说，则后退了。而这后退的一面，正是普列汉诺夫理论与实践相脱离这一根本弱点的一个表现。

五　对折衷主义“因素论”的批判

普列汉诺夫的“五项因素公式”和社会结构理论是在同形形色色的

唯心主义和形而上学的斗争中形成和发展起来的。他不仅无情地揭露了各种形式的公开的露骨的唯心主义，而且尤其重视对貌似全面、貌似公正的折衷主义的“因素论”进行批判。

“因素论”是一种曾经流行一时并被资产阶级用来反对唯物史观的错误理论。在这种理论看来，人类社会是由一些分散的、孤立的因素构成的，其中任何一种因素都被看做是独立存在并对社会发展起作用的因素。表面看来，“因素论”似乎并不否认各种因素之间的相互作用。但是，在它那里这种相互作用的观点是极其抽象而空洞的。因为“因素论”认为社会生产中的每一种因素都在同等的程度上影响其他的因素，同时又在同等的程度上接受其他因素的影响。例如，经济因素影响政治因素，政治因素也影响经济因素；经济、政治因素影响思想因素，思想因素也影响经济、政治因素，如此等等，社会的发展就是各种因素之间机械、均衡地相互影响的结果。换言之，“因素论”只是抽象地谈论各种因素的相互作用，却根本否认这些相互作用的因素之间究竟何者是第一性的，何者是第二性的，何者是基本的原始的，何者是派生的，何者是决定性的，何者是被决定性的。“因素论”实质上是用貌似全面的相互作用的观点，否定唯物史观关于社会存在决定社会意识、生产力决定生产关系、经济基础决定上层建筑的基本原理。

普列汉诺夫对“因素论”的错误理论进行了深刻的批判。他不是对“因素论”采取简单的否定态度，而是从历史主义的观点出发，首先分析了这种理论的出现，从人类对社会生活的认识史来看有一定的必然性。

普列汉诺夫指出，凡是对于社会现象有兴趣的人，每当他由描述社会现象到进而研究这些现象之间所存在的联系时，都会提出某种关于因素说的理论来。当人们对于社会现象的研究越出了原来所处的抽象的、笼统的、直观的阶段时，随着社会科学分工的发展，产生了分门别类研究社会生活各个方面的具体部门，如政治学、经济学、法学、伦理学等。社会科学的这些部门所考察的本来都是人类社会生活这个统一体，但由于各门学科的具体研究对象不同，对于社会生活考察的角度也有所不同。其中每一个具体研究对象都可以而且也必须从社会生活的总体中抽出来进行一番研究，并且把它看做是社会生活中的一个相对独立的因素。所以普列汉诺夫说，“因素论”是随着社会科学分工的发展而出现的，社会科学中有多少“学科”就几乎有多少“因素”。这样，他便得出了如下结论：“社会历史因素是一个抽象的东西；对于它的观念，是由抽象作用产生出来的。由于抽象过程，社会复合体的各个不同方面才成为单独的范畴形式，社会的人的活动的各种表现——如道德、法律、经济形式等——才在我们心中转化为一些特殊的力量；这些力量，似乎引起了这种活动，决定了这种活动，而为这种活动的根本原因。”① 就是说，“因素论”是在人们脱离社会生活的有机整体去孤立地、抽象地考察各种因素的认识阶段上产生的。它的出现，在人类对社会生活的认识史上“是不可避免的”。

正因为如此，“因素论”在人类认识史上，曾经产生过积极的作用。这是因为它对社会生活采取了抽象分析的方法，而这种研究方法，比人们过去对社会现象的笼统的、直观的认识，显然是一个进步。正是在这个意义上，普列汉诺夫指出：“因素论对于科学也曾有过它的一份贡献。”②

普列汉诺夫着重指出，不管因素论在当时是如何的“有用”，但今天却经不起任何批判了。这是因为它对社会现象的认识只知道用抽象分析的方法，而不懂得用综合研究的方法。这样，它就不可免地肢解了社会有机体，将社会生活的各个方面抽象出来视为一些各自独立的特殊力量，并且认定每一种力量都决定着社会历史的运动。普列汉诺夫认为，因素论在社会科学发展史上所起的作用，同“个别物理力的理论”在自然科学发展中所起的作用是类似的。如同自然科学的成就已经达到了关于物理力的统一的理论一样，社会科学的发展“也一定要达到以社会生活的综合观点来代替社会分析的结果——因素论”③。这说明，随着社会科学的发展，因素论必然被新的理论所代替。

普列汉诺夫对因素论作批判时明确指出：“因素论”的根本错误，就在于它用抽象的、空洞的相互作用的观点，掩盖了各种因素的起源问题。他说，构成社会有机体的因素的确是多方面的，每一门社会科学所研究的对象都是个别因素，而且在每一门学科中又可以区分出若干因素来。这些因素之间无疑也存在着相互作用，正是由于它们的相互联系和相互作用，形成了社会生活的错综复杂的网。马克思主义者是从来不否认因素之间的

①　《普列汉诺夫哲学著作选集》第2卷，生活·读书·新知三联书店1961年版，第266页。

②　同上。

③　同上书，第267页。

相互作用的，但是，只承认因素的相互作用，是什么问题也不能解释的，因为在马克思主义者看来，各种因素的相互作用必须以它们的存在为前提，而只承认因素的相互作用，并没有说明它们的起源问题。普列汉诺夫认为，社会生活诸因素的相互作用，犹如一座“迷宫”，使人们望之“昏眩”。人们要想进入这座“迷宫”，获得对社会现象的真理性认识，就应该进一步去探究这些因素之间究竟是什么关系，其中是否有某种基本的、原始的、起决定作用的因素。而为了弄清这个问题，必须超出因素论的相互作用的观点，否则就不会对社会现象有进一步的理解。这里，普列汉诺夫指出了因素论的错误不在于它承认社会生活各种因素的相互作用，而在于它用相互作用掩盖了各种因素的起源，特别是掩盖了政治、思想因素的起源，否定了人类社会历史发展进程中各种因素的相互作用是“不相等的力量的相互作用”[①]，是在“归根到底总是得到实现的经济必然性的基础上的互相作用”[②]。普列汉诺夫十分形象地指出，因素论的相互作用的观点，不过是一种掩盖各种因素起源的“完全煮不烂也完全不能消化的”折衷主义“大杂烩”[③]。这种折衷主义的“大杂烩”不是接近真理，而是窒息真理。

普列汉诺夫的五项因素公式在批判因素论的基础上，始终坚持并反复阐明了生产力在一切社会因素中归根到底起决定作用的观点。他说，为了了解各种因素的相互作用，就必须弄清楚这些相互作用的因素的性质，但这是无法从相互作用的本身找到答案的。它们的性质和整个社会结构的属性，归根到底是由社会的“经济结构”即社会经济关系所决定的，而“经济结构”又决定于生产力的状况。在马克思以前，哲学家们往往把人们的经济关系看做是人的本性的产物。普列汉诺夫说：“按照现代唯物主义者的学说，决定任何现存社会的经济关系的，不是人类本性的属性，而是社会生产力的状况。并且社会经济关系也随着这些生产力的发展而改变。社会的人的本性也随着社会经济关系的改变而改变。而社会生活各种因素的相互关系也随着社会人的本性的改变而改变。这是极端重要之‘点’；可以说，凡是了解这一重要之点的人，那

① 《马克思恩格斯文集》第10卷，人民出版社2009年版，第596页。

② 《马克思恩格斯选集》第4卷，人民出版社1995年版，第732页。

③ 《普列汉诺夫哲学著作选集》第1卷，生活·读书·新知三联书店1959年版，第477页。

他就了解了全部问题。”① 这就是说，生产力是其余一切社会因素的原始基因，是一切社会因素相互作用的基础，人类社会从一种生产方式过渡到另一种生产方式，归根到底取决于生产力状况的变化。因此，社会结构及其变化的“谜底”，归根到底也应到生产力的发展中去寻找。根据这个观点，普列汉诺夫指出，只是用通俗的语言来讲，才能说经济关系是一切社会现象的最初原因，其实严格地说，经济关系远不是最初的原因，因为它本身就是结果，是由一定生产力所产生的结果。把生产力看做一切社会因素的原始基因，这是普列汉诺夫“五项因素公式”和社会结构理论的基本出发点，也是他的唯物主义一元论思想在社会结构理论中的彻底贯彻。他的五项公式所提出的各种社会因素的“层次排列”和“等级秩序”，就是建立在这个基础之上的。

对因素论作了上述分析之后，普列汉诺夫进一步指出，唯物史观同因素论的原则区别是：从因素论的观点来看，人类社会生活的各种因素都是一些相互独立的力量，这些力量并无本源与派生、主要与次要之分，它们各自对社会发展起作用。也就是说，因素论实际上是把人类社会的历史割裂开来，认为各种因素各自构成社会生活各个方面的历史，如法律史、道德史、哲学史等。人类社会就是在这些相互独立的力量的拖拽中发展的。从唯物史观的观点来看，情况则完全不同。所谓社会历史的因素，不过是纯粹抽象的产物，如果拨开它们周围的迷雾，就会发现人们并没有创造出若干不同的历史，而只是创造了一种历史，即他们自己的社会关系史，这些社会关系史乃是由一定时期的生产力状况决定的。人类社会的历史就是生产力的发展史，就是社会关系发展史，诸如法律史、道德史、哲学史之类，不过是人类这一唯一而不可分的历史在人们头脑中的各式各样的反映而已。这里普列汉诺夫又指出了因素论的另一个错误：用社会因素的多样性否定社会结构及其因素的客观性。唯物史观既承认社会因素的多样性，又坚持用唯物主义的观点去说明它们的多样性和相互作用。这就把社会因素的多样性和统一性在唯物主义一元论的基础上结合起来了。

综上可见，普列汉诺夫对“因素论”的批判，对于保卫唯物史观关于社会存在决定社会意识、社会物质生活决定社会政治生活和精神生活一

---

① 《普列汉诺夫哲学著作选集》第2卷，生活·读书·新知三联书店1961年版，第318—319页。

般过程的原理，具有重要的意义。这些积极的成果都体现在他的“五项因素公式”之中。

然而，也不能不指出，普列汉诺夫在批判“因素论”时，只是侧重于从认识论的角度去揭露它的根源，对这一错误理论产生的阶级根源和社会作用的揭露和批判是很不够的。应当说，这是一个缺陷。

六　关于“五项因素公式”的评价问题

怎样评价普列汉诺夫的“五项因素公式”，这是普列汉诺夫哲学思想研究中的一个重要问题。对于这个问题，到目前为止我国哲学界的研究成果尚不多见。就苏联哲学界的情况来看，60 年代以前，一些人对“五项因素公式”基本上持否定的态度。他们对这一公式提出了种种批评和责难，概括地说大致有以下三个方面：

（一）认为五项公式割裂了生产力与生产关系、经济基础与上层建筑的关系，只承认生产力对生产关系、经济基础对上层建筑的决定作用，而忽视或否认了生产关系、上层建筑等因素的反作用，陷入了形而上学机械论的错误。

例如《普列汉诺夫的哲学观点》一书的作者福米娜说：普列汉诺夫提出的“荒谬的五项公式”，“把生产力和生产关系割裂开了。由于这，就抹煞了基础——作为生产关系的总和的社会经济制度——对于生产、对于社会生产力的作用的积极性质”。她认为普列汉诺夫实际上是把生产力看做“自行地、自动地、在它们的生产方式之外地、不依赖于生产关系地发展着，并且成为其他一切‘因素’的发展的某种抽象的前提”，这就导致了“宣扬第二国际的臭名昭彰的生产力论”。福米娜还指出：普列汉诺夫把经济基础与上层建筑的复杂关系也“简单化了”，他“夸大了经济因素的作用，而把思想方面的上层建筑弄成机械地依赖基础，并将基础与上层建筑的辩证统一及其相互关系忽略过去”。[①] 马斯林在为《普列汉诺夫哲学著作选集》第三卷所写的绪论中，也提出了类似的批评。

（二）认为五项公式没有把阶级斗争包括进去，忽视了阶级斗争在社

① ［苏］福米娜：《普列汉诺夫的哲学观点》，汝信译，生活·读书·新知三联书店 1957 年版，第 306 页。

会发展中的重要作用。

例如，约夫楚克在《哲学史》第五卷中指出：由于普列汉诺夫“没有把作为阶级社会中社会历史发展的最重要动力的阶级斗争列入自己的公式，他就犯了错误”①。

（三）认为五项公式夸大了社会心理的作用，它把社会心理看成是思想体系的根源，实际上是否定了社会存在决定社会意识的基本原理，导致了历史唯心主义。

例如，马斯林说：普列汉诺夫提出的五项公式“有着本质的缺点”，他“把社会人的心理摆在第四项，并错误地认为它后来（在第五项上）反映于各种思想形式中”。②

福米娜的批评更为尖锐，她说：“普列汉诺夫用‘社会心理’的术语去代替‘社会意识’的术语。在这一点上表明了资产阶级哲学对他的影响。”他提出的“关于意识形态和政治通过心理的联系的糊涂的唯心主义的见解”，“夸大了心理的作用”，“开辟了通向唯心主义的道路”。

我们认为，上述批评意见是不妥的。

普列汉诺夫的五项公式是否犯了机械论的错误呢？

诚然，普列汉诺夫在这个公式中没有明确指出上层建筑对经济基础的反作用，也没有明确指出生产关系对生产力的反作用。但是，只要我们全面地考察一下“五项因素公式”提出的历史条件和基本思想，就不难看出，这个公式贯穿着一个重要思想，就是认为在研究社会结构和认识社会生活时，不能停留在承认各种社会因素的相互作用上，而必须越出相互作用的观点，用唯物主义的一元论去揭示在这些相互作用的因素中，究竟谁决定谁，哪种因素起最终的决定作用。只有解决了这个问题，才能真正揭开人类社会之谜。可见，普列汉诺夫的五项因素公式不是在否定各种因素相互作用的前提下，而是在肯定各种因素相互作用的基础上提出来的。他不仅没有否定各种因素的相互作用，而是坚持用唯物主义观点去解释各种因素的相互作用，揭示社会生活的本质。因此，不能说五项因素公式宣扬了机械论。

---

① ［苏］敦尼克、约夫楚克等主编：《哲学史》，齐力译，生活·读书·新知三联书店 1975 年版，第 335 页。

② 《普列汉诺夫哲学著作选集》第 3 卷，生活·读书·新知三联书店 1962 年版，第 16 页。

在生产力与生产关系、经济基础与上层建筑的相互关系的问题上，普列汉诺夫一方面坚持生产力决定生产关系、经济基础决定上层建筑的原理，同时又阐明了生产关系、上层建筑的反作用。仅以《唯物主义史论丛》和《马克思主义的基本问题》这两部著作为例，普列汉诺夫在提出五项公式的前前后后，对于生产关系和上层建筑的反作用问题，就有相当充分的论述。在《唯物主义史论丛》中，他在阐明生产力决定生产关系之后，紧接着指出："不过这还只是事情的一方面，如果不愿意得出完全错误的结论的话，必须同样还要注意到另一方面。生产关系是结果，生产力是原因。但结果本身又变成原因，生产关系又变成了生产力发展的一个新来源。"[①]

"生产关系和生产力的相互影响，造成了一个社会运动。"[②] 他在《马克思主义的基本问题》中又指出："某种社会关系一旦发生以后，它本身对于生产力的发展就给予很大的影响。这样，起初是结果的东西，现在又变成原因了；在生产力的发展和社会制度之间发生了相互影响，这种相互影响在不同的时代带着各种不同的样式。"[③] 在讲到上层建筑同经济基础的相互作用时，他明确指出："毫无疑问，政治关系可以影响经济运动；同样，毫无疑问，政治关系在影响经济运动以前，是由经济运动创造出来的。"[④] 普列汉诺夫还批评那些指责马克思的唯物史观只重视"经济因素"因而犯了"片面性"错误的人，说这些人简直不了解马克思和恩格斯关于经济基础和上层建筑相互作用的思想。这样的论述，在普列汉诺夫的这两部著作中，还可以列举许多。

所有这些，都清楚地说明，普列汉诺夫的五项因素公式并没有忽视或者否认生产关系、上层建筑的反作用。从字面上看，五项公式的确没有明确使用"反作用"的概念（这无疑是五项公式表述上的不足，否则就不可能引起误解）。然而，只从字面上看问题是不可取的，必须把五项公式同普列汉诺夫的一贯思想，特别是同提出这一公式的历史背景和前前后后

---

① 《普列汉诺夫哲学著作选集》第 2 卷，生活·读书·新知三联书店 1961 年版，第 169 页。

② 同上。

③ 《普列汉诺夫哲学著作选集》第 3 卷，生活·读书·新知三联书店 1962 年版，第 167 页。

④ 同上书，第 180 页。

的一系列论述联系起来去考察，才能把握住问题的实质，得出恰当的结论。其实，马克思的著名论断：“物质生活的生产方式制约着整个社会生活、政治生活和精神生活的过程。不是人们的意识决定人们的存在，相反，是人们的社会存在决定人们的意识”[①]，就没有明确使用“反作用”的概念。列宁的著名论断：“只有把社会关系归结于生产关系，把生产关系归结于生产力的水平，才能有可靠的根据把社会形态的发展看做自然历史过程”[②]，也未提到“反作用”的问题。这能说他们的论断都忽视了生产关系和上层建筑的反作用吗？显然不能。因为不言而喻，“反作用”的思想已经包括在这些论断之中。普列汉诺夫的五项公式与此大致类似，同样也不能说他犯了忽视甚至否定生产关系、上层建筑反作用的机械论错误。

普列汉诺夫的五项公式没有把阶级斗争单列一项，是否就忽视了阶级斗争的作用呢？也难以得出这样的结论。

普列汉诺夫的五项公式是关于整个人类社会结构的总公式，它包括了人类社会的一切形态，既适用于各种类型的阶级社会，也适用于无阶级社会。作为人类社会结构的总公式，它具有更广、更高的概括性。它所揭示的是关于整个人类社会发展的最普遍、最一般的规律，而不是社会发展某一特定阶段——阶级社会的特殊规律。既然如此，五项公式是可以不把阶级斗争这个阶级社会中所特有的现象作为人类社会生活的普遍存在的基本因素列入其内的。这个公式没有把阶级斗争作为一项基本因素单列出来，并不等于说它不包括阶级斗争，更不能说它忽视甚至抹杀了阶级斗争在人类社会发展进程中的作用。实际上，五项公式作为人类社会结构的总公式，它已经把阶级斗争概括到了里面。因为由生产力所决定的生产关系，在阶级社会里必然表现为剥削阶级与被剥削阶级之间的剥削与被剥削的经济关系，在一定经济关系的基础上建立起来的社会政治制度，在阶级社会里也必然体现着剥削阶级与被剥削阶级之间统治与被统治、压迫与被压迫的政治关系；至于在一定的经济关系、政治关系的基础上所产生的思想关系，在阶级社会里则表现着不同阶级之间的思想关系；而生产力决定生产关系、经济基础决定上层建筑的基本规律，在阶级社会里也必然表现为阶

① 《马克思恩格斯选集》第 2 卷，人民出版社 2012 年版，第 2 页。

② 《列宁选集》第 1 卷，人民出版社 2012 年版，第 8 页。

级斗争并通过阶级斗争才能实现。

在马克思主义哲学发展史上，对社会结构问题和社会发展规律作最普遍、最一般的概括时不提阶级斗争，也并非自普列汉诺夫始。马克思在《〈政治经济学批判〉序言》中提出的关于历史唯物主义的经典公式，就没有讲到阶级斗争。在普列汉诺夫提出五项公式的《唯物主义史论丛》问世以后和《马克思主义的基本问题》发表之前，列宁在《什么是“人民之友”以及他们如何攻击社会民主主义者?》一书中，论证和发挥社会经济形态的发展是自然历史过程的基本思想时，也未谈阶级斗争问题。所以，普列汉诺夫对社会结构基本因素作最一般的概括时未把阶级斗争列入五项公式，谈不上是什么错误。

普列汉诺夫在五项因素公式中把“社会心理”单列一项并说它是各种思想体系的根源，是否夸大了社会心理的作用，为通向唯心主义开了方便之门呢?

在这个问题上，普列汉诺夫是否陷入了唯心主义，关键不在于他是否承认思想体系是社会心理的反映和社会心理是各种思想体系的根源，而在于他对社会心理的起源问题做怎样的解释。假若他只讲思想体系是社会心理的反映，社会心理是思想体系的根源，而否认社会存在决定社会心理和社会心理根源于社会存在，那他就彻头彻尾地陷入了唯心主义，因为他从根本上否定了社会存在决定社会意识的唯物主义基本原理。但事实并非如此。普列汉诺夫不是在否定而是在肯定社会心理是社会存在的反映这一唯物主义的前提下，承认社会思想体系反映着社会心理的，这就从原则上同唯心主义划清了界限。何况普列汉诺夫不仅认为社会心理根源于社会存在，而且还一再申明思想体系归根到底是社会存在的反映。可见，普列汉诺夫所说的社会心理是社会思想体系的根源，并没有离开唯物主义原则，他在这里所强调的只不过是思想体系对社会存在的反映要通过社会心理这个中间环节罢了。

60 年代以后，苏联哲学界对普列汉诺夫五项因素公式的评价有所变化。对五项公式的肯定性的评价逐渐增多，否定性的评价相对地减少了。一些人开始承认五项公式是普列汉诺夫“企图揭示各种社会现象相互联系、相互影响的一种尝试”，说它“基本上正确地把握住了社会关系各个最重要的方面的差别和相互作用”。对五项公式的批评意见，调子也大大降低，远没有过去那样尖锐了。对于过去批评最重、指责最多的社会心理问题，意见也不尽一致。有的人基本上保留了原来的批评意见，而1972年版的《马克思主义哲学原理》则明确地把社会意识区分为“社会心理”和“意识形态”（即思想体系）两种基本形式，实际上是部分地接受了普列汉诺夫五项因素公式的观点。

综上所述，普列汉诺夫的五项因素公式虽然存在一定的缺陷，但从总体上看，这个公式基本上是正确的。它既不是形而上学的机械论，也不是“糊涂的唯心主义的见解”，而是一个马克思主义的公式，是应当予以肯定的。五项因素公式在一些重要方面特别是在社会意识理论方面把马克思关于历史唯物主义的公式具体化了，提出了一些独到的见解，对于我们深入理解马克思的公式，研究历史唯物主义的基本原理和社会结构问题，具有不可忽视的意义。在列宁的著作中，虽然找不到对普列汉诺夫五项因素公式的直接的、具体的评价，但列宁无疑注意到了这个公式。他在1908年所写的关于普列汉诺夫《马克思主义的基本问题》的读书批注里，摘录了“五项因素公式”的全文，并在旁边画了一条竖线，以示重视。五项因素公式不是个别的命题，而是普列汉诺夫关于唯物史观基本原理的简明的概括，它在《唯物主义史论丛》和《马克思主义的基本问题》这两部著作中都占有重要的地位。列宁说他“非常满意地一再阅读了《唯物主义史论丛》”①，表示坚决站在唯物主义一元论者普列汉诺夫这一边。列宁还指出，普列汉诺夫的《马克思主义的基本问题》对唯物史观作了“很好的论述”②。从列宁对提出五项因素公式的这两部重要著作的高度肯定的评价来看，我们认为，说列宁对普列汉诺夫的五项因素公式持肯定的态度，不是没有根据的。

---

① 《列宁全集》第44卷，人民出版社1990年版，第31页。

② 《列宁全集》第21卷，人民出版社1959年版，第66页。

第六章

普列汉诺夫论生产力与生产关系

普列汉诺夫对马克思、恩格斯创立的生产力与生产关系理论极为重视。他在自己的一些历史唯物主义论著中，几乎毫无例外地把这一学说摆在突出地位加以论证和阐明。他在《唯物主义历史观》一文里解释唯物史观的基本思想时指出："马克思的基本思想可以归结如下：（1）生产关系决定着社会生活中人们之间所存在的其他一切关系。（2）生产关系本身又决定于生产力的状况。"①

普列汉诺夫认为，马克思、恩格斯关于生产力与生产关系问题的学说，在唯物史观的理论体系中居于核心的地位。他对这一学说的一切主要方面都进行了深入的探讨，特别是反复地具体地阐明了马克思关于人们的政治关系，和思想关系决定于人们的生产关系，生产关系又决定于生产力的重要思想。他一再强调，生产力是人类社会发展的原动力，生产关系是社会人的最基本的原始的社会关系，生产力与生产关系的矛盾是推动人类社会发展的根本矛盾。他指出，人们对于社会历史的研究，只有当发现社会发展的最后动因和找到社会发展进程的根本矛盾时，才能真正给历史和整个社会生活以科学的解释。

一　生产力是人类社会发展的原动力

普列汉诺夫指出，关于历史运动的动力问题，是古往今来一切历史哲学的研究对象。在不同时代，哲学家们对于这个问题作出了不同的回答，

① 《普列汉诺夫哲学著作选集》第2卷，生活·读书·新知三联书店1961年版，第747页。

形成了不同时期的历史哲学。

在马克思以前，从本质上看，几乎所有的历史哲学都毫无例外地把人们的观念、理性或绝对精神之类的精神因素视为历史运动的最后动因。这种解释，由于无法回答人们的观念、理性或绝对精神是怎样产生，如何发展，以及何以会发展变化的，而不能不陷入绝境。只有马克思才在人类认识史上第一次发现了人们改造自然的生产活动是社会存在和发展的基础，找到了生产力这个历史运动的最后动因，真正揭开了人类历史发展之谜。

普列汉诺夫在《唯物主义史论丛》《论一元论历史观之发展》《谈谈历史》和《唯物主义历史观》等著作中，对马克思的上述思想作了具体阐发。他说，在唯物史观看来，人们的特性，他们的观念、习惯、意向、观点、思想乃至情感等，不仅不是社会发展的原动力，而且它们本身是随着社会的发展而改变的。人们从一种社会生产方式过渡到另一种社会生产方式，并不是因为他们具有另外一种不同的本性，也不是由于他们的观念、习惯、意向、观点、理想和情感之类的变化，而是因为他们对外部自然界的控制加强了，亦即他们拥有的生产力状况改变了。因此，人类历史发展的最后动因，归根到底应当到生产力的发展中去寻求答案。他指出："生产力发展的任何特定的阶段必然地引起在社会生产过程中人们的一定的结合，即一定的生产关系，亦即整个社会的一定的结构。"① 他又说："一个社会的人的生活方式取决于他的生活资料，后者又取决于社会的人即社会所支配的生产力的状态。""野蛮部落所支配的生产力决定着这一部落的生产方式，欧洲人在中世纪所支配的生产力决定了封建社会的结构，我们今天的生产力决定了现代社会的、资本主义的、资产阶级的社会结构。"② 犹如武器的种类制约着军队的编制、作战部署计划和战斗序列等，从而造成了古代和现代军事制度之间如此悬殊的差别一样，任何社会的生产力状况决定着生产者之间的关系，因而也决定着整个社会结构。普列汉诺夫进一步指出，生产力的状况不仅决定着整个社会经济结构，它的变化和发展还决定着整个社会结构和人类历史的变化和发展。他反复论证了马克思的历史理论的基本点：社会发展是在经济发展的基础上进行的，

① 《普列汉诺夫哲学著作选集》第 1 卷，生活·读书·新知三联书店 1959 年版，第 715 页。

② 《普列汉诺夫哲学著作选集》第 2 卷，生活·读书·新知三联书店 1961 年版，第 386 页。

而经济的发展又为生产力的进程所决定；在社会的生产过程中引起人们之间相互关系变化的生产力一经发展，一切所有权的关系也就随之而改变，这就必然引起整个社会生活的变化，从而推动社会历史的发展。他说，按照唯物史观的新理论，人类的历史运动归根到底“是由引导到经济关系变化的生产力的发展决定的”[①]。不管资产阶级学者抱有多么深的唯心主义成见，也不管他们多么热衷于宣扬折衷主义的论调，马克思关于社会关系取决于生产力状况和生产力是历史运动的最后动因的意识，还是日益深入于现代社会科学之中。

普列汉诺夫在阐明马克思的上述思想时还指出：“在这里需要的只是不要有意地或无意地局限马克思的观点。”他写道：“特定的生产力状态制约着特定社会的内部关系。可是这个生产力状态亦制约着他对其他社会的外部的关系。在这些外部关系的基础上，社会出现了新的需要，为着满足这些需要生长了新的机关。”[②] 这就是说，特定社会阶段的生产力状况不仅决定着该社会的内部结构和整个社会生活状况，也制约着这个社会的对外关系。普列汉诺夫指出，如果肤浅地看问题，人们往往会以为各个社会之间的相互关系是许多与经济没有直接关系的“政治活动”，然而，实际上决定各个社会之间相互关系的正是“经济”。它是决定着各社会之间的“族际关系和国际关系”的真正的动因和结果。这说明，生产力不仅是各个特定民族社会历史运动的原动力，而且也是整个世界历史发展的动力。因此，不论对各个特定民族社会历史的研究，还是对整个世界历史的研究，必须把生产力的状况放在重要的地位。

总之，历史运动的原动力，既不在人们的观念之中，也不在人的天性之内，而是存在于人们改造自然的生产活动之中，这就是人们所拥有的社会生产力。这是普列汉诺夫所反复阐明的唯物史观的一个重要思想。

二　生产力与生产关系的矛盾在马克思社会发展理论中的中心地位

关于生产力与生产关系的矛盾是人类社会发展过程中的根本矛盾，普

① 《普列汉诺夫哲学著作选集》第1卷，生活·读书·新知三联书店1959年版，第753—754页。

② 同上书，第710页。

列汉诺夫曾多次讲过，但论述得比较集中比较系统的是他的《对我们的批判者的批判》一书。

《对我们的批判者的批判》是普列汉诺夫在20世纪初为批判司徒卢威的错误观点所写的一组论文。司徒卢威打着马克思主义旗号，宣称自己是所谓“批判派的”马克思主义者。他公然声称自己不受任何马克思主义的“教条文字和典范的束缚”，不受马克思的“正统的感染”，而是“带着批判的符号”去思考的。他在1899年发表的《马克思的社会发展理论》一文中，对唯物史观的基本思想进行了歪曲和攻击。在这篇文章中，他一方面抽象地议论生产力和生产关系的矛盾在社会发展中的作用；另一方面又大讲特讲“在马克思的社会发展理论中一切都围绕着经济与法律之间的关系，或者（如果愿意，也可以说成）矛盾来旋转”①。他认为社会革命是经济与法律之间的巨大冲突的产物，而马克思的理论却忽视了这个重要问题，因而没有给社会革命“留下地盘”。

普列汉诺夫针锋相对地批判了司徒卢威的上述观点。他指出，司徒卢威这种把生产力与生产关系的矛盾“淹没”在经济现象与法律制度的矛盾中的“高谈阔论”，不仅没有搞清问题，反而把问题搞得“糊涂和混乱之极”。为了批判司徒卢威的错误观点，普列汉诺夫在《对我们的批判者的批判》这组文章中，着重阐明了生产力与生产关系的矛盾在马克思社会发展理论中的地位问题。

普列汉诺夫指出，“在马克思的社会发展理论中占中心地位的”，“始终是社会的生产力与它的财产关系的矛盾”。② 马克思在《共产党宣言》《哲学的贫困》，尤其是在《资本论》和《〈政治经济学批判〉序言》里，对这一思想作了精辟的阐明。他认为，根据马克思的观点，既然生产力与生产关系的矛盾在社会发展中始终占据中心地位，那么它就理所当然地成为社会发展中的“根本矛盾”。③

普列汉诺夫从这一观点出发进一步指出，在马克思的社会发展理论中“一切都围绕着社会的生产力与它的财产关系之间的矛盾旋转”。④ 而不是

---

① 《普列汉诺夫哲学著作选集》第2卷，生活·读书·新知三联书店1961年版，第578页。

② 同上书，第579页。

③ 同上书，第589页。

④ 同上书，第581页。

像司徒卢威所说的那样，一切都围绕着经济与法律的矛盾旋转。他说，如果这个问题是“十分清楚和完全无疑的”，试问司徒卢威有什么根据把社会革命说成是经济同法律之间的矛盾的产物呢？难道经济与法律之间的矛盾同生产力与生产关系之间的矛盾有同等重要的意义吗？普列汉诺夫认为，对于马克思主义者来说这是一个具有“根本重要性”的问题，必须搞清楚。司徒卢威的错误就在于他忘掉了马克思所揭示的“根本矛盾”，而以经济和法律之间的“次要矛盾”去代替它。

（三）为了驳斥司徒卢威关于社会革命是经济与法律之间的巨大冲突的观点，普列汉诺夫还着重论证了生产力与生产关系的矛盾是社会革命的深刻根源。他说：“据马克思的意见（我们已经多次地指出了这一点，但是不得不再重复一次），准备着社会革命并使它成为不可免的乃是社会生产力与该社会的法律所依据的财产关系之间的矛盾。”[①] 他认为，对于造成社会革命来说，生产力与生产关系的矛盾比之经济与法律之间的矛盾，“是危险得多的一种矛盾”。这一矛盾，包含着人类社会“一切矛盾的胚胎”，它是社会革命赖以产生的最深刻的根源。这就用马克思主义的观点明确回答了社会革命产生的根源问题，说明了任何时代、任何形式的社会革命，归根到底都不是根源于经济与法律之间的矛盾，而是根源于生产力与生产关系的矛盾。

普列汉诺夫还通过对资本主义经济危机的具体分析，进一步论证了上述观点。他认为，经济危机并不是资本主义社会经济与法律的矛盾的产物，它最鲜明地证实了资本主义社会的生产力同生产关系之间的矛盾。只要资本主义的生产关系继续存在，这个矛盾就无法消除。“为了消除这一矛盾，必须要有破坏资产阶级的财产关系而代以完全是另一种性质的社会主义的财产关系的社会革命”。[②] 然而令人遗憾的是，司徒卢威所“完全忘记的”正是马克思一贯强调的这一基本思想。普列汉诺夫指出，马克思揭示了生产力与生产关系的矛盾是人类社会发展进程中的根本矛盾和一切“社会革命的最根本的原因”，这就是他的社会发展理论的意义。普列汉诺夫说：“谁要是懂得了这一完全清楚而又异常深刻的意义，他就懂得

---

① 《普列汉诺夫哲学著作选集》第 2 卷，生活·读书·新知三联书店 1961 年版，第 588 页。

② 同上书，第 590 页。

了马克思辩证法在应用于社会问题上的革命意义。”①

（四）普列汉诺夫把生产力与生产关系的矛盾明确地概括为形式与内容的矛盾，并进一步阐明了这一矛盾对于人类社会发展的普遍性和永恒性。他认为，人类在生产上对于自然界所起的作用以及这一作用过程中所发生的生产力的增长是内容，社会经济结构亦即生产关系则是形式。一定的生产关系作为生产力发展的社会形式，是由生产力这一内容决定的，随着生产力的发展，原有的生产关系作为过了时的旧形式，必定会被抛弃。这就是生产力与生产关系之间的内容与形式的矛盾。在普列汉诺夫看来，这一矛盾一旦产生，就会继续增长，从总的发展趋势来看，它不会缓和，而是日趋尖锐，以至于或迟或早总会有这样的时期到来，“那时旧形式的废除和新形式的代替就成为必然的”。② 普列汉诺夫指出，这个由一定的内容所产生的形式以及由于同一内容的进一步增长导致旧形式的抛弃，是一个“伟大的”“普遍的规律”，社会生活和社会有机体生命的发展都服从于它。从这个意义上说，它是“永恒的”，它的作用只有在社会历史发展停止的时候才会停止。他写道：“这一伟大、普遍和永恒的规律同时也是一个‘矛盾的公式’，它几乎比所有一切的公式都更好地表达了马克思对社会发展过程的看法。”③

（五）普列汉诺夫从上述原理出发，还得出了如下的重要结论：最好的社会制度就是当时最适合社会生产力状况并促进社会生产力发展的那种社会制度，而最坏的社会制度也就是最顽强地阻碍社会生产力向前发展的那种社会制度。他说，随着生产力的发展，在一百年或几十年前曾经是完全合理的社会制度，现在则可能是完全不合理的社会制度。这就是说，不能离开生产力的发展和社会制度对生产力发展所起的作用去抽象地议论社会制度的好和坏；断定一种社会制度是好的还是坏的，从根本上说，要看这种社会制度究竟是推动生产力的发展还是阻碍生产力的发展。普列汉诺夫认为，如果用这样的观点来看问题，那么对于空想社会主义者的各种寻求“最美好的”社会制度的企图持否定的态度，就是理所当然的了。空想社会主义之所以是“空想的”，一个重要的原因就在于他们企图离开生

① 《普列汉诺夫哲学著作选集》第 2 卷，生活 · 读书 · 新知三联书店 1961 年版，第 615 页。

② 同上。

③ 同上书，第 614—615 页。

产力发展的一定状况，去寻找所谓永恒不变的美好制度。普列汉诺夫指出，马克思在社会科学方面的一个重要功绩，是他给了空想主义以致命的打击；对乌托邦持否定的态度正是马克思社会发展理论和科学社会主义的一个特点。普列汉诺夫的这一思想虽然同他对司徒卢威错误观点的批判没有什么直接的联系，但却是他对马克思社会发展理论的颇为重要的阐发。

普列汉诺夫虽然强调了生产力与生产关系的矛盾在马克思的社会发展理论中占中心地位，但他并没有因此而忽视经济基础与上层建筑的矛盾（虽然他还没有把这一矛盾列为社会发展的根本矛盾或社会基本矛盾）。他在一些著作中，根据马克思、恩格斯的思想，对经济基础与上层建筑的关系作了深入的剖析。关于这一问题，我们将在后面叙述。

但是也应当看到，对于人类社会的发展来说，生产力与生产关系的矛盾比之经济基础与上层建筑的矛盾具有更为根本的意义，尽管在实际生活中后者有时表现得比前者突出和重要。这是因为经济基础与上层建筑的矛盾归根到底是在生产力与生产关系的矛盾基础上产生并发挥作用的。任何上层建筑与经济基础的性质、作用以及它们之间的矛盾运动，都无法从它们本身得到说明，必须同生产力和生产关系的矛盾运动联系起来才能找到正确的答案。从这个意义上说，普列汉诺夫关于生产力与生产关系的矛盾在马克思社会发展理论中居中心地位的思想，对于我们正确理解社会基本矛盾学说是有积极意义的。

三 劳动工具在生产力发展中具有决定性的作用

普列汉诺夫很重视劳动工具在生产力发展中的作用，他实际上得出了如下的结论：劳动工具在生产力发展过程中具有决定的作用。他的这一观点，在《唯物主义史论丛》《论一元论历史观之发展》《唯物主义历史观》和《论唯物主义的历史观》等论著中得到了论证和阐明。

普列汉诺夫发挥了马克思关于劳动工具是人的器官的延长的思想，把劳动工具称做“人工器官”或“人为器官”。他认为动物和人一样都有自己的肉体需要，但是动物是不生产的，它们只是占有自然界所生产的东西。为了占有这些东西，满足肉体需要，动物所使用的是它们的器官，如牙齿、舌头、肢体等。因此，动物适应自然环境要靠它们解剖学构造即生理构造中发生的变化，亦即靠他们自然器官的变化。对于人来说，情形就大不相同了。人是生产者，使用工具进行劳动是人与动物的本质区别。正因为如此，人的生存斗争与动物的生存竞争有本质的不同。人类对周围环境的适应，不是依靠他们的自然器官的变化，而是依靠他们“人工器官”即他们自己所创造的劳动工具的变更。在这种变更面前，人类的解剖学构造的变化亦即自然器官的变化就变得没有什么意义了。而且，在这种情况下，人类解剖学构造的变化是非常细微的，这种变化同人类的“人工器官”的变化相比，简直等于零。普列汉诺夫把“人工器官”的出现视为人类社会生活的开始。他指出，只要人一变成制造工具的动物，他就立刻进入了一个新的发展阶段，这时，他的动物学上的发展就结束了，人类的历史行程就开始了。普列汉诺夫还强调“人工器官”——劳动工具——是社会的产物。他说，与其把“人工器官”说成是“个别人的器官”，不如说它是“社会人的器官”；自从“人工器官”在人类生存中起作用以来，它的任何重大变化都会引起人类社会生活包括社会制度的变化。

既然普列汉诺夫把劳动工具看做“人工器官”或“人为器官”，那么他就主要的不是在劳动工具同劳动者相对立，而是在它们相统一的意义上，去考察劳动工具在生产力发展过程中的作用。他认为，在生产力的发展中，劳动工具的变更起决定的作用。这是普列汉诺夫生产力理论的一个重要观点。他在《唯物主义史论丛》中说：“社会的人用以满足其需要的那些方法，以及这些需要本身，在极大的程度上，是由人用以在某种程度上征服自然的工具的性质所决定的。”[①] 在《论一元论历史观之发展》中他又进一步指出：人类发展的历史首先是生产力增长的历史，是人类，“人工器官”不断改进的历史。在生产力的发展中，“最重要的作用正是属于或者至少至今曾是属于劳动工具的”。[②] 在他看来，人类的“人工器官”越发展，它对付自然界的力量也就越大，因而对自然界的驾驭能力也就越强。这样，对于人类和人类社会发展起重要作用的，已经不是人的自然器官的改变，而是“人为器官”的改变；人的形体的变化显得微不足道了，而生产工具的变化则显示出了极为重要的作用。

---

① 《普列汉诺夫哲学著作选集》第2卷，生活·读书·新知三联书店1961年版，第267页。

② 《普列汉诺夫哲学著作选集》第1卷，生活·读书·新知三联书店1959年版，第677页。

以上述观点为依据，普列汉诺夫进一步指出，劳动工具是划分社会经济阶段的主要标志。他认为，如同动物的“残余骨骼”对于研究“灭绝了的物种”有重要价值一样，劳动工具的“残余片断”对于人们判断人类各种“过去的社会经济构造”，也具有极其重要的价值。他说，在马克思以前的一些历史学家和社会学家，由于满怀着唯心主义的成见，他们从来没有料到这种研究劳动工具，“残余片断”的“化石工艺学”，对于他们的研究工作会有如此重要的意义。但是近代的文化史学家们在这种“化石工艺学”面前却没有闭上眼睛，他们正是根据人类所遗留下来的劳动工具和武器的“残余片断”，把人类以往的历史划分为石器时代、铜器时代和铁器时代。

普列汉诺夫关于劳动工具是划分社会经济发展阶段主要标志的思想，直接来源于马克思。马克思在《资本论》中写道：“各种经济时代的区别，不在于生产什么，而在于怎样生产，用什么劳动资料生产。劳动资料不仅是人类劳动力发展的测量器，而且是劳动借以进行的社会关系的指示器。”[①] 这里，马克思说的劳动资料，主要是指劳动工具。

关于劳动工具和劳动者在生产力发展中何者起决定作用的问题，我国学术界的意见是不一致的。主要有两种意见：一种意见认为劳动工具是生产力的决定因素；另一种意见认为劳动工具虽然是生产力的重要因素，但不是决定性的因素，在生产力中起决定作用的因素是劳动者而不是劳动工具。我们认为，对于这个问题不能抽象地议论，应做具体地分析。所谓具体分析，就是要看究竟在什么意义上使用“决定作用”的概念。从劳动者和生产工具哪个决定生产力的性质这个意义上说，在生产力中起决定作用的是劳动工具而不是劳动者，因为劳动者的生产技术、劳动经验、文化教育水平和觉悟程度等都不能决定生产力的性质。对此，普列汉诺夫的论述提供了充足的理由。但是，从劳动者和生产工具哪个是创造者哪个是被创造者，谁是主动因素谁是被动因素这个意义上说，起决定作用的应是劳动者而不是生产工具。这就是说，尽管劳动工具决定生产力的性质，但归根到底它是为劳动者创造和使用的，是劳动者的劳动经验的物化。马克思主义从来认为，人类社会的历史是生产发展的历史，归根到底也是生产者的历史，从事物质资料生产的广大劳动群众是推动生产力不断发展从而也

① 《马克思恩格斯文集》第5卷，人民出版社2009年版，第210页。

是推动人类历史前进的决定力量。从历史唯物主义的这个基本观点来看，劳动者无疑是生产力和人类社会发展的强大动力和决定力量。正是在这个意义上，列宁指出："全人类的首要生产力就是工人，劳动者。"① 普列汉诺夫虽然肯定了劳动工具决定生产力的性质，却忽视了从劳动工具和劳动者何者是生产力中的主动因素何者是被动因素的角度，去说明生产力发展的决定因素归根到底是劳动者，这就在一定程度上包含着机械论的成分。

四 关于生产关系概念的狭义性与广义性

普列汉诺夫对生产关系这个历史唯物主义的重要概念作了具体的考察，提出了生产关系的狭义性和广义性的思想。他在《对我们的批判者的批判》中写道：当马克思和恩格斯讲到推动社会向前发展的基本矛盾时，"他们把生产关系一词用作比较狭隘的财产关系的意思"。而"生产者们在生产过程中的那些直接关系（例如，在工厂及作坊中的劳动组织），它们在比较的广义上也应当被称为生产关系"。②

普列汉诺夫在这里所说的狭义的生产关系，就是我们通常所指的生产资料所有制的形式和由此产生的各种不同社会集团在生产中所处的地位和相互关系，以及由以上两个方面所决定的产品分配形式。他所说的广义的生产关系，除了以上三个方面之外，还包括劳动者之间在生产过程中的相互关系。在他看来，劳动组织就直接体现着劳动者在生产过程之间的相互关系。如果把普列汉诺夫关于生产关系的广义概念再引申一下，就不难看出，他实际上认为，在阶级对抗的社会里，生产关系作为生产过程中的人与人之间的关系应包含两个部分。一个部分是剥削者和劳动者的关系，即剥削与被剥削的关系。这种关系通过生产资料归哪个阶级占有和劳动产品如何分配等形式表现出来，因而具有强烈的阶级对抗的性质；另一部分则是劳动者之间在生产过程中的相互关系，如分工协作的关系等，这种关系通过劳动组织等形式表现出来，不带有阶级对抗的性质。这就是普列汉诺

① 《列宁选集》第3卷，人民出版社1995年版，第843页。

② 《普列汉诺夫哲学著作选集》第2卷，生活·读书·新知三联书店1961年版，第601页。

夫关于生产关系概念的狭义性和广义性所阐述的观点的主要内容。

普列汉诺夫的上述思想对于我们深入考察生产关系这一范畴，有不可忽视的积极意义。

从理论上说，他把生产关系区分为广义的和狭义的，这表明了他不是满足于对生产关系这一概念的一般理解，而是力图对这一概念的内容作进一步的探讨。他提出的生产关系的广义概念和狭义概念，全面地考察了作为生产过程中人与人之间的关系的生产关系的内容，这就把它的内涵与外延进一步具体化了。

长期以来，我们在历史唯物主义的教学与研究工作中，当讲到生产关系时，一般地都是根据斯大林的论述把它规定为人们在生产过程中的相互关系，它包括：生产资料的所有制形式；由此产生的各个社会集团在生产中的地位及其相互关系；由以上两项所决定的产品分配形式。这种解释无疑是正确的。但是，当用这种解释去分析生产关系的具体内容时，矛盾就暴露出来了。当人们讲到原始社会，社会主义社会和共产主义社会的生产关系时，一般地都认为这种人与人在生产过程中的关系就是劳动者之间的关系。因为在原始社会里没有阶级也没有剥削，而到了社会主义社会和共产主义社会，剥削阶级已不复存在。但讲到奴隶社会、封建社会和资本主义社会的生产关系时，却往往从生产资料归谁所有和由谁支配的问题出发，只把生产关系看做剥削者和被剥削者之间的关系，而忽略了劳动者之间在生产过程中的关系，实际上是把劳动者在生产过程中的相互关系排除于生产关系之外。这种理解是否妥当，是值得研究的。首先，这样的理解不能不同前面所说的生产关系是人们在生产过程中的相互关系这一定义发生矛盾。谁也无法否认劳动者在生产过程中的关系属于人们在生产过程中的相互关系，既然如此，又怎么能认为在阶级社会里生产关系只包括剥削者与被剥削者之间的关系而不包括劳动者之间的关系呢？其次，既然劳动者之间在生产过程中的关系在原始社会、社会主义社会和共产主义社会里属于生产关系，那么为什么在阶级社会中它反倒不属于生产关系了呢？这是说不通的。

其实，纵观人类社会发展的历史，在一切社会发展阶段上的任何一种生产关系，毫无例外地都包括劳动者在生产过程中的相互关系。例如资本主义生产关系，除了包括资本家和工人之间剥削与被剥削的关系外，还包括工人之间在生产过程中的相互关系。这是因为在任何社会的生产过程中，如果没有劳动者之间结成的一定关系，生产活动是无法进行的。当然，这里必须指出，在阶级对抗的社会里，剥削者与被剥削者在生产过程中的关系，同劳动者在生产过程中的相互关系是不能等量齐观的。剥削阶级与被剥削阶级之间的剥削与被剥削的关系，在有阶级社会的生产关系中是最基本的具有决定意义的，它决定着该社会生产关系的性质，同时也制约着劳动者在生产过程中的相互关系。如果忽视了这一点，那是错误的。然而却不能因此而否定劳动者在生产过程中的相互关系应归属于生产关系。

从实践上说，把劳动者在生产过程中的相互关系归于生产关系范围，对于马克思主义政党自觉地重视研究劳动者在生产过程中的关系，制定正确的方针和措施，正确地调整工人阶级内部以及其他劳动者内部的关系，增强工人阶级、劳动群众的内部团结，夺取社会主义革命和社会主义建设的胜利，也是有积极意义的。在无产阶级夺取政权以前，摆在无产阶级及其政党面前的首要任务是领导无产阶级和广大人民群众进行艰苦斗争，做好充分准备，在时机成熟的时候推翻资产阶级的反动统治，夺取政权，建立无产阶级专政的国家政权，消灭资本主义所有制。为了实现这一任务，无产阶级政党必须自觉地注意教育工人正确解决工人阶级的内部矛盾，并高度警惕资产阶级利用和扩大工人阶级的内部矛盾，分裂工人队伍。在社会主义条件下，自觉地调整劳动者在生产过程中的相互关系，对于无产阶级政党来说，就显得更为重要。随着社会主义革命的胜利，资产阶级和其他剥削阶级作为一个阶级已经消灭了。在这样的历史条件下，劳动者在生产过程中的相互关系便成了社会主义生产关系的重要内容。社会主义的全民所有制、集体所有制和按劳分配制度所反映的只能是劳动者之间的关系。无产阶级政党和国家政权根据生产力的水平和发展需要，采取正确方针、措施，不失时机地调整社会主义的生产关系，从实质上说就是调整劳动者之间的经济关系。这是充分调动和发挥广大劳动群众建设社会主义积极性和创造性的一个重要方面。如何正确地调整劳动者之间的经济关系即物质利益关系，其中包括工人、农民、知识分子之间的物质利益关系，工人内部、农民内部、知识分子内部的物质利益关系，如何正确地调整和处理国家利益、集体利益、个人利益三者之间的关系，就成了摆在无产阶级政党和国家政权面前的一个极为重要的课题。

当然，在肯定普列汉诺夫把劳动者在生产过程中的相互关系划归生产关系这一观点的同时，也要指出，他把劳动者之间的这种关系归结为“劳动组织”是否妥当，是需要进一步研究的。“劳动组织”所体现的究竟是劳动者在生产过程中的社会关系还是纯技术性的关系？或二者兼而有之？与此相联系，“劳动组织”究竟属于生产关系还是属于生产力？或既属于生产关系，又属于生产力呢？如果说它兼备生产关系和生产力的属性，那么它在哪些方面属于生产关系？在哪些方面属于生产力？这两个方面的关系又是怎样？如此等等，都是一些尚待进一步探讨的问题。尽管如此，从原则上说，却不能否定普列汉诺夫关于从广义上认为生产关系应包括劳动者在生产过程中的相互关系的观点的积极意义。

第七章

普列汉诺夫论经济基础与上层建筑

马克思、恩格斯关于经济基础和上层建筑的理论，是唯物史观的一个极为重要的部分。普列汉诺夫在他的一系列关于历史唯物主义的论著中，对经济基础与上层建筑的关系问题进行了深入的考察，具体地论证和阐明了马克思和恩格斯的思想。

一 关于经济基础对上层建筑的决定作用

普列汉诺夫通过对民粹派的主观社会学、新康德主义的唯心史观和"因素论"的折衷主义的批判，根据马克思在《〈政治经济学批判〉序言》提出的关于唯物史观的经典公式，反复地阐明了经济基础决定上层建筑的原理。他一再指出，根据马克思创立的唯物史观，要解开人类社会历史之谜，就不仅要研究生产力与生产关系的矛盾，还必须研究经济基础与上层建筑的矛盾。他认为：人们在生产过程中形成的相互关系就是生产关系，这些关系的总和叫做社会经济结构即经济基础，在特定的经济基础之上形成特定的政治、思想上层建筑；社会的政治制度、社会心理和反映社会心理的各种思想体系都根源于它的经济基础，它们的性质、内容和变化发展，归根到底都要从它们赖以产生的经济基础中得到说明。在普列汉诺夫看来，关于经济基础决定上层建筑的原理，是唯物史观最重要、最基本的内容。他在《卡尔·马克思的哲学观和社会观》中写道："马克思证明了人类社会的经济制度是基础，用这个基础的进化可以解释社会进化的一切其他方面。这就是马克思的主要功绩，甚至比他在《资本论》中对现代社会所进行的无可反驳的批判更为重要。他的关于历史的理论第一次给了我们理解人类进化的钥匙。我们从马克思那里第一次得到了说明人类历史的唯物主义哲学。”①

普列汉诺夫指出，同马克思的唯物史观相反，历史唯心主义总是以人类观念的历史去说明社会的历史，把人们观念的发展看作历史发展的最后动因，这就把人们对于社会历史的了解引入了死胡同。假若人类社会的历史是建立在观念的基础上的，那么为什么人们的观念在此时此地恰恰沿着这一方向而不是沿着那一方向发展？为什么它们的发展变化此时此地进行得很快而彼时彼地却进行得极为缓慢？显然，这里也是有某种规律可循的。不过，历史唯心主义者却完全无法说明这种规律性。出路何在呢？普列汉诺夫认为出路只有一条，就是应当走出观念的圈子而转向另外一个领域，正是这个领域决定着观念的合乎规律的发展进程。然而唯心主义者是不可能发现这个领域的。只有唯物史观才向人们指出了这个领域就是不依赖于人们的意识和意志而存在的社会生产关系，它的总和作为人类社会的经济基础决定和制约着人们观念的产生和发展。所以普列汉诺夫说：“从我个人荣幸地置身的那个学派的立场看来，‘观念现象不过是被移置于人类头脑中并在人类头脑中改造过的物质现象而已’。如果愿意从这个立场去研究观念的历史，就必须下一番功夫去说明一个时代的观念怎样以及以何种方式为它的社会情况所造成，亦即归根到底怎样为它的经济关系所造成。”他指出：“作出这样一个说明，是一种巨大而有意义的任务，完成这个任务，将会使观念形态的历史面貌焕然一新。”② 他的名著《唯物主义史论丛》就是为了“完成这个任务”而写的。

在阐明经济基础与上层建筑的关系时，普列汉诺夫坚持彻底的唯物主义一元论的观点，反复强调了经济基础的决定作用，并对这种决定作用作了进一步的系统的论证和说明。他指出，人们一定的法律和政治关系，是在一定的社会经济结构的基础上成长起来的，所有这些关系的总和都反映在人们的意识之中，并决定着人们的行为；经济有时借助于政治以影响人们的行为，有时借助于哲学，有时则借助于艺术或其他意识形态，只有在“最后的意义上”，经济才表现出它的决定作用。所谓“最后的意义上”

① 《普列汉诺夫哲学著作选集》第2卷，生活·读书·新知三联书店1961年版，第510页。

② 同上书，第32页。

的决定作用，就是“归根到底”意义上的决定作用。也就是说，普列汉诺夫认为经济基础对上层建筑的决定作用是从“归根到底”的意义而言的。这是对马克思和恩格斯关于经济基础决定作用思想的正确的理解和说明。他以法律的变化发展为例，具体地论证了上层建筑“归根到底”是由经济基础所决定的。他说，旧的法律之所以会被新的法律代替，是因为它不再适合新的情况即不再适合社会生产过程中人们之间的新的经济关系。如果旧法律阻碍着某一部分人实现其物质利益和满足其迫切的需要，那么他们必然会非常容易地意识到这种法律的束缚，这种意识所需要的智慧，比之意识到穿小鞋走路的不舒服所需要的智慧并多不了多少。当然，人们从意识到现存法律的束缚到有意识地去废除这种法律，这中间还有一段相当远的距离。而且，人们对于自己所处环境的意识通常也总是落在现实的经济关系的后面。但是，“意识追踪着现实关系”，它必然随着现实关系的变化而发生变化。在“人们还不大能自觉地努力废除旧制度建立新法度的地方，就是新法制还没有完全为社会经济准备好的地方”①。这种情形说明法律的变化“归根到底”根源于经济关系的变化。

在论述经济基础决定上层建筑的原理时，普列汉诺夫把经济基础的决定作用明确地区分为“直接”的决定作用和“间接”的决定作用。在他看来，经济基础对法律、政治制度等上层建筑因素具有“直接”的决定作用，而对于艺术、科学、哲学等上层建筑因素则起“间接”的决定作用。他在《论唯物主义的历史观》中写道：“任何民族的法律、国家体制与道德都直接为其特有的经济关系所决定。这些经济关系同时也决定着——不过是间接地——思维与想象的一切创造活动：艺术，科学，等等。”因此，普列汉诺夫认为，“历史科学不能把自己局限成一个社会经济解剖学；它所注意的是直接或间接为社会经济所决定的全部现象的总和，包括思想的作品在内”。他在《论“经济因素”》中进一步强调：诚然，经济基础决定着耸立在它的上面的“整个上层建筑”，然而，在解释社会现象时，却“不能处处同‘经济’纠缠”。他指出，“为了正确地解决这个问题，应当记住，决不是‘上层建筑’的一切部分都是直接从经济基础中成长起来的，艺术同经济基础只是间接地发生关系的。因此，在

① 《普列汉诺夫哲学著作选集》第2卷，生活·读书·新知三联书店1961年版，第284页。

讨论艺术时必须考虑到中间的环级”。①

普列汉诺夫上述论述的可取之处，就在于他认为对经济基础的决定作用应当做具体的考察，而不能作机械的、简单化的理解；否则，就会把经济基础决定上层建筑的原理庸俗化。所以，普列汉诺夫在阐明经济基础的决定作用时，十分重视马克思、恩格斯关于“归根到底”的决定作用这一严格的科学规定。他认为正是“归根到底”这几个字，表明了不是上层建筑的一切方面都直接地决定于经济基础，在经济基础与上层建筑的某些部分之间，还存在着一定的“中间环级”或“中间环节”。就经济基础和思想体系来说，其间的“中间环节”就是社会政治制度和社会心理。关于这个问题，我们将在以后作详细的评述。

普列汉诺夫的这些论断，对于研究经济基础与上层建筑的关系是有积极意义的。一方面，它指出了上层建筑诸因素对于经济基础的依赖关系是比较复杂的，因此，在考察这种依赖关系时不能一概而论，必须进行具体的分析。另一方面，它还告诉人们，正是由于上层建筑的某些方面特别是思想体系，不是由社会经济基础所直接决定的，因而也就容易使人们忽视或看不见它们对经济基础的依赖关系。所以，在考察上层建筑的这些因素时，就应当十分重视把握它们与经济基础间的“中间环节”，并透过这些“中间环节”揭示它们“归根到底”是由经济基础所决定的。

二　对“经济唯物主义”的批判

19 世纪末 20 世纪初，普列汉诺夫在理论战线上所进行的一项重要活动，就是批判“经济唯物主义”。这一活动在他这一时期的理论著作中占有重要的地位。通过对“经济唯物主义”的批判，普列汉诺夫着重阐明了上层建筑对经济基础的反作用原理，全面地论证了经济基础与上层建筑之间的辩证关系。

关于“经济唯物主义”的概念，在普列汉诺夫的著作中有两种不同的含义。

在有的场合下，他公然申明自己是“经济唯物主义者”，并一再为

① 《普列汉诺夫哲学著作选集》第 2 卷，生活·读书·新知三联书店 1961 年版，第 272、273、322 页。

"经济唯物主义"作辩护。在这种情况下，普列汉诺夫所说的"经济唯物主义"就是历史唯物主义。例如，他在1896年出版的《替经济唯物主义说几句话》中，就是在这个意义上使用"经济唯物主义"这一概念的。1896年俄国资产阶级自由主义者高尔采夫在他主编的《俄罗斯思想》杂志上发表了《论经济唯物主义》一文。这篇文章把马克思创立的唯物史观称做"经济唯物主义"并横加攻击。普列汉诺夫的《替经济唯物主义说几句话》，就是对高尔采夫《论经济唯物主义》一文作出的回答。这里，普列汉诺夫实际上是借用了"经济唯物主义"一词。他的意思是：既然你高尔采夫硬把马克思的唯物史观歪曲为"经济唯物主义"并且对它大加讨伐，我普列汉诺夫就公开承认自己拥护"经济唯物主义"并替它说话。正是在这个意义上，普列汉诺夫才把自己称做"经济唯物主义"的"拥护者"。其实，在马克思主义哲学发展史上把历史唯物主义称做"经济唯物主义"，并不是自普列汉诺夫始。在他之前，拉法格就已经在等同历史唯物主义的意义上使用过这一概念了。拉法格1885年出版了一部专门论述唯物史观的名著，书名就叫《卡尔·马克思的经济唯物主义》。当然，按照普列汉诺夫的本意，他是不同意把历史唯物主义称做"经济唯物主义"的，他认为这是对唯物史观的严重歪曲。正因为如此，所以普列汉诺夫在《论一元论历史观之发展》中明确指出："'经济唯物主义'这一名字是非常不恰当的。马克思从来没有自称为经济唯物主义者。"他认为正确的说法应该是"辩证唯物主义"而不是"经济唯物主义"。马克思主义者从来都用"辩证唯物主义"这一术语，因为"它是唯一能够正确说明马克思的哲学的术语"①。这里，普列汉诺夫所说的"辩证唯物主义"，是指包括历史唯物主义在内的整个马克思主义哲学。

在大多数情况下，普列汉诺夫是把"经济唯物主义"当做一种把经济因素视为人类社会历史发展进程中唯一起作用的因素的机械的、庸俗的"经济决定论"来批判的。这种庸俗的"经济决定论"，只承认经济因素在历史发展中的作用，完全否认政治、思想等因素的作用。普列汉诺夫说："拥护唯物主义历史观的人们决不把唯一的作用归之于他所了

① 《普列汉诺夫哲学著作选集》第1卷，生活·读书·新知三联书店1959年版，第768页。

解的那种经济因素，即归之于旨在专事满足人的肉体需要的那种活动。”马克思主义者同那些否认政治、思想因素在社会历史发展进程中的作用的“奇怪的唯物主义者们是毫无共同之点的”①。

弄清普列汉诺夫关于“经济唯物主义”概念的两种截然相反的含意，就不难理解为什么他有时替“经济唯物主义”辩护，有时又对它进行无情的批判。

普列汉诺夫对经济唯物主义的批判是恩格斯晚年在哲学战线上所进行的斗争的继续。

在马克思主义发展史上，对“经济唯物主义”的批判始于恩格斯。19世纪70年代以前，马克思、恩格斯在历史观领域中的批判锋芒主要指向形形色色的唯心主义。他们在确立和捍卫自己的科学历史理论时，着重强调和阐明的是唯心史观所反对的社会存在决定社会意识、物质生活的生产方式决定整个社会生活、政治生活和精神生活一般过程的唯物史观的基本原理。正如恩格斯所说，当时他和马克思对人类社会历史的研究，“是把重点放在从基础的经济事实中引出政治、法的和其他意识形态的观念以及由这些观念为中介的行动”。② 就是说，由于马克思、恩格斯当时面临的主要任务是彻底批判各种形式的唯心史观，确立唯物主义的历史观，所以他们常常不得不强调被他们的论敌所否认的主要原则，即强调经济基础对上层建筑的决定作用，而对上层建筑的反作用则不是始终都给以应有的重视。

但是，到了19世纪80年代，情况发生了很大的变化。随着资本主义由自由竞争向垄断阶段的发展，一方面，工人阶级的队伍不断扩大，工人运动有了新的发展，另一方面，由于资产阶级的影响，工人运动中的机会主义思潮也滋长了起来。机会主义为了迎合资产阶级的需要，在政治上鼓吹资产阶级改良主义，宣扬阶级合作，在理论上则歪曲篡改马克思主义特别是历史唯物主义的基本原则，把唯物史观庸俗化。机会主义派别公开兜售“庸俗的经济决定论”，否定上层建筑诸因素对经济基础的反作用，并以此作为他们所宣扬的资本主义“和平长入”社会主

① 《普列汉诺夫哲学著作选集》第2卷，生活·读书·新知三联书店1961年版，第298页。

② 《马克思恩格斯文集》第10卷，人民出版社2009年版，第657页。

义谬论的理论基础。这种把唯物史观庸俗化的错误理论观点，当时在工人运动内部，尤其对一些青年知识分子产生了很坏的影响。与此同时，随着马克思主义的广泛传播，一些资产阶级学者也向马克思的唯物史观发动了猖狂进攻。他们对唯物史观的攻击，采取了他们所惯用的“栽赃问罪”的恶劣手法，即首先给唯物史观加上“庸俗经济决定论”的罪名，硬说马克思的历史理论是“片面的”，只看到了经济因素的作用，抹杀了政治、思想因素的作用，只承认社会历史发展中的必然性，否认了人在社会生活和历史发展中的积极作用，等等。然后就对唯物史观大加讨伐。资产阶级学者对唯物史观的攻击同工人运动内部机会主义派别把唯物史观庸俗化，二者里应外合，异曲同工，在工人运动中“引起了惊人的混乱”。

为了回击马克思主义敌人的进攻，清除“庸俗经济决定论”对工人运动的恶劣影响，恩格斯在晚年所写的一系列著名的关于历史唯物主义的书信里，着重批判了“庸俗经济决定论”这种错误思潮，全面地完整地阐明了经济基础与上层建筑的辩证关系，对上层建筑的反作用原理作了精辟的论述。这是他对唯物史观的极为重要的贡献。

恩格斯逝世以后，机会主义派别的活动日益猖獗，资产阶级学者对唯物史观的进攻也有增无减。在这样的历史条件下，普列汉诺夫继承了恩格斯反对“庸俗经济决定论”的事业，在 19 世纪末 20 世纪初对“经济唯物主义”进行了深入的批判，进一步论证和发挥了恩格斯关于上层建筑反作用的思想。

早在 1883 年，当普列汉诺夫刚刚成为一个马克思主义者的时候，他在《社会主义与政治斗争》一书中就指出：有些人对马克思主义产生了一种误解，在他们看来，《资本论》的作者对于社会政治制度的重要性“最不重视”，认为政治制度是“不值得注意的次要问题”。普列汉诺夫说，直到现在，我们还常常遇到这样的“马克思主义者”，他们正是根据这种对马克思主义的错误理解，忽视了无产阶级的政治斗争任务。针对这种错误，普列汉诺夫特别强调了政治因素在历史发展进程中的作用和政治斗争对于无产阶级解放事业的重要意义。

他指出，“历史是最大的辩证主义者”，“在历史过程中同样常见的是，结果可以成为原因，原因也可以成为结果。资产阶级的政治权力，由于是从它同时的社会经济关系中生长出来的，其自身又成了而且也在成为这些关系进一步发展的不可缺少的因素”。[①] 他把政治权力比作一种“杠杆”，认为一个阶级为了取得自己的统治应当掌握这个“杠杆”，为了维护自己的统治也必须掌握这个“杠杆”。他说，“任何时候和任何地方，政治权力总是一个杠杆，借助于它，已经获得统治地位的阶级来实现为它的繁荣和进一步发展所必需的社会变革”[②]。正因为政治因素在社会发展中起着如此重要的作用，所以普列汉诺夫十分强调工人阶级在同资产阶级的斗争中必须极端重视政治斗争尤其是夺取政权的斗争。他指出，如同为了消灭封建制度资产阶级应当掌握政权一样，为了埋葬资本主义，无产阶级也必须掌握政权；无产阶级为了实现社会主义必须进行政治斗争，并把政权从资产阶级手中夺取过来。由此可见，普列汉诺夫在理论上批判把马克思的历史理论庸俗化的错误，阐明上层建筑特别是政治因素的反作用，是同在实践上重视无产阶级的政治斗争紧密联系在一起的。

10 年以后，普列汉诺夫在集中地清算“经济唯物主义”的时候，又进一步发挥了上述思想，深入地论述了上层建筑诸因素的反作用。

他明确指出，人类社会的发展固然归根到底决定于经济因素，但政治等因素的作用也是十分重要的，尤其是当社会历史发展到新旧社会制度交替的时期，政治因素在社会生活和历史发展进程中的作用就更加突出了。他在《替经济唯物主义说几句话》中，生动、形象地描述了政治因素在社会发展中的重要作用。他说，在人类社会发展的漫长而又曲折的道路上，有许多伟大的转折点，如果用 A、B、C、D 等字母来标志这些转折点的话，那么人类社会从 A 点发展到 B 点，从 B 点发展到 C 点，如此类推，一直发展到 S 点，这种发展，“任何时候都不是在一种经济平面上进行的”。为了从 A 点到 B 点，再从 B 点到 C 点，“每次都必须上升到‘上层建筑’并在那里进行一番改造。只有当完成了这种改造之后，才可能达到预期的点。从一个转折点到另一个转折点的道路，总是要通过‘上层建筑’。经济几乎永远不会自然而然地取得胜利，关于它永远不能说是自然而然的活动”。“而是永远必须通过上层建筑，永远必须通过一定的政治制度。”[③] 这是普列汉诺夫对上层建筑反作用的相当精彩的论述。它

---

① 《普列汉诺夫哲学著作选集》第 1 卷，生活·读书·新知三联书店 1959 年版，第 79 页。

② 同上书，第 77 页。

③ 《普列汉诺夫哲学著作选集》第 2 卷，生活·读书·新知三联书店 1961 年版，第 273 页。

清楚地说明，人类社会从一种社会形态向另一种社会形态的过渡，绝不是社会经济因素自然而然地发展的结果，而是必须通过上层建筑的变革特别是政治制度的变革来实现的。正是在这里，政治因素显示出了巨大的作用。所以普列汉诺夫说："消灭过时的经济结构的武器是政治'因素'。"①

在普列汉诺夫看来，社会政治制度的变革乃是人们的一种有目的的自觉的活动，它必须以人们的思想变革为先导。因此，普列汉诺夫在强调了政治因素的重大作用之后，紧接着又指出：政治制度虽然是经济关系的表现，但是这种为经济关系所决定的政治制度要成为现实，就必须先以概念的形式通过人们的头脑。"所以，人类如果不先经过自己的概念的一系列变革，就不可能从自己经济发展的一个转折点过渡到另一个转折点。"②这里，又显示出了思想因素在人类社会发展中的重要作用。

资产阶级思想家硬说马克思的唯物史观只崇尚"经济"，是一种贬低人类思想和理想作用的"经济拜物教"。普列汉诺夫针锋相对地驳斥了这种谬论。他指出，否认人的思想、主观因素的作用的唯物主义，无疑是有的，不过那不是马克思的唯物主义，而是马克思以前以18世纪法国唯物主义和费尔巴哈唯物主义为代表的旧唯物主义。由于旧唯物主义漠视人的思想和历史发展中主观因素的作用，唯物主义被他们弄成了"枯燥的，灰暗的，悲惨的"。正是马克思，不仅指出了旧唯物主义的这个缺点，而且彻底地纠正了这个缺点。普列汉诺夫说，事实上马克思的历史理论丝毫也不忽视人的思想、理性之类的作用，它决不像有些人说的那样蔑视人类的理想，而只是为人的思想、理性、理想找出了赖以产生、发展和发挥作用的根源。如果从理想的意义上去考察，马克思的理论是人类思想史上任何时候都没有过的"最理想的理论"。它体现着工人阶级最崇高的理想。

普列汉诺夫还驳斥了资产阶级思想家把历史唯物主义污蔑为"无为主义"的谬论。资产阶级思想家在攻击历史唯物主义的时候，常常给它加上"无为主义""宿命论"之类的莫须有的罪名。他们认为，按照唯物史观的理论，既然承认经济必然性在人类历史发展进程中起决定的作用，

① 《普列汉诺夫哲学著作选集》第2卷，生活·读书·新知三联书店1961年版，第308页。

② 同上书，第237页。

那么，人们就只能听从这种经济必然性的摆布，这就排斥了人的能动作用，抹杀了人在历史上的积极作用，因而注定要导致“无为主义”“宿命论”。因为在他们看来，承认经济必然性在社会生活和历史发展进程中的决定作用，就意味着历史只能自然而然的发展，人们除了顺从经济必然性之外是无所作为的。普列汉诺夫驳斥了这种论调。他指出，人们把历史唯物主义说成是“无为主义”，那就完全歪曲了这个理论的实质；事实上，历史唯物主义不仅同“无为主义”完全无缘，而且恰恰相反。在它看来，历史的发展固然归根到底决定于经济必然性，然而这种经济必然性又是通过人的活动表现出来的。所谓社会关系，就是人们之间的关系，“没有人的参加，没有大多数人即群众的参加，人类的历史要向前迈进一大步也是不可能的”。[①] 事实证明，只有马克思主义者才坚信无产阶级是一种伟大的社会力量，是未来时代的体现者。普列汉诺夫认为，仅此一点，就足以使那些攻击历史唯物主义为“无为主义”的言论彻底破产。结论只有一个：历史唯物主义，“根本不会使自己的拥护者无所作为”；“无为主义”同历史唯物主义“根本是两回事”[②]。马克思主义者从来认为，“社会生活中任何事物都不是‘自然而然地’完成的，一切都是以社会的人的活动为前提的”[③]。

普列汉诺夫指出，真正的“无为主义”不是马克思的唯物史观，而是“经济唯物主义”。因为正是“经济唯物主义”视经济必然性为历史发展进程中的唯一起作用的因素，把历史看做经济必然性自然而然地起作用的结果，从而否定了人的作用，把人们置于无所作为的境地。

“经济唯物主义”不仅陷入了形而上学，而且必然导致唯心主义。从它把经济因素与政治和思想因素、经济必然性与人的能动作用割裂开来和绝对对立起来来看，“经济唯物主义”陷入了形而上学；从它由否定了人的思想、主观因素的作用而导致“无为主义”“宿命论”来说，“经济唯物主义”又通向了唯心主义。而且，一些经济唯物主义者虽然肯定经济因素在社会生活中起支配作用，可是他们又深信经济因素本身是人类知识和观念的产物。正是在后一层意义上，普列汉诺夫指出：“经济唯物主义

---

① 《普列汉诺夫哲学著作选集》第2卷，生活·读书·新知三联书店1961年版，第234—235页。

② 同上书，第239页。

③ 同上书，第308—309页。

并不排斥历史唯心主义。”“也许直到现在为止，经济唯物主义大都不过是唯心主义的简单变种。”①

三　对恩格斯历史唯物主义书信基本思想的捍卫

普列汉诺夫在批判“经济唯物主义”，论证上层建筑反作用原理的同时，还揭露和批判了伯恩斯坦对恩格斯历史唯物主义书信基本思想的歪曲，捍卫了恩格斯在书信中阐明的基本观点。

1900 年，伯恩斯坦发表了《社会主义可能实现的条件》。在这本小册子里，他把恩格斯晚年写的关于历史唯物主义书信同马克思的《〈政治经济学批判〉序言》对立起来，说什么马克思在《序言》中强调了经济因素的决定作用，而恩格斯的《反杜林论》和历史唯物主义书信却对唯物史观作了“另外的解释”，尤其是他的历史唯物主义书信，“更多地缩小了生产关系的决定力量”。② 伯恩斯坦说，在恩格斯的书信中关于经济因素在社会历史发展中的作用，比之其他非经济因素的作用“有所缩小”，这同马克思的《序言》是一个“明显的矛盾”。他以恩格斯 1890 年 9 月致约·布洛赫的信和 1894 年 1 月致符·博尔吉乌斯的信为例，硬说恩格斯改变了马克思《序言》的观点，发出了与《序言》“不同的音调”。

针对伯恩斯坦的“批评”，普列汉诺夫着重论证了恩格斯的书信与马克思的《序言》的一致性。他肯定地指出，恩格斯的书信与马克思的《序言》，就其基本思想来说是完全一致的。两者的区别只不过是它们的作者在不同时期针对不同的论战对象所强调的重点有所不同罢了。为了批判唯心史观，确立唯物史观，马克思的序言在阐明唯物史观的基本原理时，着重强调人们的社会关系既不可能从它本身得到解释，也不可能从所谓人的精神发展的一般过程中得到解释；任何社会关系的产生和发展都依赖于它的经济基础，物质生活的生产方式制约着整个社会生活、政治生活和精神生活的过程。为了说明这个问题，马克思“特别强调社会关系发

① 《普列汉诺夫哲学著作选集》第 2 卷，生活·读书·新知三联书店 1961 年版，第 261 页。

② 同上书，第 553 页。

展的经济基础”。而恩格斯的信则是写给这样一个人的，这个人同许多的俄国人一样，认为马克思的历史理论“没有政治、法权和精神‘因素’作用的余地”。因此，恩格斯在指出了政治、法权和精神因素赖以产生、发展和发挥作用的经济根源之后，“特别强调在经济基础上所产生的这些‘因素’反过来又对基础发生作用”[①]，即强调了上层建筑诸因素对经济基础的反作用。普列汉诺夫指出，假若伯恩斯坦不是限于“字句”上的理解，而能深入到“内容”的话，他本来是很容易懂得恩格斯同马克思的观点并无任何矛盾之处的。因为一方面马克思在《序言》中同时也肯定了政治、法权精神等因素的作用，对这些“次要的以及更次要的等等原因的作用仍留有同样的余地”[②]；另一方面恩格斯的书信在强调上层建筑反作用时，又指出了这些作用是以经济基础的决定作用为前提的。所有这些都清楚地说明，恩格斯的书信和马克思的《序言》都全面地阐明了经济基础与上层建筑的关系，二者的思想是完全一致的。因此，伯恩斯坦说恩格斯的书信“改变了”马克思的《序言》的观点，是没有任何根据的。

为了论证恩格斯的书信同马克思的《序言》的一致性，普列汉诺夫进一步指出，关于上层建筑对经济基础的反作用的思想，并不是恩格斯在《反杜林论》和历史唯物主义书信中才提出来的，这一思想早在马克思和恩格斯的历史理论确立之时就已经形成了。普列汉诺夫在概括地阐明了马克思、恩格斯合著的《共产党宣言》中关于经济基础与上层建筑的思想之后，明确指出：科学社会主义的创始人从他们革命活动的最初时期起，就已经提出了关于人类历史发展进程中各种因素相互关系和相互作用的观点。他们在确立经济基础决定上层建筑这一唯物主义一元论思想的同时，就注意到了上层建筑的反作用。他说：“如果马克思和恩格斯在自己的政治生涯开始时，没有注意到政治和精神的‘因素’，并且不认为它们对社会的经济发展有影响，那么，他们的实际纲领就完全是另外一种，他们就不会说，工人阶级如不把政权掌握在自己手中，就不能摆脱资产阶级的经济桎梏。而且也同样不会认为工人有提高自觉的必要性：如果自觉在社会运动中不起任何作用，如果历史上发生的一切事件都不取决于它，而它只

---

① 《普列汉诺夫哲学著作选集》第2卷，生活·读书·新知三联书店1961年版，第559页。

② 同上。

是经济所需要的力量，那为什么还要发展它呢？发展工人的自觉是马克思和恩格斯一开始从事社会活动就提出的直接的实际任务，这一点谁不知道呢？”①

国际共产主义运动的历史证明，不断提高工人阶级的觉悟，发展工人阶级的阶级自觉，这是马克思和恩格斯一向极其重视并为之奋斗的事业，也是他们毕生最为关注的一个重要问题。正如列宁后来所指出的那样，马克思和恩格斯具有世界历史意义的伟大贡献，就在于他们启发了工人阶级的自觉。

综上所述，在普列汉诺夫看来，关于经济基础与上层建筑的学说，马克思和恩格斯的观点没有任何矛盾之处。如同马克思在《序言》中阐明经济基础的决定作用时，并没有忽视上层建筑的反作用一样，恩格斯的书信虽然着重强调了上层建筑的反作用，但他不仅没有因此而忽略经济基础的决定作用，相反，一再指出了上层建筑“归根到底”依赖于经济基础。普列汉诺夫说，这就是恩格斯历史唯物主义书信的“所有的一切”。应当肯定，普列汉诺夫对书信的基本观点的理解是正确的，符合恩格斯的本意。伯恩斯坦人为地把恩格斯书信中的观点同马克思的《序言》对立起来，制造书信同《序言》之间的矛盾，其目的是为了动摇马克思主义的唯物史观。普列汉诺夫对伯恩斯坦的有力驳斥，澄清了他在理论上制造的混乱，对于捍卫唯物史观的基本原理无疑是有一定贡献的。

但是也应该指出，普列汉诺夫在驳斥伯恩斯坦的错误观点时，虽然正确地指出了书信同《序言》的一致性，却忽视了书信是对《序言》的发挥和发展。诚然，马克思和恩格斯从自己革命活动的开始就对提高工人阶级的自觉性予以重视，无论是《共产党宣言》，还是《〈政治经济学批判〉序言》，都包含着上层建筑反作用的思想。但是，由于马克思和恩格斯当时在理论上所面临的主要任务是建立和捍卫彻底的唯物主义世界观，清算形形色色的唯心主义特别是历史唯心主义，因而不能不把主要精力放在阐明社会存在决定社会意识、生产力决定生产关系、经济基础决定上层建筑等唯物史观的基本原理方面，而对上层建筑的反作用问题，还没有来得及从理论上作出系统的阐述。

---

① 《普列汉诺夫哲学著作选集》第2卷，生活·读书·新知三联书店1961年版，第666页。

关于这一点，恩格斯在分析“庸俗经济决定论”何以会在一些青年知识分子中产生很大的影响时曾经谈到过。他说：“青年们有时过分看重经济方面，这有一部分是马克思和我应当负责的。我们在反驳我们的论敌时，常常不得不强调被他们否认的主要原则，并且不是始终都有时间、地点和机会来给其他参与相互作用的因素以应有的重视。但是，只要问题一关系到描述某个历史时期，即关系到实际的应用，那情况就不同了，这里就不容许有任何错误了。可惜人们往往以为，只要掌握了主要原理——而且还并不总是掌握得正确，那就算已经充分地理解了新理论并且立刻就能够应用它了。”① 恩格斯还说，在当时未能充分说明上层建筑诸因素的反作用方面，他和马克思都有“同样的过错”。这样一来，就给了敌人以“称心的理由”来对唯物史观“进行曲解或歪曲”②。

为了弥补理论上的这个缺点，恩格斯在晚年所写的一系列关于历史唯物主义的书信里，深入地批判了“庸俗经济决定论”，系统地阐明了上层建筑诸因素的反作用原理，进一步发挥和发展了《序言》的思想。恩格斯明确指出：“根据唯物史观，历史过程中的决定性因素归根到底是现实生活的生产和再生产。无论马克思或我都从来没有肯定过比这更多的东西。如果有人在这里加以歪曲，说经济因素是唯一决定性的因素，那么他就是把这个命题变成毫无内容的、抽象的、荒诞无稽的空话。经济状况是基础，但是对历史斗争的进程发生影响并且在许多情况下主要是决定着这一斗争形式的，还有上层建筑的各种因素：阶级斗争的政治形式及其成果——由胜利了的阶级在获胜以后建立的宪法等等，各种法权形式以及所有这些实际斗争在参加者头脑中的反映，政治的、法律的和哲学的理论，宗教的观点以及它们向教义体系的进一步发展。这里表现出这一切因素间相互作用，而在这种相互作用中归根到底是经济运动作为必然的东西通过无穷无尽的偶然事件……向前发展。”③ 用他的另一句更明确、更容易理解的话来说就是：“我们是在十分确定的前提和条件下”创造我们的历史的。“其中经济的前提和条件归根到底是决定性的。但是政治等等的前提和条件，甚至那些萦回于人们头脑中的传统，也起着一定的作用，虽然不

① 《马克思恩格斯文集》第10卷，人民出版社2009年版，第594页。

② 同上书，第657页。

③ 同上书，第591页。

是决定性的作用。”[①] 恩格斯在坚持经济基础决定上层建筑的唯物主义一元论的前提下，着重强调了各种因素的交互作用，系统地阐明了上层建筑诸因素的反作用，这是他晚年对唯物史观所作出的一个不可低估的重大贡献。

① 《马克思恩格斯文集》第10卷，人民出版社2009年版，第592页。

第八章

普列汉诺夫关于社会意识两种形式的学说

在马克思主义哲学史上，普列汉诺夫第一次明确地将社会意识区分为社会心理与思想体系两种基本形式，并把社会心理看作是思想体系反映社会经济关系与政治制度的重要中间环节，形成了社会意识两种形式的学说。怎样看待普列汉诺夫这一具有独创性的见解呢？他的这一学说是对马克思主义社会意识理论的丰富与发挥呢，还是对马克思主义唯物史观的背离？这一学说是他思想中的精华呢，还是他思想中的失误？要回答这个问题，就需要对他的有关论述作一番考察。

一　问题的提出

普列汉诺夫的社会意识两种形式的学说，最初是在他的《唯物主义史论丛》中作为社会结构五项公式的有机组成部分提出来的，这个思想在他后来的《论一元论历史观之发展》《替经济唯物主义说几句话》《论唯物主义的历史观》和《马克思主义的基本问题》中，作了进一步的阐发。普列汉诺夫提出社会意识两种形式的学说，是与当时马克思的唯物史观所面临的挑战分不开的。

19 世纪 80 年代以来，历史唯物主义面临着两个方面的挑战：一是来自唯心主义方面，如俄国的因素论者，他们谴责唯物史观是只承认经济因素作用，否认政治、思想等因素作用的片面狭隘的经济决定论，企图以“心理独立发展”和“各种因素交互作用”的折衷主义观点来否定经济对社会意识的决定作用，动摇社会存在决定社会意识的基本原理；另一方面是来自一些自命为马克思主义信徒的庸俗唯物主义者的威胁，这些人在试图用唯物主义观点说明人类思想史的时候，或者将思想体系与经济关系、甚至生产技术简单地等同起来（如法国的爱斯比纳斯），或者把思想体系与阶级斗争直接等同起来（如希腊的爱柳塞罗浦罗斯）。这些简单化与公式化的做法严重歪曲了社会存在决定社会意识的原则，将科学的世界观和方法论变成了公式化的套语。这不仅无益于对社会意识的研究，而且为唯心主义提供了攻击唯物史观的口实。因此，在理论上捍卫“社会存在决定社会意识”的基本原则，就成为马克思主义者的重要任务之一。

普列汉诺夫当时曾是战斗在两条战线上的勇士。他认为，要捍卫历史唯物主义的基本原则，不能停留在重复这个原则上，必须对社会存在如何决定社会意识作出进一步解释。他说，谁要想把历史唯物主义当作揭露社会现象的真理的一种科学方法，“证明自己是这种方法的名副其实的信徒，谁就不能只是简单地重复这句话：不是意识决定存在，而是存在决定意识；相反的，他应当竭力弄清楚，这种存在决定意识事实上是怎样发生的。而要做到这一点，除了研究事实和探索它们的因果关系外，没有其他方法”。[①]

因此，他多次强调对社会历史的研究固然应从经济开始，但必须由经济状况进而探索“经济的枯燥的骸骨怎样为社会政治形态的生动的血肉包裹着”，然后“怎样为人类的观念、感觉、意图和理想的血肉包裹着”[②]。普列汉诺夫将对后者的研究看作是最有趣和最诱人的任务。他所提出的社会意识两种形式学说，就是他在同唯心主义、庸俗唯物主义的论战过程中深入研究社会存在决定社会意识的一系列因果联系的成果。

普列汉诺夫认为，人类的思想体系是为社会经济关系所决定的，归根到底是为生产力的发展状况所决定的。但是，这个决定的过程是复杂的，它们之间存在着一系列的中间环节和因果关系的层次。如果不能对其中联系的主要环节和层次作出应有的说明，要使远离经济，高悬于空中的那些思想体系得到真正唯物主义的解释是不可能的。普列汉诺夫的社会意识两种形式学说，将社会意识按照它对社会存在反映的程度与形式的差别作了区分，在思想体系与社会存在之间找到了社会心理这个联系的重要环节和

① 《普列汉诺夫哲学著作选集》第2卷，生活·读书·新知三联书店1961年版，第9页。

② 《普列汉诺夫哲学著作选集》第1卷，生活·读书·新知三联书店1959年版，第754页。

桥梁，这就使思想体系最终为经济所决定的唯物主义结论有了更加可靠的依据，又避免了对社会存在决定社会意识原理的庸俗化与简单化。

普列汉诺夫提出社会意识两种形式的学说，也是与他批判地吸取以往的特别是近代的社会意识理论的积极成果密切相关的。

普列汉诺夫十分重视18世纪法国启蒙学者对社会意识问题的研究。他认为，在法国启蒙学者的思想成果中，就已经包含着把社会意识区分为不同形式的萌芽。例如爱尔维修曾经指出，一切在同样情况之下的民族，都有着同样的法律，同样的精神，同样的感情、倾向和同样的性格、习惯。他把公民这种思想与情感的一致，叫做民族精神或民族性，认为人们不同的宗教观念，对艺术作品的判断，美的观念等就是由不同的民族精神与民族性格造成的。那么，是什么决定着民族精神与民族性格呢？爱尔维修认为，是人们的物质需要和利益。他说，“利益、需求是人类伟大的、唯一的导师”[①]，它“对我们的风俗习惯，我们的思想和我们的感情产生一种巨大的决定性的影响”[②]。普列汉诺夫肯定了法国启蒙学者对社会意识不同形式的探索和他们企图用物质需要来解释作为社会意识的民族精神的根源的尝试，又指出他们最终没能解决这个问题的根源，是因为他们不了解决定人类社会发展的不是人的需要本身，而是“满足这些需要所采取的手段和途径”[③]，即生产力与生产关系的状况。

普列汉诺夫尤为重视黑格尔关于思想体系与民族精神关系的论述。黑格尔是一个客观唯心主义者，又是一个辩证论者。他认为人类的全部历史不过是“普遍精神的表述和实现”，但又认为“普遍精神”是不断运动和发展的，它的运动在每个阶段都有它特殊的原则，这个原则就是一种“特别的民族精神”，它的特性“表现出每个民族的意识和意志的所有方面，表现出它的整个现实；这些特性在该民族的宗教、政治制度、道德、法律、风俗习惯、科学、艺术和技术上都打下了烙印”[④]。因此，黑格尔指出，政治、法律、艺术、宗教、哲学等思想体系，“有一个共同根

① 《普列汉诺夫哲学著作选集》第2卷，生活·读书·新知三联书店1961年版，第109页。

② 同上书，第110页。

③ 同上书，第163页。

④ 《普列汉诺夫哲学著作选集》第3卷，生活·读书·新知三联书店1962年版，第734页。

源——时代精神"[①]，这个时代精神，贯穿着所有文化部门，决定着它们的本质与性格。

普列汉诺夫认为，黑格尔作为一个唯心主义者，颠倒了意识与存在的关系，把民族精神看做是绝对观念的发展在一定时期、一定民族中的体现，并用它去说明民族的历史命运和整个社会生活，这是错误的。但是，黑格尔唯心主义的表述中包含了合理的思想。如果能去除他论述中的神秘主义色彩，把颠倒了的关系颠倒过来，那么，黑格尔的"一定民族的'精神'在它一定的发展阶段上具有特殊性的学说，它本身完全不像我们读到的某些民族主义者的议论时可能认为的那样错误"[②]。他说，"毫无疑问，'社会人'具有一定的心理，而这心理的特性决定他们建立的一切意识形态。如果有必要的话，也可以把社会人的心理称为他们的精神。当然，始终必须记住，社会人的心理是在发展的，即在变化的。……此外，还必须考虑到，社会人的心理并不能说明他们的历史运动，而心理本身却是由他们的历史运动说明的"。[③] 这就是说，如果把黑格尔的民族精神如实地看做是社会历史的产物，而不是什么自行发展的"绝对精神"的表现，那么，它确是决定着一切思想体系，是思想体系反映社会经济关系与政治制度的一个重要环节。事实上，黑格尔在探讨17世纪荷兰绘画，探讨宗教改革的原因时，都不满足于宇宙精神的观点，而试图从阶级心理和经济状况中去寻找说明，从而拐弯抹角地接近了唯物主义。普列汉诺夫批判了黑格尔本末倒置的唯心主义体系，吸取了他关于民族精神学说的合理内核，在唯物主义基础上，提出了社会心理的概念和社会意识两种形式的学说。

与普列汉诺夫的社会意识两种形式学说有直接联系的是19世纪法国复辟时期思想家斯达尔夫人、基佐、泰恩等人的社会意识理论（其中泰恩对普列汉诺夫的影响尤为重要）。他们都是18世纪法国启蒙学者的信徒，但并不满足于先驱者们对社会意识根源所做的表面的回答。他们提出了文学、艺术的性质取决于一定民族的性格、趣味、习俗，而一定民族的性格、趣味、习俗又根源于社会政治制度的重要观点。

---

① ［德］黑格尔：《哲学史讲演录》第1卷，贺麟等译，商务印书馆1963年版，第56页。

② 《普列汉诺夫哲学著作选集》第3卷，生活·读书·新知三联书店1962年版，第734页。

③ 同上书，第734—735页。

斯达尔夫人在她的《论文学》一书中，试图通过法国的社会政治关系以及从法国贵族对君主权力的态度中所表现的心理状态来说明17世纪法国文学的性质。她认为，反映在法国文学中的法国人的趣味“通常总是归结为民族的性格，但是一定民族的性格如果不是那些影响它的福利、它的趣味和它的习惯的制度和条件的结果，那又是什么呢?”[①] 普列汉诺夫认为，根据斯达尔夫人的意见，民族性格是历史条件的产物，那么，反映民族精神与民族性格的文学就是创造这个本性的历史条件本身的产物了。基佐也重复了这个观点，他在有关文学的论文中指出，法国文学扎根于法国的社会关系中，法国悲剧是阶级心理的反映，而法国各社会阶级和阶层的趣味和习惯是在这些社会关系的影响下形成的，因此戏剧的命运也是与社会关系的发展密切地联系着的。

普列汉诺夫认为，斯达尔夫人和基佐的上述观点在泰恩的著作中得到了完满的、光辉的表现。泰恩明确指出，“人们地位中的任何变动引导到他们心理上的变动”[②]，而“艺术作品为一般的精神状况和流行的习俗所决定”[③]。因此，“为着理解某一艺术作品，某一艺人，某一艺人的集团，……应该确切地知道，他们时代的智慧和道德风习的一般状况”。[④] 尤其引起普列汉诺夫注意的是泰恩在《艺术哲学》中提出的四项公式[⑤]，这个公式概括了艺术与心理以及心理与社会一般状况之间的因果联系。

普列汉诺夫指出，泰恩的公式告诉人们的比“文学是社会的表现”这类含糊的定义多得不知多少倍的东西，使人们对艺术史的了解进了一大步。同时，泰恩所运用的寻求规律程序，即因果关系的方法也有无可争辩的优点。但是，泰恩没有能够给予社会心理的根源以正确的解释，因而，终究未能解决艺术的历史根源问题。在泰恩那里，决定着人们情感、能力等社会心理的“一般状况”是既包括社会经济关系（如他所说的“贫富

① ［俄］普列汉诺夫：《没有地址的信·艺术与社会生活》，曹葆华等译，人民文学出版社1962年版，第47页。

② 《普列汉诺夫哲学著作选集》第1卷，生活·读书·新知三联书店1959年版，第726页。

③ 《普列汉诺夫哲学著作选集》第2卷，生活·读书·新知三联书店1961年版，第179页。

④ 《普列汉诺夫哲学著作选集》第1卷，生活·读书·新知三联书店1959年版，第725页。

⑤ 泰恩：《艺术哲学》，第四章，第二节。

状况”），社会政治关系与政治制度（如他所说的“自由与奴役的状况”，“社会形式”），也包括人们的精神状况（如他所说的“宗教类型”）的杂烩，这就把原因和结果放在一条线上，因此，不能不重蹈他们的先驱法国唯物主义者的旧辙，陷入“人的心理是由他的境况所决定的，而他们的境况又是由他们心理所决定的”这一难以解脱的矛盾中。

普列汉诺夫根据历史唯物主义的观点，充分吸取了泰恩关于社会心理是联系思想体系与社会一般状况的中间环节的思想，以及他在社会意识的不同形式之间和社会意识与社会一般状况之间寻求因果关系的做法，克服了他由于唯心史观造成的局限，从他中断的地方继续前进，在他的社会一般状况中区别出政治关系与经济关系，再从经济关系追溯到生产力状况，这就从根本上解决了社会心理的根源和思想体系的最终根源问题。

以上说明，普列汉诺夫的社会意识两种形式的学说，从一定意义上说，是他运用马克思主义观点批判继承历史遗产的必然结果。

二　社会心理的特征与来源

了解社会心理这一概念，弄清它的特征、来源以及它在社会意识两种形式的学说中的地位和作用，是了解普列汉诺夫的社会意识两种形式学说的关键。

对于社会心理，普列汉诺夫没有给它下过精确的定义，在不同的场合有不尽相同的提法。相对于社会思想体系而言时，他曾作过如下的表述：“一定的精神状况与道德状况”①，“一定时间、一定国家的一定社会阶级的主要情感和思想状况”②，“一切习惯、道德、感觉、观点、意图和理想”③，“一个阶级的意向和趣味”④，以及“民族情感”“风尚潮流”“流行情趣”“情绪”“舆论”⑤，等等。

① 《普列汉诺夫哲学著作选集》第 2 卷，生活·读书·新知三联书店 1961 年版，第 186 页。

② 同上书，第 272—273 页。

③ 《普列汉诺夫哲学著作选集》第 1 卷，生活·读书·新知三联书店 1959 年版，第 715 页。

④ 《普列汉诺夫哲学著作选集》第 2 卷，生活·读书·新知三联书店 1961 年版，第 189 页。

⑤ 同上书，第 273、323 页。

归纳上述提法，大体可以了解普列汉诺夫所指的社会心理是特定时代、特定国家和民族（在阶级社会里则是特定阶级、阶层和集团）里普遍流行的习惯、感觉、情感、动机、理想、道德风尚与审美情趣等精神状况。

社会心理与思想体系是既有联系又有区别的两个范畴。一方面，它们都是社会意识，共属精神的领域，都是社会存在的反映，都具有阶级性（在阶级社会里）、民族性与时代性的特征；另一方面，两者在反映社会存在的程度与方式上又有所不同，主要表现在社会心理是在人们日常生活实践活动和相互交往过程中自发形成的、没有经过思想家加工改造的一种原始形态的普通意识，它不具有严谨的、概念化的理论形式，而是人们对周围事物的直接、朴素的感受，表现为感觉、情感、情绪、意志活动等；社会心理虽然也运用概念、判断、推理等逻辑思维的形式，表现为一定的思想与观点，但它是理性与感性相结合、理性活动与感性活动相交织的，一般不超出人们经验的范围。总之，相对于政治、法律、哲学、文学、艺术、宗教、道德等经过思想家加工的严整的思想体系来说，社会心理还是属于社会意识的一种初级形式。

这里顺便指出，普列汉诺夫的社会心理这个概念，一般是在与思想体系相区别的情况下使用的，但有时也不那么严格。当他只是在说明社会意识与社会存在的关系时，他的社会心理与思想体系这两个概念往往是交互使用的，多泛指包括两者在内的社会意识的一般状况。这一点，在研究他的社会意识两种基本形式时，尚需注意辨析。

社会心理的来源问题，即社会心理与社会存在的关系问题，是普列汉诺夫社会意识两种形式学说的一个极为重要的方面，也是这个学说与一切唯心主义社会意识理论的分界线。

普列汉诺夫对社会心理来源的最准确的表述，见于1907年的《马克思主义的基本问题》一书。他写道，社会心理"一部分由经济直接所决定的，一部分由生长在经济上的全部社会政治制度所决定的"[①]。对此，他在一系列的论著中做过许多重要的阐发。

首先他认为，社会心理作为社会意识的一种形式，始终是社会经济关

① 《普列汉诺夫哲学著作选集》第3卷，生活·读书·新知三联书店1962年版，第195页。

系的反映，是为社会经济关系所决定的。他明确指出，与唯心主义不同，"唯物主义是用经济发展所造成的社会结构等等来解释某一社会或某一阶级的心理的"。[①] 但他认为这不过是一种通俗的说法。按照马克思主义的观点，社会关系还不是社会发展和社会心理发展的最初原因，它本身是由生产力决定的。因而，准确地说，社会心理归根到底是由生产力发展的状况所决定的。他说："生产力发展的任何特定的阶段必然地引起在社会生产过程中人们的一定的结合，即一定的生产关系，亦即整个社会的一定的结构……它的性质将一般地反映于人们的全部心理之上，反映于他们的一切习惯、道德、感觉、观点、意图和理想之上。习惯、道德、观点、意图和理想必然地应该适应于人们的生活式样，适应于他们的获得食料的方式(用别舍尔的话来说)。社会的心理永远顺从它的经济的目的，永远适合于它，永远为它所决定。"[②] "如果知道了社会的生产力——知道了它的经济结构，因而亦就知道了它的心理。"[③] 社会心理来源于社会经济的观点是普列汉诺夫的社会意识两种形式学说的根本立足点，是思想体系反映社会心理的唯物主义前提。

其次，普列汉诺夫在指出社会心理决定于经济关系的同时，还指出了"某一经济结构所产生的法权的和政治的关系，对于社会人类的全部心理有着决定的影响"[④]。

普列汉诺夫认为，"在没有阶级划分的原始社会里，人们的生产活动直接影响着他的世界观和他的审美趣味"[⑤]。装饰术的动机来自生产的技术，而舞蹈常常是生产过程的简单的重演。所以，在经济发展的最低阶段的狩猎部落中，人的心理是以原始人的经济活动为转移的。但当经济的发展导致原始社会崩溃以后，社会结构就复杂化了，各个利益不同甚至完全相反的阶级之间进行着不断的，有时隐秘，有时明显，有时缓和，有时尖

① 《普列汉诺夫哲学著作选集》第 3 卷，生活·读书·新知三联书店 1962 年版，第 198 页。

② 《普列汉诺夫哲学著作选集》第 1 卷，生活·读书·新知三联书店 1959 年版，第 715 页。

③ 同上书，第 740 页。

④ 《普列汉诺夫哲学著作选集》第 3 卷，生活·读书·新知三联书店 1962 年版，第 171 页。

⑤ 同上书，第 185 页。

锐的斗争，这种“阶级斗争给斗争两方面的心理涂上了色彩”[①]，而且，“阶级斗争愈是尖锐，则这一斗争对于斗争中的各阶级的心理影响也愈是强烈”[②]。如果“忽视相互的阶级关系和相互的阶级斗争，那么在划分成阶级的社会的心理里，还有许多东西将是我们所不了解和觉得可怪的”[③]。法国复辟时期，小资产阶级中曾经流行拿破仑时代时兴过的戴胡子、钉马刺的骑士风气。普列汉诺夫认为，这种怪诞的风气与当时法国资产阶级经济情况“没有什么直接的结合”，既没有使它变好，也没有使它变坏。它只“是以间接的方式由资产阶级所处的那种对付贵族的地位造成的”。因此，他指出：“在观念形态的范围内，许多现象只能用间接的方式，通过经济运动的影响去说明。”[④]

普列汉诺夫还认为，同一阶级，在不同时期，由于与对立阶级关系的变化，会产生不同的心理。例如，法国资产阶级在它的发展过程中，就有模仿贵族的时期与反抗模仿贵族的时期。在路易十四君主制的全盛时期，资产阶级曾以模仿贵族的“高雅”仪态与习俗为荣耀，但到了与贵族阶级决战的革命时期，已经强大起来的资产阶级不仅不再刻意模仿贵族，而且对贵族的某些趣味和传统习俗表现了强烈的憎恨。他们激昂地抨击自己过去羡慕和仿效过的贵族的繁缛礼节、奢侈服饰以及表示谦恭的交际语言。他们这种心理的变化充分表明，“一个阶级的意向和趣味，是依存于它们的发展程度的，而且是更加依存于它们相对于较高阶级地位的”。[⑤]

总之，普列汉诺夫认为，在阶级社会里，“阶级斗争在观念形态的历史中起了主要的作用”[⑥]。因此，要想多多少少令人满意地弄清文明社会的兴趣和观念的历史，就必须考察阶级斗争，研究阶级斗争的种种不同变化。

再次，普列汉诺夫还认为，在不同的历史条件下，政治因素与经济因

① 《普列汉诺夫哲学著作选集》第 3 卷，生活·读书·新知三联书店 1962 年版，第 186 页。

② 同上书，第 188 页。

③ ［俄］普列汉诺夫：《从社会学观点论述 18 世纪法国戏剧文学和法国绘画》，《译文》1956 年第 12 期，第 145 页。

④ 《普列汉诺夫哲学著作选集》第 2 卷，生活·读书·新知三联书店 1961 年版，第 192 页。

⑤ 同上书，第 189 页。

⑥ 同上。

素对社会心理和思想体系的作用是不同的。在原始社会或阶级社会阶级斗争相对缓和的时候，经济发展对社会心理的影响较为显著；而在阶级斗争激烈的情况下，政治因素，即阶级斗争的影响占主导的地位。但是，他认为，即使在经济因素的影响让位给政治因素时，经济因素仍然“保持着它的优势意义”。因为，政治因素归根到底“是由经济运动创造出来的”，政治的发展是以经济的发展为基础的，政治因素对社会心理影响的“可能性与界限”，也是由经济因素决定的。

普列汉诺夫在考察社会心理根源的同时，指出了社会心理对社会经济政治的反作用。他认为，社会心理对社会政治制度与经济关系的适应不是消极被动的，它反过来也影响着社会的政治与经济。两者之间存在着相互作用的辩证关系。对于这种辩证关系，普列汉诺夫作了如下的概述：“社会的心理适应于它的经济。……另一方面，在生产力发展上的每一个新步骤把人们在其日常生活的实践中置于新的相互关系中，这个新的关系是和旧的过时的生产关系不相适合的。这个新的从未有过的情况反映于人们的心理上，有力地变化着它。向哪一个方向呢？社会的一些成员坚持旧制度，这是停滞的人们。另一些人——旧制度对他们不利的人们，赞成前进的运动；他们的心理变向那随着时间的到来将会代替旧的、过时的经济关系的生产关系方面去了。可以看到，心理对于经济的适应继续着，可是迟慢的心理进化先于经济革命。

“当这个革命完成之后，就建立了社会心理与经济之间的完全的适合。这时候在新的经济基础上，新的心理怒放起来。在某一时期中这种适合是不可破坏的；它甚至日益巩固起来。可是慢慢地新的不和之芽又出现了：先进阶级的心理，依着上面指述的原因，又驾凌于旧的生产关系之上：一分钟也不停止它的适应于经济，它又去适应那组成将来的经济的萌芽的新的生产关系”。[①]

普列汉诺夫这段话所阐述的思想是极其深刻的。它向人们揭示了社会心理发展变化的原因、规律以及它对社会存在的反作用，也回答了历史与现实斗争的许多重要的问题。例如，何以经济关系的革命总是以精神方面的革命为先导，何以先进阶级总要在批判旧制度的同时批判从旧秩序的土

① 《普列汉诺夫哲学著作选集》第1卷，生活·读书·新知三联书店1959年版，第719—720页。

壤中生长起来的旧思想、旧观点、旧习惯，何以工人阶级的政党从它诞生之日起就以发展工人的自觉作为自己的重要任务，等等。

三 社会心理与思想体系的关系

社会心理与思想体系之间的关系问题，是普列汉诺夫的社会意识两种形式学说阐明的另一个重要问题，也是普列汉诺夫思想研究中常常发生分歧的焦点。

普列汉诺夫认为，思想体系就其作为一种社会意识来说，在本质上与社会心理一样，都是社会存在的反映。他不止一次地指出，人们的思想体系是在社会存在的基础上产生的。是“唯一而不可分的历史在人头脑中的各式各样的反映而已”①。但是，思想体系与社会心理在他的社会结构的五项公式中是作为两个不同的层次和因素提出来的，两者之间显然又存在着很大的区别。对于思想体系与社会心理的差别，普列汉诺夫没有作专门的阐述，但从对两者的关系，以及对思想体系的一系列分析中可以看出，思想体系不像社会心理那样直接地反映社会的经济与政治关系，而是经由社会心理的中介间接反映的；思想体系不是自发形成的，而是由“积极的、有概括能力的”思想家自觉加工制作形成的；在形式上它是系统化、概括化的理论体系，并依据对社会存在反映的不同方式与不同方面形成了哲学、宗教、艺术、法律、政治、伦理等相对独立与稳定的严整体系；这些思想体系各自具有长期积累起来的思想资料。因此，相对于社会心理这种社会意识的初级形式来说，思想体系无疑是社会意识的高级发展阶段，它对社会存在的反映比社会心理更加深入，更加广泛，更加精细。

思想体系与社会心理之间的关系是怎样的呢？普列汉诺夫在回答这个问题时，提出了思想体系反映社会心理，社会心理是思想体系直接来源的观点。

如同一切高级形态的事物都不能脱离它的初级形态一样，思想体系作为高级形式的社会意识，与社会心理这种低级形式的社会意识也有着密不可分的联系。社会心理尽管具有朴素的原始的性质，却是形成思想体系的

① 《普列汉诺夫哲学著作选集》第2卷，生活·读书·新知三联书店1961年版，第294页。

必经阶段，而且恰恰由于社会心理具有这种反映社会经济与政治关系的直接与原始的品格，使它成为思想体系与社会经济、政治关系之间必不可少的重要环节。正是在这个意义上，普列汉诺夫阐述了思想体系对社会心理的依赖关系，他说："'社会人'具有一定的心理，而这心理的特性决定他们建立的一切意识形态。"① 又说："一切思想体系都有一个共同的根源，即某一时代的心理。"② 他认为，研究社会心理对于探索思想体系的历史具有重要的意义，他指出："要了解某一国家的科学思想史与艺术史，只知道它的经济是不够的，必须知道如何从经济进而研究社会心理，对于社会心理若没有精细的研究与了解，思想体系的历史的唯物主义解释根本就不可能……因此社会心理学异常重要。甚至在法律和政治制度的历史中都必须顾及到它，而在文学、艺术、哲学等等学科的历史中，如果没有它，就一步也动不得。"③

普列汉诺夫以他极大的兴趣和渊博的知识广泛研究了哲学、艺术、宗教等思想体系的历史，并以其研究成果说明了思想体系对社会心理的依赖关系。

哲学历来被认为是离经济基础最远的"更高的、悬浮于空中的思想领域"，正如马克思指出的，"任何真正的哲学都是自己时代精神的精华"。④ 普列汉诺夫也把哲学看作是由一定社会关系所决定的社会心理的反映。他说，"一定的'心理'是在人们之间的一定的关系的基础上出现"，"而哲学思想和艺术创作的一定派别则是在这种'心理'的基础上发展起来的"⑤。他认为，17 世纪法国哲学家笛卡儿的二元论，之所以将信仰领域与理性的领域严格地划分开来，一面要求增加自然科学知识，以增进人们支配自然力的能力，一面又向宗教妥协，甚至还努力去论证天主

① 《普列汉诺夫哲学著作选集》第 3 卷，生活·读书·新知三联书店 1962 年版，第 734 页。

② 同上书，第 196 页。

③ 《普列汉诺夫哲学著作选集》第 2 卷，生活·读书·新知三联书店 1961 年版，第 272—273 页。

④ 《马克思恩格斯全集》第 1 卷，人民出版社 1956 年版，第 121 页。

⑤ 《普列汉诺夫哲学著作选集》第 2 卷，生活·读书·新知三联书店 1961 年版，第 229 页。

教的某些教条，这是因为“他的哲学很清楚地表现出当时法国人的情感”[①]。16世纪法国长期流血斗争之后，法国人产生了普遍要求和平和秩序的情绪，这种情绪在政治上表现为同情君主制，在思想上则表现为对宗教唯心主义的妥协。他们唯恐与宗教的论争会破坏社会和平的局面，唤起对内战的痛苦回忆，从而对宗教采取了容忍态度。而18世纪法国哲学则“在它的一切细节方面，受到当时反对僧侣和贵族的第三等级的心理”[②]的很大影响。到了18世纪，在法国旧的生产关系已严重地阻碍生产力的发展，废除旧制度已成为第三等级的普遍的强烈的愿望。因此，在哲学上，代表第三等级要求和理想的法国唯物主义者，抛弃了笛卡儿哲学的唯心主义方面，继承了他的唯物主义方面，勇敢地在科学的名字下进行反迷信的斗争，在自然权利的名字下进行反暴政的斗争，整个哲学显示了鲜明的战斗性质。正如普列汉诺夫所概括的：“如果笛卡儿哲学出自对于社会和平的要求，那么18世纪的唯物主义则是新的社会大动荡的预报者。”[③]

文学艺术作为一种特殊的社会意识形态，是以具体的感性的形象来反映人们的思想、感情、爱好、习惯以及人与人之间的各种复杂关系的。文学艺术的这个特点决定了它与社会心理有着更为密切的联系。普列汉诺夫说过，“在一定时期的艺术作品和文学趣味里，都表现着社会的心理”[④]，“任何一个民族的艺术都是由它的心理所决定的，它的心理是由它的境况所造成的，而它的境况归根到底是由它的生产力状况和它的生产关系所制约着的”。[⑤]

普列汉诺夫认为，社会心理对文艺的影响是深刻而又广泛的，它不仅决定作品人物的心理与性格，而且决定着作品题材的选择与艺术的风格。他曾深刻地指出，作品中“人物的心理之所以在我们心目中有那么巨大的意义，那是因为人物的心理就是许多社会阶级或者至少社会阶层的心

---

① 《普列汉诺夫哲学著作选集》第2卷，生活·读书·新知三联书店1961年版，第291页。

② 同上书，第229页。

③ 同上书，第292页。

④ ［俄］普列汉诺夫：《从社会学观点论述18世纪法国戏剧文学和法国绘画》，《译文》1956年第12期，第145页。

⑤ ［俄］普列汉诺夫：《没有地址的信·艺术与社会生活》，曹葆华等译，人民文学出版社1962年版，第53页。

理，所以，个别人物心灵中发生的过程乃是历史运动的反映”。[1] 他颂扬巴尔扎克是深刻的现实主义者，他的作品是研究复辟时期和路易·菲利普时期的法国社会心理不可缺少的史料，因为他通过他塑造的各色人物反映了那个时代的社会各阶级的心理。普列汉诺夫认为，艺术的形象里总是表现着一定时代、一定阶级的审美理想，例如，拜占庭的圣母画表现了中世纪基督教徒对女人外形的理想，而文艺复兴时期拉斐尔的圣母画却是世俗的理想战胜基督教和修道院的理想的最突出的艺术表现之一。

普列汉诺夫认为，题材的选择也在一定意义上反映着时代与阶级的心理。18世纪法国大卫派的绘画和新古典主义的悲剧，以表现古代共和政体时期英雄勋绩的历史故事为主要题材不是偶然的，它是强大起来的第三等级革命情绪的反映。在此以前，当法国资产阶级的力量还没有壮大到足以提出消灭旧秩序的时候，他们对贵族的不满还仅仅限于道德的谴责，因而以赞扬资产阶级家庭美德为题材的风俗画和流泪喜剧在法国资产阶级中曾风靡一时。但是，随着第三等级力量的不断壮大，革命情绪也日益高涨，当他们意识到需要消灭的已不是贵族的毛病而是贵族本身的时候，对表现资产阶级美德抨击贵族腐化作风的风俗画和流泪喜剧的迷恋就消失了。他们需要勇于为共和政体的建立而献身的英雄主义，而平庸的资产阶级本身是缺乏这种精神的。因此，当他们在古代的历史中找到了为共和制度而斗争的公民美德和英雄主义的光辉榜样时，就争相表现以至于成为一种潮流。不过他们在这些古老的主题中注入了资产阶级要求自由、博爱的新的革命内容。自然，当法国革命一旦成功，资产阶级达到了自己的目的，曾经使他们的作品具有强烈魅力的革命灵魂就消失了，古代英雄的描写对资产阶级年轻一代的艺术家也就失去了吸引力。

与题材的选择一样，不同的艺术风格和流派也往往反映着不同的社会心理。普列汉诺夫认为，路易十四时期，艺术作品中所表现出来的追求崇高、尊严、豪华、装腔作势的风格，归根到底反映了法国君主政体登峰造极时高官贵族的艺术趣味与审美理想。到了路易十五的时代，艺术的理想从崇高转向愉快，到处流行着充满柔媚、华靡以至典雅的肉感气息的作品，这种风格的变化不过是君主政体走下坡路之后，生活日益放荡的贵族追求细腻的感官享受的庸俗趣味的反映。法国大革命前夕，日益迫近的革

---

① ［俄］普列汉诺夫：《俄国批评的命运》，《世界文学》1961年第11期，第99页。

命声势，不仅改变了资产阶级艺术家选择对象的范围；而且根本改变了艺术家对于自己事业的态度，艺术创作的风格为之一新，新派艺术家以严峻、朴素去对抗旧派的矫饰、浓艳。普列汉诺夫认为，新派艺术家的这种风格特点，包括他们过分强调理性而缺乏想象的弱点，都可以拿在他们中间起支配作用的情绪来说明。

法律是与社会经济与政治关系结合比较紧密的思想体系。普列汉诺夫称法律为第一级的、低级的思想体系。但即使在这个领域，社会心理也有不可忽视的作用。普列汉诺夫指出，“所有的成文法都保护着一定的利益”，这些利益“是人类经济关系所创造的”，但是，“利益一旦产生，即以某种方式反映在人们的意识中。要保护某种利益，必须对这种利益有所意识”。[①]“如果旧的法律阻碍着社会里的某一部分人达到其生活上的目的、满足其迫切需要，那么这一部分人必然会非常容易地意识到这种法律的束缚”。[②] 从而由规避法律一直到有意识地去努力废除这个法律。普列汉诺夫认为，引起法律所保护的利益的不是人们的意识，然而“一定时代里的社会意识状况（社会心理）决定着一定利益反映在人头脑中所取的形式。除非我们考虑到社会意识状况，我们将绝不可能说明法律的历史”。[③]

普列汉诺夫对历史科学与社会心理的联系也有精辟的分析。他认为，复辟时期历史科学发现的新方向和新进步，是当时成长起来的第三等级的心理的反映。他说：“过去的历史学家们首先注意的是王公和贵族，他们认为官高位显的人物的功绩就是历史发展的主要动力。”[④] 但是，随着法国第三等级的自觉性的增长，在法国历史学家们的观点中引起了根本的改变。他们认为，“第三等级的历史比着皇室和贵族的历史更有意义”，“能够引起更为广泛的同情”。因而“需要制作的正是第三等级的历史”[⑤]。普列汉诺夫认为，“资产阶级的学者代表们一旦对自己‘父辈’的历史发生

① 《普列汉诺夫哲学著作选集》第2卷，生活·读书·新知三联书店1961年版，第287页。

② 同上书，第282页。

③ 同上书，第287页。

④ 同上书，第520页。

⑤ 同上书，第518页。

了兴趣，就必然要对社会制度的历史来源和发展制定一种完全新的观点”。[①] 这就是“社会利益或阶级利益的观点”[②]。总之，“在复辟时期历史科学中，同样也反映了第三等级的情绪”[③]。

在普列汉诺夫看来，思想体系反映社会心理是一个普遍的原则，但是，不能将这种关系简单化，似乎思想家和艺术家创造一定的思想体系和作品都是自觉地去迎合某种阶级的利益和心理，或者他们的作品都能赢得所反映的那个阶级的全部理解和同情。实际情况远不是这样。他认为，由于思想体系的产生过程人们是看不见的，因而就会出现一定阶级和“表现这种阶级的志向和趣味的思想家间的不和谐”，这种现象“在历史上是屡见不鲜的”[④]，如法国浪漫主义反映的是他们同时代的资产阶级的心理，但是“在资产阶级本身中间，这个运动并没有享有普遍的同情”。“当时法国资产阶级在很多地方并不了解他们自己的思想家在文学艺术中所努力的和所感觉到的是什么”。[⑤] 在思想体系的其他领域也同样存在着不和谐。如黑格尔的哲学，“从本质上说，确实是进步的真正的哲学，但是与他同时代的进步人士并不总是意识到这一点的。……他的有名的论点：凡是现实的都是合理的；凡是合理的都是现实的。被某些人认为是最顽固的保守主义的哲学表现”[⑥]。同样，尼采哲学的一些拥护者们也不了解这个攻击资产阶级的哲学竟是大资产阶级利益的代表。思想家与他们所代表的阶级及其心理的不和谐有时还会像法国浪漫主义者那样，本身是有产阶级的思想代表，却对“愚钝的有产者”表示某种轻视与不满，甚至进行公开的抨击，这种抨击曾使一些资产阶级愈加迷惘，愈加看不清法国浪漫主义的资产阶级性质。但是，普列汉诺夫认为，浪漫主义者和他们周围的资产阶级的不协调，对资产阶级的社会关系没有丝毫的危险，因为他们所憎恨和

① 《普列汉诺夫哲学著作选集》第 2 卷，生活·读书·新知三联书店 1961 年版，第 520 页。

② 同上书，第 521 页。

③ 同上书，第 519 页。

④ 《普列汉诺夫哲学著作选集》第 3 卷，生活·读书·新知三联书店 1962 年版，第 198 页。

⑤ 同上书，第 197—198 页。

⑥ 《普列汉诺夫哲学著作选集》第 4 卷，生活·读书·新知三联书店 1974 年版，第 455 页。

不满的只是"资产阶级的腐化、平凡和无聊感"[1]，"却一点也不反对资产阶级的社会关系，只想使资产阶级制度不再产生庸俗的资产阶级习气而已"[2]。他们的作品中所表现的理想仍然超不出当时资产阶级理想与兴趣的界限。普列汉诺夫曾经引用马克思分析1848年法国民主派表现小资产阶级意图的那段有名的论述，来说明思想家与他所代表的社会阶级之间的本质联系。马克思说："……不应该认为，所有的民主派代表人物都是小店主或崇拜店主的人。按照他们所受的教育和个人的地位来说，他们可能和小店主相隔天壤。使他们成为小资产阶级代表人物的是下面这样一种情况：他们的思想不能越出小资产者的生活所越不出的界限，因此他们在理论上得出的任务和解决办法，也就是小资产者的物质利益和社会地位在实际生活上引导他们得出的任务和解决办法。一般说来，一个阶级的政治代表和著作代表同他们所代表的阶级之间的关系，都是这样。"[3] 这就是说，既不能将两者的关系简单化，也不能因为某些不和谐的现象的存在，而否认他们之间的本质联系。

普列汉诺夫认为，这种不和谐得以产生的原因和它的性质，归根到底只有用经济状况和由此产生的社会阶级的经济作用才能说明。

社会思想体系反映着一定社会人的心理，但思想体系一旦形成，就成为历史的一部分，反过来对社会心理产生重要的影响，这是社会意识两种形式相互作用的不可忽视的一面。对此，不能说普列汉诺夫没有论及。他曾强调革命的理论及文学艺术的巨大的社会作用，其中自然就包含着对思想体系影响社会心理的肯定；他也指出人的风习影响着文学，而文学也反过来影响着社会的风习，等等。但是，相对于他关于社会心理决定社会思想体系的论述来说，他对思想体系影响与改造社会心理的重要作用的论述就很不够了。这不能不说是普列汉诺夫社会意识两种形式学说的不足之处。

四 关于对社会意识两种形式学说的评价

对普列汉诺夫这一学说的评价，至今仍是一个比较复杂的问题。一是

---

① ［俄］普列汉诺夫：《没有地址的信·艺术与社会生活》，曹葆华等译，人民文学出版社1962年版，第209页。

② 同上书，第213页。

③ 《马克思恩格斯文集》第2卷，人民出版社2009年版，第501页。

因为苏联学术界在过去长时期里多持否定意见，二是对这个问题的研究一直比较薄弱，专论甚少，包括苏联某些持否定看法的人也多半是顺便论及，许多问题没有展开，更谈不上深入研究。近几年，我国学术界开始重视对普列汉诺夫这一学说的研究，苏联学术界的看法亦有变化，在有的哲学教科书中已经吸取了普列汉诺夫的观点。

笔者认为，对普列汉诺夫的这个学说持全盘否定的态度是不可取的，因为它缺乏事实的根据。据我们所知，苏联一些学者否定这一学说的理由大致有二：

一是认为普列汉诺夫的这一学说夸大了社会心理的作用，割断了思想体系、社会经济与政治之间的有机联系，否定了马克思的社会存在决定社会意识的基本原理，导致了唯心主义与二元论。

二是认为普列汉诺夫提出的“一切思想体系有一个共同根源，即某一时代的心理”① 的论断，抹杀了社会心理与思想体系的阶级性。

关于普列汉诺夫这一学说是否违背了社会存在决定社会意识的唯物主义原则，倒向唯心主义的问题，我们在讨论五项公式的评价时已作了回答，不再重复，这里仅就中间因素的作用问题稍加补充。

有些批评者认为，承认社会心理这个中间因素的存在，就是割裂思想体系与社会政治、经济的关系，就是否定了思想体系来源于社会存在的唯物主义原则。然而，在普列汉诺夫看来，承认社会心理这个中间因素的存在，只不过是说明了思想体系反映社会政治经济关系的间接性，而“间接的因果联系也依然是因果联系势”②，不能因它的间接性而否定思想体系归根到底来源于社会存在的必然性。他说：“如果在一个场合下 A 直接产生 C，在另一种场合下 A 通过它先前产生的 B 而产生 C，那么难道可以因此而说 C 不是来自 A 吗?”③ 普列汉诺夫认为，社会心理不仅不会割裂思想体系与社会存在的联系，而且恰恰相反，由于找到了社会心理这个环节和桥梁，使思想体系的唯物主义解释成为可能。

在普列汉诺夫那里，承认思想体系来源于社会心理与承认思想体系归

① 《普列汉诺夫哲学著作选集》第 2 卷，生活·读书·新知三联书店 1961 年版，第 272 页。

② ［俄］普列汉诺夫：《没有地址的信·艺术与社会生活》，曹葆华等译，人民文学出版社 1962 年版，第 148 页。

③ 同上。

根到底来源于社会存在是一致的。普列汉诺夫说，当马克思用社会经济发展来解释一切社会运动时，一般说来是指最终意义而言的，也就是说他并不否认其他各种因素的中间作用。在有些场合，如目的只在于说明思想体系的最终来源而不在于说明它怎样反映社会存在时，普列汉诺夫就明确指出，人们的思想体系是在社会存在的基础上产生的。可见，批评者指责普列汉诺夫的这个学说否定了社会意识反映社会存在，否定思想体系与社会政治经济的有机联系是站不住脚的。相反，如果为了强调社会经济对思想体系的决定作用，而否定思想体系与社会经济之间存在着多层次的因果关系，就有可能使思想体系与社会经济结构之间本来是复杂的、间接的关系简单化。

至于普列汉诺夫这一学说是否会导致承认精神与经济两个基础、两种本原的二元论，如果读者认为上述观点可以立足，那么二元论之类的说法也就自然冰释了。事实上，普列汉诺夫从来也没有把社会心理看作是独立存在的本原。这里值得加以补充的是，普列汉诺夫的这一学说不仅与二元论是根本无缘的，而且他本人恰恰以唯物主义的一元论批判了俄国因素论者的二元论。

俄国的“因素论”者卡列也夫、米海洛夫斯基等人曾指责马克思把整个文化历史归结为生产关系的结果，而忽视了精神的需要和旨在满足精神需要的种种活动。他们认为，人是由肉体和精神组成的，人的肉体的种种需要创造着旨在保证个人物质生存的各种技能；人的精神需要创造出整个思想和精神文化，而历史发展的心理因素是独立的因素。普列汉诺夫认为这种观点是一种“最纯粹的二元论”，它只是对庸人有价值，而用它来说明人的概念则是任何问题也说明不了的，因为他们根本没有指出心理概念的来源。在他们那里，“这里是经济，那里是心理，在一个袋子里——灵魂，在另一个袋子里——肉体。在这两个本体之间有着相互作用，可是两者都进行着其独立的存在，其来源则为不知之暗雾笼罩着”[①]。普列汉诺夫向“因素论”者提出一连串的责问，他说：在因素论者看来，封建社会的风习影响封建社会的文学，封建社会的文学影响着封建社会的风习，然而封建社会本身又是从哪里来的呢？又如爱尔维修的《精神论》

① 《普列汉诺夫哲学著作选集》第1卷，生活·读书·新知三联书店1959年版，第716页。

问世以后，封建制度的保护者愤怒地宣称要把这个哲学家连同他的著作一起烧掉，然而，那时法兰西的社会风习已经温和化了，并反映到法律实践方面，致使这些残忍的主意没有得到实现，但是法兰西的风习怎么会变得温和了呢？显然，这些问题不是心理的独立发展所能解释的了。普列汉诺夫指出，只有马克思主义指出的经济关系的因素，才能最终说明在研究社会发展中所遇到的那些难题。他认为，最彻底的和最深刻的思想家永远是倾向一元论的，但只有马克思主义的唯物主义一元论才能真正清除二元论。

普列汉诺夫所说的“一切思想体系的共同根源——某一时代的心理”，是否抹杀了社会心理与思想体系的阶级性呢？

笔者认为，这里，普列汉诺夫所指的“一切”思想体系，并不是指“一切阶级”的思想体系，而是指“一切种类”的思想体系，即指艺术、哲学、宗教、道德、法律等不同领域。“某一时代的心理”也不是指一切时代里各个阶级所共有的心理，而是指一定社会、一定时代里的“一定阶级”的心理。他用来说明这个论断的有关法国浪漫主义三雄的举例就是有力的证明。他说：“雨果、德拉克鲁阿和柏辽兹三位是在完全不同的三个艺术领域内工作的。他们彼此离得很远。至少，雨果不爱音乐，……可是人们还是把这三位杰出的人物公正地叫作浪漫主义的三雄。在他们的作品中反映出了相同的心理。可以说，德拉克鲁阿的图画《但丁和味吉尔》中所表现的情绪，正和雨果的《欧娜尼》及柏辽兹的《幻想曲》中所表现的一样。”① 这种情绪与心理是不是当时各个阶级的共同心理呢？不是。普列汉诺夫接着说：“只有我们把法兰西浪漫主义的心理看做处在一定社会条件和历史条件下的一定阶级的心理的时候，我们才能了解它，……这种运动在本质上是资产阶级的。”②

普列汉诺夫在许多著作中都强调了社会心理和思想体系的阶级性。他说，在阶级社会里，“严格说来，我们再不应当来讲一种适应一定的社会形式的精神状况和道德状况了。市民的精神状况和道德状况本质上是常常和乡下人的不同的，贵族的精神和道德与无产阶级的精神和道德相同的地方，也非常之少。所以在一个阶级的意象中‘成为一时的典型’的，在

① 《普列汉诺夫哲学著作选集》第 3 卷，生活·读书·新知三联书店 1962 年版，第 196 页。

② 同上书，第 197 页。

另一个阶级的意象中不能也是如此。‘太阳王’时代的侍臣对于同时代的法国农民能当做理想吗？……”[①] 至于思想体系，由于它的发展总是在一定阶级关系的影响下进行的，因此它本身不能不反映一定阶级的需要和意图。例如“18世纪唯物主义哲学是一种革命的哲学，它只是革命的资产阶级反对僧侣、贵族和君主专制的斗争在观念形态上的表现”。[②]

普列汉诺夫在承认社会心理和思想体系的阶级性的同时，也肯定了社会心理和思想体系的民族性。他指出，“每个国家有异常独特的‘智慧和道德风习的状态’，表现于民族文学、哲学、艺术等等之中。由于这个原因，同一问题，可能为法国人所热情地感动，而英国人则淡然置之；同一个论据，可以为德国的先进分子所敬服，而法国的先进分子则异常厌恶它”。[③]

普列汉诺夫所说的社会心理和思想体系的民族性，绝不是黑格尔那种抽象的、独立发展的民族精神，而是由不同民族所处的不同历史环境造成的。他认为，尽管每个社会都受到邻近社会的影响，但每个特定的社会从其邻近的社会方面受到的影响的总和，永远也不会等同于另一个社会在同时所受影响的总和，所以不同民族的历史环境也许有时会很相似，但始终不会完全相同，这就形成了不同的民族的心理。

普列汉诺夫也不否认一定社会的心理与思想体系具有某些共同的时代特征。他认为一定时代有着特有的流行的情趣和观念，但这种时代的心理和观念形态并不是超阶级的，只是某一时代占统治地位的阶级的思想与观念而已。在普列汉诺夫看来，社会心理与思想体系的时代性和它们的阶级性是辩证统一的关系。他曾以文学与审美趣味为例阐发了这种辩证统一的关系。他说：“不同社会阶级的美的概念很不相同，有时甚至恰好相反，某个时期在社会中占统治地位的那个阶级，也在文学和艺术中占统治地位。它把自己的观点和自己的概念带进文学和艺术。但是在不断发展的社会中，不同阶级在不同时期内占统治地位。同时，任何一个阶级都有它自己的历史：它发展起来，达到鼎盛时期而占据统治地位，最后则趋于衰亡。它的文学观点和美学概念，也与此相应地发生变化。因此，我们在历

---

① 《普列汉诺夫哲学著作选集》第2卷，生活·读书·新知三联书店1961年版，第187—188页。

② 同上书，第42页。

③ 《普列汉诺夫哲学著作选集》第1卷，生活·读书·新知三联书店1959年版，第732页。

史上可以看到人们的不同的文学观点和不同的美学概念。”①

这段话包含了两层意思：一是不同时代的社会心理与思想体系是这个时期占统治地位的阶级的社会心理与思想体系；二是在同一时代里，又因统治阶级发展的阶段性而表现出不同的心理与观念的特征，这是社会心理与思想体系时代特征的另一方面的意思。

心理与思想体系的时代性与阶级性的关系问题是个很复杂的问题，普列汉诺夫的上述看法是否是完满的解释，是可以进一步探讨的。但是如果说普列汉诺夫抹杀了社会心理和思想体系的阶级性，则是不符合普列汉诺夫思想实际的。

我们不同意苏联某些学者对普列汉诺夫这一学说的上述批评，但我们并不认为普列汉诺夫对这个问题的论述是尽善尽美的。

比如前面提到的“一切思想体系有一个共同根源即某一时代的心理”的论断中，关于“一切思想体系”的提法就不能说是明确的。从字面意义上说，它既可作“一切种类”的思想体系来理解，亦可作“一切阶级”的思想体系来理解。如果没有他所作的具体说明，那确是极易引起人们理解上的歧义的。

关于社会心理是思想体系“根源”的提法，也不能说是严密的和准确的。我们知道，普列汉诺夫是很善于批判地吸取以往的理论成果的，这是他的长处。但是，他在批判地使用以往的概念时，也存在着不严格的缺陷。他的“根源说”就是从黑格尔那里吸取来的。黑格尔认为思想体系的共同根源是时代精神。对黑格尔来说，时代精神就是绝对精神自身发展的一个阶段，因此又是思想体系的最终根源。普列汉诺夫对黑格尔这个本来是唯心主义的命题进行了唯物主义的改造，将黑格尔的由绝对精神而来的时代精神看做是由社会经济关系和政治制度决定的社会心理。这样一来，就赋予“根源说”以新的意义：社会心理作为思想体系的根源是以反映社会经济与政治为前提的，在意识与存在的关系中社会心理是流而不是源；这里的“根源”不是指第一性与第二性意义上的根源，即不是指最后意义上的根源，而是指在社会意识范围内，思想体系是对社会心理的反映。因此，从本质上说，这个论断是唯物主义一元论的，而不是唯心主义或二元论的。尽管如此，这种“根源”的提法还是容易与根本意义上

---

①《普列汉诺夫哲学著作选集》第4卷，生活·读书·新知三联书店1974年版，第69页。

的最终根源相混淆。因为，在哲学上所说的“根源”通常是指第一性与第二性关系上的“根源”而言的。因此，当有的人看到普列汉诺夫既承认思想体系最终根源于社会存在，又承认思想体系根源于社会心理，就误以为普列汉诺夫承认了两个本原，而没有考虑到他这两个“根源”意义上的区别。这也从另一方面说明普列汉诺夫的“根源说”是有缺陷的。

但是，总的说来，普列汉诺夫这一学说的提出和他对这个问题所作的多方面的探讨是有积极意义的，应该充分估计到它对于马克思社会意识理论的发展，对于各种思想体系史的研究以及对改造主客观世界所具有的理论与实践的价值。

首先，普列汉诺夫将社会意识区分为社会心理与思想体系两种不同的形式，并且将社会心理作为沟通思想体系和社会经济与政治关系的重要中间环节，阐述了两种形式之间，以及社会心理与社会政治制度、经济关系之间的关系，这就使人们对社会意识这个范畴的了解深入了一步，同时为解决社会意识如何反映社会存在的途径，作了有益的探索。这种探索使马克思的社会存在决定社会意识的原理进一步丰富与具体化了。

的确，在马克思和恩格斯那里，没有明确提出过社会意识两种形式的学说。但是，在他们有关社会意识的论述中，还是包含了类似的观点的。马克思在《路易·波拿巴的雾月十八日》一书中曾指出：“在不同的占有制形式上，在社会生存的条件上，耸立着由各种不同的、表现独特的情感、幻想、思想方式和人生观构成的整个上层建筑。”①

这里，马克思说的情感和幻想大体上就是后来普列汉诺夫所说的社会心理的范畴。而马克思所说的思想方式和世界观，大体上则是普列汉诺夫所说的思想体系。马克思没有将它们区分为不同的层次，但是，社会意识的上层建筑包含着这两种形式，当无问题。1886 年恩格斯在《路德维希·费尔巴哈和德国古典哲学的终结》中进一步指出，在思想体系与物质存在条件的联系中，存在着一些中间环节，而且由于这些中间环节的存在，而将两者的联系弄模糊了。但这些中间环节是什么，恩格斯当时没有具体说明。1890 年恩格斯在给布洛赫的信里，针对德国青年中的庸俗唯物主义倾向，提出了决定历史斗争形式的四项因素：（一）经济状况是基础；（二）阶级斗争的各种政治形式和这个斗争的成果，即由胜利了的阶级在获

① 《马克思恩格斯文集》第 2 卷，人民出版社 2009 年版，第 498 页。

胜后建立的宪法等；（三）各种法权形式以及所有实际斗争在参加者头脑中的反映；（四）政治的、法律的和哲学的理论，宗教的观点等。[①] 这表明，恩格斯对思想体系与经济基础之间中间环节的说明已较前具体化了，对社会意识的不同形式也作了层次上的区分。然而，马克思和恩格斯毕竟没有明确地提出社会意识的两种形式的说法，也没有对四项因素中三、四两项之间的关系作更多的阐明。普列汉诺夫在马克思和恩格斯的社会意识理论的基础上，形成了社会意识两种形式的学说，应该说这是马克思和恩格斯社会意识理论发展的必然结果，也是普列汉诺夫的一个重要贡献。

其次，普列汉诺夫这一学说由于强调了思想体系是通过社会心理反映社会的政治与经济关系的，因而它认为，对思想体系史研究必须在研究经济状况的基础上进而研究社会的心理，研究社会心理如何适应经济，思想体系又如何反映社会心理的复杂过程。这就使思想体系史的研究大大深入化与丰富化了。这样既使思想体系的逻辑发展与历史发展统一起来，也使思想体系的历史成为有血有肉的活生生的图画。普列汉诺夫的这个学说对一切思想体系史的研究具有方法论的意义是不言而喻的。他对 18 世纪法国绘画与戏剧文学的研究，对原始艺术和宗教起源的研究，以及对哲学史、思想史的研究，就是马克思主义者运用这一方法研究各种思想体系史提供了光辉范例。

最后，普列汉诺夫的这一学说对于人们改造客观世界与主观世界的斗争，也具有一定的实践意义。

根据普列汉诺夫所阐述的经济关系与社会心理发展的辩证法，一定的经济关系的发展总要在社会心理中表现出来，而社会心理作为人们行动的一个重要动因，对社会实践的成败又有很大的影响。因此，通过各种渠道了解和把握各个社会阶级和阶层的心理动向，特别是代表历史趋向和时代潮流的无产阶级和人民群众的愿望、要求和兴趣，作为制定革命和建设的方针、政策的依据，这将是无产阶级政党和领导机关不可忽视的任务。同时，发挥马克思主义理论和革命文艺对社会心理的改造与教育作用，扶植与培养健康的社会心理，批判旧的、腐朽的社会心理，也是促进社会主义社会物质文明与精神文明建设的重要方面。

① 《马克思恩格斯全集》第 37 卷，人民出版社 1971 年版，第 460—461 页。

第九章

普列汉诺夫论社会意识的相对独立性

普列汉诺夫对马克思主义社会意识理论的另一个重要贡献，是他对社会意识相对独立性问题作了深入的研究和系统的阐发。他在他的第一部马克思主义著作《社会主义与政治斗争》中，就提出了思想的反作用问题，后来在《唯物主义史论丛》《论一元论历史观之发展》《阶级斗争学说的最初阶段》《论唯物主义的历史观》和《马克思主义的基本问题》等著作中，又对社会意识的相对独立性问题作了集中的考察。他针锋相对地驳斥了巴尔特、俄国因素论者和伯恩施坦对唯物史观的歪曲和指责，对恩格斯历史唯物主义书信中关于社会意识相对独立性的思想作了多方面的具体的阐发。

他对这一问题的论述，可以概括为以下六个方面：

一　人类思想发展具有自己的特殊规律

社会意识的发展有没有自身的特殊规律，这是讨论社会意识相对独立性首先遇到的问题。普列汉诺夫在《论一元论历史观之发展》中对此作出了明确、肯定的回答。他指出，辩证唯物主义者中没有一个人否定，“在人类思想的发展中，或者确切些，在人类的概念和表象的结合中有自己的特殊规律”[①]。正像人的肠胃，只要提供给它一定数量的食物，它便按照消化的规律动作起来一样，人的智慧与思想，只要把它放在一定的情况中，周围环境给它一定的印象，它也必然按照一定的一般规律结合他

① 《普列汉诺夫哲学著作选集》第 1 卷，生活 · 读书 · 新知三联书店 1959 年版，第 737 页。

们，也就是说，“思想、感觉、信仰是按其特殊的规律结合着的”①。

那么，这是不是说，人类思想可以脱离社会的经济结构独立地发展呢？不是。普列汉诺夫在指出人类思想具有特殊规律的同时，强调了辩证唯物主义区别于唯心主义和折衷主义的地方就在于，辩证唯物主义“决不以为可以在思维的规律中找到人类智慧发展的最后原因、基本推动者”②。正如肠胃的消化规律说明不了为什么有些人可以得到足够的食物，而另一些人却饥饿而死一样，思维规律本身也解释不了是什么东西制约着印象的来源和所获得印象的性质。那么，到哪里去寻找制约着思维运动的原因呢？普列汉诺夫认为，只能到不依赖于人的意识的社会经济的原因中去寻找。他说：“唯物主义并没有妨碍马克思承认‘精神’在历史上的作用是一种力量，这种力量的方向在每个特定时期而且归根到底是由经济发展的行程所决定的。”③“思想、感觉、信仰是按其特殊的规律结合着的，可是这些规律却为与它毫无共同之处的外部情况促使其发生作用。”④

普列汉诺夫进一步说明了经济是怎样制约着社会意识形态的发展的。首先，他指出社会只有达到一定的富裕程度，才能抽出一定的人力以全力从事科学以及诸如此类的事业。其次，社会内脑力工作的方向也是为社会生产关系决定的。因为，一方面科学是由社会需要产生的，例如国家法权科学的研究，只有在统治阶级之间对于它们所属权力的范围发生争执的时候才产生。另一方面，科学上的不同观点也是由不同的生产关系所决定的。例如在政治经济学方面，亚里士多德的观点与亚当·斯密或李嘉图的观点性质上的差别，就反映了社会关系的变化：资产阶级社会中的生产关系已经不同于古代的生产关系了。此外，在同一生产关系中，不同发展阶段的不同状况也会反映到人们的观点中。李嘉图和巴斯夏对同一个资产阶级生产关系有不同的看法，是因为李嘉图时代这些关系还在兴盛时期，而在巴斯夏时代，这些关系已经衰落了。在普列汉诺夫看来，尽管思想观点对社会经济关系的反映多是间接的，当中要经过许多中间环节，但经济的

---

① 《普列汉诺夫哲学著作选集》第 1 卷，生活·读书·新知三联书店 1959 年版，第 738 页。

② 同上书，第 737 页。

③ ［俄］普列汉诺夫：《马克思主义的基本问题》，张仲实译，生活·读书·新知三联书店 1961 年版，第 498 页。

④ 《普列汉诺夫哲学著作选集》第 1 卷，生活·读书·新知三联书店 1959 年版，第 735 页。

决定作用却是不容抹杀的。这就是为什么意识形态不能脱离社会经济关系独立发展的根本原因。

普列汉诺夫在承认社会意识形态具有自身特殊发展规律的同时，坚决批判了俄国因素论所宣扬的“精神因素独立发展”的唯心主义观点。他认为，俄国因素论者否认文化历史归根到底来源于社会经济发展，把精神与经济、灵魂与肉体看做是两个独立存在的本体，各自具有独立发展规律，这实际上是黑格尔的“一般概念自行发展”观点的翻版。用这种观点来说明意识形态发展的历史，是什么问题也解决不了的。辩证唯物主义认为，人的概念不是独立发展的，而是“在社会关系的基础上产生的”，它的发展是“和经济的必然性密切联系着的”[①]。这是承认人类思想发展具有自身特殊规律的前提。

把普列汉诺夫的上述观点联系起来加以考察，就不难看出，他所说的社会意识有自己的特殊规律，不是指社会意识具有什么独立于社会经济发展的特殊规律，而是指社会意识的发展在依赖于社会经济发展的前提下，具有自己相对独立的特殊规律。

二 意识形态的发展与社会经济、政治的发展不总是成正比的

最早提出这个命题的是马克思。他在《〈政治经济学批判〉导言》中就指出，物质生产的发展同艺术生产有着不平衡的关系。他说，艺术“一定的繁盛时期决不是同社会的一般发展成比例的，因而也决不是同仿佛是社会组织的骨骼的物质基础的一般发展成比例的。例如，拿希腊人或莎士比亚同现代人相比”[②]。马克思在谈到艺术的同时还提到了法律与教育，因此，后来一般人认为马克思这里讨论和探索的实际上是一般的精神生产与物质生产的不平衡规律。恩格斯在他的历史唯物主义书信中将这种不平衡性看做是意识形态相对独立性的一种表现。他指出，“经济上落后的国家在哲学上仍然能够演奏第一小提琴：18 世纪的法国对英国来说是

① 《普列汉诺夫哲学著作选集》第 2 卷，生活·读书·新知三联书店 1961 年版，第 220 页。

② 《马克思恩格斯文集》第 8 卷，人民出版社 2009 年版，第 34 页。

如此"，"后来的德国对英法两国来说也是如此"。[①] 19 世纪末挪威在经济上落后于西欧，却争得一个比当时欧洲的任何一个宪法都要民主得多的宪法；并且出现了除了俄国以外没有一个国家能与之媲美的文学繁荣。

在马克思、恩格斯之后，普列汉诺夫是对这种不平衡关系阐发较多的一人。他不仅阐明了社会意识与社会经济发展存在不平衡性，而且还指出了社会意识与社会政治生活之间的不平衡性。他指出，意识形态的发展与社会经济、政治的发展不总是成正比的。他不同意车尔尼雪夫斯基的"诗的发展总是跟教育与生活发展并肩前进"的观点和所有国家的启蒙学者所宣扬的"教育（'学问'）的成就，总是与民族的智力生活和社会生活的其他一切方面的成就成正比例"[②] 的主张。他认为，情况并非永远如此，实际上，在人类历史运动的过程中，"一个方面的成就不仅不以这个过程的其他一切方面的按比例发展的成就作为前提，而且有时还直接造成其他某些方面的落后或甚至衰落"。[③] 如西欧经济的巨大发展，却于 19 世纪下半期导致了资产阶级以及表现这个阶级的道德概念和社会意图的一切艺术和科学的精神堕落。

普列汉诺夫还列举了这种不平衡性的两种表现形式。一是同一国家不同时代相比，某些意识形态的发展与社会生活发展的不平衡。如法国 17 世纪艺术家高乃依和拉辛的创作成就不可比拟地高于 18 世纪的伏尔泰，但是 18 世纪法国的社会生活却远远胜过了前一世纪。16 世纪莎士比亚时代的英国戏剧不可比拟地高于 18 世纪的英国戏剧，然而英国的社会生活在这两个世纪中却大大地向前推进了。另一种是同一时代不同国家相比，某些意识形态的发展与社会经济政治发展的不平衡。如 18 世纪的英国经济上比法国发达，然而哲学却没有法国唯物主义先进；19 世纪德国在政治、经济上远远落后于英国和法国，但是德国"社会和政治生活的贫乏"却产生出"巨大的肯定的结果：德国哲学的光辉的繁荣"[④]。

是什么原因造成不同国家或不同时代某些意识形态与社会经济、政治

① 《马克思恩格斯文集》第 10 卷，人民出版社 2009 年版，第 599 页。

② 《普列汉诺夫哲学著作选集》第 4 卷，生活·读书·新知三联书店 1974 年版，第 373—374 页。

③ 同上书，第 374 页。

④ 《普列汉诺夫哲学著作选集》第 1 卷，生活·读书·新知三联书店 1959 年版，第 732 页。

发展的不平衡呢？普列汉诺夫没有直接的回答，但是他在探索社会意识形态反映社会存在的关系时，曾经反复阐述了中间因素的作用是值得重视的。普列汉诺夫指出，决不是“上层建筑”的一切部分都是直接从经济基础上成长起来的，艺术同经济基础之间只是间接地发生关系的。“因此，在讨论艺术时必须考虑到中间的环级”。[①] 艺术如此，哲学、宗教等意识形态也无不如此。就艺术而言，它与经济之间就存在着诸如政治制度、社会心理以及法律、政治、道德、哲学、宗教等中间环节，其中每一个环节都不是孤立的，它影响着其他环节，也受其他各个环节的影响，这就形成了一个复杂交错的力量的网，经济只是最后起决定的作用。因此，即使在经济形态相同的国家之间，由于影响某种意识形态的诸种力量的不均衡，就会出现一定国家或时代的意识形态与社会经济、政治发展的不平衡。应当承认，普列汉诺夫关于中间环节的探索，对人们追寻这种不平衡现象的原因是颇有启发的。

与此同时，普列汉诺夫提出了一个与上述不平衡规律既相区别又相联系的问题，即思想家的理论观点同他们的政治立场之间也存在着并非总是一致的关系。诚然，普列汉诺夫十分重视政治制度和阶级斗争对意识形态的制约作用。他指出，由经济结构产生的政治关系对社会人的心理并通过心理对意识形态起决定的作用。因此，在一般情况下，思想家的理论观点与他的政治立场、政治倾向是一致的。如 18 世纪法国唯物主义者在政治上是第三等级的“极端革命者”，而“洛克在宗教上就像在政治上一样是英国光荣革命的阶级妥协的产儿”。但是，普列汉诺夫又认为，思想家的理论观点同他们的政治立场并不是在一切情况下都是完全一致的。他指出，一个历史学家，在他不得不描写对立的社会力量的斗争的地方，如果这个历史学家不是一个枯燥无味的书呆子的话，他不可避免地要同情斗争的某一方面。然而，这并不妨碍他成为一个完全客观的历史学家，只要他不去曲解那些斗争着的社会力量所据以产生的真实经济关系。一个思想家，虽然他同情社会生活的反动意向，可是他却能创造出值得充分注意、甚至进步人士方面也抱同情的哲学体系。18 世纪英国的唯物主义者在政治上却是旧制度的拥护者、贵族专制主义者；法国在政治上进步的伏尔

① 《普列汉诺夫哲学著作选集》第 2 卷，生活 · 读书 · 新知三联书店 1961 年版，第 322 页。

泰，却同情旧的美学理论，而反对旧文学传统的人在政治上又热烈地同情旧的政治制度。对于这种不一致的状况，恩格斯早在1888年给哈克纳斯的信里就有阐述。他说，艺术上的“现实主义甚至可以不顾作者的见解而表露出来”①。他指出，巴尔扎克在政治上是个正统派，他的全部同情都在注定要灭亡的那个阶级方面，但是他却不得不违反自己的阶级同情和政治偏见，使他的《人间喜剧》成为一部法国社会的卓越的现实主义历史。显然，普列汉诺夫的观点与恩格斯的上述观点是一致的。

由此，普列汉诺夫认为，不能简单地用“反动分子”或“进步人士”这类政治帽子去说明一个思想家在理论上的功绩或错误，而要“善于区别这个作家的理论前提和他本人由自己的理论前提所得出的那些实际结论。实际的结论可能是不正确的，或者是对人类进步事业有害的。但同时，成为这些不正确或有害的结论之基础的前提，则可能既是正确的，也是有益的——即在正确地解释的意义下是有益的：它们可以提供新的论据，甚至提供捍卫进步意向的许多论据”②。即使是证明一个哲学家在理论上是完全错误的，也必须“驳倒这个哲学家学说的理论部分”，而不能用“单纯的责备”去“代替批评”，哪怕这种“责备本身可能有其最高尚的背景”。只有在理论上驳倒了他的错误之后，再进一步指出思想家的理论错误与妨碍他获得真理的政治倾向之间的联系，才会“有助于阐明思想家错误的来源”③。

普列汉诺夫的这些思想是很深刻的，对于研究意识形态的历史发展以及正确评价历史人物都具有重要的方法论意义。

三　每个特定时代的意识形态都和前一时代的意识形态有密切的联系

普列汉诺夫曾经指出，马克思主义者是将社会生产力看做是社会意识发展的最终根源的，因此，如果知道了社会生产力——知道了它的经济结构，也就知道了社会的心理。但是，如果有人根据这一点，以为“从特

① 《马克思恩格斯文集》第10卷，人民出版社2009年版，第570页。

② 《普列汉诺夫哲学著作选集》第2卷，生活·读书·新知三联书店1961年版，第775页。

③ 同上书，第775—776页。

定的社会的经济状况出发就可以确切地断定它的思想的结构”就不对了，因为“每个特定时代的思想体系永远是和前一时代的思想体系有密切的——肯定的或否定的——联系。任何特定时代的‘智慧状态’，只有在与前一时代的智慧状态的联系中才能理解”①。不看到这一点，不管“怎样好地通晓它的经济，也完全不能理解特定时代的智慧状态的”②。

普列汉诺夫既反对只看到经济的事实对意识形态的作用，忽视意识形态本身的历史继承性的简单片面的观点，也反对一些哲学家们把特定的意识形态的历史仅仅看做是一个体系产生另一个体系的逻辑过程，而忽视社会经济的决定作用的观点。他认为，应该将思想的历史与社会的历史、观念的世界与实在的世界结合起来，看到“一定的时候的一个阶级里占统治地位的观念，从它们的内容上说，是由这个阶级的社会地位决定的，可是从它们的形式上说，它们却与那些过去在同一阶级或较高阶级内占过统治地位的观念，是有密切联系的”。③

正如恩格斯在谈到现代社会主义时说的：现代社会主义的根源虽然深藏在经济的事实中，但它必须首先从已有的思想材料出发。④

由此可见，普列汉诺夫在肯定社会意识形态发展的历史继承性问题上，是坚持了恩格斯的正确观点的。

如果说普列汉诺夫对这个问题有些新的、具体的探索，那主要是在继承的方式问题上。他认为，意识形态的历史继承关系有两种不同的形式，一种是“肯定”的继承，一种是“否定”的继承。所谓肯定的继承，又称“积极意义”的继承，是指“追随自己的先辈们的足迹，发展他们的思想，采用他们的手法，而只允许自己和它‘竞争’……”⑤例如，19世纪前半期的法国社会主义者对18世纪的法国启蒙学者虽然在某些观点也存在着矛盾，但在基本观点上是密切地联系着，直接继承着他们。

“否定”的继承，又称“消极意义”上的继承，是指那种“反对旧的

① 《普列汉诺夫哲学著作选集》第1卷，生活·读书·新知三联书店1959年版，第740页。

② 同上书，第735页。

③ 《普列汉诺夫哲学著作选集》第2卷，生活·读书·新知三联书店1961年版，第191页。

④ 《马克思恩格斯文集》第9卷，人民出版社2009年版，第404页。

⑤ 《普列汉诺夫哲学著作选集》第1卷，生活·读书·新知三联书店1959年版，第734页。

思想和手法，和他们发生矛盾"[①] 的继承关系。例如，在货币问题的观点上，重商主义者认为货币就是财富，他们把货币夸大到绝对的程度；后来的休谟则反对重商主义的货币学说，把货币看做是简单的约定的记号，本身没有任何价值，而从一个极端走向另一个极端。普列汉诺夫认为，休谟的观点虽是对重商主义观点的直接否定，但他的观点的极端性却是从重商主义的斗争和“矛盾”中产生出来的，他的观点是作为他的对立物包含在重商主义的观点中。普列汉诺夫认为这类“否定”继承的事例“充满人类思想史”。因此，他十分重视“否定继承”的意义。他认为，与前人思想“矛盾的原理并不破坏客观真理，而只引导我们达到客观真理”[②]。虽然矛盾与斗争常常迫使人们走曲折的道路，但是矛盾总是“出现在那有斗争、有运动的地方，而在那有运动的地方——思想便前进，即使经过迂回的道路”。[③] 比如休谟在与重商主义的矛盾中产生了关于货币的错误观点，但社会生活的运动，因之人类思想的运动并不停留在休谟时代所达到的那一点上，它迫使人们与休谟相矛盾，矛盾的结果便克服了休谟的片面性，达到了通过对货币的全面观察和分析从而得到的正确认识。普列汉诺夫说：“社会生活变化着，跟着它科学理论亦变化着。这些变化的结果最后是出现了全面地观察现实，因之亦即是出现了客观真理。”[④]

普列汉诺夫这种把对前人思想的批判与否定看做是达到客观真理的途径和环节的观点，是包含着极深刻的辩证法思想的，也是很有见地的。

普列汉诺夫还提出，无论对肯定继承和否定继承都不能作抽象的绝对的理解，而应该看到肯定继承中包含着否定的方面，否定的继承中也不是一概否定。比如前面提到的19世纪法国社会主义者，一般地说是直接地、肯定地继承着18世纪法国启蒙学者的观点，但是并不是在一切问题上都无条件地遵从他们的前辈的观点，在有些问题上却是直接相矛盾的。如18世纪启蒙学者强调“立法者完成一切”，这自然是错误的，法国社会主义者批判了他们这一观点，却得出了“社会组织的改革者根本不必研究政治”的也非正确的结论，从而对政治采取淡漠的态度；法国启蒙学者

---

① 《普列汉诺夫哲学著作选集》第1卷，生活·读书·新知三联书店1959年版，第734页。

② 同上书，第742页。

③ 同上。

④ 同上书，第743页。

激烈地批判过宗教神秘主义，而法国社会主义却多多少少浸透着宗教性。同样，普列汉诺夫认为，“一个时代的意识形态决不会和自己的先辈作全线的、在人类知识和社会关系的一切问题上的斗争的”。[①] 在意识形态中与先辈的思想发生矛盾的，首先是集中在旧制度中最有害的思想上，而对于其他的思想，即使也是在旧有的社会关系的基础上建立起来的，他们也往往淡然置之，有时按着传统继续保持着这些思想。如法国唯物主义者进行了反对旧哲学与政治思想的斗争，而完全没有触及旧文学的传统。

由于每个特定时代的意识形态与前一代的意识形态存在着上述肯定与否定的联系，因此普列汉诺夫认为，为了理解每一特定时代的意识形态，理解为什么在这一时代正是这些学说而不是另一些学说胜利，就“应该预先认识前一时代的智慧状态；应该知道，哪些学说和学派曾在当时统治过”[②]。

但是，正如恩格斯指出的，在这里经济仍然起着支配作用，“它决定着现有思想资料的改变和进一步发展的方式”[③]。普列汉诺夫也认为，意识形态的历史继承关系归根到底是由社会经济关系决定的。比如，在特定的时期里，对前人思想的否定与批判是由于他们要做与前人相反的事。普列汉诺夫把它叫做矛盾的心理规律，或对立的心理规律。这种对立的心理规律，归根到底是“由阶级斗争所引起的”，也就是说，“由社会原因引起的”[④]。人们之所以企图作出与先辈们相反的事，“是因为在他们事实上的关系中出现了新的矛盾，新的社会阶层或阶级出现了，他们已经不能如旧时代的人们一样地生活了”。[⑤]

四　各种意识形态之间存在着相互影响

普列汉诺夫认为，不同形式的意识形态之间存在着相互影响，这也是

① 《普列汉诺夫哲学著作选集》第 1 卷，生活 · 读书 · 新知三联书店 1959 年版，第 736 页。

② 同上书，第 735 页。

③ 《马克思恩格斯选集》第 4 卷，人民出版社 1972 年版，第 486 页。

④ ［俄］普列汉诺夫：《没有地址的信 · 艺术与社会生活》，曹葆华等译，人民文学出版社 1962 年版，第 25—26 页。

⑤ 《普列汉诺夫哲学著作选集》第 1 卷，生活 · 读书 · 新知三联书店 1959 年版，第 738 页。

社会意识形态相对独立性的一种重要表现。

他认为，每一种意识形态从根本上说，都直接或间接地为社会经济所决定。因此，不了解社会经济条件以及由它决定的社会关系，就不能把握社会意识形态的根本性质；同时还必须看到在各种意识形态之间又存在着相互的影响，这种影响对于它们的形成与发展也有重要的作用。他指出："在社会经济发展的不同阶段上，任何一种意识形态都要在不同程度上受到其他各种意识形态的影响。"①

比如就形式方面说，法律就要受一切其他意识形态的影响，至少也要受到别的意识形态的某些部分如宗教信仰、哲学观点的影响。反过来，法律领域所发生的变革，也必然反映在宗教观念方面，如此等等。因此，不估计到这种意识形态之间的影响，要准确地把握意识形态的特点也是不可能的。

普列汉诺夫还提出了一个值得注意的问题："每一个一定的思想体系在不同的社会发展阶段中以极不相等的程度受其他思想体系的影响。"②这就是说，在不同的时期，一定的思想体系所受其他思想体系的影响是不平衡的。比如古埃及法律和一部分罗马法律，是受宗教支配的；在较近的历史中，法律则是在哲学的强烈的影响下发展的。为什么会出现这种不平衡的现象呢？普列汉诺夫认为，这是由于一个时期往往有一种意识形态占据支配地位，其他意识形态则处于从属地位。如"在一个时代中领导权属于宗教，在另个时代中属于政治以及诸如此类"③。而占统治地位或支配地位的那种意识形态对其他意识形态则有强大得多的影响。普列汉诺夫的这一思想对研究意识形态发展史是颇有意义的。比如，如果不了解中世纪起支配作用的意识形态是宗教，不了解宗教对当时哲学、艺术、政治、道德的强烈影响，就很难理解该时代各种意识形态的特点。

意识形态之间的相互影响对意识形态发展的作用，只是就其形式而言的，若就内容来说，意识形态归根结底还是为经济的发展所决定的。

---

① 《普列汉诺夫哲学著作选集》第2卷，生活·读书·新知三联书店1961年版，第326页。

② 同上书，第288页。

③ 《普列汉诺夫哲学著作选集》第1卷，生活·读书·新知三联书店1959年版，第736页。

只有社会经济关系才能既决定它们本身的存在，又决定它们相互作用的可能性。不然，这个相互作用的体系就成为没有根基的，悬浮于空中的了。但是，要了解这一点常常是很困难的。普列汉诺夫指出，这个困难就在于意识形态的相互影响，在一定程度上阻碍着人们看清楚意识形态对社会关系的依赖性，而这还只是困难的一半，真正困难的是，当一种思想体系以极不相等的程度受其他意识形态的影响时，就更加妨碍了人们对意识形态真正起源的认识。比如，一个时期法律受宗教支配，另一时期法律受哲学支配，哲学为了排除宗教对法律的影响代之以自己的影响，必须掀起一场猛烈的斗争，虽然这场斗争只不过是资产阶级对僧侣之间社会斗争在观念中的反映，但有些人却常常把新法律看做是哲学与宗教抽象观念斗争的产物。也就是说为了形式而忽略了内容，这就必然陷入唯心主义。而唯物主义则将意识形态和它们的相互影响始终建立在经济必然性的基础之上。

五　不同国家和民族之间的意识形态相互影响

社会意识形态的相对独立性不仅表现在特定社会阶级各种意识形态之间的相互影响，而且也表现在不同国家和民族之间意识形态的相互影响，这是普列汉诺夫对恩格斯思想的独特发挥。他在《论一元论历史观之发展》一书中，从下述几个方面对这个问题作了集中的阐述。

（一）每一种意识形态在不同的文明国家都有自己独特的色彩。每种意识形态发展的这种多样性是由不同国家社会历史运动进程的多样性决定的。普列汉诺夫指出，每个国家都受其邻近国家的影响，但是每个特定的国家以其邻近国家方面所受到的影响的总和永远也不会等于另一个国家在同时所受到的影响的总和。因此，即使这两个国家的历史环境很相似，它们之间也永远不能完全一样。这就使社会发展的进程呈现出多样性。反映到意识形态上，就形成了各个国家意识形态的多样性。比如关于宗教作用的观点在英国和在法国不同，而在法国又与在德国不同。

（二）各国独具特色的意识形态在国家和民族间相互产生深刻的影响。例如，在哲学上洛克是大多数 18 世纪法国哲学家的导师，19 世纪 40 年代德国的“真正社会主义者”的思想是直接从法国输入的；19 世纪德国古典哲学对俄国发生过巨大的影响。在文学上，18 世纪法国古典悲剧受希腊悲剧的影响，是它的模仿；而俄国悲剧又是按照法国悲剧的式样创造的。

（三）不同国家意识形态之间影响的可能性和程度，归根到底是由两个国家社会经济结构状况的对比决定的。普列汉诺夫指出，不同国家和民族之间意识形态的影响，不论怎样使它们相互接近，但“在模仿者和范本之间有着一个距离，这距离正是产生模仿者的社会和范本所生活于其中的社会间之距离”[①]。例如，洛克的哲学和他的法国学生的哲学之间就有着一个距离，这距离正是在“光荣革命”时代的英国社会和法国人民“伟大的暴动”之前几十年的法国社会之间的距离。洛克的法国学生比自己的老师走得更远，是因为他们在法国代表的那个阶级在反对旧制度的斗争中，较之洛克所代表的英国社会的阶级走得更远了；19 世纪德国“真正社会主义者”从法国输入后已经打上了德国社会的印记；英国贵族模仿法国新古典主义的文学，可是英国的模仿者永远不能和法国的范本比较，因为英国贵族无论怎么努力也不能将有利于新古典主义繁荣的法国的社会关系移植到英国来。

普列汉诺夫概括了上述历史事实之后指出，一个国家的某种意识形态对另一个国家的意识形态的影响，“是和这两个国家的社会关系的类似成正比例的”[②]。他认为，不同国家的这种对比有三种不同的情况：第一，当经济关系的类似“等于零的时候，影响便完全不存在”。如：非洲的某些民族“至今没有感受到欧洲文学的任何影响”[③]。第二，当一个民族由于自己的落后性，不论在形式上和内容上都不能给别人以任何东西的时候，这个影响则是单方面的。如 18 世纪的法国文学影响俄国文学，但却没有受到任何俄国文学的影响。第三，当两个国家的社会关系类似，因之文化发展也类似，交互影响的双方，都能从对方获得一些东西的时候，这个影响则是相互的。如：法国文学影响着英国文学，同时自身也受到英国文学的影响。[④]

---

① 《普列汉诺夫哲学著作选集》第 1 卷，生活·读书·新知三联书店 1959 年版，第 729 页。

② 同上书，第 730 页。

③ 同上。

④ 同上。

因此，要了解不同国家意识形态的相互影响，就应该了解互相作用的力量的性质，这个性质只能由社会有机体的经济结构来说明。

六 社会意识的反作用

社会意识的反作用是社会意识相对独立性的一个重要方面。普列汉诺夫对这个问题的考察和阐述，是他对社会意识相对独立性的整个阐述中比较充分、比较集中的一个部分。之所以如此，与这个问题曾是伯恩施坦攻击恩格斯思想的焦点，因而也是普列汉诺夫与伯恩施坦争论的焦点分不开的。

首先，普列汉诺夫肯定了社会意识反作用的观点是马克思和恩格斯一贯坚持的正确观点。

普列汉诺夫针对伯恩施坦的攻击与歪曲，对马克思和恩格斯关于社会意识反作用的论述作了历史的考察。他指出，马克思早在《黑格尔法哲学批判》出版时就承认了思想因素对社会发展的影响。马克思在这一著作中说过，“任何一个阶级要想扮演这个角色，就必须在一瞬间激起自己和群众的热情。在这瞬间，这个阶级和整个社会亲如手足，打成一片，不分彼此，它被看做和被认为是社会的普遍代表；在这瞬间，这个阶级本身的要求和权利真正成了社会本身的权利和要求，它真正是社会理性和社会的心脏”[①]。可见，在这里，马克思是坚决承认一般意识甚至热情对社会的改造作用的。后来，马克思和恩格斯在《共产党宣言》一书中对这个思想作了进一步发挥。普列汉诺夫指出，《共产党宣言》最后一章在阐述共产党人对其他工人政党的态度时说，共产党人要努力在工人的思想上培养一种明确的意识，即资产阶级和无产阶级之间的利益是敌对性的。马克思和恩格斯之所以要求共产党人这样做，“显然，是因为承认思想的意义”，承认“精神的发展是基于经济的发展，然后又反过来影响它（通过人们的社会政治活动的方法）”[②]。所以，普列汉诺夫认为，如果马克思和恩格斯在自己政治生涯开始时，“没有注意到政治和精神的‘因素’，并

---

① 《马克思恩格斯全集》第 1 卷，人民出版社 1956 年版，第 464 页。

② 《普列汉诺夫哲学著作选集》第 2 卷，生活·读书·新知三联书店 1961 年版，第 555 页。

且不认为它们对社会的经济发展有影响，那么，他们的实际纲领就完全是另外一种”。[①] 他们就不会说，工人阶级如不掌握政权就不能摆脱资产阶级的桎梏，同样，如果他们认为自觉性在社会运动中不起任何作用，也就不会认为工人阶级有提高自觉的必要了。然而事实上，马克思和恩格斯一开始从事社会活动就将发展工人的自觉作为直接的实际任务。

被伯恩施坦看做与恩格斯的音调不同的马克思的《〈政治经济学批判〉序言》的情况如何呢？普列汉诺夫认为，在这篇著作中，尽管谈到社会意识反作用的地方很少，但是凡是谈到的地方与恩格斯后期书信里的思想也丝毫没有矛盾。比如，马克思就谈到了法权概念的作用，他认为一定生产力的发展形成了一定的生产关系，并产生了一定的法权形式，而人的一定法权观念是与当时的法权形式相一致的。随着生产力的发展，随着旧的法权形式不再适应生产力的状况，在那些由于不适应而破坏了本身利益的人们的头脑中，就开始对旧的法权机关的合理性和正义性产生怀疑。他们对法权和正义有了新的概念，这些新的概念与社会生产力的发展所达到的程度相适应。革命者的实际活动就是根据对法权和正义的新理解而反对旧制度，建立能促使生产力发展的新的法权机关。这不是恰恰肯定了思想、观念因素对社会的反作用吗？

至于马克思之所以在《〈政治经济学批判〉序言》里对思想的反作用谈得较少，普列汉诺夫认为，那是因为当时他所面对的论战对象不同于后来的恩格斯。为了清算唯心主义，他需要着重指出社会关系既不可能从它本身得到理解，也不可能从所谓人的精神一般发展过程中得到理解。为了说明这一点，他就必须特别强调社会关系发展的经济基础。而恩格斯晚年的历史唯物主义书信则是为了澄清对唯物史观庸俗化所造成的混乱，因而他在指出思想、政治决定于经济的发展之后，特别强调了这些“因素”对基础发生的反作用。仅此而已。所以，普列汉诺夫指出，如果不拘泥于字句上的理解，那么，《〈政治经济学批判〉序言》与恩格斯书信中的观点是完全一致的。

普列汉诺夫在坚决维护恩格斯的观点的同时，对社会意识的反作用问题作了某些补充与发挥，他认为，社会意识的反作用不只是社会意识相对

---

① 《普列汉诺夫哲学著作选集》第 2 卷，生活·读书·新知三联书店 1961 年版，第 556 页。

独立性的重要表现，而且关系到对历史唯物主义学说的全面理解问题。他指出，只是承认社会存在决定社会意识，“这还不是全部的历史唯物主义。必须补充一句：意识一经在存在的基础上产生，就反过来促进存在的进一步发展”[①]。

普列汉诺夫对社会意识反作用的客观根据也作了深入的分析。他认为，人类社会的发展虽然归根到底决定于社会的经济因素，但是社会历史的发展，特别是社会发展到新旧制度交替的阶段，总是要通过上层建筑，特别是通过政治制度的变革来实现的。经济永远不会自然而然地取得胜利。但是，政治制度的变革乃是人们的一种有目的的自觉的活动，要使一定政治制度成为现实，就必然先以概念的形式通过人的头脑。所以“人类如果不先经过自己的概念的一系列变革，就不可能从自己经济发展的一个转折点过渡到另一个转折点”[②]。

普列汉诺夫十分强调意识形态反作用观点的重要实践意义。他的第一部马克思主义著作《社会主义与政治斗争》，就提出“没有革命的理论就没有名副其实的革命运动”[③] 的著名论断，这个论断为列宁所肯定，并且在他的著作中多次引用和阐发，从而成为全世界马克思主义者所周知的一个重要原理。与此同时，普列汉诺夫还将革命思想看做是世界上任何爆炸物所代替不了的一种“炸药”，而马克思主义学说对于全世界无产者来说，就是这样一种“有力的武器”。普列汉诺夫的这些阐述，无疑是很深刻的，对当时推动俄国革命运动的发展起了重要作用。

---

① 《普列汉诺夫哲学著作选集》第 3 卷，生活 · 读书 · 新知三联书店 1962 年版，第 346—347 页。

② 《普列汉诺夫哲学著作选集》第 2 卷，生活 · 读书 · 新知三联书店 1961 年版，第 237 页。

③ 《普列汉诺夫哲学著作选集》第 1 卷，生活 · 读书 · 新知三联书店 1959 年版，第 98 页。

第十章

普列汉诺夫论个人在历史上的作用

个人在历史上的作用问题，历来是历史观领域中的一个重要问题。在马克思以前，由于历史的和阶级的局限性，这个问题一直未能得到正确解决。自从马克思创立了唯物史观，才在人类思想史上第一次用科学的观点对这一问题作出了回答。

在马克思主义哲学史上，普列汉诺夫继马克思、恩格斯之后，对个人在历史上的作用问题进行了相当深入的考察，作出了重要贡献。他对这一问题的论述，不仅系统深刻，而且颇具特色。他的理论成果在《唯物主义史论丛》《论一元论历史观之发展》《谈谈历史》《马克思主义的基本问题》《尼·加·车尔尼雪夫斯基》等著作中都有所反映，但论述比较集中的是他 1899 年写的《论个人在历史上的作用问题》。这本小册子篇幅虽然不长，却是一本重要的马克思主义理论著作，其思想之深邃，论证之系统，逻辑之严密，语言之简练，至今仍对人们有很大的吸引力。1963 年，《论个人在历史上的作用问题》和普列汉诺夫的另外两部著作——《论一元论历史观之发展》和《论艺术（没有地址的信）》一起，列入中共中央指定的 30 本干部必读的马列主义经典著作的书目之中。

这里，我们拟以《论个人在历史上的作用问题》的思想为主线，结合普列汉诺夫在其他著作中的一些重要论述，对他关于个人在历史上的作用问题的理论作一述评。

一 个人在历史上的作用与自由和必然

把个人在历史上的作用问题同自由与必然这对范畴紧密结合起来考察，是普列汉诺夫论述个人在历史上的作用的第一个重要特点。

在普列汉诺夫看来，要想正确地阐明个人在历史上的作用，首先必须从理论上搞清楚以下两个方面的问题：一个是人的意志自由问题，因为在社会生活中每一个人的活动都是有意识有目的的活动，个人的作用总是同人的意志自由分不开的；另一个是历史必然性问题，因为在社会生活中每一个人的作用都受历史必然性的制约，总是以这种或那种形式同历史必然性联系在一起的。而为了搞清楚这两个方面的问题，就必须把握二者之间的辩证关系。在马克思以前，个人在历史上的作用问题之所以长期得不到正确解决，除了因为人们受一定的历史的和阶级的局限之外，从理论上说，一个重要的原因就是没有用唯物的辩证的观点去考察社会历史领域中的必然与自由问题。

普列汉诺夫总结了人类认识史上的经验教训，把正确把握自由与必然的关系看做是正确认识个人在历史上的作用的理论前提。因此，他在论述这一问题时，首先用马克思主义的观点阐明了个人意志自由与历史必然的关系，并把它作为正确解决个人在历史上的作用问题的一把钥匙。这就使得他的论述与众不同，具有一定的理论高度。

普列汉诺夫指出，自由与必然的问题是一个旧而永新的问题。之所以说它旧而永新，一方面因为它在哲学史上曾经是一个争论不休的古老问题，另一方面历史的发展又总是把这个古老问题以这种或那种形式反复地提到哲学家们面前，要求他们作出新的回答。

为了阐明马克思关于自由与必然的学说以及它同个人在历史上的作用问题的关系，普列汉诺夫追溯了自由与必然学说的发展史。

他指出，关于自由与必然的关系问题，在哲学史上有一个古老的二律背反，即把人的意志自由同客观必然性绝对地对立起来，把个人在历史上的作用同历史必然性绝对地对立起来，把它们视为毫不相容的两个极端，或者把意志自由推崇为绝对，否认客观必然性，或者只承认客观必然性而否定了个人意志自由。在社会历史领域里，把个人意志自由推崇为绝对，否认历史必然性，就必然会夸大个人在历史上的作用，把个别英雄人物的意志、思想看做历史发展的决定力量，从而导致英雄创造历史的唯心史观；反之，只承认历史必然性而否定了人的意志自由，则势必抹杀个人在历史上的作用，陷入历史观上的机械论。

在普列汉诺夫看来，唯心史观否认历史必然性也就取消了社会科学的基础。他指出，在马克思以前社会科学之所以“没有能够而且亦不能够成为确切的科学”，是同人们否认历史必然性的观点紧密相连的。当学者们用人们的观点、意识活动去解释社会现象的时候，意志自由便排斥了必然性，亦即排斥了规律性。“而规律性乃是任何科学地解释现象的必要的基础”，所以，“排斥了必然性便妨害了科学的发展”[①]。普列汉诺夫说，这种错误在米海洛夫斯基等俄国主观社会学家的著作中以“惊人的鲜明性”表现了出来。历史观中的机械论则忽视或抹杀了人的意志自由，否定了个人在历史上的作用，通向了“无为主义”“宿命论”。因为历史机械论所得出的实际结论，只能是要人们听从历史必然性的摆布而无所作为。霍尔巴赫曾说：“人走到他的尽头，从生到死，没有片刻得到自由。”普列汉诺夫在《唯物主义史论丛》中引述了这句话后接着指出：“可是，人们一天不知道这个必然性如何能创造人的自由，人们就一天不可避免地必须是一个宿命论者。”[②]

关于自由与必然的学说，到 19 世纪有了长足的进步。普列汉诺夫认为 19 世纪是各种伟大发现极为丰富的时代，其中最伟大的发现之一就是“把自由当做必然性的产物”。这个发现首先应归功于谢林和黑格尔。他们力图用辩证的观点去考察自由与必然问题，对于克服在这个问题上长期存在的二律背反作出了贡献。普列汉诺夫说，关于自由与必然问题，最困难之处是“应用于历史方面”。他把解决这个最困难的问题当做自己的最主要的任务。谢林认为人的活动的自由不仅不排斥历史的必然性，相反，它是以这种必然性为前提的。普列汉诺夫非常重视谢林的这一见解，并且指出，“谢林的这一深刻思想在黑格尔的著作中得到了彻底的和详尽的发挥”。[③] 他在解释和评价谢林和黑格尔的这一思想时写下了这样一段含意极为深刻的话：按照谢林和黑格尔的观点，“人的活动可以从两个方面来考察：第一，他是作为这些或那些社会现象的原因而在我们之前出现的。既然他意识到自己是这样的原因，所以他就会设想：唤起或不唤起这些社会现象是取决于他的。于是他就认为自己的活动是自觉和自由的。但是作为某一社会现象的原因而在我们之前出现的人，可以而且应当从另一方面

---

① 《普列汉诺夫哲学著作选集》第 1 卷，生活·读书·新知三联书店 1959 年版，第 706 页。

② 《普列汉诺夫哲学著作选集》第 2 卷，生活·读书·新知三联书店 1961 年版，第 207 页。

③ 《普列汉诺夫哲学著作选集》第 3 卷，生活·读书·新知三联书店 1962 年版，第 41 页。

作为一些社会现象的结果来加以考察，正是这些社会现象以自己影响决定了他的性格气质和他的意志的方向。被作为结果来考察的社会的人，不能认为是自由的活动者，因为那些决定他的意志活动的情况是不依赖于他的意志的。因此，在我们看来，他的活动是受必然的规律支配的，也就是说，是一种合乎规律的活动。由此看来，自由绝不排斥必然性。认识这一真理是很重要的，因为它——也只有它——为我们打开了对社会生活作科学的解释的道路”。[①] 这就是说，人的活动作为一些社会现象的原因，它可以说是自由的，因为它支配着自己所产生的结果；但人的活动作为另一些社会现象的结果，却不能说它是自由的，因为它又受着作为它的原因的那些社会现象的支配，受着历史必然性的支配。由此可以得出结论：自由是以必然性为前提的。不仅如此，人的自由活动之所以成为可能，还因为人的行动本身是必然的。因为如果人的行动不是必然的，那么人们就不可能预见它，而在任何预见都是不可能的地方，也就没有自觉地影响周围生活的那种自由活动的余地，“由此可见，必然性乃是自由的保证”。[②] 谢林曾经说过，如果某个个人“绝对自由”，那么其余所有的人就会“绝对不自由”，而且就“不可能自由”。普列汉诺夫认为，把这一点运用到历史领域，就可以得出以下结论：人的自由活动是以必然性为前提的，必然性乃是人的行为的基础。换句话说，只有在他人的行动是必然的行动的情况下，我们的自由才不是一句空话。

普列汉诺夫还进一步指出，在黑格尔看来，世界历史乃是对自由认识的进步，但它是人们应当在其必然性中去理解的一种进步。因此，黑格尔在自己的历史哲学中力图去发现作为自由的保证的历史必然性。普列汉诺夫认为，发现历史的规律，就意味着人类能够自觉地作用于历史发展过程，并使人类由偶然性的玩物变成它的主人。这样一来，黑格尔便给人们开辟了异常广阔和极其令人快慰的前景：一方面偶然性的威力应当为必然性的胜利所代替，另一方面必然性应当成为自由的最巩固的基础。黑格尔把自由与历史必然性辩证统一起来的思想，在他那个时代对于社会科学的研究曾经产生了巨大的影响。普列汉诺夫的这些看法与恩格斯对黑格尔的评价是完全一致的。恩格斯在《反杜林论》中曾指出，在哲学史上，黑

① 《普列汉诺夫哲学著作选集》第5卷，生活·读书·新知三联书店1964年版，第41页。

② 同上书，第42页。

格尔是第一个正确地叙述了自由和必然问题的哲学家。

谢林和黑格尔把自由与必然辩证统一起来的思想，虽然对于人们正确认识社会历史及个人在历史上的作用有一定的贡献，然而他们毕竟都是唯心主义哲学家。他们“只能借助于绝对精神，亦即借助于一种虚构，来把自由与必然结合起来”[①]。而且，“正因为他们是唯心主义者，所以他们不能适当地利用自己的天才的思想”。[②] 这就是说，他们虽然克服了把自由与必然绝对对立起来的形而上学观点，但是由于他们的哲学体系本质上是唯心主义的，所以在他们那里，自由与必然不是在人们改造客观世界的社会实践基础上的结合，不是在唯物主义基础上的结合，而是在观念基础上的结合。在人类认识史上，只有马克思和恩格斯才在社会实践的基础上，用唯物主义的原则揭示了自由与必然的辩证统一，也才能使人们得以利用谢林和黑格尔提出的上述天才思想，“来研究‘活的生活’，来科学地解释社会的人的一切活动”。[③]

普列汉诺夫指出，马克思和恩格斯批判地吸取了德国辩证唯心论者的上述合理思想，抛弃了他们的唯心主义糟粕，提出了关于自由与必然的科学见解。恩格斯在《反杜林论》中对黑格尔关于“必然只是在它没有被了解的时候才是盲目的”“自由是对必然的认识”等观点极为重视，并对黑格尔在唯心主义基础上所表述的这些思想进行了唯物主义的改造。恩格斯指出，自由不在于幻想中摆脱客观规律而独立，而在于认识这些规律，从而能够有计划地使客观规律为一定的目的服务，意志自由只是借助于对事物的认识来作出决定的那种能力，人对一定问题的判断愈是自由，这个判断的内容所反映的必然性就愈大。“自由就在于根据对自然界的必然性的认识来支配我们自己和外部自然界；因此它必然是历史发展的产物”[④]。这句话包含着相互联系的两层意思，一是强调自由是人们对客观必然性的认识，二是强调自由是人们根据对必然性的认识所进行的改造客观世界的活动。就是说，自由既是认识领域的范畴，又是实践领域的范畴。这样，

① 《普列汉诺夫哲学著作选集》第2卷，生活·读书·新知三联书店1961年版，第208页。

② 《普列汉诺夫哲学著作选集》第5卷，生活·读书·新知三联书店1964年版，第42—43页。

③ 同上书，第45页。

④ 《马克思恩格斯文集》第9卷，人民出版社2009年版，第120页。

马克思主义哲学就在实践的基础上把自由与必然辩证地统一了起来。

普列汉诺夫对恩格斯的思想作了系统地论证和发挥。他指出，关于自由与必然问题上的二律背反，是人们认识上的错误；实际上这个二律背反是根本不存在的。乍一看来，似乎自由与必然性是相互排斥的，其实，“只有那种浮光掠影地看事物而不深入洞察现象的人才会这样想”。[①] 普列汉诺夫从以下两个方面论述和发挥了恩格斯的思想。首先，他指出历史必然性不仅不排斥人的自由，而且它本身就是通过有意识有目的的人的活动去实现的，在这里已经包含了人的意志自由，也肯定了个人在历史上的作用。因为历史既然是人创造的，那么人的志向就不能不是历史运动的因素。形而上学机械论者恰恰不懂得这个道理，他们把历史必然性同人的自由活动对立起来，否认人的意志自由，从而也就否定了个人在社会生活中的作用。马克思主义的敌人攻击唯物史观的手段之一，是硬说它只承认历史必然性，没有给人的自由活动以地位。普列汉诺夫针锋相对地批驳了这种错误观点。他写道：“在庸人们看来，现代辩证唯物主义势将把人类变成自动机械，可是事实上，现代辩证唯物主义在历史上第一次破天荒地开辟了通向自由和自觉活动的王国的道路。”[②]

其次，普列汉诺夫反复地强调了自由是以必然为前提和基础的。在他看来，历史诚然是人创造的，但是人们所创造的历史之所以是这样的而不是那样的，或者说人们之所以是这样而不是那样地去创造历史，并不决定于人的意志；人的意志虽然也是历史运动的一个因素，但它本身又是受历史必然性支配的。他指出：“如果在自由的人的活动的基础上没有安置着为活动者所理解到的必然性时，那么任何人的自由的（自觉的）历史活动的可能性就等于零。”[③] 因此，他认为把自由同必然对立起来，否认历史必然性，同样也是一个“重大错误”。他提出了一个相当深刻的见解：很有意思的是，唯心主义者在理论上愈是给自由以更多的地位，他们在实践领域中就愈是将自由归之于无。因为他们愈是在理论上鼓吹人的意志自由，把它推崇为绝对，就愈是否认和抹杀了必然性。而一旦抹杀了必然

① 《普列汉诺夫哲学著作选集》第 2 卷，生活·读书·新知三联书店 1961 年版，第 742 页。

② 《普列汉诺夫哲学著作选集》第 1 卷，生活·读书·新知三联书店 1959 年版，第 496 页。

③ 同上书，第 659—660 页。

性，就势必在实践领域中使自己处于无数偶然性的支配之下。这样一来，也就没有什么自由可言了。同机械论由于否定人的意志自由陷入宿命论一样，唯心主义由于否定必然性而使人们处于偶然性的摆布之下，也导致了宿命论。可以说，二者是"殊途同归"。

总而言之，历史唯心论和历史机械论都各执一端，陷入了片面性。历史唯心论夸大了意志自由的作用，把人的意志自由看做社会历史的最后动因；历史机械论则只看到了"必然性如何将人奴役"；只有现代唯物主义即辩证的历史的唯物主义，才在唯物主义的基础上揭示了自由与必然的辩证统一，"指出必然性如何将人解放"①，为正确理解个人在历史上的作用奠定了理论基础。

按照普列汉诺夫的见解，既然必然性是人的自由活动的前提和基础，而人的自由又是人们对必然性的认识和根据这种认识所进行的改造客观世界的活动，那么在考察个人在历史上的作用时，就应该一方面肯定个人在历史上的作用，同时又必须看到个人的作用总是受历史必然性的制约。任何个人，其思想和行动是符合必然性还是违背必然性，不仅决定着他们在社会历史领域中能否获得自由，而且也决定着他们在人类历史上所起作用的性质。一般地说，个人的思想和行动凡是符合历史必然性的，就能够在一定程度上获得自由，对社会历史的发展也就能起积极的作用；凡是违背历史必然性行事的，就只能在社会历史面前失去自由，在社会生活中也就只能起消极的作用。对于那些在社会历史发展行程中起积极作用的人来说，其思想和行动符合历史必然性的程度，亦即反映历史必然性的广度和深度（自觉的或不自觉的），则决定着他们在社会历史领域中所获得的自由的程度，决定着他们在社会生活中所起的积极作用的大小。人们对客观必然性的认识"是完全能同最坚毅的实际行动相融洽的"，"对于某种现象的绝对必然性的认识，只能加强同情于此种现象并认为自己是引起此种现象的一份力量的个人的毅力"。② 一般地说，凡是其思想和行动对客观必然性反映得越深越广的人，获得的自由就越多，在人类历史上所起的积极作用也就越大；反之，获得的自由就少一些，所起的积极作用也小一

① 《普列汉诺夫哲学著作选集》第 2 卷，生活·读书·新知三联书店 1961 年版，第 208 页。

② 同上书，第 340、343 页。

些。可见，对个人在历史上的作用的正确认识，同马克思主义关于自由和必然学说是分不开的。

其实，马克思主义关于自由和必然的学说，不仅对于正确了解个人在历史上的作用具有重要意义，对于正确认识人民群众在历史上的作用也是很重要的。历史是人民群众创造的，但是人民群众创造历史的活动又是在既定的社会条件下进行的，它必定受历史必然性的制约；人民群众是决定历史命运的伟大力量，但是这种伟大力量又不能不受一定的历史条件的限制。为什么工人阶级在人类历史上的作用比历史上其他进步阶级的作用大得多，根本的原因就在于它的认识和实践更符合历史必然性。为什么工人阶级作为“自为”的阶级比它作为“自在”的阶级时所起的历史作用更大，根本的原因也在于作为“自为”阶级，它有了马克思主义的指导，从而能够自觉地认识和掌握历史发展的必然趋势，并自觉地按照历史的必然性去规划自己的行动。

二 个人在历史上的作用与偶然性和必然性

普列汉诺夫论述个人在历史上的作用问题的第二个特点，是把这一问题同偶然性和必然性紧密联系在一起进行考察。

普列汉诺夫指出，历史唯心论和历史机械论在对待个人作用问题上之所以会陷入错误，从理论上说，一个重要的原因就是没有正确解决历史发展进程中偶然性和必然性的关系。

人类社会是沿着它自己所固有的客观必然性的轨道行进的。然而历史的客观必然性如同自然界的客观必然性一样，并不是赤裸裸地显现出来的，而是隐藏在许多表面现象之后，通过大量的偶然现象为自己开辟道路。在社会历史发展进程中的诸多偶然的因素之中，也包括历史人物的性格、素质、机遇等这样一些偶然性的因素。由于这些偶然的因素同必然性因素不同，它们在社会生活中是一些表面的、易见的现象，所以，人们在观察社会生活时如果不是深入地本质地看问题，就容易被这些表面的偶然现象所迷惑，从而夸大偶然性因素的作用，得出错误的结论。历史唯心论的认识论根源之一，就是夸大了社会生活中的偶然性因素，特别是历史人物的性格、素质和机遇之类的偶然性因素的作用，把它们视为社会历史发展中的决定性因素，从而否定了历史的必然性。有鉴于此，普列汉诺夫十分重视对历史人物的性格等偶然性因素在社会生活中的作用作出科学的解释，用马克思主义观点来回答这个长期被唯心史观搞得混乱不堪的问题。

马克思主义认为，历史上的任何伟大人物的出现都是偶然性与必然性的辩证统一。任何伟大人物的出现都受一定历史必然性的制约，当历史需要某种伟大人物的时候，这样的人物就一定会适应历史的潮流出现，这是必然的。但是，应历史发展要求而出现的伟大人物恰巧是这个人而不是那个人，恰巧在这一年出生而不是在那一年出生，恰巧出生在此地而不是彼地，并且恰巧具有这种性格而不是别种性格，如此等等，则是偶然的。伟大人物出现的必然性总是通过诸如此类的偶然性表现出来，而诸如此类的偶然性又体现着某种必然性。恩格斯说："恰巧某个伟大人物在一定时间出现于某一国家，这当然纯粹是一种偶然现象。但是，如果我们把这个人去掉时，就会需要有另外一个人来代替他，并且这个代替者是会出现的，不论好一些或差一些，但是最终总是会出现的。""恰巧拿破仑这个科西嘉岛人做了被战争弄得精疲力竭的法兰西共和国所需要的军事独裁者，这是个偶然现象。但是，假如没有拿破仑这个人，他的角色是会由另一个人来扮演。这一点可以由下面的事实来证明，即每当需要有这样一个人的时候，他就会出现：如恺撒、奥古斯都、克仑威尔等等。"①

马克思主义又认为，如同伟大人物的出现是偶然性和必然性的辩证统一一样，伟大人物的历史作用也是偶然性与必然性的辩证统一。既然伟大人物是应历史发展的必然性的需要出现的，那么这样的人物一旦出现，就一定能对历史发展起推动作用，这也是必然的。但伟大人物所具备的个人特点，诸如其性格的坚毅或犹豫，体质的强健与衰弱，知识的多少和才能的高低等等以及他们个人的机遇等偶然因素，也都会对他的作用发生这样或那样的影响。正如马克思所说："如果'偶然性'不起任何作用的话，那么世界历史就会带有非常神秘的性质。这些偶然性本身自然纳入总的发展过程中，并且为其他偶然性所补偿。但是，发展的加速和延缓在很大程度上是取决于这些'偶然性'的，其中也包括一开始就站在运动最前面的那些人物的性格这样一种'偶然情况'。"②

---

① 《马克思恩格斯选集》第4卷，人民出版社1972年版，第507页。

② 同上书，第393页。

普列汉诺夫很好地发挥了马克思和恩格斯的上述思想。他通过考察历史发展的原因，结合一些具体的历史事件和历史人物，对社会活动家的性格等偶然性因素在社会发展中的作用进行了具体的分析。他的论述生动具体，深入浅出，具有相当强的说服力。

普列汉诺夫把社会历史发展的原因区分为以下三种："一般原因""特殊原因"和"个别原因"。所谓"一般原因"，是指决定历史运动的"生产力发展情形"[①]。这是人类历史发展的"终极和最一般的原因"，人类生产关系、社会制度的历次变迁都是由这个一般的、终极的原因决定的。所谓"特殊原因"，是指"某个民族生产力发展进程所处的历史环境"[②]，也就是具体的历史条件。所谓"个别原因"，是指"社会活动家个人特点及其他'偶然性'的作用"[③]。普列汉诺夫指出，这三种原因都对人类社会历史发展起作用，其中"一般原因"支配着"特殊原因"，"一般原因"和"特殊原因"结合在一起，决定着社会历史发展的方向和总的趋势，"个别原因"则使历史事变具有其"个别的外貌"；"个别原因"不仅不能根本改变"一般原因"和"特殊原因"的作用，而且它本身的作用亦即它所影响的范围和方向，也是由"一般原因"和"特殊原因"所制约的。尽管如此，但社会活动家的个人特点等偶然性因素作为"个别原因"，对社会发展还是有一定影响的。普列汉诺夫指出，"如果影响了历史的那些个别原因已被别种个别原因所替代，那末这个历史无疑是会具有别一种外貌的"。[④] 这就从社会发展原因的角度，肯定了社会活动家个人的特点这类偶然性因素对社会历史的作用。

在论述这一问题时，普列汉诺夫驳斥了那种认为马克思和恩格斯忽视社会活动家个人特点给历史以影响的错误观点。他指出，如果谁以为马克思和恩格斯的理论没有给哲学家和那些在人类历史上曾经留下自己痕迹的活动家的个性"留下地位"，那他就错了；马克思和恩格斯是给他们的"个性留下了地位的，但同时又能避免'个性'活动同经济必然性所决定

---

① 《普列汉诺夫哲学著作选集》第 2 卷，生活·读书·新知三联书店 1961 年版，第 372 页。

② 同上。

③ 同上。

④ 同上书，第 373 页。

的事件行程的不可允许的对立”。[①] 普列汉诺夫断言：“谁主张这样的对立，谁就证明他不大懂得唯物主义历史观。”[②]

普列汉诺夫还结合一些历史事件和历史人物，具体地考察了社会活动家的性格等偶然因素对社会生活的影响。他指出，在 1740—1748 年“奥地利王位继承战争”期间，法国军队同奥地利军队作战时，曾获得过几次辉煌的胜利。从当时的战局说，法国本来是能够从奥地利方面索得一部分领土的。但由于法国路易十五国王认为他是以一个“国王”而不是以一个“商人”的资格进行这场战争的，因而没有向奥方提出领土要求，结果使法国在 1748 年签订“亚琛和约”时一无所获。普列汉诺夫说，假如路易十五“具有另外一个性格”，或者“换上另外一个国王”，那么法国的领土也许会扩大起来，而它的经济发展进程也就会“稍有不同了”。又如在 1756—1763 年的“七年战争”时期，俄奥联军曾在施特里高一带将弗里得里希二世率领的普鲁士军队包围了起来，当时只要俄奥联军坚决发起进攻，普军就会陷于灭顶之灾。但是，由于俄军统帅布图林优柔寡断，迟迟不发动进攻，甚至在被包围的敌军面前停驻达 20 天之久，致使大好战机贻误，普军很快就得到了解围。普列汉诺夫在分析这一历史事件时又指出，假若布图林这个人的性格不是优柔寡断而是坚毅果断，或者假若当时的俄军统帅不是布图林而是苏沃洛夫那样的名将，那么战争的结局就会不同了。在这里，偶然性因素的作用表现得非常明显，布图林被任命为俄军统帅一事，在人们看来，对于俄国的历史发展进程来说不过是一种偶然现象，它对于普鲁士的历史发展进程更是毫不相干的。但是事实却可以使我们断言：只是由于布图林优柔寡断，才使弗里德里希二世逃出了绝望的境地。否则，普鲁士的历史进程也许会成为另外一种样子。所以普列汉诺夫说：社会活动家“个人因其性格带有某种特点而能够影响到社会的命运。这种影响有时甚至是很大的”。可见，“国家命运有时候还会由一些可说是次等偶然现象的偶然现象来决定哩”。[③]

普列汉诺夫对问题的分析并没有停留在这里。他在肯定了个人性格的

---

① 《普列汉诺夫哲学著作选集》第 3 卷，生活 · 读书 · 新知三联书店 1962 年版，第 192 页。

② 同上。

③ 《普列汉诺夫哲学著作选集》第 2 卷，生活 · 读书 · 新知三联书店 1961 年版，第 359、361 页。

某些特点对历史有一定影响之后，接着就强调指出，社会活动家的性格等偶然性因素的影响是不容夸大的，这种影响表现的可能及其范围要由当时的社会结构和阶级力量的对比来决定。个人的性格只有在社会关系所容许的时候、地方和程度内才能成为社会发展的因素。所以，“大人物凭靠他们那种头脑和性格上的特点，虽然也能使各个事变的单个外貌以及各个事变的某些局部后果改变一个样子，但这些特点终究不能改变事变的一般方向，因为这种方向是由别种因素决定的”。[①]

普列汉诺夫所说的决定历史进程一般方向的“别种因素”，就是社会物质生活条件和阶级力量的对比关系，归根到底也就是由社会生产力和生产关系的矛盾运动所形成的历史必然性。

历史唯心主义者在夸大社会活动家个人性格作用的同时，还竭力夸大社会活动家的偶然机遇等因素的作用。例如圣博甫（19 世纪法国文学家）在评论米涅的《法国革命史》时就指出，决定法国革命的进程和结局的，不仅有引起这次革命的一般原因，而且还有常被人们忽略过去的甚至完全不能真正叫做社会现象的许多细小的现象。他说，假若米拉波（18 世纪末法国资产阶级革命的活动家）未因偶患伤寒病死去，假若罗伯斯庇尔忽被偶然坠落下来的一块砖瓦砸死或因患脑溢血病死了，假若拿破仑在一次战役中偶然中弹丧命，那么历史的进程就会完全相反。他甚至说，假若古埃及克留帕特拉皇后的鼻梁生得矮一点，历史进程也许会成为完全另一种样子。

普列汉诺夫对这种错误观点进行了尖锐批评。他说，圣博甫以为他所说的那种“细小暧昧的偶然原因”完全具备时，法国革命就会有完全相反的结局，“这是个严重的错误”。不管心理上、生理上的这些细小原因结合得怎样奇巧，但它们绝对不能消除引起法国革命的种种巨大社会需要，当这些需要尚未得到满足时，法国革命运动是不会停止的。“为了使法国革命运动能有一种与当时实在结局相反的结局，就必须用相反的需要来代替这种需要；但这当然是任何一种细小原因的凑合也办不到的。”[②]就是说，社会活动家的偶然机遇作为社会生活中的因素，虽然也对历史发

---

① 《普列汉诺夫哲学著作选集》第 2 卷，生活·读书·新知三联书店 1961 年版，第 365 页。

② 同上书，第 362 页。

展进程有一定影响，但它绝不会改变历史的一般方向。

这样，普列汉诺夫便在偶然性与必然性辩证统一的基础上，对社会活动家的个人性格、机遇等偶然性因素在社会历史发展中的作用作出了正确的估价，从而澄清了长期以来历史唯心主义者造成的混乱。这对于正确认识个人在历史上的作用是极为重要的。

三　个人在历史上的作用与社会条件

普列汉诺夫论述个人在历史上的作用问题的第三个特点，是他对个人作用与社会条件的关系作了深入的考察。

首先，他指出，凡是在人类历史上成为社会力量的杰出人物，都是一定社会关系的产物，因而杰出人物的出现也是有规律性可循的。他在《尼·加·车尔尼雪夫斯基》中写道："某一时期在某个民族那里存在的社会关系，决定着是否将在某个方面为某一类强有力的个人开辟道路。任何一种社会关系方式都是某种完全合乎规律的东西，所以很明显，强有力的个人之出现于历史舞台上也有其规律性。"[①] 那么杰出人物产生的规律性是什么呢？他在回答这个问题时着重强调了以下两点：第一，杰出人物往往是在社会极其需要他们的时候出现在历史舞台上的，而特定的社会需要是由特定的社会矛盾运动所决定的，它反映着社会历史发展的趋势。任何杰出人物都是"完全顺应着这种趋势出现的；没有这种趋势，他们永远也跨不过有可能进到现实的门阶"[②]。例如，18 世纪末的法国，最迫切的社会需要是推翻陈腐的封建制度，代之以适合资本主义发展的新制度。在这样的社会条件下，当时最能满足这种社会需要的人物，就理所当然地成了最有名望最有影响的社会活动家。第二，凡是有便于杰出人物发挥其才能的社会条件的时候和地方，就总会有杰出人物出现。这就是说，任何杰出人物出现于历史舞台，既不决定于某个个人的偶然机遇，也不决定于人们的主观意愿，更不是什么上帝对人类的荫赐，而是取决于一定的社会条件。人类社会的演进，归根到底取决于生产力的发展。当生产力发展到

① 《普列汉诺夫哲学著作选集》第 4 卷，生活 · 读书 · 新知三联书店 1974 年版，第 334 页。

② 《普列汉诺夫哲学著作选集》第 2 卷，生活 · 读书 · 新知三联书店 1961 年版，第 368 页。

一定程度，要求改变束缚其发展的现存生产关系时，就一定会有人站在历史潮流的前面发现和提出改变旧的生产关系，建立新的生产关系的历史任务，并推动这一历史任务的实现。同样的，当现存的生产关系还以自己的旺盛生命力推动生产力向前发展时，也一定会有人肩负起推动社会维护这种生产关系的历史使命。

其次，普列汉诺夫还进一步具体地考察了杰出人物发挥作用的社会条件。他认为，为了使杰出人物能够运用其才能对历史事变进程发生重大影响，就需要有以下两个条件：一个条件是杰出人物“所具备的才能应比别人所具备的才能更适合当时社会的需要”①。如果拿破仑所具备的不是军事才能而是贝多芬那样的音乐才能，他就当不成皇帝，因而也就不可能在法国历史上发生如此重大的影响。这个条件说明，杰出人物之所以能成为杰出人物，固然必须具备出众超群的才能，但更重要的还要看他所具备的才能是否特别适合当时社会的需要；否则就是有一定的才能，也不见得能成为对历史发展起重要推动作用的杰出人物。另一个条件是，“当时社会制度不应阻碍具备有恰合当时需要并于当时有益的特性的那个人物施展其能力”②。就是说，当时的社会制度应当给杰出人物以“用武之地”。普列汉诺夫说，如果法国的封建贵族专制制度再延续几十年，那么拿破仑的一生将是个什么样子就很难说了。尽管拿破仑具有卓越的军事才能，也许他终身不过是一个不大著名的波拿巴将军或上校。因为在等级森严的法国封建贵族专制制度之下，是不允许那些非贵族等级出身的人担任军队高级将领的。例如路易十五在位时，法国第三等级中只有一个人获得过中将官衔，而路易十六执政时，第三等级的人在军队中的晋升就更加困难了。普列汉诺夫还指出，对于拿破仑手下那些有很高军事才能的著名元帅和高级将领来说，情况也是如此。这些人有的原是戏子、小贩、剃头匠，有的原是学生、剑术教师、排字匠，有的原是士兵或下级军官。假若法国封建贵族专制制度再延续几十年，那么，“谁也不会想到18世纪末法国曾有过一些戏子、排字匠、剃头匠、染匠、律师、小贩和剑术教师，原来是些可能的军事天才哩”。③ 由此可见，杰出人物才能的发挥，在很大程度上是

① 《普列汉诺夫哲学著作选集》第2卷，生活·读书·新知三联书店1961年版，第366页。

② 同上书，第366—367页。

③ 同上书，第367页。

受社会制度的制约的。

普列汉诺夫所说的个人发挥作用的上述两个条件，主要是针对社会活动家而言的。此外，他还考察了杰出的思想家、科学家、艺术家等的社会作用与社会条件之间的关系。例如他指出，“在社会思想的领域内”，杰出人物之所以能超出同时代人，是因为他比同时代人能“更早地把握着新的产生中的社会关系的意义”①，而这就不能不依赖于一定的社会条件；“在自然科学的领域内”，天才们要发现规律也要受一定社会环境的制约，一方面他们要有一定知识的积蓄，另一方面社会的需要则指挥着他们的注意力使其朝着某个方面发展；“在艺术领域内”，伟大的艺术家的社会作用更离不开一定的社会条件，因为他们的作品是特定的社会或特定的社会阶级审美趣味的最好的表现。在普列汉诺夫看来，不论在“社会思想领域”“自然科学领域”还是“艺术领域”，社会条件对于杰出人物历史作用的影响还表现在它给杰出人物才能的发展所提供的可能性的大小上。在一种社会环境的制约下，杰出人物的才能可以得到充分的发挥和发展，在另一种社会环境的制约下，杰出人物才能的发挥和发展则不能不受到一定的限制。普列汉诺夫的这些论述告诉人们，在考察杰出人物的历史作用时，必须具体地分析他们所处的历史条件和社会环境，否则是不可能对他们的历史作用作出正确评价的。

既然杰出人物的历史作用都受一定的社会条件制约，那么在阶级社会里，他们的社会作用也必然受一定阶级关系的制约。马克思和恩格斯在《德意志意识形态》中指出：“某一阶级的个人所结成的、受他们反对另一阶级的那种共同利益所制约的社会关系，总是构成这样一种集体，而个人只是作为普通的个人隶属于这个集体，只是由于他们还处在本阶级的生存条件下才隶属于这个集体，他们不是作为个人而是作为阶级成员处于这种社会关系中的。”② 列宁也说过：“没有一个活着的人能够不站到这个或那个阶级方面来（既然他已经了解它们的相互关系），能够不为这个或那个阶级的胜利而高兴，为其失败而悲伤，能够不对于敌视这个阶级的人和

① 《普列汉诺夫哲学著作选集》第 1 卷，生活·读书·新知三联书店 1959 年版，第 740 页。

② 《马克思恩格斯选集》第 1 卷，人民出版社 1972 年版，第 82 页。

散布落后观点来妨碍这个阶级发展的人表示愤怒。”① 这些精辟论断，不仅对于研究阶级社会中一般社会成员的活动是极为重要的，而且对于正确认识杰出人物的历史作用也有重要的指导意义。在阶级社会里，任何杰出人物都是隶属于一定社会阶级的。他们总是代表一定阶级的利益，反映一定阶级的愿望和要求并为其服务的。因而，他们的历史作用也必然受到一定阶级的历史地位和社会作用的制约。他们的历史功绩会受一定阶级条件的制约，他们的历史错误也不能不受这些条件的制约。既然如此，那么在考察杰出人物的历史作用时，就必须坚持阶级分析的方法，具体地分析杰出人物究竟代表哪个阶级的利益，这个阶级的经济、政治地位和在社会历史发展进程中的作用是什么，当时的社会矛盾和阶级斗争有哪些特点，以及这些特点对杰出人物产生什么影响，等等。然而，正是对于这个问题，普列汉诺夫未能给予重视。他对个人在历史上的作用问题的考察，在一定程度上忽视了阶级分析。这不能不说是一个明显的缺点。

四　正面人物与反面人物及“伟大”概念的相对性

在人类历史发展行程中，每一个人作为社会的一员，都会对社会生活发生这样或那样的影响，因而也都会在人类历史上留下自己的痕迹，哪怕它是极其微不足道的。然而，人们对社会生活的影响，个人在历史上的作用，是很不一样的。作为社会普通成员的个人来说，对社会历史的影响，无疑是很小的，从人类社会历史发展的宏观角度来看简直可以忽略不计。但是，每一个时代都有极少数对社会生活影响很大的人物，他们在人类历史上的作用同一般社会成员相比要大得多。这些人，就是人们通常称谓的“历史人物”。

“历史人物”，虽然都对社会历史发生重大影响，但这种影响又有两种截然不同的性质。一种是促进或推动历史前进的积极作用，另一种是阻碍历史发展的消极作用。按照这两种不同性质的社会作用，可以把“历史人物”划分为两种不同的类型，即“正面历史人物”和“反面历史人物”。凡是对人类社会发展起促进和推动作用的历史人物都是“正面历史

① 《列宁选集》第1卷，人民出版社1972年版，第153页。

人物”，亦即人们通常所说的杰出人物或英雄、伟人。凡是阻碍历史前进的历史人物都是“反面历史人物”，亦即人们通常所说的反动人物，他们不是什么历史的“伟人”，而是历史的罪人。但是，不论正面人物还是反面人物，既然都对社会生活发生重大影响，那么，当人们研究和考察个人在历史上的作用时，从原则上说，就都应当把他们放在视野之内。也就是说，既要正确阐明“正面历史人物”的作用，也要正确阐明“反面历史人物”的作用，给各种类型历史人物的社会作用以科学的解释。

普列汉诺夫显然是注意到了上述问题。他在论述个人在历史上的作用时，固然对一些杰出人物例如拿破仑、罗伯斯庇尔的历史作用作了分析，同时也谈到了一些反面人物如路易十五、路易十六和卑斯麦的历史作用。他常常把各种类型的领袖人物统称为“社会活动家”，其中既包括杰出的社会活动家，也包括反动的社会活动家。在他看来，不论是杰出的社会活动家还是反动的社会活动家，他们推动或阻碍历史发展的作用，无一例外地都会受到一定社会条件和历史条件的制约。正是特定的社会历史条件，“才使某些贤明人物或庸碌分子在某某时候能表现一定的作用，因而也就能表现出一定的社会影响”[①]。如同任何伟大人物不能强迫社会去接受不适合于生产力发展的生产关系一样，任何反动人物也不能任意摆布历史，例如，“卑斯麦在他威势最高的时候也是不能把德国推转到自然经济时代去的”。[②]

普列汉诺夫在考察个人在历史上的作用时，还提出了一个重要思想，就是他认为“伟大”概念具有相对性。他在《论个人在历史上的作用问题》的末尾写道：“伟大”一语是个相对的概念。在道义方面说，每一个如圣经上所说“愿意‘舍己救人’的人都是伟大的”[③]。在他看来，不仅那些社会事业的“发起人”即伟大人物在人类历史上拥有大显身手的活动场所，就是那些被人们视为“凡夫俗子”的小人物同样也可以从事伟大的事业，在人类历史上发挥伟大的作用。普列汉诺夫的这一观点虽然未能展开，但它无疑包含着一个极其深刻的哲理：伟大并非高不可攀、可望而不可即；平凡之中见伟大，平凡人物也能作出具有伟大意义的事业来；

① 《普列汉诺夫哲学著作选集》第2卷，生活·读书·新知三联书店1961年版，第360页。

② 同上书，第374页。

③ 同上书，第375页。

明白这个道理，不仅有助于正确评价杰出人物的历史作用，避免把杰出人物“神化”，而且会使“小人物”在精神上得到极大的解放。

从普列汉诺夫的上述思想可以得出以下的逻辑结论：伟大并不在于身居高位，而在于对人类社会的进步事业作出的贡献。从这个意义上说，一个人的社会地位不论多么平凡，只要他能为人类进步事业作出重大贡献，他就是伟大的。刘胡兰是一个平凡的村姑，但她“生得伟大，死得光荣”，成了中华民族历史上不朽的英雄。雷锋是一个普通战士，但他那全心全意为人民服务的光辉思想永远给人们以巨大的力量。张海迪是一个残疾青年，但她为我们伟大祖国实现“四化”多作贡献的动人事迹，使她不愧为“青年先锋，时代楷模”。他们是平凡的，又是伟大的，都在极其平凡的岗位上作出了不平凡的伟大的贡献。

五　对英雄史观和机械论的批判

普列汉诺夫对个人在历史上的作用问题的考察，是同对唯心主义英雄史观和机械论的批判紧密结合在一起的。他坚持了两条战线上的斗争。

普列汉诺夫最初是一个民粹主义者。俄国民粹派信奉的是“主观社会学”，其核心是英雄创造历史的唯心史观。他在接受马克思主义理论之后，对民粹派的错误理论进行了彻底清算。因此，对英雄史观的批判就成了他 19 世纪 90 年代理论活动的一个重要内容。

普列汉诺夫一再指出，哲学家们如果把自己的眼光仅仅限制在“伟大人物”方面，把伟大人物的活动看做历史运动的原因，那是“惊人的肤浅”。他认为民粹派的思想代表拉甫罗夫、米海洛夫斯基等人就是这样一些“惊人的肤浅”的理论家。他们把极少数英雄人物，即他们所谓的“批判地思维的人”，看做人类命运的主宰和历史的创造者，而广大群众不过是愚昧无知的消极的“群氓”。在他们看来，消极的“群氓”在人类历史上是无所作为的，他们只配跟着“英雄人物”走，期待着那些主宰历史命运的英雄们救苦救难，普度众生。普列汉诺夫说，民粹派的理论家认为他们自己就是“批判地思维的人”，“历史的主要建筑者”，既然如此，他们便把自己及其同类“提高成为人类的特殊的高级种类”。这个“高级种类”同那些只配作英雄人物手中黏土而任其摆布的“群氓”是完全对立的。“而群氓是没有任何创造因素的群众，好像是一大堆的零，只有在他们头上谦逊地站着善良的‘批判地思维的’人物时，才能有积极的意义”①。

在批判民粹派宣扬的英雄史观时，普列汉诺夫揭露了它的思想渊源。他说，关于“英雄”同“群氓”相对立的观点，并不是俄国民粹派的新发明，而是他们从德国青年黑格尔分子布鲁诺、鲍威尔兄弟那里贩来的。它是19世纪40年代那些“批判地思维的”德国知识分子妄自尊大的思想基础。这种观点，后来由布鲁诺、鲍威尔传给了他的俄国信徒，于是我们便在米海洛夫斯基的著作中看到了这种观点。

普列汉诺夫对英雄史观认识论根源的揭露是颇为深刻的。他指出，唯心史观一般说来大大地夸大了个人特别是夸大了那些“握有政治权力的个人”在历史上的作用。为什么会产生这样的错误呢？从认识论上说一个重要的原因，就是当某个伟大人物担当起了某种历史使命的时候，其余的人便失去了这种机会，这就往往使人们产生一种错误观念，以为这个伟大人物是历史命运的决定者。例如，拿破仑担当起了“挽回社会秩序的宝剑使命”，就排除了当时法国其余一切将领担负这一使命的机会，虽然这些将领中间也许有些人同拿破仑的才能“不相上下”。这种情形说明，“当社会要有一个坚毅军事统治者的这种需要已获得满足时，社会的结构就堵截了其余一切能干军人成为军事统治者的途径”。② 由于这样的原因，人们便往往极端夸大了拿破仑个人的力量，并把支持拿破仑的全部社会力量通通归到他一个人的名下，错误地以为拿破仑的力量是独一无二的，他主宰着法国人的命运，决定着法国社会的历史进程。

当然，在人类智慧发展史上，因某一个人物获得成功而使另外的人物失去成功机会的情形，要“稀少无比”。但是，即使如此，人们仍然不能完全避免夸大杰出人物作用的错误观念。这是因为，当一个杰出的思想家或科学家已经解决了社会提出的某一任务时，其他思想家或科学家就往往不再去注意它，而转向另一任务，或者假若某一个杰出人物还没有完成某一任务就不幸死去，人们便会产生一种错觉误以为社会智慧的发展线索将就此中断。所以，在这里也仍然存在着夸大杰出人物作用的认识论上的

① 《普列汉诺夫哲学著作选集》第1卷，生活·读书·新知三联书店1959年版，第672页。

② 《普列汉诺夫哲学著作选集》第2卷，生活·读书·新知三联书店1961年版，第365页。

原因。

应当指出，普列汉诺夫的上述分析是颇有深度的。但是他对英雄史观产生的阶级根源却缺乏应有的揭露。从马克思主义的观点来看，英雄史观的产生是有深刻的阶级根源的。英雄史观从本质上说乃是剥削阶级的历史观，是剥削阶级看待历史的理论体系，也是它奴役和统治劳动人民的精神枷锁。剥削阶级的阶级地位和阶级利益决定了他们必然用英雄史观去看待历史。在剥削阶级占统治地位的社会里，体力劳动和脑力劳动是彼此分离的，剥削阶级不仅在经济上残酷地榨取劳动人民，而且在政治和精神文化生活方面也居统治和支配地位。为了维护自己的统治，剥削阶级总是要有自己的代表人物去执行其意志，代表和维护其阶级利益。这些代表人物就是我们通常所说的“帝王将相”之类。同时，剥削阶级为了维护自己的利益和统治，又总是极力夸大精神活动的作用，特别是夸大“帝王将相”的作用，把他们说成是“天意”的体现，“上帝”的化身，“生而知之”的圣贤，天生的统治者，认为他们的智慧和意志决定着历史的进程和人类的命运，而广大劳动群众不过是天生的愚民和奴隶。这种英雄创造历史的唯心主义观点，实质上就是认为“历史上产生的阶级差别是自然的差别，人们必须向天生的贵人和贤人屈膝，尊敬这些差别，并承认它们是永恒的自然规律的一部分”。从而“最后得出一个答案：应该由贵人、贤人和智者来统治”[①]。这是马克思和恩格斯对英雄史观阶级根源的深刻揭露，而普列汉诺夫在批判英雄史观时，却没有着重剖析这一根源，这也是他的不足之处。

普列汉诺夫在批判英雄史观时，捍卫了马克思关于人民群众是历史的创造者的原理。米海洛夫斯基等人极力歪曲马克思的唯物史观，硬说马克思崇拜经济自发性，否定了人的积极作用。普列汉诺夫批判了这种错误观点，他说：“如果你以为，按照马克思的意见，生产形式能够‘自己’发展起来，那么你就大错特错了。什么是社会的生产关系呢？这就是人们之间的关系。没有人们，它怎样能够发展呢？”[②] 他指出：社会关系就是人的关系，“没有人的参加，没有大多数人即群众的参加，人

① 《普列汉诺夫哲学著作选集》第 4 卷，生活 · 读书 · 新知三联书店 1974 年版，第 433 页。

② 《普列汉诺夫哲学著作选集》第 1 卷，生活 · 读书 · 新知三联书店 1959 年版，第 759 页。

类的历史要向前迈进一大步也是不可能的”。[①] 普列汉诺夫运用西欧各国历史上的一些重大历史事件，来论证唯物史观关于人民群众是历史创造者的原理。他问道：是谁摧毁了巴士底狱？是谁在1830年7月和1848年2月从事了街垒战？是谁的武器在柏林击败了专制制度？是谁在维也纳推翻了梅特涅？“是人民，人民，还是人民，即贫穷的劳动阶级，即主要的是工人”。“任何诡辩论都不能够从历史中勾销掉这个事实，就是在西欧国家争取自己的政治解放的斗争中占决定作用的属于人民，并且是只属于人民。”[②]

在坚持人民群众创造历史的前提下，普列汉诺夫充分肯定了杰出人物的历史作用。他说：“群众参加伟大历史事变的必要性，也决定了具有更高才能和更高人格的人物来推动群众的必要性。这就为个别人物从事有益的事业开辟了广阔的余地。”[③] 在他看来，在人类社会历史进程中，任何新的生产关系不是一下子也不是自然而然地在新的生产力的基础上建立起来的，旧的生产关系的废除和新的生产关系的建立，生产方式的新旧更替，都是通过人的活动实现的，“这就为个人的首创精神开辟了宽广的场所”。杰出人物一旦出现在历史舞台上，就以自己的行动加速历史事变的进程。但是普列汉诺夫反复强调，决不能夸大个人的历史作用，杰出人物只能改变历史事变的局部外貌，而不能改变历史发展的趋势。他指出：“没有一个伟大人物能够强迫社会去接受已经不适合于这种生产力状况的关系，或是接受还不适合于这种状况的关系。在这个意义上说，他确实不能创造历史，所以他在这种场合移动他的表针当然是徒劳无益的，因为他既不能把时间加速，也不能使时间倒退。”[④]

他又说，“社会关系有它自己的逻辑”，“一个社会活动家要想反对这种逻辑，也会是徒劳无益的，因为自然的客观事变行程（即这种社会关系逻辑）定会把他的一切努力化为乌有的”。[⑤]

---

① 《普列汉诺夫哲学著作选集》第2卷，生活·读书·新知三联书店1961年版，第234—235页。

② ［苏］福米娜：《普列汉诺夫的哲学观点》，汝信译，生活·读书·新知三联书店1957年版，第74页。

③ 《普列汉诺夫哲学著作选集》第2卷，生活·读书·新知三联书店1961年版，第235页。

④ 同上书，第373—374页。

⑤ 同上书，第324页。

普列汉诺夫认为，把伟大人物称做“发起人”是很中肯的。因为伟大人物的见识要比别人远些，他们的愿望要比别人强烈些，他们能够解决社会发展进程中所引起的新的社会需要，并且还能担负起为了满足这种社会需要而进行的社会事业发起者的责任。这就是说，伟大人物之所以伟大，并不是说他能阻止或根本改变历史的客观进程，而是因为“他的活动是这个必然和不自觉进程的自觉自由的表现。他的作用全在于此，他的力量全在于此”。①

在批判唯心主义英雄史观的同时，普列汉诺夫还批判了忽视和否认个人作用的机械论。他指出，机械论走上了另一个极端。如果说那些主观主义者因拼命抬高个人作用而否认历史运动的规律，那么，某些反对主观主义者的人却因为拼命强调这种运动的规律性，而“显然决意要把历史是由人所创造，因此个人的活动在历史上不能不发生作用这一原理置之脑后了”。②“这种理论上的极端性是与极热烈的主观主义者所犯的那种极端性同样不容宽恕的。”③

他说，为了反题而忘掉正题，如同为了正题而忘掉反题一样，是没有根据的。只有把正题与反题中包括的真理成分统一成为合题时，才能得出正确的观点来。这些论述具有方法论的重要意义。在普列汉诺夫看来，唯心主义英雄史观和历史观上的机械论陷入了两个错误极端，都钻进了死巷。但是，在这两种错误的历史理论中又都包含着某些合理因素。英雄史观拼命夸大个人在历史上的作用，否定了历史必然性，这当然是错误的，但其中却包含着重视主观因素的合理成分；机械论拼命强调历史必然性而忽视或否定了个人在历史上的作用，无疑也是错误的，但其中却包含着重视客观因素的合理成分。因此，不论批判英雄史观还是反对机械论，都应既要坚决彻底地抛弃其错误理论体系，又要批判地改造和吸取其中的合理因素，切不可用一种片面性去反对另一种片面性，否则就会从一个极端走向另一个极端。

普列汉诺夫不仅提出了这个方法论的原则，而且通过总结人类认识史上的经验教训，对它作了进一步的阐明。他指出，18 世纪法国唯物主义

---

① 《普列汉诺夫哲学著作选集》第 2 卷，生活·读书·新知三联书店 1961 年版，第 373 页。

② 同上书，第 346 页。

③ 同上书，第 346—347 页。

者在历史观领域中，虽然看到了人及其意见对社会环境的作用，但是他们夸大了这种作用，“把一切都归因个人的自觉活动”，最终陷入了“意见支配世界”的唯心主义错误。19 世纪法国复辟时代历史学家不满意“意见支配世界”的观点，他们在批评这一观点时曾经力图发现历史的规律性，强调了历史发展的普遍原因，但是却忽略了个人在历史上的作用，他们“很少注意到伟大历史人物”。就是说，他们只是强调历史运动一般原因的意义，而把历史人物个人特点和他们的个人活动在历史发展上的意义完全忽略了。在他们看来，历史事变仿佛丝毫也不会因能力大小不一的历史人物的更替而有所变化。普列汉诺夫说：“这是走极端，是根本排斥相反观点中所包含的那一部分真理。唯其如此，所以相反的观点也就仍然保留有某种存在的根据。”① 可见，对于相反的观点不加任何分析，采取简单的全盘否定的态度，这种形而上学的方法不仅无法驳倒错误观点，相反地还会给错误观点以存在的权利。所以普列汉诺夫说，只有把正题与反题中所包含的真理成分统一成为合题时，才能达到真理性的认识。当然，这种统一绝不是正题和反题中某些合理因素的机械拼凑，而是在彻底抛弃其错误理论体系的同时，对其中的合理因素进行批判的改造。

① 《普列汉诺夫哲学著作选集》第 2 卷，生活·读书·新知三联书店 1961 年版，第 370 页。

下　　篇

普列汉诺夫与哲学史

第十一章

普列汉诺夫与哲学史方法论（上）

作为一位杰出的马克思主义哲学史大师，普列汉诺夫对哲学史方法论问题的研究给以极大重视。他关于哲学史方法论的一系列论述，至今仍闪耀着智慧的光华，给人以启迪。

一 方法问题是一切哲学体系的灵魂

马克思主义哲学是科学的世界观与科学的方法论的统一。马克思主义的创始人一向对方法论问题给以高度重视。恩格斯曾把方法论看做是他和马克思所创立的新哲学体系的灵魂，普列汉诺夫则指出："马克思和恩格斯在唯物主义方面的最伟大的功绩之一，就是他们制定了正确的方法。"①

从一定的意义上说，科学的研究方法比之一些具体的结论更为重要。这是因为，一般说来，具体的结论即使是正确的，也往往只具有暂时的、相对的意义，如果某一具体结论没有导向它自身发展的条件，就失去了它的权威性；而且，任何具体结论一旦失去了它赖以存在的那些条件，其价值也就不复存在。在这种情形下，倘若还死抱住原有的结论不放，那就不仅无法推进研究工作的进一步发展，而且还会陷于故步自封、作茧自缚的境地。然而，科学的方法相对说来却具有普遍的意义。

普列汉诺夫一再强调，科学的方法是人们用以"发现真理的工具"。②人们掌握了正确的方法，经过一番艰苦工作，一般地说是会得出正确结论

---

① 《普列汉诺夫哲学著作选集》第 3 卷，生活 · 读书 · 新知三联书店 1962 年版，第 158 页。

② ［法］卢梭：《论人类不平等的起源和基础》，李常山译，生活 · 读书 · 新知三联书店 1963 年版，第 204 页。

来的。即便是在这些具体结论里包含着这样或那样的错误，当人们运用这些正确的方法进一步去从事研究工作时，这些错误也不难被发现和纠正。但是，错误的方法则完全相反，伴随着它出现的往往是错误的结论；只有在十分罕见的情形下，错误的方法才会得出与真理性认识相一致的结论，但那纯系极其偶然的现象，而且，从本质上说，这类结论与错误的方法之间是完全无缘的。普列汉诺夫还指出，方法问题之所以重要，在于利用它可以作出一些正确的结论，正像在物质生产领域中利用工具可以制作出一些必需的物品一样。在物质生产过程中，特定工具带来的利益，是由实际使用工具而能获得的那些物品的总和决定的，并不是由单独拿出的其中任何一种物品决定的。同样，在精神劳动领域内，特定的方法的优点也取决于应用于此种方法的研究者所得出的那些正确结论的总和，并非取决于其中任何一个结论。[①]

当然，正确的方法只能为得出正确的结论提供必要前提，它并不能保证人们总能作出正确的结论。这是因为，“简单地理解或承认某一原则与在整个观点体系中彻底贯彻这个原则还相距很远”。[②]

在特定的条件下，正确的方法也可能得出错误的结论，但这绝不应归咎于正确的方法，因为它和错误的结论之间也是完全无缘的。普列汉诺夫用十分形象而又生动的比喻说明了这个道理。他说正像射手使用很好的枪并非永远都命中目标，而使用太古的弓箭射击却很有可能命中目标一样，然而完全不能由此得出结论说，用任何东西射击——例如用完善的枪和太古的弓箭——都是一样的；和弓箭相比，完善的枪毕竟厉害得多。同样的道理，“虽然掌握更现代的研究真理的方法可能犯错误，而利用比较落后的方法却可能达到正确的结论，但这还是完全证明不了方法的意义很小。和比较落后的方法相比，更现代的方法毕竟更有成效些”。[③]

方法问题既然如此重要，那么人们在研究任何一种思想体系包括经济的、历史的、哲学的、美学的思想体系时，就不仅应当重视这些体系所得出的结论，还必须进一步考察得出这些结论和贯穿于该理论体系之中的方

① ［法］卢梭：《论人类不平等的起源和基础》，李常山译，生活·读书·新知三联书店1963年版，第204页。

② 《普列汉诺夫哲学著作选集》第4卷，生活·读书·新知三联书店1974年版，第52页。

③ ［法］卢梭：《论人类不平等的起源和基础》，李常山译，生活·读书·新知三联书店1963年版，第205页。

法论原则。

唯物史观是马克思和恩格斯对人类社会发展普遍规律的科学概括。它既是研究一切社会历史现象的根本观点和理论基础，又是社会科学领域中在最高的层次上起着总的指导作用的根本方法。唯物史观作为马克思、恩格斯首创的科学理论体系，其方法论意义绝不亚于它所阐明的一系列范畴和原理。恩格斯十分强调唯物史观的方法论意义，他在自己晚年关于历史唯物主义的书信中明确指出："我们的历史观首先是进行研究工作的指南"，"如果不把唯物主义方法当做研究历史的指南，而把它当做现成的公式，按照它来剪裁各种历史事实，那它就会转变为自己的对立物"。① 在马克思和恩格斯之后，几乎所有杰出的马克思主义理论家都对唯物史观的方法论意义给予高度的重视，尤其是梅林、普列汉诺夫和列宁。梅林在他的《论历史唯物主义》中写道："历史唯物主义并不是一个封闭的、以最后真理为其终点的体系；它只是研究人类发展过程的科学方法。"② 普列汉诺夫和列宁说得更加明确。普列汉诺夫强调，唯物史观"并没有给我们一个魔术的公式"，它只是"给我们指出了一条科学研究的安全的道路"。③ 唯物史观"不是指出个别现象的原因，而是指出应该怎样去发现这些原因。这就是说，唯物史观首先具有方法论上的意义"。④ 列宁也表达了与普列汉诺夫大致相同的观点，他指出：唯物史观"从来没有企求说明一切，而只企求指出'唯一科学的'说明历史的方法。"⑤ 他还说，从来就没有一个真正的马克思主义者把马克思的历史理论当做"必须普遍遵守的历史哲学公式，他们从马克思的理论中只是吸取了阐明社会历史的宝贵的方法。"⑥

这里要特别指出的是，普列汉诺夫在哲学史的研究工作中，极其重视并且熟练地贯彻和运用了历史唯物主义的基本方法。这是他对哲学史研究工作的一个突出贡献。他在自己的全部哲学史研究工作中坚决反对用唯物史观的抽象原则去剪裁哲学史，而是潜心于运用历史唯物主义的基本原则

① 《马克思恩格斯文集》第 10 卷，人民出版社 2009 年版，第 583 页。

② ［德］梅林：《保卫马克思》，吉洪译，人民出版社 1982 年版，第 25 页。

③ 《普列汉诺夫哲学著作选集》第 2 卷，生活·读书·新知三联书店 1961 年版，第 185 页。

④ 同上书，第 185 页。

⑤ 《列宁选集》第 1 卷，人民出版社 1972 年版，第 13、14、58、60 页。

⑥ 同上。

和方法对历史上产生过重大影响的哲学家及其思想体系作具体的历史的分析。他的许多论述，就是在今天对于我们匡正哲学史研究中的教条主义倾向仍有不可忽视的意义。

二 不是以思想史去说明经济史而是以经济史去说明思想史

普列汉诺夫在哲学史研究工作中历来强调贯彻和运用唯物主义的基本原则和方法，坚持不是以人们的思想关系说明经济关系而是以人们的经济关系说明思想关系，不是以社会思想发展史解释社会经济发展史而是以社会经济发展史解释社会思想发展史。

在马克思以前，即使是一些很有作为的著名哲学家，也往往毫无例外地把人们的观念、理性、民族精神、世界精神之类的精神因素视为社会历史发展的决定力量。关于这一点，人们在黑格尔的哲学体系中看得很清楚。这是对人类社会发展历史的一种唯心主义解释，这种解释由于无法回答人们的观念、理性以及民族精神、世界精神等的演变究竟是由什么决定的，和它们在此时此地为什么这样演变而不是那样演变，而在彼时彼地又为什么那样演变而不是这样演变，因而不能不陷入绝境。

在人类认识史上，马克思第一次拨开了长期笼罩在历史观之上的重重迷雾，对于社会生活及其历史作出了科学解释。马克思认为，观念现象不过是被移置于人类头脑中并在那里被改造过的物质现象而已，用这种观点去看待历史，就必定得出结论，人们的思想观念不是历史发展的原动力，相反，它不过是历史过程的反映。如前所述，马克思对人类历史的研究之所以能够得出科学的结论，是因为马克思运用了一种与前人根本不同的方法，即从一切社会关系中划分出经济关系来并把它当做决定其余一切关系的基本的原始关系。普列汉诺夫在哲学史研究中十分重视马克思首创的这一原则和方法。他在《唯物主义史论丛》一书中说："从我个人荣幸地置身的那个学派的立场看来，'观念现象不过是被移置于人类头脑中并在人类头脑中改造过的物质现象而已'。如果愿意从这个立场去研究观念的历史，就必须下一番工夫去说明一个时代的观念怎样以及以何种方式为它的社会情况所造成，亦即归根到底怎样为它的经济关系所造成。"在他看来，"作出这样一个说明，是一种巨大而有意义的任务，完成这个任务，将会使观念形态的历史焕然一新。”① 他的《历史唯物主义论丛》就是为了“完成这一任务”而撰写的。

和唯物史观相反，唯心史观不是以社会经济发展史解释社会思想发展史，而是以后者去解释前者。这种观点当然是错误的，因为以“意见”为依据的唯心史观远不能指出“历史过程的基本的、最深远的原因”。所以普列汉诺夫说：“为了认识全部真理，我们必须从唯心主义所中断的地点继续进行研究。我们应该试着确实弄清生活在社会中的人的意见产生和发展的原因。”② 这个任务是马克思完成的，他从唯心史观中断的地方继续前进，用人们的经济关系去说明人们的思想关系，并用生产力状况去说明人们的经济关系，这就使人类思想的演进得到了彻底的唯物主义解释，从而完全排除和否定了那种用人的“意见”解释历史的唯心主义说法。

普列汉诺夫在强调人们的经济关系决定其思想关系、社会经济发展史决定社会思想发展史时，并没有对这一命题作简单化的解释，而是反复指出，经济的决定作用只有在“最后的意义上”才表现出来。他所强调的“最后的意义上”的决定作用，也就是“归根到底”意义上的决定作用。这是对马克思、恩格斯思想的正确解释，这个解释对于防止和克服把唯物史观的基本原则和方法简单化、庸俗化的倾向有极为重要的意义。

按照历史唯物主义的基本原则和方法，既然人们的思想关系决定于经济关系，而经济关系又是由特定的社会生产力状况决定的，那么对于社会生活和人类历史的研究就不能不首先从特定国家和民族的生产力状况和社会经济关系开始。然而，只这样做是远远不够的。这是因为历史唯物主义并不是“经济解剖学”，如果以为只要一通晓某个社会的经济状况一切问题就会迎刃而解，对该社会的各种哲学思想也就能一目了然，那是对历史唯物主义及其方法的极大歪曲。从历史唯物主义的基本原则和方法出发，对于人类社会生活及其历史的研究，不能仅仅停留在对社会经济状况的考察上，还必须进一步探究“经济的枯燥的骸骨是怎样为社会政治形态的血肉包裹着”的。但事情到此并没有完结，还必须在此基础上进一步弄清楚“经济的枯燥的骸骨”又是“怎样为人类的观念、感觉、意图和理想的血肉包裹着”的。在普列汉诺夫看来，这是一项“最有趣和诱人的

① 《普列汉诺夫哲学著作选集》第2卷，生活·读书·新知三联书店1961年版，第32页。

② 同上书，第730页。

任务"[①]。只有这样，才能对社会生活及其历史作出科学解释。也只有这样，才能使人类思想史和哲学史得到科学的说明。否则，一味地用社会经济史去"剪裁"哲学史，只能把哲学史的研究引入死巷。

唯物史观坚信经济因素在社会发展进程中的"最后意义上"的决定作用，把社会经济形态的发展看做自然历史过程，但这绝不意味着崇拜历史的自发性。人类社会的演进固然有其自身的经济必然性，然而这种经济必然性并不是"自然而然"地实现的。普列汉诺夫指出，在人类社会发展的漫长曲折的道路上，有许多转折点，如果我们用A、B、C、D等字母来标志这些转折点的话，那么从A点发展到B点，再从B点发展到C点，如此类推，一直到S点，这种发展"任何时候都不是在一种经济平面上进行的"。为了从A点过渡到B点，再从B点过渡到C点，"每次都必须上升到'上层建筑'，并在那里进行一番改造。只有完成了这个改造之后，才可能达到预期的点"。这就是说，"从一个转折点到另一个转折点的道路，总是要通过'上层建筑'。经济几乎永远不会自然而然地取得胜利"，而是"永远必须通过上层建筑，永远必须通过一定的政治制度"。[②] 这些精彩的论述清楚地说明，人类社会从一种社会形态向另一种社会形态的过渡，绝不是社会经济因素自然而然地发展的结果，而是必须通过人们自觉进行的上层建筑的变革特别是政治制度的变革来实现的。

普列汉诺夫不仅非常重视政治因素在社会发展中的作用，也十分重视思想因素在社会发展中的作用，在他看来，社会政治制度的变革乃是人们的一种有目的的自觉活动，它必须以人们观念的变革为先导。所以，"人类如果不先经过自己的概念的一系列变革，就不可能从自己经济发展的一个转折点过渡到另一个转折点"。[③]

尽管如此，在人类社会生活及其历史发展进程中起决定作用的东西归根到底还是经济因素。正如恩格斯所说，不管政治的和意识形态的因素对于经济条件有多大的影响，但经济条件"归根到底还是具有决定意义的，

① 《普列汉诺夫哲学著作选集》第1卷，生活·读书·新知三联书店1959年版，第754页。

② 《普列汉诺夫哲学著作选集》第2卷，生活·读书·新知三联书店1961年版，第237页。

③ 同上。

它构成一条贯穿于全部发展进程并唯一能使我们理解这个发展进程的红线”①。这就清楚地告诉我们，用人们的经济关系去说明思想关系，以社会经济史说明社会思想史，乃是历史唯物主义的基本原则和基本方法。普列汉诺夫在哲学史和其他社会思想史的研究中十分重视贯彻和运用这个原则和方法，从原始宗教的图腾崇拜和万物有灵论，到现代资产阶级哲学和美学的各个流派，他都力图透过各种中间环节去发现它们同社会经济结构即社会经济关系之间的联系。在他看来，包括哲学思想在内的一切观念的运动“只是反映着社会运动”，“观念运动所开辟的不同的途径，所不断采取的种种方式，正是适应着社会运动中力量的不同结合情况。思维的方式永远以存在的方式而定”。② 所谓社会存在的方式，就是建立在生产力基础上的社会经济结构，亦即人们的经济关系。

普列汉诺夫批评了把哲学思想的发展仅仅归结为哲学家的“主观逻辑”的唯心主义哲学史观。按照这种观点，人们往往认为费希特的哲学体系只是按“逻辑的方式”从康德的哲学体系中得出来的，谢林的哲学体系只是按“逻辑的方式”从费希特哲学体系中得出来的，而黑格尔的哲学体系则只是按“逻辑的方式”从谢林的哲学中得出来的。在他们看来，就连艺术中各种不同派别之间的更迭，也只能用同样的“逻辑的方式”来说明。普列汉诺夫认为，这种哲学史观虽有“部分真理”，但它完全没有说明，“从一种哲学体系或者从艺术中的一个派别过渡到另一种体系或派别”，为什么“有时是很快地完成的，在几年内就完成了，有时却需要一整个世纪”。这种情形，仅仅用“思想之间的逻辑继承关系完全不能说明”，归根到底还得从社会经济活动中寻求答案。③

普列汉诺夫还批评了“因素论”这种折衷主义的哲学史观。这种哲学史观只看到各种因素之间的相互影响，例如经济因素影响政治因素，政治因素也影响经济因素；经济因素、政治因素影响思想因素，思想因素也影响经济因素和政治因素，如此等等。在意识形态领域中，则只看到诸如“法律影响宗教，宗教影响法律，而这两者又分别地和共同地影响哲学和

① 《马克思恩格斯选集》第4卷，人民出版社1972年版，第506页。

② 《普列汉诺夫哲学著作选集》第2卷，生活·读书·新知三联书店1961年版，第73—74页。

③ 《普列汉诺夫哲学著作选集》第1卷，生活·读书·新知三联书店1959年版，第474—475页。

艺术，哲学和艺术转过来又相互作用，还作用于法律，作用于宗教”之类的现象①，而完全忽视了各种因素的相互作用是“不相等的力量的相互作用”②，是在“归根到底总是得到实现的经济必然性的基础上的互相作用”。③ 普列汉诺夫认为，这种只看到各种因素相互作用的观点和方法是“没有根基的，悬在半空中的”，它不过是掩盖各种因素起源的“完全煮不烂也完全不能消化的”折衷主义“大杂烩”，它不是接近真理而是窒息真理。④

三　不是以人性去说明历史而是以历史去说明人性

普列汉诺夫在阐明哲学史方法论时进一步发挥了马克思的思想，他指出同以往的哲学家相反，马克思不是以人性去说明历史，而是以历史去说明人性，这是唯物史观的一个基本原则和方法，也是哲学史研究的一个基本原则和方法。

普列汉诺夫的这一见解是在进行了广泛而又深入的历史比较的基础上提出来的。

在马克思以前，许多哲学家对历史的说明常常从人性出发，18 世纪法国启蒙学者是这样，19 世纪空想社会主义者是这样，复辟时代的法国历史学家和费尔巴哈也莫不如此。

18 世纪法国启蒙学者把“理性”视为人的共同本性，认为它是推动人类历史发展的决定力量。这些启蒙思想家主张以“理性”作为历史的“最高审判官”，以为人们只要诉诸“理性”就能克服面临的一切“迷误”，把历史推向前进。普列汉诺夫指出，法国启蒙学者不断地讲到“人性”并用它来说明历史，以为它可以给人们指示出一种完善的制度，这一观点在当时的历史条件下虽有一定的积极意义，但实际上不过是一切乌

---

① 《普列汉诺夫哲学著作选集》第 1 卷，生活·读书·新知三联书店 1959 年版，第 474—475 页。

② 《马克思恩格斯文集》第 10 卷，人民出版社 2009 年版，第 596 页。

③ 《马克思恩格斯选集》第 4 卷，人民出版社 1995 年版，第 732 页。

④ 《普列汉诺夫哲学著作选集》第 1 卷，生活·读书·新知三联书店 1959 年版，第 477 页。

托邦的基础。因为空想家们在设计他们理想中的最完善的社会制度时总是从“人性”的观点出发的，19 世纪空想社会主义者正是这样。

同法国启蒙思想家一样，19 世纪空想社会主义者也以“人性”为“最高准绳”。他们不是以历史发展的客观过程为依据，而是诉诸人的善良感情；他们看不到无产阶级的任何历史首创作用，而是一视同仁地向现代社会的一切阶级呼吁；他们不是把资本主义社会相互对立的阶级区分开来，而是尽可能地使他们联合起来。空想社会主义者在制定自己的社会理想时总是从抽象的“人性”出发的。傅立叶依据对人的情欲的分析去解释生活；欧文则把人类性格形成过程的某些论点当做研究人类历史的出发点；表现出对历史有相当了解的圣西门，为了说明历史发展的规律也经常回到人性的观点上来，圣西门主义者就宣称他们的哲学是建立在用新的观点来解释“人类本性”的基础之上的。尽管空想社会主义者的各个不同派别曾经提出过各种不同的社会改革计划，但不论这些计划彼此之间怎样不同，有一点它们却是一致的，即它们“都以对人类本性的一定看法为其基础”。[①] 他们把人类本性看做是“最高法院”，将关于社会制度的一切争论都诉之于这个“最高法院”。无论各派空想社会主义者彼此之间由于对人类本性理解的不同而进行怎样的激烈争论，但他们都毫无例外地坚信，除了正确地理解人类本性以外，社会科学没有也不可能有什么别的基础。普列汉诺夫认为，从科学的观点来看，空想社会主义者建立在人性论基础上的上述观点是“完全站不住脚的”。如果我们假定某个社会制度完全符合于人类本性，而所有其他的社会制度都是抑制人类本性的，那就等于宣告整个历史都是不符合人类本性的，只有我们所喜欢的制度占统治地位的那个时期除外。但这样的历史观点是“排斥对历史的任何科学解释的”[②]。普列汉诺夫还指出，19 世纪空想社会主义者的“人性论”观点反映了当时一切社会科学中所共有的缺点，这种观点在当时的历史条件下，“也许在鼓动的意义上是有益的”，然而对于历史科学来说，它“却从来没有什么益处”[③]，因为它妨碍了对人类社会生活及其历史发展的科学见

① 《普列汉诺夫哲学著作选集》第 2 卷，生活·读书·新知三联书店 1961 年版，第 785、788 页。

② 同上。

③ 《普列汉诺夫哲学著作选集》第 4 卷，生活·读书·新知三联书店 1974 年版，第 339 页。

解的形成。

几乎与19世纪空想社会主义者同时，对历史表现出有深刻了解的法国复辟时期的历史学家也在用“人性”去解释历史。他们力图用人的本性去解释社会财产关系的起源和人类历史的发展。在他们看来，人类自产生以来，就有一种与生俱来的“征服欲”“统治欲”，这是人类共有的本性。正是这种本性，推动着一个民族去征服另一个民族，推动着一部分居民去征服另一部分居民，于是就产生了财产关系的不平等。普列汉诺夫指出，尽管复辟时期的法国历史学家看到了财产关系在社会生活中的重要作用，但他们用人性去解释财产关系的起源却是错误的。因为他们所说的决定财产关系起源的“征服欲”“统治欲”，不过是人的一种观念，属于人们的意见范围之内。所以，他们用“征服”来解释财产关系的起源不仅使问题未得到解决，反而在兜了一个大圈子之后又回到了“意见支配世界”的唯心主义观点上去。

至于费尔巴哈，其历史观更是不折不扣的、彻头彻尾的人性论历史观，这已为人所共知，就不必多费笔墨了。

普列汉诺夫认为，用人性去说明历史，乃是一种错误的观点和方法。人性要么是不变的要么是变化的。如果说它是不变的，它就无法说明历史，因为不变的人性不能作为变化着的历史的原因；如果说它是变化的，那它也不能成为历史发展的最后动因，因为还必须进一步回答人性的变化究竟是由什么决定的。总之，不论人性是变化的或不变的，也不论是直接地或间接地用人性去说明历史，都无法对历史作出科学的解释。

如上所述，在马克思以前，人性曾被当做历史的出发点，一切说明人类历史发展的企图都是从这个观点出发的。马克思的理论则“结束了这一切虚构，这一切迷惘，这一切矛盾”。①马克思的伟大功绩就在于他采取了一种与前人截然不同的方法，从相反的方向去说明问题，他不是把人的本性看做历史发展的动因，而是把它看做永远发展着的历史运动的结果。马克思指出，不管是人们的“内在本性”，或者是人们对这种本性的“意识”，即他们的“理性”，向来都是历史的产物。在马克思看来，“当人通过自己的劳动影响他以外的自然时，也就使他自己的本性发生了变

① 《普列汉诺夫哲学著作选集》第2卷，生活·读书·新知三联书店1961年版，第163页。

化。因此，人性本身就有一个历史，要辨明这个历史，必须了解人是怎样影响他以外的自然的”。[①] 马克思发现了物质资料生产是人类社会存在和发展的基础，从这个基本事实出发，他找到了历史发展的根本原因，揭示了人类社会发展的一般规律。马克思发现了历来为繁茂芜杂的意识形态所掩盖着的一个简单的事实：人们首先必须吃、喝、住、穿，然后才能从事政治、科学、艺术、宗教等。马克思指出，当人们通过自己的劳动去影响他们以外的自然界时，也就使他们自己的本性发生了变化。因此，马克思不是用人性去说明历史运动，而是指出，正是“历史运动使人的本性具有这种或那种形态”。[②]

普列汉诺夫对马克思的上述观点和方法极为重视。他在哲学史研究工作中，尤其是对文艺复兴以来哲学思想发展的考察，特别是对 18 世纪法国唯物主义、19 世纪空想社会主义、费尔巴哈人本主义和俄国革命民主主义者唯物主义哲学体系的研究，都力图贯彻和运用马克思的这一基本观点和方法。

四　系统方法的先驱

系统论是 20 世纪 40 年代前后随着科学的突飞猛进而建立起来的一门新兴学科。这门新学科一经面世，便显示出了它的强大生命力和重要价值。系统论的广泛传播和应用，是 20 世纪下半叶的事情，但是，这不等于说在系统论作为一门新学科产生以前，系统的原则和方法不曾为人们所发现和运用。事实上，就连系统论的创始人也认为马克思是运用系统方法研究社会生活的第一人，而把他尊为系统论思想的先驱。

所谓系统方法，就是把研究对象作为一个具有一定组成、结构与性能的整体，从整体与部分之间、整体与外部环境之间的相互联系、相互制约和相互作用的关系中综合地考察对象的方法。马克思对社会历史现象的研究，实际上贯穿着系统方法的原则，他把人类社会特别是资本主义社会形态看做是一个由诸多因素和层次构成的活生生的有机体，不仅

① 《普列汉诺夫哲学著作选集》第 2 卷，生活·读书·新知三联书店 1961 年版，第 163 页。

② ［俄］普列汉诺夫：《无政府主义与社会主义》，王荫庭译，生活·读书·新知三联书店 1980 年版，第 23 页。

考察了它同周围自然界之间的相互联系和相互作用，而且揭示了这个有机体内部诸要素、层次之间的相互关系。在马克思之后，普列汉诺夫根据马克思关于历史唯物主义的经典公式所提出的社会结构“五项因素公式”，也贯穿着系统方法的原则。普列汉诺夫把人类社会生活和整个社会结构看做是由生产力、生产关系、政治制度、社会心理、思想体系这五个基本因素和基本层次构成的有机整体，并且十分强调揭示各种因素和层次之间的“因果关系”“等级序列”。他指出，人们对于社会生活和人类历史的考察，“到研究者手里的是死的材料，从他们手里出去的应该是有完全生命的有机体”。[①] 这些思想，今天看来实际上就是在社会历史研究领域中对“整体性”原则和“层次性”原则的贯彻和运用，尽管当时在普列汉诺夫那里没有也不可能提出“系统性”“整体性”和“层次性”之类的概念。

值得指出的是，普列汉诺夫在哲学史研究领域中也体现了系统方法的某些原则。他对各个时代哲学思想发展和一些重要哲学家思想体系的考察，一般地说都强调把它们放到处于一定历史阶段的社会有机体的整体中去进行。他不仅把社会意识现象看做社会有机体这一整体的一个重要层次，并且还把社会意识现象具体地区分为社会心理这一低级的层次和思想体系这一高级的层次。然而事情到此并未结束，在此基础上他又进一步把思想体系具体地区分为“第一级的”即“低级的”层次和“第二级的”即“高级的”层次。前者包括政治、法律、道德等思想体系的具体形式，后者则包括哲学、艺术等思想体系的具体形式。普列汉诺夫把政治、法律、道德观点列为“低级的意识形态”，把哲学、艺术等列为“高级的意识形态”，这种划分决不意味着它们之间有什么高贵与低贱之分。这种划分的唯一根据，是看这些思想体系的具体形式距离社会物质经济基础的远近。凡是离社会物质经济基础较近的思想体系，就归之于“低级的意识形态”，凡是离社会物质经济基础较远的思想体系，则归之于“高级的意识形态”。

不难看出，普列汉诺夫实际上是把哲学这一思想体系的具体形式当做整个社会有机体的一个最高的层次来看待的。他在哲学史研究工作中十分

① 《普列汉诺夫哲学著作选集》第 1 卷，生活·读书·新知三联书店 1959 年版，第 754 页。

重视考察哲学思想及其发展和整个社会有机体及该有机体其他层次之间的关系。既重视考察哲学与社会生产力、社会经济关系之间的联系，又重视研究它和诸种社会政治因素之间的联系；既重视考察哲学与社会心理之间的关系，又重视研究它与其他社会意识形态之间的关系。他对笛卡儿哲学思想的研究，就是贯彻和运用上述原则和方法的一个范例。

普列汉诺夫强调揭示哲学与社会有机体整体之间的关系和强调考察哲学与社会生活其他层次之间的关系，今天看来，实际上体现着系统论的原则。因此，我们称他作哲学史研究工作中运用系统方法的先驱，是不过分的。他所运用的上述原则和方法，至今对于我们从事的哲学和哲学史研究工作，仍然具有重要的参考价值。

五　历史主义方法的运用

这里所说的“历史主义”，是指从历史的联系和发展中去考察社会历史现象的一种原则和方法。马克思主义的历史主义是建立在唯物史观的理论基础之上的，其基本要求是：（一）尊重历史的实际，从具体的历史条件出发去研究和评价一切社会历史现象；（二）注意历史的演变，从历史的发展和变化中去揭示一切社会历史现象的来龙去脉和发展趋势。

普列汉诺夫十分重视历史主义的原则和方法。他对黑格尔和车尔尼雪夫斯基关于历史主义的一些合理思想倍加推崇。在他看来，黑格尔哲学的特点是“对现实的最注意的研究；对任何特定对象的最忠实的态度；在其生动的环境中，在一切制约着或伴随着其生存的时间和地点的条件下研究对象”。① 这样的评价未免过分，但也恰恰说明他对黑格尔合理思想的高度重视。他在自己的著作中还反复援引车尔尼雪夫斯基的一句名言：“抽象的真理是没有的，真理是具体的。”他认为，尽管车尔尼雪夫斯基自己在经济学和社会学研究中曾经违背过这一原则和方法，但这一至理名言闪耀着历史主义的光辉。

普列汉诺夫在哲学史研究工作中很好地贯彻和运用了历史主义的原则和方法，成绩卓著，堪称典范。

---

① 《普列汉诺夫哲学著作选集》第1卷，生活·读书·新知三联书店1959年版，第638页。

（一）普列汉诺夫对他所研究的每一时代的哲学家及其思想总是放到一定的历史条件下作具体的历史的分析。既充分肯定这些在人类思想史上有作为的哲学家在当时的历史条件下所作出的贡献，又指出他们的历史局限性，甚至还具体地剖析了那些在历史上有相当影响的哲学体系所包含的错误以及哲学家们失足的教训。他从不脱离特定的历史条件去评价一个哲学家及其思想体系，从不苛求前人，否定一切。例如，他在评价法国唯物主义时曾指出，这派唯物主义者和当时的官方思想家进行了热烈的争辩，他们驳斥了官方思想家关于人的观念具有先天性的错误论断，彻底发挥了洛克的感觉论原则。他们"把人的一切心理功能看做是感觉的变形"，是"无畏的始终彻底的感觉论者"。[①] 尽管从现代科学的观点来看，他们的某些论据不能令人满意，因为他们"还不知道现在每个小学生都知道的许多东西"，然而，他们却有"不可争辩的宝贵的功绩，即他们是从他们同时代的科学的观点上彻底思想了的，而这是能够和应该要求于思想家的一切"。[②]

普列汉诺夫十分欣赏黑格尔在其《历史哲学》中所提出的不要把先天的虚构硬加到历史上去的原则，认为它符合历史主义，甚至是历史主义的基本要求。他指出，黑格尔曾一再强调"应当如实地来考察历史"，"应当从经验上来处理历史"，而不要像一些"历史专家"特别是德国"历史专家"那样对历史做"先天的虚构"。但是，黑格尔不仅没有彻底贯彻这一原则，而且严重违背了这个原则。这是因为黑格尔本人是一个"绝对唯心主义者"，在他那里，绝对观念的逻辑发展是自然界和社会生活一切现象的主要的和最深刻的动因。因此，每当经验材料不适合于他所虚构的哲学体系时，他便扮演"削足适履"的角色——"为了理论而曲解事实"。[③] 普列汉诺夫批评了那种把上述情形归咎于黑格尔辩证方法的错误观点，在他看来，黑格尔之所以不惜"曲解事实"，并非因为他坚持辩证方法所致，而是"由于贯串于他的哲学体系中的那种唯心主义的缘故"。[④]

① 《普列汉诺夫哲学著作选集》第 1 卷，生活·读书·新知三联书店 1959 年版，第 571 页。

② 同上。

③ 《普列汉诺夫哲学著作选集》第 2 卷，生活·读书·新知三联书店 1961 年版，第 789 页。

④ 同上。

为了贯彻历史主义的原则和方法，普列汉诺夫坚决反对那种把思想家本人所没有的观点硬加到他们身上的做法。他批评了俄国文艺批评家、庸俗社会学家舒利雅齐柯夫《西欧哲学对资本主义的辩护》一书中的上述错误。舒利雅齐柯夫认为，哲学家运用的“所有一切的哲学术语、公式”，包括“表象”“感觉”“自在之物”“本体”“现象”“实体”“样态”“属性”“主体”“客体”等，“都是用来标明社会上各个阶级、集团、基层单位以及它们之间的相互关系的”[①]，在他看来“资产阶级思想家的哲学体系”，就是“一幅利用符号所画出来的社会阶级结构的图画”。[②] 根据这个错误公式，舒利雅齐柯夫得出结论说：当康德在写本体和现象的时候，不仅注意到各个不同的社会阶级，而且还在“频频窥探”其中一个阶级即资产阶级的“钱袋”。普列汉诺夫指出，舒利雅齐柯夫的这些见解充满了“幼稚的谬误”，“无异是对人类思想的诽谤”。它严重违背了历史主义的原则。

（二）普列汉诺夫在哲学史的研究中也非常重视对各个时代的哲学家及其思想体系作历史的比较，在广泛的历史比较中指出其成就和不足，作出应有的历史评价，并揭示哲学思想发展的历史线索。他对 18 世纪法国唯物主义、19 世纪空想社会主义和德国古典哲学的评价，特别是对黑格尔、费尔巴哈哲学的评价，都是在作了广泛历史比较的基础上提出来的。由于他十分重视在哲学史研究中运用历史比较的方法，所以对以往哲学的评价一般地说就能够得出较为中肯的结论，而不至于有太大的失误。也由于他重视运用历史比较的方法，所以对以往哲学家及其思想体系的评价也就具有较强的说服力。例如，他在研究车尔尼雪夫斯基思想的过程中，既把它放到俄国思想史的发展长河中去同以往的思想家作比较，又把它同马克思的思想进行比较。在拿车尔尼雪夫斯基同马克思作比较时，普列汉诺夫指出，我们不止一次说过，车尔尼雪夫斯基像马克思一样，曾受过费尔巴哈的影响，但车尔尼雪夫斯基一直保持费尔巴哈的观点，而马克思却对这些观点进行了根本改造。在拿车尔尼雪夫斯基同俄国以往的思想家作比较时，普列汉诺夫充分肯定了他的贡献，把他誉为俄国启蒙运动的“始

---

① 《普列汉诺夫哲学著作选集》第 3 卷，生活·读书·新知三联书店 1962 年版，第 356、366 页。

② 同上。

祖”、革命民主主义激进派“公认的领袖”和革命活动的“魁首”。在作了上述比较之后他指出，诚然，车尔尼雪夫斯基的唯物主义观点是不彻底的，他的历史观点尤其不能令人满意，谁现在还要保持这些观点，谁就是一个时代的落伍者；但是，在谈到这一点时我们决不能忘记，车尔尼雪夫斯基毕竟生活在一个各方面都很落后的国家里，社会科学的最新发现和趋势往往完全达不到这个国家，这种情况不能不大大地妨碍了车尔尼雪夫斯基思想的发展。普列汉诺夫还公正地说，现在我们站在马克思主义的立场上可以对车尔尼雪夫斯基的理论论断和实际活动计划中的某些东西加以指责，然而，对于他的时代和他的国家来说，他的观点，甚至就连我们现在认为是错误的那些观点，“也终究是极其重要和有益的，因为它们激发了俄国的思想，并且把俄国思想推上了它在前个时期尚未能走上的道路，即推上了研究社会问题和经济问题的道路”。[①] 他的名字“标志着俄国社会思想发展上的整整一个时代”。[②] 在考察 19 世纪空想社会主义的历史观时，普列汉诺夫拿它和 18 世纪法国唯物主义作了比较，一方面指出在历史哲学的范围内，19 世纪空想社会主义者总的说来继承了法国唯物主义者“意见支配世界”的原则，“在这一点上他们和 18 世纪的唯物主义者没有任何区别”[③]，但另一方面普列汉诺夫又看到了这些空想社会主义者对于从法国哲学家那里继承来的历史理论有时表现出了“极大的不满”，指出他们在研究社会历史现象时，在某些重要方面表现了“想摆脱唯心主义的狭窄圈子和想立足在更现实的基础上的意图”。[④] 这是一个明显的矛盾。这一矛盾常常在他们对社会历史现象的解释中表现出来：一方面他们在唯物主义意义上去解释的一些事实最终却得出了唯心主义的结论；另一方面在他们对社会历史现象的唯心主义解释中又“经常夹杂着完全是唯物主义的说法”。[⑤] 正是上述矛盾现象，反映出他们在历史观领域中比他们的法国前辈有了长足的进步。正如恩格斯所指出的，在 19 世纪空想社会主义者那里，“使我们感到高兴的，倒是处处突破幻想的外壳而显露

① 《普列汉诺夫哲学著作选集》第 4 卷，生活·读书·新知三联书店 1974 年版，第 86 页。

② 《车尔尼雪夫斯基全集》（上卷），商务印书馆 1963 年版，第 506 页。

③ ［俄］普列汉诺夫：《无政府主义与社会主义》，王荫庭译，生活·读书·新知三联书店 1980 年版，第 14 页。

④ 《普列汉诺夫哲学著作选集》第 3 卷，生活·读书·新知三联书店 1962 年版，第 40 页。

⑤ 《普列汉诺夫哲学著作选集》第 4 卷，生活·读书·新知三联书店 1974 年版，第 303 页。

出来的天才思想萌芽和天才思想”。[①]

（三）普列汉诺夫在哲学史研究中极其重视贯彻发展的原则，在他那里，发展的原则既是历史辩证法的灵魂，又是历史主义的基本内容。可以说，离开了发展的原则便没有什么历史主义可言。

所谓“发展的原则”，按照普列汉诺夫的说法就是从“生成的过程的观点”，即从“现象的发生和消灭的观点”去观察问题。普列汉诺夫认为，用“发展的原则”去考察社会历史现象和人类思想史是黑格尔的重要贡献，他无论在历史哲学、法哲学、宗教哲学、哲学史和美学等所有这些不同的领域中，都力图探寻贯穿其中的“发展线索”。黑格尔在社会科学发展史上的历史地位首先决定于他不遗余力地坚持发展的原则。

在黑格尔之前，“发展原则”曾遭到不同程度的忽视。18 世纪法国唯物主义者除了狄德罗之外，几乎完全没有任何进化其发展观点，每当谈到自然界和社会历史的发展时便暴露出了他们“惊人的薄弱”。在 19 世纪空想社会主义者那里虽然闪耀着辩证思维的光辉，但由于他们追求一种对于一切时代和民族来说都是至善至美的社会制度，而表明他们缺乏坚定地站在发展观点上的那种本领。黑格尔则不然，他是一个坚定的辩证论者，在一切领域中都坚持用“发展的原则”去观察问题，因而给了历史哲学、法哲学、宗教哲学、美学和哲学史的研究以全新的面貌。

普列汉诺夫吸取了黑格尔的上述积极成果，在哲学史的研究中着力于从发展的观点上去探索问题。例如，他以社会发展的动力问题为中心，从神学历史观，到 18 世纪法国唯物主义、19 世纪空想社会主义、复辟时期法国历史学家和黑格尔的历史观，再到马克思的唯物史观，揭示了历史观的发展史，展现了人类历史观从低级到高级，从一个环节到另一个环节循序发展的清晰画面。在这个发展进程中，每一个阶段都有自己的积极成果，也都包含着其自身无法克服的矛盾，这些矛盾在下一个发展阶段中得到一定程度的解决，但新的哲学体系又面临着新的矛盾，人类历史哲学就是在这些积极成果不断积累和对社会历史现象认识中的矛盾不断克服过程中发展起来的。如果从本质上说，马克思以前的历史观只有量的变化而无质的飞跃，那么唯物史观的创立则完成了这一发展进程，实现了从量变到

① 《马克思恩格斯文集》第 9 卷，人民出版社 2009 年版，第 274 页。

质变的转化，使历史观发展到了一个崭新的阶段。

普列汉诺夫认为，在哲学发展的历史过程中，每一种有影响的哲学都有“自己时代的真理”。由于这个原因，在考察哲学的历史时，就不应当把从前的那些哲学体系当做“陈旧无用的废物”加以抛弃，而是应当珍惜其中的积极成果。他非常欣赏黑格尔的话：“在时间上最后出现的哲学乃是所有以前哲学的产物，因此就应该包括所有以前哲学里的各项原则。”当然，黑格尔“对于哲学史的这种观点的基础是纯粹唯心主义的见解”，但是，如果把他在这里所说的“应该包括的”原则不是看做以前哲学体系中的谬误，而是看做其中所包含的合理因素和积极成果，那是极有意义的。普列汉诺夫指出，在19世纪前半期，正处于唯心主义哲学得到完全恢复的时期，关于唯物主义人们几乎连听都不愿再听了，甚至报之以极端鄙视的眼光。但是如果我们把19世纪的唯心主义哲学与18世纪最盛时期以前的哲学比较一下，就不难发现，19世纪唯心主义哲学的优点正在于进化的思想，而这种思想是唯物主义者所没有的。这就是说，唯物主义自己的错误为自身的发展付出了代价。毋庸置疑，19世纪德国唯心主义的集大成者黑格尔也没有彻底解决进化问题，特别是人类社会历史的进化问题，它不能不让位于马克思创立的科学唯物主义。可是，在马克思的科学唯物主义中正包含着以往哲学体系中的唯物主义和进化思想的合理成分。

普列汉诺夫在自己的著作中经常用历史的、发展的观点去分析一些哲学流派的出现及其社会作用，他对“因素论”的剖析就是一例。他指出，“因素论”是随着社会科学分工的发展而出现的一种理论。它是人们对社会现象的研究越出了原来所处的抽象的、笼统的、直观的阶段，然而又处于脱离社会生活的有机整体去孤立地、抽象地考察社会生活各种因素的认识阶段上产生的。它的出现如同形而上学思维方法的出现一样，在人类对社会生活的认识史上“是不可避免的”。正因为如此，“因素论”在人类认识史上曾经产生过积极的作用，它对社会生活的认识所采取的抽象分析的方法，比之人们过去对社会现象的笼统、直观的认识，显然是一个进步，所以普列汉诺夫指出，“因素论”对于科学也曾有过它的一份贡献。但是，不管“因素论”在当时有过什么积极的作用，然而在今天却经不起任何批判了。这是因为它对社会现象的认识只知道用抽象分析的方法，而不懂得用综合研究的方法。它在社会科学发展史上的作用同“个别物理力的理论”在自然科学发展史上所起的作用是类似的。如同自然科学的成就已经达到了关于物理力的统一的理论一样，社会科学的发展“也一定要达到以社会生活的综合观点来代替社会分析的结果——因素论”。[①]也就是说，随着社会科学的发展，“因素论”已相形见绌了，它必然为新的理论所取代。

由于普列汉诺夫在哲学史研究工作中遵循历史主义的原则行事，就使得他对历史上的哲学家及其思想体系的剖析和评价比较的客观。在马克思主义哲学发展史上，普列汉诺夫是一个善于吸取以往哲学体系之精华的马克思主义哲学史家。对以往的哲学，他从不搞“否定一切”，总是注意发现其合理因素，运用马克思主义原则批判地吸取其有价值的思想。普列汉诺夫学识渊博，其理论著述旁征博引，通今博古，有极其丰富的思想内容和历史知识，这同他对以往的哲学和历史文化遗产采取历史主义的态度是分不开的。

① 《普列汉诺夫哲学著作选集》第3卷，生活·读书·新知三联书店1962年版，第267页。

第十二章

普列汉诺夫与哲学史方法论（下）

六　哲学与社会心理

以往，我们对哲学史的研究，常常只重视揭示哲学的演进与社会经济、政治关系及其他社会意识形式之间的联系，而在相当大的程度上忽视了考察哲学与社会心理的联系，这是一个很大的缺陷。重温普列汉诺夫关于哲学与社会心理的关系的论述，对于我们克服上述缺陷有着重要的意义。

在马克思主义哲学发展史上，普列汉诺夫是运用唯物史观的基本原理和方法深入考察哲学及其演进与社会心理之间的关系的第一人。他关于这个问题的一系列重要论述，不仅丰富和发展了马克思主义社会意识理论的内容，而且为哲学史的研究提供了一个重要的方法论原则，正如他在《论唯物主义的历史观》一文中所说，要想了解某一国家的思想史，“只知道它的经济是不够的。必须知道如何从经济进而研究社会心理；对于社会心理若没有精细的研究与了解，思想体系的唯物主义解释根本就不可能”。因此，“社会心理学异常重要。甚至在法律和政治制度的历史中都必须估计到它，而在文学、艺术、哲学等学科的历史中，如果没有它，就一步也动不得”。①

关于社会心理与哲学的关系，普列汉诺夫突出地强调了以下几个方面：

---

① 《普列汉诺夫哲学著作选集》第 2 卷，生活·读书·新知三联书店 1961 年版，第 272—273 页。

（一）社会心理不仅是历史唯物主义的重要范畴，也是与哲学史密切相关的范畴

在马克思主义哲学史上第一个明确把社会心理列为历史唯物主义范畴的是普列汉诺夫。他不仅把社会心理当做整个社会结构的一个重要因素和层次加以考察，而且对社会心理的特征、根源、作用以及它和包括哲学在内的思想体系的关系等一系列问题，都有深入系统的论述。

这里要着重指出的是，普列汉诺夫还把社会心理看做一切时代哲学思想及其发展所依赖的一个重要因素。从这个意义上说，它也是哲学史研究中的一个不可忽视的重要范畴。在普列汉诺夫看来，任何时代的哲学都与那个时代的社会心理有着极为密切的关系。因此，要弄清楚特定时代的哲学及其来龙去脉，就必须对那个时代的社会心理及其演变作深入的了解。

那么，什么是社会心理呢？按照普列汉诺夫的论述大体上可作如下概括：所谓社会心理，乃是社会意识的一个低级形式和社会意识自身发展过程中由浅入深由低级到高级的一个必经阶段，它是特定时代、特定国家和民族、特定社会集团（在阶级社会里包括特定阶级）中所普遍流行的没有经过思想家系统加工的日常的或普通的意识，包括人们的情绪、情感、感觉、经验、动机、意志、倾向、态度、愿望、理想、风尚、潮流、审美趣味、社会舆论，等等。

同社会意识的高级形式——思想体系——相比，社会心理有以下基本特征：

从社会心理与思想体系产生的顺序来看，它先于思想体系。这主要表现在以下两个方面：一是在人类社会发展的历史进程中，社会心理产生于先，而思想体系则产生于后。在人类社会遥远的过去曾经有一个漫长的历史阶段，那时在社会生活中只有社会心理这种社会意识的低级形式，还没有形成思想体系，后者是随着社会生产力的发展，随着脑力劳动和体力劳动分工的出现才逐渐形成的。二是任何一种思想体系的产生都要以一定的社会心理为素材，犹如在人们的认识过程中总是感性认识在先理性认识于后一样，在人们对社会生活的认识中也总是社会心理产生于先，在此基础上才形成思想体系。

从社会心理的形成来看，它具有明显的自发性和素朴性。也就是

说，社会心理是在人们的日常生活中自发形成的一种普通的社会意识，它没有经过思想家们的系统加工。正因为社会心理是在人们日常生活基础上自发形成的，所以就具有一定的素朴性。思想体系则不然，它是经过思想家的系统加工自觉地建立起来的。不论何时何地，也不论政治、法权还是哲学、艺术等思想体系，无一不是经过思想家系统加工自觉建立起来的，因而也就无不带有建立这些思想体系的思想家的烙印。

从社会心理的内容来看，它虽然和思想体系一样，都是社会存在的反映，但它对社会存在的反映又具有具体性、生动性和丰富性的特点。而思想体系对社会存在的反映则具有抽象性和概括性的特点。一般地说，前者生动、丰富，后者全面、深刻。

从对社会生活反映的程度来看，一般说来，社会心理是社会生活的不够系统、不够完整、不够深刻的反映，它所接触的大多是社会生活的一些表面现象，它往往具有直接感受和体验的经验形式。思想体系就不同了，它所反映的是属于社会生活深层的东西，具有理论的形式，是由一系列概念、判断和推理所构成的理论体系。

从社会心理和社会生活的关系来说，社会心理是社会生活的直接反映，一般地说它同人们的社会经济生活和政治生活的联系不经过中间环节。正因为它和社会生活的联系比较直接，人们通过对社会心理的研究就能比较直接地透视社会生活，了解社会生活。与此相反，思想体系和社会生活之间的联系则不是直接的，而是间接的，其间要经过一系列中间环节。也正是由于这个原因，社会心理同社会生活之间的联系，相对说来比较容易为人们所把握。尽管社会心理对社会生活的反映相对思想体系而言比较肤浅，但这种反映却远比思想体系为快，而且有较大的真实性和可靠性（当然，也有片面和谬误）。同样的，尽管思想体系对社会生活的反映较社会心理为慢，但正确的思想体系却能全面、准确而又深刻地反映社会生活或社会生活的某些方面。当然，错误的思想体系也会对社会生活作出极大的歪曲。

从社会心理和思想体系的社会作用来看，思想体系作为理论观点，它在整个社会生活中的作用是高层次的，它能在社会生活的某个或某些领域中起指导作用，甚至可以指导某个时代、某个国家、某个民族的社会生活和特定社会阶级及阶层的活动，具有一定的威力，尤其是执政阶级和执政党的思想体系，威力更大。相比之下，社会心理则不具备这种高层次的社会作用，它的作用是低层次的，一般地说往往通过日常生活和日常交往表现出来。然而，这绝不是说社会心理的作用就不重要了，从一定的意义上说，它的作用更值得重视。这是因为，社会心理的作用虽然是低层次的，却具有更大的普遍性和群众性，因而其作用也就更加广泛。可以说，它无时无处不在社会生活中起作用，它的作用甚至遍及社会的每一个集团、人群，遍及社会的每一个角落。显然，社会心理在整个社会生活中的这种作用，是思想体系所无法比拟的。思想体系，即使像马克思主义这样的最具有群众性的科学理论体系，也不可能为人人所懂得，为人人所接受；但社会心理则不然，作为社会心理重要内容的情感、情绪、愿望、要求、意志、倾向等，是人人都具有的，而且经常地直接地支配着人们的行动，至于社会风气、社会舆论、传统、习惯等，则更是随时随地在起作用，使社会成员自觉或不自觉地以这种或那种形式接受它们的影响。总而言之，社会心理的作用就其层次来说虽然低于思想体系，但它却是一种与千家万户、各色人等有着密切联系的巨大的社会力量。中国有句至理名言：“得人心者得天下，失人心者失天下。”所谓“人心”，就是广大人民群众的愿望和要求等，属于社会心理的范围。可见，社会心理在社会生活中的作用有多么大。当然，同思想体系一样，社会心理也有先进和落后之分。先进的、积极向上的社会心理对于推动社会的进步有巨大作用；落后的、保守的社会心理，诸如习惯势力等，对于社会进步来说则是一种可怕的社会力量。

弄清楚社会心理的上述特征，对于我们了解普列汉诺夫为什么重视对社会心理的研究，为什么把考察社会心理同哲学史的研究密切结合起来，是至关重要的。

马克思在《关于费尔巴哈的提纲》中劈头就指出，从前的一切唯物主义的主要缺点是：对事物、现实、感性，只是从客体的或直观的形式去理解，而不是把它们当做人的感性活动，当做实践去理解，不是从主观方面去理解。所以，结果竟是这样，和唯物主义相反，唯心主义却发展了能动的方面，但只是抽象地发展了。普列汉诺夫在援引了马克思的上述论断后写道：“唯物主义如果不想永远像过去那样片面下去，如果不想由于不断地返回到唯心主义的见解而背叛自己固有的原则，如果不想因此承认唯心主义在一定的范围内更强有力，就必须给人的生活的一切方面一个唯物主义的说明。"[①] 这里，特别重要的是给"人的生活的主观方面"以说明，而这个"主观方面"一个极为重要的内容"正是心理的方面，'人的精神'，人的感情和观念"。[②] 在普列汉诺夫看来，离开了对社会心理的深入研究，要想对哲学发展的历史给以科学解释是很困难的。显然，普列汉诺夫的这些意见对于哲学史研究，特别是对于近代和现代哲学史研究有重要的方法论意义。

（二）社会心理是哲学思想的重要根源，哲学思想则是社会心理的反映

普列汉诺夫在论述哲学与社会心理的关系时，反复强调社会心理是哲学思想得以形成的一个重要根源，哲学思想是在特定的社会心理基础上建立起来的，它反映着特定的社会心理。也就是说，在哲学与社会心理的关系问题上，普列汉诺夫表达了一个极为重要的思想，即社会心理对于哲学体系具有一定的根源性，而哲学体系对于社会心理则有一定的依赖性。

这个思想是普列汉诺夫在关于社会结构的"五项因素公式"中提出的。在该公式中他认为包括哲学在内的一切思想体系都是"社会中的人的心理"[③] 特性的反映。后来，他说得更加明确，"一切思想体系都有一个共同的根源，即某一时代的心理"。[④]"'社会人'具有一定的心理，而这心理的特性决定他们建立起来的一切意识形态。"[⑤] 这里所说的："一切思想体系"和"一切意识形态"，无疑地包括哲学在内。概括地说，普列汉诺夫对哲学思想对于社会心理的依赖关系大致有四种提法：一曰"一致关系"，即哲学思想与"一定的精神状况和道德状况"以及与这些状况"所产生的那些能力、趣味和倾向相一致"[⑥]；二曰"反映关系"，即哲学思想是人们社会心理特性的"反映"[⑦]；三曰"决定关系"，即人们的社

---

① 《普列汉诺夫哲学著作选集》第 2 卷，生活·读书·新知三联书店 1961 年版，第 136 页。

② 同上书，第 186 页。

③ 同上。

④ 《普列汉诺夫哲学著作选集》第 3 卷，生活·读书·新知三联书店 1962 年版，第 196 页。

⑤ 《普列汉诺夫哲学著作选集》第 2 卷，生活·读书·新知三联书店 1961 年版，第 734 页。

⑥ 同上书，第 186 页。

⑦ 同上书，第 195、196、734 页。

会心理特性“决定”他们所建立的包括哲学在内的“一切意识形态”[①]；四曰“根源关系”，即社会心理是一切哲学体系的“共同根源”[②]。在这四种提法中，普列汉诺夫说得最多的是“根源关系”，在他看来，哲学思想对社会心理的依赖关系最突出地表现在后者是前者的根源上。正因为如此，所以他强调指出，深入研究社会心理对于了解哲学思想发展的历史是非常重要的。

普列汉诺夫的上述观点在苏联曾长期遭到责难。50年代福米娜在《普列汉诺夫的哲学观点》一书中指责普列汉诺夫的上述观点是一种“糊涂的唯心主义见解”，它“夸大了心理的作用”，“开辟了通向唯心主义的道路”[③]。60年代恰金批评普列汉诺夫“错误地把心理看成是经济和社会政治制度为一方和社会中各种思想体系为另一方之间的中间意识领域”，认为他把社会心理看做包括哲学在内的一切思想体系共同根源的观点是错误的[④]。在敦尼克、约夫楚克等人主编的6卷本《哲学史》中，也对普列汉诺夫的上述观点提出了批评，不过，同福米娜等人的责难相比，他们的批评缓和得多了，在他们的笔下，普列汉诺夫的上述观点仅仅被认为是“不确切的”。[⑤] 但不论哪种批评，实质上都认为普列汉诺夫把社会心理看做包括哲学在内的一切思想体系的共同根源是夸大了社会心理的作用，导致了二元论和唯心主义。在这些批评者看来，思想体系只有一个根源，就是社会存在。

这里涉及了一个必须作出明确回答的重要理论问题，就是社会心理对哲学和其他思想体系是否具有根源性。如果说有，那么这种根源性究竟是在何种意义上说的。

如果不是拘泥于词句，而是着眼于问题的本质，就应当承认，社会心理对于哲学和其他思想体系都具有根源性。这种根源性是在社会意识范围内而言的，即在社会意识范围内可以说社会心理对包括哲学在内的思想体

① 《普列汉诺夫哲学著作选集》第2卷，生活·读书·新知三联书店1961年版，第195、196、734页。

② 同上。

③ ［苏］福米娜：《普列汉诺夫的哲学观点》，汝信译，生活·读书·新知三联书店1957年版，第307页。

④ 恰金：《普列汉诺夫及其在发展马克思主义哲学中的作用》，第176页。

⑤ ［苏］敦尼克、约夫楚克等主编：《哲学史》，齐力译，生活·读书·新知三联书店1975年版，第335页。

系具有根源性。普列汉诺夫正是在这个意义上肯定了社会心理是哲学和其他思想体系的共同根源。

笔者以为，普列汉诺夫的这个意见是正确的。

1. 包括哲学在内的任何思想体系都是对社会生活的本质的认识，这种认识不是凭空建立起来的，必须有一定的前提和基础。一方面它需要以前人的认识为阶梯，即以前辈们建立起来的思想体系所提供的思想材料和达到的认识高度为前提，另一方面，它又必须以人们对社会生活的初步的、粗糙的、表层的认识为素材，这种认识就是社会心理。就思想体系必须以一定的社会心理为基础和素材而言，完全可以把社会心理看做哲学思想体系的根源。

2. 任何思想体系的形成，都要经历一个由浅入深，由低级到高级，由量变到质变的过程，在这个过程中，社会心理作为社会意识的一种低级形式，是建立思想体系的一个不可逾越的阶段。哲学思想的形成也不例外。马克思主义的认识论认为，在人们的一般认识过程中，理性认识依赖于感性认识，来源于感性认识，离开了感性认识，理性认识就是无源之水，无本之木。既然在人们的认识范围内可以把感性认识这个低级阶段看做理性认识这个高级阶段的“源”和“本”，那么在对社会生活的认识过程中，把社会心理这一低级形式视为思想体系这一高级形式的根源，也就没有什么不可以了。正是在这个意义上，同样也可以得出结论：包括哲学在内的各种思想体系依赖并来源于社会心理，离开了社会心理，思想体系便成了“无源之水，无本之木”。当然，社会心理并不等同于感性认识，它以感性认识为主，其中也包含着某些理性认识；思想体系也不等同于一般认识过程中的理性认识，它包括在理性认识之中，但又比一般的理性认识更为系统化。但是，就对社会生活反映过程的低级阶段和高级阶段来说，社会心理同哲学及其他思想体系的关系，大体上也和感性认识与理性认识之间的关系是一样的。

3. 任何思想体系包括哲学在内，既是对社会生活的本质的认识，又是对特定时代、特定民族、特定社会集团（在阶级社会里包括特定阶级和阶层）人们的情感、情绪、愿望、要求的反映。人们的这种或那种情感、情绪、愿望和要求等，一方面必定以这种或那种方式对那些创建某种思想体系的思想家以重要影响，另一方面也必定以这种或那种方式，通过或者比较直接或者迂回曲折的途径反映到哲学体系中来，在那里得到升华。如前所述，人们的情感、情绪、愿望、要求等，统统都属于社会心理这一范畴，所以，从这个意义上说社会心理是哲学及其他各种思想体系的根源和一切思想体系都是社会心理的反映，也是完全可以成立的。

哲学这种高度抽象和概括的思想体系，表面看来似乎与社会心理没有多大的关系；其实，不然。马克思曾经指出："任何真正的哲学都是自己时代精神的精华。"① 所谓时代精神，就是特定时代社会心理的高级的层次。普列汉诺夫在哲学史研究中很好地发挥了马克思的上述思想，从各个方面论证了哲学对社会心理的依赖关系。他反复强调哲学是由一定社会关系所决定的特定社会心理的反映。他在《替经济唯物主义说几句话》中写道，"一定的'心理'是在人们之间的一定的关系的基础上出现的"，"而哲学思想和艺术创作的一定派别则是在这种'心理'的基础上发展起来的"。② 在他看来，17 世纪法国哲学家笛卡儿的哲学体系之所以将信仰领域和理性领域严格划分开来，一方面要求增加自然科学知识，以增进人们支配自然的能力，另一方面又向宗教妥协，甚至还努力去论证天主教的某些教条，是因为"他的哲学很清楚地表现出当时法国人的情感"。③ 16 世纪的法兰西经过了于格诺派新教徒与天主教徒之间长期的"宗教战争"之后，人们普遍对战争、动荡产生了恐惧情绪，而强烈要求和平和秩序，向往平静和安宁的生活。这种社会心理在政治上表现为同情君主制度，在思想上则表现为同宗教唯心主义的妥协。当时，人们唯恐同宗教的争论会破坏社会的和平与秩序，唤起对昔日战争的痛苦回忆。笛卡儿哲学对宗教所采取的这种妥协和容忍的态度，正是法国人民中间所普遍存在的上述社会心理的反映。在谈到 18 世纪法国唯物主义哲学与社会心理的关系时，普列汉诺夫认为这种战斗唯物主义乃是法国第三等级社会心理的反映。他写道："请您回想一下 18 世纪法国唯物主义哲学，您就会明白全部法国哲学，在它的一切细节方面，受到当时反对僧侣和贵族的第三等级的心理的多大影响。"④

---

① 《马克思恩格斯全集》第 1 卷，人民出版社 1956 年版，第 121 页。

② 《普列汉诺夫哲学著作选集》第 2 卷，生活 · 读书 · 新知三联书店 1961 年版，第 229 页。

③ 同上书，第 291 页。

④ 同上书，第 229 页。

既然社会心理是哲学思想的重要根源，哲学思想是对特定社会心理的反映，那么，在哲学史的研究工作中，就应当把各个时代的哲学同该时代的社会心理之间的联系揭示出来。

（三）社会心理决定于社会经济、政治关系，它是哲学与社会经济、政治关系的“中介”

在考察哲学和社会心理的关系时，普列汉诺夫不仅论述了哲学对社会心理的依赖关系，而且揭示了社会心理对社会经济、政治关系的依赖性，强调了它在哲学与社会经济、政治关系之间的“中介作用”。

在社会心理问题上，普列汉诺夫是否陷入唯心主义与二元论，主要的还不在于他是否承认社会心理是哲学和其他思想体系的根源，而在于对社会心理的根源作怎样的解释。如果认为社会心理是人们主观自生的或决定于某种客观的精神力量，那就是地地道道的唯心主义；倘若以为社会心理与社会存在平行地各自对哲学和其他思想体系起决定作用，则陷入了二元论的谬误。但是，若把社会心理看做是社会经济、政治关系的反映，在社会经济、政治关系基础上形成的社会心理又成为哲学、艺术等思想体系的根源，那就既不是唯心主义，也不是二元论，而是坚持了唯物主义。普列汉诺夫正是后一种观点。

关于社会心理与社会经济、政治关系之间的关系，普列汉诺夫指出，社会心理一部分是“由经济直接决定的”，一部分是“由生长在经济上的全部社会政治制度所决定的”。[①] 他一再强调，“任何一定的社会心理都是由社会关系决定的”，它“是社会关系的结果”[②]。普列汉诺夫还指出，我们通常所说人们的社会关系决定社会心理，这只不过是一种通俗的说法，按照马克思主义观点，社会关系还不是社会心理发展的“最初原因”，因为社会关系本身是由生产力所决定的。所以普列汉诺夫认为，准确的说法应该是：“生产力发展的任何特定的阶段必然地引起生产过程中人们的一定的结合，即一定的生产关系，亦即整个社会的一定的结构。而既然有了社会的结构，就不难了解，它的性质将一般地反映于人们的全部心理之上，反映于他们的一切习惯、道德、感觉、观点、意图和理想之上，习

① 《普列汉诺夫哲学著作选集》第 3 卷，生活 · 读书 · 新知三联书店 1962 年版，第 196 页。

② 《普列汉诺夫哲学著作选集》第 2 卷，生活 · 读书 · 新知三联书店 1961 年版，第 273 页。

惯、道德、观点、意图和理想必然地应该适应于人们的生活样式，适应于他们的获得食料的方式。社会心理永远顺从它的经济目的，永远适合于它，永远为它所决定。"① 这些论述对于我们了解社会心理的根源是很重要的。

1. 普列汉诺夫强调社会心理作为社会意识的低级形式和层次归根到底是由社会经济因素决定的。因此，"如果知道了社会的生产力，知道了它的经济结构，因而就知道了它的心理"。②

2. 社会心理不仅决定于社会经济因素，而且决定于社会政治因素，即社会政治制度。也就是说，人们的政治关系和经济关系一样，对于社会心理也具有决定性的制约作用，"某一经济结构所产生的法权的和政治的关系，对于社会人类的全部心理有着决定的影响"。③ 因此，在考察社会心理的根源时，一方面要从经济关系入手，同时还必须考虑到人们的政治关系的作用。这两点，对于研究阶级社会的社会心理现象尤为重要。在没有阶级的原始社会里，人们的生产活动和建立在原始生产力基础上的经济关系直接影响他们的社会心理，但进入阶级社会以后，情况就大不相同了。相互对立的阶级之间进行着有时隐蔽，有时明显，有时缓和，有时尖锐的斗争。这种斗争，尤其是对立阶级之间的政治斗争，给社会心理以强烈影响。

如上所述，既然普列汉诺夫认为社会心理是哲学和其他思想体系的根源，而社会心理本身又是由人们的经济关系和政治关系决定的，那么，他也就理所当然地得出结论：社会心理是哲学和其他思想体系与人们的经济关系和政治关系之间的"中介"。这是对恩格斯晚年提出的"中间环节"理论的重要发挥和发展。

哲学作为社会意识形态的一种特殊形式，它是社会存在的反映，同时又反作用于社会存在。那么，哲学思想究竟怎样反映社会存在，又究竟怎样反作用于社会存在呢？要对这一问题作出正确回答，就必须把握它同社会存在之间的"中间环节"。

---

① 《普列汉诺夫哲学著作选集》第 1 卷，生活·读书·新知三联书店 1959 年版，第 715 页。

② 同上书，第 740 页。

③ 《普列汉诺夫哲学著作选集》第 3 卷，生活·读书·新知三联书店 1962 年版，第 171 页。

关于哲学与社会存在之间的“中间环节”，恩格斯在晚年已经注意到了。他指出，社会经济因素即人们的社会物质生活条件，对于那些更高地悬浮于空中的思想领域，如哲学、宗教等，只是在“归根到底”的意义上起决定作用，在社会经济因素和哲学、宗教等这些远离社会物质经济基础的意识形态之间，存在着一系列“中间环节”，正是由于这些“中间环节”的存在，使它们之间的联系变得模糊不清了。至于哲学与社会存在之间的“中间环节”究竟有哪些，恩格斯没有来得及作具体的说明。

普列汉诺夫进一步发挥了恩格斯所提出的“中间环节”的理论。他指出，绝不是上层建筑的一切部分都是直接从经济基础上成长起来的，哲学、艺术、宗教等意识形态同经济基础只是间接的发生关系，因此，在讨论哲学、艺术、宗教时必须考虑到“中间环节”或“中间环级”。在他看来，这些“中间环节”或“中间环级”不是单一的，而是多样的，是由许多环节构成的“一个极其复杂的，力量体系”。[①] 其中，除了政治的与法律的上层建筑之外，社会心理是一个重要组成部分。

所谓社会心理是哲学和社会存在之间的“中间环节”，至少包括以下三层意思：

其一，社会存在对哲学思想的决定作用，是在“最终意义上”即“归根到底”意义上的决定作用，这种决定作用必须通过社会心理这一中间因素并以此为中介才能实现。也就是说，社会存在决定社会心理，又通过社会心理对哲学思想产生决定性的影响。

其二，哲学思想是社会存在的反映，但这种反映又必须以社会心理为桥梁。

其三，哲学对社会存在的反作用也必须通过社会心理这一中间环节才能实现。也就是说，要想使哲学思想在社会生活中发挥作用，一个重要的方面就是首先必须使它为人们所接受，进而变成人们的意志、信念、愿望、要求和热情，只有这样，它才能指导人们的行动，在社会生活中显示出自己的作用。

正因为社会心理是哲学和社会存在之间的“中介”，所以普列汉诺夫

① 《普列汉诺夫哲学著作选集》第 3 卷，生活·读书·新知三联书店 1962 年版，第 360 页。

特别强调对于哲学及其发展历史的研究，必须把社会心理放在视野之内，否则就难以对哲学史作出科学的解释。这个意见，对于哲学史的研究极为重要，可惜长期以来不曾为人们所重视。

如前所述，在以往的哲学和哲学史的教学与研究工作中，存在着一个至今尚未引起注视的重大缺陷，即一般地说人们对哲学及其发展历史的考察，往往只重视探究特定哲学思想及其演变同特定的社会经济状况、政治状况特别是社会阶级斗争之间的关系，只重视考察特定哲学思想及其演变同其他社会意识形态诸如宗教、艺术、道德、法律等之间的联系，然而却在很大的程度上忽视了研究哲学与社会心理之间的关系。这个缺陷，不论在中国哲学史的教学与研究工作中还是在外国哲学史的教学与研究工作中，也不论在马克思主义哲学的教学与研究工作中还是在马克思以前及当代西方哲学的教学与研究工作中，都普遍地存在着。这种情形告诉我们，深入了解和吸取普列汉诺夫关于哲学与社会心理之间关系的论述，对于克服哲学与哲学史教学和研究工作中的上述缺陷，至今仍具有重要的方法论意义。

不仅如此，掌握普列汉诺夫关于哲学与社会心理之间关系的思想，对于我们进一步了解近 10 年来我国哲学发展的现实状况也是十分重要的。近 10 年来，我国哲学的状况发生了很大的变化。这种变化，从根本上说当然是由我国经济、政治体制改革和实现社会主义现代化的伟大实践所决定的，但同时与社会心理的变化也有着密切的联系。且不说哲学与现代化的关系、哲学与社会改革的关系等问题的讨论直接或间接地反映着我国广大群众和干部对实现社会主义现代化和进行经济、政治、科技、教育等体制改革的强烈愿望和要求；也不说我国哲学界的“外国哲学热”在很大的程度上体现着人们在“对外开放”国策下所表现出来的对世界文化的浓厚兴趣；就拿 10 年前关于真理标准问题的大讨论以及前几年关于“人的哲学”的探讨和当前的“主体哲学”热来说，也无不是对特定社会心理的反映。

10 年前在粉碎“四人帮”并结束了“十年动乱”之后，经过痛苦的反思，人们普遍地强烈地要求彻底打碎套在头上的个人迷信的枷锁，从长期禁锢人们头脑的那些僵化的教条中解放出来，创造社会主义的新生活。这种强烈的情绪、愿望和要求，这种在广大群众和干部中普遍流行的社会心理，推动着一些马克思主义哲学家勇敢地站出来，彻底否定“两个凡是”，提出了实践是检验真理的唯一标准的命题，从而大大地推动了当时的思想解放运动。中共中央对实践是检验真理的唯一标准的坚决支持和对真理标准问题大讨论的正确领导和引导，正是广大干部和群众上述愿望和要求的体现。同样的，当前正在进行的生产力标准问题的大讨论，从一定的意义上说乃是人们迫切要求发展我国生产力和尽快地摆脱贫穷落后状态的强烈愿望和要求的反映。人们在自己的亲身体验中，经过纵向和横向的比较，愈来愈意识到发展社会生产力的极端重要性，愈来愈体会到发展生产力是实现社会主义现代化的唯一途径。如果说广大群众和干部的上述认识还是比较素朴的属于社会心理范畴的话，那么生产力标准问题的讨论则是这种社会心理的升华。了解了这些，我们就不难理解前几年关于“人的哲学”的探讨也是特定社会心理的反映了。“十年动乱”的苦难历程，使人们对于“人的权力”“人的尊严”“人的价值”等备受践踏深感切肤之痛，人们对种种违反起码的人道主义原则状况的不能容忍已经达到了极点。在这种情形下，人们便理所当然地对“人的本性”“人道主义”“人的价值”“人的尊严”“人的权力”等问题普遍地产生了浓厚兴趣，从各个方面和各种不同的角度对上述问题进行思考。这种普遍存在的社会心理，不能不给我国哲学界以强烈的影响，从而推动哲学界的人士对“人的哲学”进行探讨。于是，“人的哲学”便成了一个时期内哲学界的“热门话题”。当然，由于哲学家们的经历不同，观察问题的角度和观点、方法不同，对历史经验教训的反思不同，理论素养也各有差异，加之其他方面的种种原因，哲学家们对上述问题的理论概括也会有所差别，甚至观点完全相反。但是，这种情形丝毫也不妨碍争论双方探讨的问题，这些问题在一个时期内之所以成“热点”，在很大的程度上是由于受到当时在人们中普遍存在的上述社会心理的影响。至于当前的“主体哲学”热同社会心理之间的关系，也是不难弄清楚的，这里就不再赘述了。

七 哲学与阶级斗争

在普列汉诺夫所处的那个时代，马克思主义阶级斗争学说得到了几乎所有马克思主义者的高度重视。普列汉诺夫自然也不例外。在哲学史研究工作中，他十分重视考察哲学用其发展与阶级斗争的关系，并且把它视为哲学史研究的一个重要方法论原则。

普列汉诺夫认为，要想真正了解哲学、艺术、宗教等社会意识形态的历史，不能仅仅着眼于考察社会的经济状况，还必须弄清楚“生活的机制”。而“在文明那里，阶级斗争是这种机制的最主要的推动力之一。只有考察了这个推动力，只有注意了阶级斗争和研究了它的多种多样的变化，我们才能稍微满意地弄清楚文明社会的‘精神的’历史”。这是因为，“‘社会思想的进程’本身反映着社会各阶级和它们相互斗争的历史”。[①] 在普列汉诺夫看来，在没有阶级划分的原始社会里，人们的生产活动直接影响他们的世界观，但是，自从进入阶级社会之后，情况发生了很大的变化，“各阶级的人生观和世界观是各不相同的，是依照各个阶级的地位、需要、意图，以及各阶级的相互斗争的行程而改变的”。[②] 因此，要想真正了解阶级社会哲学发展的历史，就应当首先弄清楚阶级斗争的历史。他批评了法国资产阶级社会学家和心理学家爱斯比纳斯只是用生产力和技术来解释古希腊哲学和宗教发展的片面观点，指出这位法国学者对于影响哲学、宗教、艺术等思想体系发展的其他因素，“如像阶级斗争几乎完全没有加以注意。可是，这个‘因素’却有着极大的意义”[③]。

普列汉诺夫虽然强调了阶级斗争对包括哲学在内的阶级社会各种意识形态的重大影响，但他却认为这种影响的表现并不完全相同，阶级斗争对哲学及其发展的影响不是在任何时候都一样，它有时表现得十分强烈，有时则比较缓和。在人类思想发展史上，人们会看到这样的情形，即在某个国家的某个发展阶段上，当相互对立的社会各阶级之间的斗争比较激烈和尖锐的时候，这一斗争往往对社会心理和哲学、艺术等社会意识形态的影响表现得比较的强烈，比较的突出；反之，当社会阶级斗争比较缓和的时候，它对社会心理及哲学、艺术等社会意识形态的影响相对说来则比较的减弱，也就不那么强烈和突出了。在笛卡儿所处的时代，由于当时的生产关系还没有完全陈旧过时，还没有严重阻碍社会生产力的发展，特别是由于经过了16世纪宗教战争的长期流血斗争，法国社会各阶级之间的斗争相对缓和了下来的情形下，笛卡儿认为哲学的

① 《普列汉诺夫哲学著作选集》第5卷，生活·读书·新知三联书店1984年版，第496页。

② 《普列汉诺夫哲学著作选集》第3卷，生活·读书·新知三联书店1962年版，第189页。

③ 同上书，第185页。

最重要的任务是增加自然科学知识，以求增进人们支配自然的权利。这就不能不使他的哲学带有对生产力发展的极大兴趣。同是法国，在一百年以后出现了完全相反的情况。18 世纪的法国，旧的生产关系已经严重阻碍社会生产力的发展，这种旧的封建生产关系的政治支柱和思想支柱就是封建专制政权和宗教神学。为了推翻旧的封建制度，建立资本主义的秩序，以新兴资产阶级为代表的第三等级同封建贵族阶级的斗争日趋尖锐激烈。这一斗争对 18 世纪的法国哲学产生了强烈的影响，使法国唯物主义具有强烈的战斗性，成为哲学史上深有影响的战斗唯物主义。法国唯物主义者抛弃了笛卡尔哲学的唯心主义观点，改变了它同宗教的妥协态度，继承并发挥了其唯物主义传统，高举战斗唯物论和无神论的大旗，同封建专制制度和宗教神学进行了勇敢的斗争。法国唯物主义者在科学的名字下不遗余力地反对神学唯心主义，在自然权利的名字下顽强地反对封建专制暴政，使他们的唯物主义哲学显示出了巨大的威力。正如普列汉诺夫所说："如果笛卡尔哲学出自对社会和平的要求，那么 18 世纪的唯物主义则是新的社会大动荡的预报者。"①

当然，对于上述情形，也不能一概而论。普列汉诺夫在探索阶级斗争对哲学的影响时还注意到了事情的另一方面。他指出，阶级斗争对哲学和其他社会意识形态的影响是极为复杂的，阶级斗争对哲学和其他社会意识形态的影响不一定都成正比。虽然一般地说，凡是在阶级斗争比较尖锐的时期，它对社会意识形态的影响比较的强烈，但具体到社会意识形态的各个领域，这种影响的程度就不一样了。在有些领域，这种影响表现得比较强烈，在有些领域，则表现得不那么强烈，甚至还会出现暂时相对缓和的状态。也就是说，社会意识形态领域的斗争，"永远不是在一切战线上都进行着的；永远有着某一部分思想为革命者和旧制度的拥护者所同等地承认的"。② 在阶级斗争较为尖锐的时期，社会意识领域中"最有力的攻击"往往是针对那些在特定时期中"是旧制度的最有害方面的表现的思想"。对于意识形态的这些方面，"革命者有着不可克服的志愿和他们的先辈'矛盾'"。然而，对于其他的思想，对于社会意识形态的其他领域，革命

① 《普列汉诺夫哲学著作选集》第 3 卷，生活·读书·新知三联书店 1962 年版，第 292 页。

② 《普列汉诺夫哲学著作选集》第 1 卷，生活·读书·新知三联书店 1959 年版，第 739 页。

者则“常常是完全淡然置之”，有时甚至还“按着传统继续保持这些思想”。[①] 在普列汉诺夫看来，在阶级社会里哲学和其他意识形态领域中的斗争犹如两军对垒一样，“当‘矛盾’产生时，当斗争爆发时，它的注意力通常只涉及个别的省，只有反射的作用才涉及邻近的区域。首先被攻击的是那前一时代的领导权属于它的省份。只是逐渐地‘战争的灾难’才扩张于邻近，扩张到被攻击省份的最忠实的同盟者身上”。[②] 这说明，就是在阶级斗争比较尖锐激烈的时期，包括哲学在内的社会意识形态的各个领域的斗争，也不一定都是尖锐激烈的，其中也有缓和的方面和缓和的时候。这些论断，对于我们进一步了解阶级斗争与哲学思想及其发展的关系的复杂性，当不无裨益。

在考察阶级斗争与哲学的关系时，普列汉诺夫坚决反对那种把阶级斗争对哲学及其发展的影响简单化、庸俗化的观点和做法。19 世纪的希腊社会学家爱柳塞罗浦罗斯在他的《经济和哲学》一书中把色诺分尼说成是“希腊无产阶级意志的哲学上的表现者”，认为他的哲学的各部分——从他对神的观点起，到我们通过外感觉器官而得到的概念的虚幻性学说止，“都是逻辑地从他的改革企图的理论基础中生长起来的”。普列汉诺夫指出，爱柳塞罗浦罗斯的上述观点乃是“关于阶级斗争对于哲学史影响的极端简单化的议论”[③]；事实上，哲学发展的进程“要比爱柳塞罗浦罗斯所想象的复杂得多”。[④] 普列汉诺夫还批评了那种把庸俗社会学观点“强加于现代辩证唯物主义之父的头上”的错误做法。在一些人的眼里，马克思总是把统治阶级的思想代表看做在任何时期都会自觉的迎合本阶级的利益。普列汉诺夫驳斥了这种意见，在他看来，“当马克思说，特定的理论适合于社会经济发展的某一时期时，他绝不想以此说，在这个时期内统治着的阶级的思想的代表自觉地将自己的观点去迎合自己的多么富裕和多么宽大的恩人的利益”[⑤]。

---

① 《普列汉诺夫哲学著作选集》第 1 卷，生活 · 读书 · 新知三联书店 1959 年版，第 739 页。

② 同上书，第 736 页。

③ 《普列汉诺夫哲学著作选集》第 3 卷，生活 · 读书 · 新知三联书店 1962 年版，第 191 页。

④ 同上。

⑤ 《普列汉诺夫哲学著作选集》第 1 卷，生活 · 读书 · 新知三联书店 1959 年版，第 723 页。

马克思主义的阶级分析方法是正确认识阶级社会的社会生活和历史现象的一种科学方法，也是考察阶级社会哲学发展历史的一个重要方法。列宁在《卡尔·马克思》一文中说："马克思主义提供了一条指导性的线索，使我们能在这种看来扑朔迷离、一团混乱的状态中发现规律性。这条线索就是阶级斗争的理论。"① 他在《论国家》一文中又写道："必须牢牢把握住社会划分阶级的事实，阶级统治形式改变的事实，把它作为基本的指导线索，并用这个观点去分析一切社会问题，即经济、政治、精神和宗教等等问题。"② 但是，这个方法在过去很长的一段时间里，由于"左"的错误的严重影响，被糟蹋得不成样子。一是在我国剥削阶级已经消灭以后还鼓吹"以阶级斗争为纲"，还坚持用所谓阶级分析的方法去看待一切社会现象，大搞人为的"阶级斗争"，并以此作为推行极"左"路线的保证；二是把阶级分析方法当做认识阶级社会一切社会现象的唯一方法，并使之充斥于哲学和社会科学的一切领域，否定和排斥其他方法；三是把阶级分析方法简单化、庸俗化，使之成为"标签"和"套语"，取代了对社会历史现象及包括哲学史在内的各种社会思想史的实事求是的科学分析。由于上述种种原因，人们对于阶级分析方法产生了一种逆反心理，这是可以理解的。但是，对阶级分析方法的上述曲解和滥用，只能归罪于"左"的错误，而不能归咎于阶级分析方法本身。应当承认，对于阶级社会基本社会历史现象的考察和研究，阶级分析方法仍然是不可忽视的一种方法，尽管它不是唯一的方法。

过去，人们对普列汉诺夫关于哲学史的论述有一种批评意见，即认为他的主要倾向是"客观主义"，忽视了哲学的阶级性。笔者认为，这不是普列汉诺夫哲学史研究中的主要倾向。诚然，普列汉诺夫在转向孟什维克主义之后，他在政治上乃至某些理论观点上确有背离马克思主义阶级斗争学说的表现而陷入阶级调和论的错误，但通观普列汉诺夫关于哲学史的论述，还不能说他的主要倾向是客观主义。在哲学与阶级斗争的关系问题上，与其说普列汉诺夫的主要倾向是客观主义，倒不如说他有时过分地强调了阶级斗争对哲学的影响。当然，尽管他在哲学史研究中有时表现出这种倾向，然而却不能因此而忽视甚至否定他关于哲学与阶级斗争关系的正

① 《列宁选集》第2卷，人民出版社2012年版，第426页。

② 《列宁选集》第4卷，人民出版社2012年版，第30页。

确论述。这些论述对于哲学史研究既提供了一些值得吸取的正确观点，又具有方法论的价值。

八　关于哲学自身发展的规律

普列汉诺夫关于哲学自身发展规律的探讨对于哲学史方法论问题也具有重要意义。

普列汉诺夫首先强调，哲学虽然受人们的经济关系、政治关系和由它们所决定的社会心理的制约，但它自身又有独立的发展规律，必须对此进行研究，这是哲学史研究工作的一个重要任务。他在《唯物主义史论丛》中写道："如果我们面对着一个特定的社会，只能重复着说：这个社会的构造在于它的经济，那样人们就会很有理由来以形式主义谴责我们了。那一句话是不可否认的，但是是不够的；我们必须知道怎样科学地运用这一科学观念。我们必须知道给予这个有机体的一切生活机能以一个说明；我们必须了解它如何运动，如何养育自己，了解在它内部发生的感觉和概念，如何依靠社会构造的机构而变成了解这些感觉和概念如何随着那在这机构中发生的变化而变化，以及其他等等。"① 如果说"经济"是社会发展的"弦线"，那么哲学史家的任务就是要"一方面，理解'弦线'运动的'铁的规律'；另一方面，能够了解和指明，如何在弦线之上，并且正是由于弦线的运动，生长着思想体系的'生动的衣裳'"②。

普列汉诺夫认为，包括哲学在内的人类思想的发展，有自己的特殊的规律，关于这一点，在历史唯物主义的信奉者中是没有一个人否认的。那么，哲学自身发展的特殊规律是什么呢？怎样探讨这些特殊的规律呢？

首先，他指出，每一个特定时代的哲学总是和前一时代甚至前几个时代的哲学有着密切的联系，这种联系表明了它们之间有密切的继承关系。因此，要想深入了解哲学自身发展的规律，弄清楚哲学思想发展的历史轨迹，就必须考察它们之间的继承关系。

在马克思看来，社会生产力及由它所决定的社会经济结构固然是哲学

① 《普列汉诺夫哲学著作选集》第 2 卷，生活·读书·新知三联书店 1961 年版，第 205 页。

② 《普列汉诺夫哲学著作选集》第 1 卷，生活·读书·新知三联书店 1959 年版，第 760 页。

和其他社会意识形态的最终根源，弄清特定的社会生产力和社会经济结构就为了解某一哲学体系打下了坚实的基础。然而，谁要是据此就以为只要从特定的生产力和社会经济结构出发就能确切地断定它的哲学和其他意识形态，那是十分错误的。因为，“每个特定时代的思想体系永远是和前一时代的思想体系有密切的——肯定的或否定的——联系”①。由此可以得出结论，任何时代的哲学，只有在与前一时代或前几个时代哲学思想的联系中才能真正得到了解和理解；倘若看不到这一点，那么不管怎样好地通晓该社会的经济状况，也无法了解和理解它的哲学。

普列汉诺夫在阐明哲学思想发展中的继承关系问题上的突出贡献，是他在继承的方式上作出了新的探索。在他看来，哲学思想的历史继承性有两种基本的形式。一种是“肯定”性的继承关系，亦称积极意义的继承关系。这是指一个时代的哲学“追随着自己的先辈的足迹，发展他们的思想，采用他们的手法，而只允许自己和它‘竞争’”。② 例如18世纪法国唯物主义对洛克唯物主义思想的继承，俄国革命民主主义者车尔尼雪夫斯基对费尔巴哈人本主义哲学的继承，都属于这类“肯定”性的继承关系。另一种是“否定”性的继承关系，亦称消极意义的继承关系。这是指一个时代的哲学反对其前辈们的“旧的思想和手法，和它们发生矛盾”的继承关系。③ 例如休谟与重商主义关于货币理论的关系、浪漫主义与古典主义的关系，从本质上说就是这类“否定”性的继承关系。普列汉诺夫强调指出，这后一种继承关系在人类历史上也是屡见不鲜的，它“充满了人类思想史”。他十分重视研究这种继承关系，在他看来，后人同前辈的哲学思想发生矛盾，“并不破坏客观真理，而只引导我们达到客观真理”④。这种继承性的关系告诉人们，人类思想发展的道路也如同人类历史一样“完全不是直线的道路”⑤。从辩证法的矛盾原理来看，“矛盾出现在而且只出现在那有斗争、有运动的地方，而在那有运动的地方——思想便前进，即使经过迂回的路”⑥。普列汉诺夫把后人对前辈哲学思想的批

① 《普列汉诺夫哲学著作选集》第1卷，生活·读书·新知三联书店1959年版，第740页。

② 同上书，第734页。

③ 同上。

④ 同上书，第742页。

⑤ 同上。

⑥ 同上。

评与否定看做是人们达到真理性认识的环节和途径，他的这一观点蕴含着深刻的辩证法思想，对我们全面了解哲学思想的发展是颇为重要的。

其次，普列汉诺夫认为，不同国家、不同民族之间哲学思想的相互影响，哲学与其他意识形态之间的相互影响，对于哲学的发展有重要的意义。因此，研究不同国家、民族哲学的相互影响和哲学与其他意识形态的相互影响，对于探究哲学自身发展的规律是一项必不可少的工作。

在哲学发展的历史上，每一个国家和民族的哲学都有自己独特的色彩，但不同国家和不同民族之间的哲学又相互发生影响。17 世纪英国唯物主义哲学家洛克的哲学思想对 18 世纪法国唯物主义哲学深有影响；19 世纪 40 年代德国的“真正的社会主义者”的思想则是从法国输入的；19 世纪德国古典哲学曾经极其强烈地影响着俄国的思想界，黑格尔哲学一时成了俄国思想界至高无上的权威；就连 18 世纪法国古典悲剧也是对古希腊悲剧的模仿，而俄国的悲剧则又是按照法国悲剧的样式创造的。上述情形是不是否定了哲学对社会经济结构的依赖性呢？没有。因为不同国家、民族之间哲学思想相互影响的可能性及程度，归根到底还是取决于这些国家和民族之间社会经济状况与社会结构的对比。正如普列汉诺夫所说，不论不同国家、不同民族在哲学思想方面发生怎样的相互影响，但“在模仿者和范本之间有着一个距离，这距离正是产生模仿者的社会和范本所生活于其中的社会间之距离”①。例如，洛克的哲学思想与 18 世纪法国唯物主义的距离，乃是“光荣革命”时代的英国社会和法国人民“伟大的暴动”之前几十年的法国社会之间的距离。洛克的法国学生之所以在哲学上比他们的老师走得更远，是因为他们所代表的法国资产阶级在反对封建专制制度的斗争中比洛克所代表的英国资产阶级走得更远。

普列汉诺夫在谈到各个国家、民族在文学上的相互影响时曾指出：“一个国家的文学对于另一个国家的文学的影响是和这两个国家的社会关系的类似成正比例的。”② 这个概括虽然是就文学而言的，但对于我们了解各个国家和民族哲学思想相互影响的规律性是颇为有益的。普列汉诺夫把上述“成正比例”的关系归纳为以下三点：（一）“当这种类似等于零

---

① 《普列汉诺夫哲学著作选集》第 1 卷，生活·读书·新知三联书店 1959 年版，第 729 页。

② 同上书，第 230 页。

的时候，影响便完全不存在”；（二）“当一个民族由于自己的落后性，不论在形式上亦不论在内容上都不能给别人以任何东西的时候”，“这个影响是单方面的”；（三）“当由于社会关系的类似及因之文化发展的类似的结果，交换着的民族双方，都能从另一民族取得一些东西的时候”，“这个影响是互相的。”[①] 普列汉诺夫的这些意见是否有绝对化倾向，这是可以进一步讨论的，不过应当承认，它对哲学史的研究同样也具有一定的参考价值。

普列汉诺夫在许多论著中都以较大的注意力考察了哲学与其他各种社会意识形态的相互影响问题，他把这一问题的研究看做是揭示哲学自身发展规律的一个重要方面。在他看来，包括哲学在内的任何一种社会意识形态，就其内容来说无疑是社会生活的反映，但就其形式而言，它们又无不受其他社会意识形态的影响并以这种或那种形式给对方以影响。例如，中世纪的哲学曾经是神学的奴婢，但后来，哲学的影响日益扩大，几乎遍及意识形态的各个领域。同样，在中世纪的欧洲，法律曾受宗教的支配，可是到了 18 世纪，哲学对法律所产生的影响就取代了宗教。

哲学和其他社会意识形态之间的相互影响，一方面告诉人们，要想深入了解哲学思想及其发展，必须把这种影响放在视野之内，否则是难以实现的；另一方面，这种相互影响又对人们揭示哲学与社会经济结构之间的联系有一定程度的阻碍，这类阻碍有时甚至还非常之大，因为它往往使人们只看到哲学与其他社会意识之间的相互影响，而忽视了哲学与社会经济状况和社会结构之间的联系。不过，普列汉诺夫认为，对于了解特定时代的哲学思想及其发展来说，“这还只是困难的一半”，“真正的困难，在于每一个一定的思想体系在不同的社会发展阶段中以极不相等的程度受其他思想体系的影响”。[②] 这是因为，在社会发展的某一特定阶段，往往有一种意识形态占据支配地位，而其他意识形态相对说来则处于从属地位，由于占据支配地位的意识形态对于其他意识形态的发展影响极大，就容易使人们误以为这种影响对其他意识形态具有决定的作用，因而也就常常使人们难以看到社会物质生活条件和社会经济结构是社会意识形态发展的原始

① 《普列汉诺夫哲学著作选集》第 1 卷，生活·读书·新知三联书店 1959 年版，第 230 页。

② 《普列汉诺夫哲学著作选集》第 2 卷，生活·读书·新知三联书店 1961 年版，第 288 页。

基因和最终动力。

重视考察哲学与其他意识形态的相互影响，对于防止哲学史研究工作中的片面性和简单化弊端是很重要的。有些人把唯物史观庸俗化，以为马克思主义的历史观认定社会意识形态一切方面的发展都是在“经济因素”的唯一影响下进行的。普列汉诺夫指出：“没有比这样解释他们的观点更错误的了。”[①] 在马克思主义者看来，“经济因素”只是在归根到底的意义上决定社会意识形态的发展，承认这一点丝毫也不意味着否定社会意识形态之间的相互作用。

再次，普列汉诺夫在论述哲学自身发展的规律性时，还着力探讨了哲学与社会经济、政治之间的不平衡性。

恩格斯在谈到这种不平衡性时曾指出，经济上落后的国家在哲学上仍然能够演奏第一提琴。18 世纪的法国对英国来说是如此，后来的德国对英法两国来说也是如此。普列汉诺夫进一步发挥了恩格斯的上述思想。他在《尼·加·车尔尼雪夫斯基》中写道：“实际上，人类历史运动是这样一个过程，在这个过程中，一方面的成就不仅不以这个过程的其他一切方面的按比例发展的成就为前提，而且有时还直接造成某些方面的落后甚至衰落。”[②] 在《艺术与社会生活》中他又指出：“当一个阶级靠剥削另一个在经济阶梯上站在它下面的阶级生活的时候，而且当这个阶级在社会上占有绝对统治地位的时候，前进对于这个国家来说是向下衰落。经济落后的国家中的统治阶级的意识形态往往比经济发达的国家中的统治阶级要高得多，这个乍看起来很难理解的，甚至不可置信的现象，其原因就在这里。”[③] 普列汉诺夫的这一论断是否正确，有没有普遍意义，我们还可以进一步研究，但他的上述意见其着眼点在于阐明社会意识形态与社会经济发展之间的不平衡性，当无问题。

对于这种不平衡性，普列汉诺夫认为有两种不同的形式。一种形式是同一国家的不同时代相比，社会发展较低阶段的社会意识形态水平有可能

① 《普列汉诺夫哲学著作选集》第 5 卷，生活·读书·新知三联书店 1984 年版，第 245 页。

② 《普列汉诺夫哲学著作选集》第 4 卷，生活·读书·新知三联书店 1974 年版，第 274 页。

③ 《普列汉诺夫哲学著作选集》第 5 卷，生活·读书·新知三联书店 1984 年版，第 850 页。

比社会发展较高阶段上的社会意识形态要高一些，反之亦然。另一种形式是同一时代不同的国家相比，某些经济水平较高的国家在意识形态方面反而比经济水平较低的国家要低一些，反之亦然。

普列汉诺夫不仅看到了哲学与社会经济发展之间的不平衡性，而且也看到了它与社会政治之间的不平衡性。他说，19世纪的德国无论在政治和经济上都远远落后于英国和法国，但德国“社会和政治生活的贫乏”却产生出了“巨大的肯定的结果：德国哲学的光辉的繁荣”。① 那么，究竟是什么原因促使德国哲学获得如此巨大的成功呢？按照黑格尔的意见，是德国的现实，德国的现实曾是合理的，它使德国人能够安静地钻研理论。普列汉诺夫说：“实质上，这个假想的德国现实的合理性不外是德国社会生活和政治生活的贫乏，这使得当时的有教养的德国人没有别的选择，除了或者做枯燥无味的‘现实’的官吏（迎合‘实际’）或者在理论上找寻安慰，将自己热情的全部力量，自己思想的全部热力集中于这一领域。”②

普列汉诺夫在论述哲学思想与社会政治状况之间的不平衡性时，还谈到了一个与此既相区别又相联系的问题，即哲学家的哲学观点同他们的政治立场、政治倾向之间的不平衡性问题。在他看来，一个哲学家的哲学观点同他们的政治立场、政治倾向之间并不总是一致的。在哲学史上常常会有这样的情况：“一个思想家虽然同情社会生活中的反动意向，可是他却能创造出值得充分注意甚至进步人士方面抱同情的哲学体系。”因此，在研究哲学家的哲学体系时，必须善于区别这一些哲学家的理论前提和由这个理论前提所得出的那些实际结论。“实际结论可能是不正确的，或者是对人类进步事业有害的。但同时，成为这些不正确或有害的结论之基础的前提，则可能既是正确的，也是有益的——即在正确地解释的意义下是有益的：它们可以提供新的论据，或甚至提供捍卫进步意向的许多论据”。③ 因此，普列汉诺夫不赞成用“反动分子”或“进步人士”这类政治帽子去说明一个哲学家的“理论上的功绩或错误”。他强调，谁要想驳倒一个

① 《普列汉诺夫哲学著作选集》第1卷，生活·读书·新知三联书店1959年版，第732页。

② 同上。

③ 《普列汉诺夫哲学著作选集》第2卷，生活·读书·新知三联书店1961年版，第775页。

哲学家，“他就应该驳倒这个哲学家学说的理论部分”，而不是在政治上给他扣上“反动分子”的帽子，只有在理论上驳倒这个哲学家之后，“他才有权指出引起思想家曲解真理或妨碍思想家获得真理的那种实际意向或那种社会环境的影响”。在这个前提下，再进一步指出这个哲学家的政治倾向，“将有助于阐明思想家的错误来源”。倘若离开了上述前提，“批评就变成了非难，而非难即是单纯的责备。责备本身可能有其高尚的背景，但它无论如何不能代替批评”。①

应当承认，普列汉诺夫的上述见解是相当深刻的，作为哲学史方法论的一个重要原则，至今对于哲学史研究工作仍有现实的意义。

九　“唯心史观包含着部分的真理”

普列汉诺夫在《唯物主义历史观》中谈到历史唯心主义的时候，提出了一个令人深思的论断，即“历史唯心主义包含着部分真理”②。

这一论断是他在分析18世纪法国唯物主义历史观时提出的。普列汉诺夫指出，法国唯物主义者认为没有意识到自己利益的人就不能合理地捍卫自己的利益，这个意见是“正确的，无可争辩的”；法国唯物主义者说蒙昧无知给人类造成很多不幸，像封建制度这种建立于人对人的压迫和剥削基础上的社会制度只有在蒙昧无知和根深蒂固的偏见的时代才是可能的，这些意见也是“完全正确的”，“无可怀疑的”。

那么，能不能说以“意见支配世界”为基本原则的唯心主义历史观是建立在真理之上的呢？普列汉诺夫写道：“我回答说：也是，也不是。”在他看来，“唯心主义历史观在这种意义下是正确的，就是它也包含着部分的真理”。其所以说它包含着部分的真理，是因为人的意见对人们的活动确有“极大的影响”，在这个意义上，“我们可以说，意见支配世界”。但这只是问题的一个方面。如果不想陷于片面性，我们还必须看到事情的另一方面，即必须进一步探究“支配着世界的意见是不是也受了什么东西支配着？”普列汉诺夫指出，对于这个问题只能作如下的回答，即人的

---

①《普列汉诺夫哲学著作选集》第2卷，生活·读书·新知三联书店1961年版，第775、776、736页。

② 同上。

意见的产生和发展“是服从于我们可能而且应该研究的规律的”。只要承认这一点，那也就必须承认：即使意见支配世界，它也不是作为至高的主宰来支配世界，而是其自身也受什么东西支配着。这就告诉我们，那些以意见为依据的哲学家，是远不能为我们指出历史过程的基本的和最深远的原因的。这就是说，“唯心主义历史观虽然包含部分的真理，但并不包含全部真理”。①

那么，怎样才能认识“全部真理”呢？普列汉诺夫认为，为了认识全部真理，“我们必须从唯心主义历史观所中断的地点继续进行研究”，即必须“确实弄清生活在社会中的人的意见产生和发展的原因”。② 这正是马克思和恩格斯所进行的工作。由于马克思和恩格斯真正弄清了意见产生和发展的原因，找到了支配意见的客观力量，发现了社会历史演进的内在规律，就使他们所建立起来的唯物主义历史观“包含了全部真理”。

普列汉诺夫关于“唯心史观包含着部分的真理”的论断，对于我们在哲学史研究工作中克服简单化、绝对化的弊端是不无意义的。在很长的一段时间内，我们对哲学史特别是对社会历史观发展史的研究有一个很大的缺陷，就是往往停留在对以往的哲学家们社会历史观的唯心主义性质的判定上，并极其简单地把唯心史观与谬误等同起来；既然唯心史观等同于谬误，那就只有对它进行揭露和批判了。倘若承认某个哲学家的唯心主义历史观的体系中包含着某些真理性的成分与因素，那就大有混淆唯物史观与唯心史观“原则界限”之嫌，甚至要被兴师问罪。

能不能说唯心史观中包含着部分真理呢？这个问题实质上涉及怎样认识真理与错误相互对立的绝对性和相对性的问题。为了弄清楚普列汉诺夫上述论断究竟能不能成立，在这里有必要对这一问题加以讨论。

我们认为，真理同错误的对立既是绝对的，又是相对的。只看到二者之间对立的相对性而忽视或否认其绝对性，显然是错误的；但只看到它们之间相互对立的绝对性而忽视或否认其相对性，同样也是不正确的。

说真理同错误的对立是绝对的，就是说，它们之间有着十分确定的原则界限。凡是对客观事物及其规律的正确认识都是真理，凡是对客观事物

① 《普列汉诺夫哲学著作选集》第2卷，生活·读书·新知三联书店1961年版，第730—731页。

② 同上书，第731页。

及其规律的错误认识都归于错误。真理和错误之间有着本质的区别，真理就是真理，错误就是错误，它们泾渭分明，不容混淆。如果否认了真理同错误对立的这种绝对性，就会真假莫辨，是非不分，从而陷入相对主义的错误。而“把相对主义作为认识论的基础，就必然使自己不是陷入绝对怀疑论、不可知论和诡辩论，就是陷入主观主义”。[①]

但是，真理同错误的对立只是在一定条件下或一定范围内才是绝对的，超出了一定的条件和范围，这种对立就成为相对的了。正如恩格斯所说：“真理和谬误，正如一切在两极对立中运动的逻辑范畴一样，只有在非常有限的领域内才具有绝对的意义”；“只要我们在上面指出的狭窄的领域之外应用真理和谬误的对立，这种对立就变成相对的”[②]。否认了这种相对性，就会导致思想僵化。

真理和错误对立的相对性，主要表现在以下三个方面：

其一，真理和错误是相互依存、互为前提的，任何一方都不能脱离另一方面单独存在。也就是说，真理和错误总是相比较而存在的，没有真理就无所谓错误，没有错误也就无所谓真理。这种情形说明，真理和错误既是相互对立的，又是相互依存和相互联结的。它们在相互依存和相互联结中的对立，是它们之间的同一性的表现，也是其对立的相对性的一种表现。

其二，真理同错误在一定条件下是可以相互转化的，只要具备了一定条件，真理可以转化为错误，错误也可转化为真理。也就是说，真理和错误之间是相互贯通的，其间存在着由此达彼的桥梁。这种情形说明，真理同错误之间虽然存在着质的区别，有不容混淆的界限，但并不存在什么不可逾越的鸿沟，就像恩格斯所指出的那样：“对立的两极都向自己的对立面转化，真理变成谬误，谬误变成真理。”[③]

其三，真理和错误是对立的，但又可以相互渗透，相互包含。也就是说，在真理同错误的相互对立和相互斗争中，斗争的双方不是各自原封原样的你来我去的斗，彼此之间不发生任何的影响，不产生任何的变化，而是彼此相互影响和相互渗透的，它们之间的相互渗透当然也包括相互包含

① 《列宁选集》第2卷，人民出版社2012年版，第96—97页。

② 《马克思恩格斯选集》第3卷，人民出版社1995年版，第431页。

③ 同上。

的内容。承认真理和错误之间可以相互渗透和相互包含，也就是承认在真理当中可以包含着某些错误的萌芽、因素或成分，在错误中也可以包含着某些真理的萌芽、因素或成分。

那么，承认真理和错误可以相互渗透、相互包含，岂不是混淆了真理同错误的界限，抹杀了它们之间的原则区别了吗？

我们认为得不出这样的结论。因为真理中虽然可以包含某些错误的萌芽、因素或成分，但它们并不占支配的地位，不起主导的作用，所以从总体上和本质上来说，真理仍然是真理而不是错误，它并没有改变自己的性质。同样的道理，在错误中虽然可以包含着某些真理的萌芽、成分或因素，但它们也不占支配地位，不起主导作用，所以从总体上和本质上说，错误仍然是错误而不是真理，它也没有改变自己的性质。在这里，真理和错误的界限是清清楚楚的，它们各自的性质也是确定无疑的。

研究哲学史的人，谁都知道黑格尔的历史观是不折不扣的唯心史观。既然是唯心史观，当然就不是真理而只能属于错误了。可是，就在黑格尔的唯心主义历史观中有些观点却“接近了历史唯物主义”或“已经有历史唯物主义的萌芽”。[①] 所谓“历史唯物主义的萌芽”，实质上也就是“真理的萌芽”，既然如此，为什么不可以说在黑格尔的错误的历史观中包含着真理的萌芽呢？列宁在评价黑格尔的唯心主义哲学时曾经把他的绝对唯心主义的体系形象地比喻为“粪堆”，而把其中的辩证法思想比喻为“珍珠”。他讥笑杜林、毕希纳、马赫和阿芬那留斯等人像一群蠢鸡一样，不能从黑格尔的绝对唯心主义体系的“粪堆”中啄出这颗“珍珠”来。这个比喻恰好说明了在唯心主义的错误哲学体系中，可以包含着真理的颗粒。

唯物辩证法告诉人们，世界上从来就没有什么纯而又纯的东西。“金无足赤，人无完人。”真理同错误的对立也是这样。真理是一个过程，是一个由相对真理到绝对真理的无限发展的辩证过程。在这个辩证发展过程中，一方面是绝对真理颗粒的不断积累，另一方面又是对相对真理中所包含的某些错误萌芽、成分或因素的不断排除。如果以为凡是经过实践检验的真理丝毫不会包含错误的萌芽、因素或成分，因而可以把它装进“保险柜”里，永远不必再接受实践的检验；或者以为今后还必须经过实践

① 《列宁全集》第38卷，人民出版社1959年版，第348页。

反复检验的真理只是验证其“适用范围”，而不是继续排除其中所包含的错误萌芽、因素或成分，那就会使人们的认识陷于僵化而走向真理的反面。任何真理之所以要不断地接受实践的检验，一方面是因为它需要在实践中不断地丰富和发展，另一方则由于它本身也还要通过实践的检验去掉那些不够精确、不够完善的地方，排除那些错误的萌芽、因素或成分，使自己更加精确和完善。而这后一方面，恰恰容易被人们所忽视。

总之，在真理和错误的关系问题上，同样也存在着辩证法和形而上学两种相互对立的观点。形而上学把真理和错误的对立绝对化、凝固化，否认二者之间的统一性，否认它们的相互渗透和相互包含；辩证法则既看到它们之间对立的绝对性，又看到其相对性，承认二者之间存在着相互渗透和相互包含的关系，认为这是二者之间的同一性的重要表现。普列汉诺夫关于“唯心史观包含着部分的真理”的论断，正是体现着这位哲学大师对真理与错误关系的辩证思考。这种辩证的思考，不仅对于研究社会历史观发展史有重要的理论价值，对于整个哲学史的研究也具有不可忽视的方法论意义。

此外，普列汉诺夫对唯心主义英雄史观认识论根源的分析也颇有独到之处。他认为，在哲学史上所出现的形形色色的唯心主义英雄史观，有一个共同特点，即一般说来大大地夸大了个人、特别是夸大了那些“握有政治权力的个人”在历史上的作用。其所以会产生这样的错误，从认识论上说，一个重要的原因就是当某个伟大人物担当起某一历史使命时，其余的人便失去了担当这一历史使命的机会，这种情形往往使人们产生一种错误的观念，即以为这个伟大人物就是历史命运的主宰，他决定着某一国家和民族的历史命运。他以人们对拿破仑作用的认识为例，对这种错误观念作了具体、生动的分析。他指出，拿破仑在法国历史上是一个显赫一时的人物，当他位居法军最高统帅，担起了挽回法国社会秩序的“宝剑”的使命时，“就排除了其余一切将官担负这种使命的机会”。[①] 尽管在这些将领中有些人的才能也许同拿破仑不相上下，但是由于拿破仑首先占据了这一位置并且执行着这一历史使命，就不能不使他们失去了这个机会。这种情形说明：“当社会要有一个坚毅军事统治者的这种需要已获得满足

① 《普列汉诺夫哲学著作选集》第2卷，生活·读书·新知三联书店1961年版，第365—366页。

时，社会结构就堵截了其余一切能干军人成为军事统治者的途径。于是这种结构的力量就成了阻碍其他能干军人表现其才能的力量。”① 由于这种原因，人们便“极端夸大了拿破仑个人的力量”，从而把支持拿破仑的全部社会力量“通统归到他一人份下去了”，于是就以为拿破仑个人的力量是“独一无二的”②，它决定法国乃至整个欧洲的命运。

普列汉诺夫还指出，在人类智慧发展史中，因为某个杰出人物获得成功而使另外的人失去获得成功机会的情形虽然要稀少得多，但人们仍然不能完全避免产生夸大杰出人物个人作用的错误观念。这是因为，当一个杰出的思想家或科学家已经解决了某个问题，完成了某一任务时，别的思想家或科学家就往往不再去注意它而转向另外的任务了；或者，假若某一位杰出的思想家或科学家还没有完成他们所肩负的任务就不幸死去，就会使人们产生一种错觉，误以为“社会智慧发展的线索将因此而中断”，所以，即使在这个领域里，也仍然存在着夸大杰出人物个人作用的上述认识论上的根源。

显然，普列汉诺夫的上述见解，对于我们深入认识哲学史上的形形色色唯心主义英雄史观产生的认识论根源是有一定启发的。

① 《普列汉诺夫哲学著作选集》第2卷，生活·读书·新知三联书店1961年版，第365—366页。

② 同上。

第十三章

普列汉诺夫论 18 世纪法国唯物主义

在普列汉诺夫的哲学史论著中，18 世纪法国唯物主义哲学占有极为重要的地位。他在《黑格尔逝世 60 周年》《再论唯物主义》《唯物主义历史观》《〈科学社会主义的发展〉俄译本第三版序言》《马克思主义的基本问题》《19 世纪法国空想社会主义》《〈费尔巴哈与德国古典哲学的终结〉俄译本第一版序言和注释》和《尼·加·车尔尼雪夫斯基》等著作中，都涉及了法国唯物主义。但对这一哲学的考察最为系统和深入的是他的两本名著，一本是《唯物主义史论丛》，另一本是《论一元论历史观之发展》。

普列汉诺夫之所以重视对 18 世纪法国唯物主义哲学的研究，用他自己的话来说，就是"希望对于了解和说明马克思的唯物主义历史观——19 世纪理论思想最伟大的成就之一——能有一点帮助"。[①] 在他看来，要想令人信服地证明唯物史观的全部价值和整个意义，就必须写一部详尽的"唯物主义史"，这一繁重的任务是他自己所难以完成的，但他对 18 世纪唯物主义的考察却是他围绕这一任务而进行的一项重要工作。

18 世纪法国唯物主义是 18 世纪中叶在法国资产阶级反对封建专制制度和宗教神学的斗争中形成起来的一个强大的唯物主义派别。它以战斗唯物主义和无神论的姿态出现在历史舞台上，无论在当时和后世都深有影响。

18 世纪法国唯物主义的主要代表人物是拉·美特里、狄德罗、爱尔维修和霍尔巴赫。这些赫赫有名的唯物主义哲学大师，在反对封建专制制度的斗争中，高举战斗唯物主义旗帜，对反动封建统治及其思想理论支

① 《普列汉诺夫哲学著作选集》第 2 卷，生活·读书·新知三联书店 1961 年版，第 30 页。

柱——宗教神学和哲学唯心主义——展开了猛烈的冲击和无情的批判。这场斗争，实际上是即将到来的法国资产阶级革命的先导。

普列汉诺夫对 18 世纪法国唯物主义哲学的研究有以下两个方面的特点：一个特点是他不是一般地论述 18 世纪法国唯物主义上述代表人物的哲学思想，而是从中“选出了霍尔巴赫和爱尔维修”，着重考察了他们的哲学体系。普列汉诺夫之所以这样做，是因为在他看来，不论霍尔巴赫还是爱尔维修，“在许多方面都是极其重要的思想家，而直到现在还没有得到适当的评价”。① 爱尔维修是一位勇敢的唯物主义大师，人们总是对这位哲学大师进行“驳斥和毁谤”，但是“却并没有下功夫去了解他”。②因此，对于爱尔维修的研究，正如普列汉诺夫自己所说：“是在一片处女地上工作。”③ 至于霍尔巴赫，他虽然不比爱尔维修勇敢，在思想上“也比不上爱尔维修革命”，但当时人们对他的了解“也只不过是一知半解而已”。④ 这就不能不增加了普列汉诺夫研究工作的难度。另一个特点是他不是一般地研究 18 世纪法国唯物主义哲学，而是着重系统深入地考察了法国唯物主义的历史观。普列汉诺夫认为，一种唯物主义哲学，如近代的每个哲学体系一样，必须对两类现象有所说明，一类是自然界的现象，一类是人类历史发展的现象；对前一类现象的说明属于自然哲学，对于后一类现象的说明则属于历史哲学。因此，哲学史家们在研究 18 世纪法国唯物主义哲学时，就有一个不容推辞的任务，即必须像说明和批评他们的自然观那样，对他们的历史观也作出说明和批评，然而令人遗憾的是“这个工作现在还没有做到”。普列汉诺夫指出，迄今为止，以往的哲学史家往往只重视霍尔巴赫和爱尔维修自然哲学的研究，而忽视了他们的历史哲学，这种倾向不仅存在于一般的哲学史论著中，也存在于一些“唯物主义专史”的论著中，朗格的《唯物主义史及对唯物主义现时意义的批判》和茹尔·芬兰的《唯物主义史简述》就是例子。普列汉诺夫在《唯物主义史论丛》中说，如果一根棍子已经被弄得向一边弯了，要把它重新弄直，就必须把它向另外一边扳。因此，他在论述法国唯物主义哲学时，就不能不把主要精力放在讨论他们的历史哲学上。

---

① 《普列汉诺夫哲学著作选集》第 2 卷，生活·读书·新知三联书店 1961 年版，第 31 页。
② 同上书，第 30—31 页。
③ 同上。
④ 同上。

一　关于"人是环境的产物"

霍尔巴赫和爱尔维修等法国唯物主义者同法国当时的官方思想家们进行了激烈的论战。这些官方思想家引用他们所没有很好地理解的笛卡儿的话，断言人有某种先天的观念；法国唯物主义者在驳斥这种观点时则继承了洛克的唯物主义思想，从各个方面论证了先天的观念是不存在的。

不过，法国唯物主义者在阐述洛克的学说时"给了它以彻底的面貌，在那洛克以受过良好教育的英国自由派资格所不愿提及的那些地方加以详尽的发挥"。[①]

法国唯物主义者不仅在自然观方面坚持了唯物主义原则，在历史观方面也提出了一些包含着唯物主义萌芽和因素的思想。他们对社会历史发展的最后动因进行过有益的探讨，提出了"人是环境的产物"这样一个无论在当时和后世都有很大影响的重要命题，这个命题是建立在唯物主义感觉论的基础之上的。从彻底的感觉论出发，法国唯物主义者"把人的一切心理功能看做是感觉的变形"[②]，认为人的一切感觉、表象、观念、思想和一切心理活动都是周围环境对人发生作用的结果，因而也都是周围环境作用于人的产物。在法国唯物主义者看来，决定人及其一切观念的环境主要是社会环境而不是自然环境，因为"自然界是不会使人变恶或变善的"。

从彻底的感觉主义出发，法国唯物主义者认为人生来是平等的，人的本性最初无所谓"善"也无所谓"恶"。诚如爱尔维修所说："人生下来的时候，或者是根本没有任何倾向，或者是带有各种趋于一切对立的罪恶和美德的倾向。"[③] 刚刚离开母体的婴儿在打开生活门户之际并没有任何的情感，他们在摇篮之中是决无骄傲、悭吝、妒忌、野心、尊严和荣誉等观念的。既然如此，那么为什么在现实的社会生活中人们的情感、观念、思想、品德乃至智慧和才能却千差万别，甚至相距很远呢？法国唯物主义者回答说：这是由人们周围环境特别是社会环境造成的。由于人们所处的

---

① 《普列汉诺夫哲学著作选集》第 1 卷，生活 · 读书 · 新知三联书店 1959 年版，第 571 页。

② 同上书，第 572 页。

③ 《18 世纪法国哲学》，北大哲学系编译，商务印书馆 1963 年版，第 522 页。

社会环境不同，便形成了人们之间各不相同的情感、观念、思想、品德乃至不同的智慧和才能。总而言之，人与人之间之所以会产生“精神上的差异”，“是由于他们所处的不同环境”① 所致。

法国唯物主义者所提出的“人是环境的产物”的命题，至少有以下两方面的积极意义：

（一）从政治上说，“把人看做是周围环境的产物的观点乃是法国唯物主义者许多革新要求的主要理论基础”。② 按照法国唯物主义者的逻辑，既然人依赖于周围的社会环境，既然人的情感、观念、思想、品德等都是由周围的社会环境所决定的，那么人的缺点无疑也是由周围环境所决定的。“人们在一种自由的统治之下是坦率的，忠诚的，勤奋的，人道的；在一种专制统治之下，则是卑鄙的，欺诈的，恶劣的，没有天才也没有勇气的。”③ 因此，要想改变人们身上的种种缺点，就必须首先改变造成这些缺点的社会环境。换言之，在法国唯物主义者看来，要想改变当时法国社会中人们所存在的愚昧、落后、专制、残暴等违反人性的缺点，仅仅谴责这些缺点是远远不够的，必须改变当时的法国封建专制制度，因为这些缺点乃是由这个专制制度造成的。这样，法国唯物主义者便由“人是环境的产物”这个命题出发，进一步得出了必须反对和推翻法国封建专制制度的进步的、革命的政治结论。

（二）从历史观的角度来看，“人是环境的产物”这个命题包含着唯物史观的萌芽和因素。按照法国唯物主义的意见，既然人的一切情感、观念、思想、品德等都是由周围的社会环境决定的，这一观点就在一定程度上接近了唯物史观关于“不是人们的意识决定人们的存在，相反，是人们的社会存在决定人们的意识”④ 的原则。尽管这个接近是不自觉的，极其有限的，但它却为马克思创立唯物史观提供了珍贵的思想材料。正因为如此，所以普列汉诺夫公正地指出，在法国唯物主义的历史观中已经包含着唯物史观的微弱幼芽。

马克思、恩格斯在《神圣家族》中指出：“笛卡儿的唯物主义成为真

① 《18 世纪法国哲学》，北大哲学系编译，商务印书馆 1963 年版，第 467 页。

② 《普列汉诺夫哲学著作选集》第 1 卷，生活·读书·新知三联书店 1959 年版，第 572 页。

③ 《18 世纪法国哲学》，北大哲学系编译，商务印书馆 1963 年版，第 539 页。

④ 《马克思恩格斯选集》第 2 卷，人民出版社 2012 年版，第 2 页。

正的自然科学的财产，而法国唯物主义的另一派则直接成为社会主义和共产主义的财产。”[①] 在马克思和恩格斯看来不仅傅立叶是直接从法国唯物主义者的学说出发的，就是成熟的共产主义“也是直接起源于法国唯物主义的”[②]；法国唯物主义者关于经验、习惯、教育万能、外部环境对人的影响以及享乐的合理性等唯物主义观点，“同共产主义和社会主义之间有着必然的联系”。[③]

马克思和恩格斯之所以认为社会主义和共产主义直接起源于法国唯物主义，同法国唯物主义之间有着必然的联系，一个重要的原因就是因为法国唯物主义社会历史观方面所包含的某些唯物主义观点同社会主义和共产主义的理论基础——唯物主义历史观——之间是相通的，二者存在着一定的思想联系。正是从这个意义上说，18世纪法国唯物主义者关于人及其一切观念是环境的产物这个命题，实际上是历史唯物主义关于社会存在决定社会意识原理的雏形，是不过分的。

普列汉诺夫认为，18世纪法国唯物主义者所提出的“人是环境的产物”的命题，在人类历史观的发展史上具有重要的意义，对于科学历史观的形成也有不可忽视的影响。如果像法国唯物主义者所说的那样，任何人的情感、观念、思想、品德乃至性格等等都是由其周围的社会环境所决定的，那么人们的观念和思想的变化和发展也必然是为社会环境的变化和发展所决定的，亦即为人们的社会关系的变化和发展所决定的。所以，“如果我们想描画‘人类理性进步’的图画，而且假如我们这里不限于‘怎样’（理性的历史运动是怎样完成了的?）这一个问题——‘为什么?’（为什么它正是这样地完成了，而不是另一样?），那么，我们应该从环境的历史，从社会关系发展的历史开始。这样，研究的重心，至少在其开始时将转到研究社会发展的规律方面”。[④] 也就是说，倘若法国唯物主义者能从“人是环境的产物”这一命题所包含的唯物主义因素的基础上继续前进，就应当从研究人类观念发展史转到研究社会环境史特别是转到研究社会关系发展史上，并进而探究历史发展的客观规律性。然而，正

① 《马克思恩格斯全集》第2卷，人民出版社1957年版，第166—167页。

② 同上。

③ 同上。

④ 《普列汉诺夫哲学著作选集》第1卷，生活·读书·新知三联书店1959年版，第573页。

是在这里，正是在这个应该继续前进的地方，法国唯物主义者却止步了。他们只是朦朦胧胧地接近了这一任务，然而却不仅远远没有完成这一任务，甚至连正确地提出这一任务也未能做到。不仅如此，他们在进一步解释什么是社会环境时，其社会历史观的唯心主义本质就充分地暴露了出来。

二　关于“意见支配世界”

前面已经谈到，“人是环境的产物”是18世纪法国唯物主义者提出的一个重要命题，但是，决定人及其情感、观念、思想、品德乃至性格的社会环境究竟是什么呢？法国唯物主义者认为，决定社会环境的主要因素是法律和执行法律的政治制度。例如，爱尔维修就指出：“经验与历史告诉我们，各个民族的兴盛并不依靠它们的宗教纯洁，而是依靠它们的法律高明”，“人们的善良乃是法律的产物”；反之，“造成各民族的不幸的，并不是人们的卑劣、邪恶和不正，而是他们的法律不完善”。一言以蔽之曰：“法律造成一切。”① 这样，法律和执行法律的政治制度便被他们夸大为社会生活的决定因素，它不仅制约着人们的观念和德行，而且决定着人类社会的发展。可是，法律和执行法律的政治制度是由什么决定的呢？好的法律和政治制度是从哪里来的呢？法国唯物主义者回答说，法律和执行法律的政治制度是由人的“理性”所决定的，有好的“理性”就有好的法律和政治制度。在这里，人的“理性”又被他们看做是社会生活的决定因素和社会发展的决定力量。那么，人的“理性”又是由什么决定的呢？好的“理性”是怎样形成的呢？法国唯物主义者认为，人的“理性”取决于教育，好的“理性”是好的教育的结果。在他们看来，“人完全依赖于教育”，“教育是社会影响的全部总和”②，只有教育才能帮助人们克服愚昧、无知、轻信、偏见等，使人们的“理性”得到改善，从而也才能使国家的法律和政体得以完善。于是，在法国唯物主义者那里，社会生活的决定因素和社会发展的决定力量又成了知识和教育，或者照他们的说

---

① 《18世纪法国哲学》，北大哲学系编译，商务印书馆1963年版，第524、525、538、539页。

② 《普列汉诺夫哲学著作选集》第1卷，生活·读书·新知三联书店1959年版，第572页。

法就是教育的发展和普及。这就是法国唯物主义者所提出的“教育万能”的主张。

然而，不论是法律、理性还是教育，通通都属于社会意识亦即人们的“意见”的范围之内，所以，也不论是法国唯物主义者所说的法律决定一切、理性决定一切，还是教育决定一切，实质上都是人们的“意见”决定一切。这样，在法国唯物主义者那里便出现了一个同他们自己先前所提出的“人是环境的产物”完全相反的命题，即“意见决定一切”，“意见支配世界”。例如，霍尔巴赫就认为愚昧无知是道德和政治的灾难的原因，如果说民众是凶恶的，那是因为他们无知；如果说政府是愚蠢的，那是因为它不善于发现社会组织和政治组织的真正原则；如果民众所进行的革命没有根除道德的和社会的罪恶，那是因为他们缺乏知识。但是什么是愚昧无知呢？什么是迷惘、偏见呢？在霍尔巴赫看来，愚昧无知和迷惘偏见都不过是“错误的意见”，所以如果愚昧无知和迷惘、偏见妨碍人们去发现社会组织和政治组织的真正原则，“那显然是错误的意见支配了世界”，这正好说明“意见决定一切”，“意见支配世界”。[①] 显然，这是不折不扣的唯心主义观点。

普列汉诺夫指出，霍尔巴赫和爱尔维修虽然在自然观方面是唯物主义者，“但在历史观方面却是唯心主义者。和 18 世纪的所有哲学家一样，和整个‘百科全书派’一样，当时的唯物主义者认为，意见支配着世界，而观念的发展归根到底说明整个历史的进化”。[②] 这是法国唯物主义者社会历史观的基本观点。既然“意见支配世界”，那么人的“意见”显然就成为历史过程最基本的原因，而哲学家们把它当做历史的决定力量，也就是理所当然的了。

三　关于“人是环境的产物”与“意见支配世界”的二律背反

上述情形清楚地表明，法国唯物主义者在解释什么是社会环境和究竟

① 《普列汉诺夫哲学著作选集》第 2 卷，生活·读书·新知三联书店 1961 年版，第 729 页。

② 同上书，第 728 页。

何者决定社会历史的发展时，陷入了以下的二律背反：一方面他们认为人及其观念等决定于周围的社会环境，即“人是环境的产物”；另一方面他们又坚信社会环境及其一切属性决定于人的意见，即“意见支配世界”。也就是说，法国唯物主义者不知不觉地陷入了“人是环境的产物”和“意见支配世界”这个二律背反的“怪圈”。犹如“陆在鲸上，鲸在水上，水在陆上”，法国唯物主义者在这个“怪圈”中转来转去，大兜其圈子。

普列汉诺夫把上述二律背反看做18世纪法国唯物主义者社会历史观的“根本矛盾”或“基本矛盾”。[①] 他指出，从这个“基本矛盾”出发，又派生出了一系列的矛盾，如同“钞票之换成铺票”一样。

例如：

命题：人认为那些对他们有利的社会关系是好的，那些对他们有害的社会关系是坏的，也就是说，人们的意见为他们的利益所决定。

反命题：人们对于某一社会关系感觉有利或有害取决于他们的意见的一般体系，所以，一切归根结底又重归于意见，意见支配着世界。

命题：那些以为宗教道德会促进人们道德的改善的人是大大地错误的，这类说教以及一般地说思想对于人们是完全无能为力的，因为整个问题在于社会环境和社会关系。

反命题：历史的经验证明宗教的意见是人类苦难的真正根源，这是完全可以理解的，因为如果意见支配世界，那么像宗教这类错误的意见也会支配世界，正如残酷的暴君一样。

命题：神灵之类的东西是人按照自己的模样造出来的，一个恣意专横的、好恭维的、经常妒忌的、喜欢自己的臣民来崇拜的上帝，岂不明明是按照地上的君王的模样描绘出来的吗？

反命题：必须有一种神圣化的妄想，才能使爱好自由、不断追求幸福的人相信，拥有社会权威的人从神灵那里得到使他们成为奴隶和沦于惨境的权利，这就需要使人们相信不公道的暴君们是在地上代表了神灵。

命题：既然人是社会环境的产物，如果我们对眼前发生的事情稍加思索，便必须从人的性格、意见、法律、习惯、教育和民族的风俗来对政府的特点重新加以认识，使社会成员成为坏人的，是社会的罪恶。

---

① 《普列汉诺夫哲学著作选集》第1卷，生活·读书·新知三联书店1959年版，第573—574页。

反命题：既然社会环境是由意见造成的，那么那些以前的高贵民族现在之所以受到专制制度的压迫，是因为这些民族的“公共意见”改变了，是因为迷信、暴君的帮凶已经使精神堕落。[①]

总之，18世纪法国唯物主义者一方面认为人及其意见是由周围社会环境决定的，由此出发，他们认为必须到社会环境中去寻找人们的德行和罪恶的根源，必须到社会环境中去寻找人们观念中的真理和错误的根源，也必须到社会环境中去寻找人们的各种习惯、特性和才能的根源；另一方面，他们又认为社会环境决定于人们的意见，由此出发，他们认定一切社会紊乱都来源于“对最明白的政治原则的无知”。

那么，究竟是环境决定人及其意见呢，还是人的意见决定社会环境呢？这是必须进一步作出明确回答的问题。只要这个问题得不到正确的解决，就不可能对人类思想史和社会形态史作出科学解释，因而也就不可能有真正的社会科学。为了从上述“二律背反”中解脱出来，法国唯物主义者便不得不求助于伟人、天才。在他们看来，只有伟大的人物和杰出的天才，也包括他们这类大智大睿的哲人，才能启迪人民，普度众生，使他们从愚昧、无知、迷惘和偏见中醒悟过来；也只有依靠英明的立法者来制定完善的法律，人类才能获得良好的社会环境。正如爱尔维修所说：“必须有天才，才能用好法律代替坏法律。”[②]“一些伟大的君主在那里召唤天才，天才则召唤幸福。”[③]不难看出，在这里，法国唯物主义者从“意见支配世界”的观点出发，又进一步得出了“英雄史观”的结论。马克思在《关于费尔巴哈的提纲》中指出：“关于环境和教育改变作用的唯物主义学说忘记了：环境正是由人来改变的，而教育者本人一定是受教育的。因此，这种学说必然会把社会分成两部分，其中一部分凌驾于社会之上。”[④]马克思在这里所说的那种唯物主义，就是18世纪法国唯物主义。

法国唯物主义者关于“意见支配世界”的观点和英雄史观的结论说明，他们在历史观领域中虽然提出过“人是环境的产物”这样一个包含着唯物主义思想的命题，然而当他们解释什么是社会环境和归根到底何者

---

① 《普列汉诺夫哲学著作选集》第1卷，生活·读书·新知三联书店1959年版，第574—575页。

② 《18世纪法国哲学》，北大哲学系编译，商务印书馆1963年版，第549、477页。

③ 同上。

④ 《马克思恩格斯文集》第1卷，人民出版社2009年版，第504页。

决定社会发展的时候，最终还是背叛了他们自己在自然观方面所坚持的唯物主义原则和历史观中的上述唯物主义因素，又回归到了曾经被他们所无情地批判过的唯心主义立场上来。这正是旧唯物主义不彻底性的表现。列宁在《唯物主义和经验批判主义》一书中谈到恩格斯对18世纪法国唯物主义局限性的剖析时指出：恩格斯逐一地列举了它的三个基本的局限性，一个是它的机械性，一个是它的形而上学性，再一个就是它的不彻底性，即"'上半截'即在社会科学领域内保持着唯心主义，不懂得历史唯物主义"。[①] 普列汉诺夫则指出："唯心主义在18世纪的一切历史学说中的统治达到这样的程度，以至连当时的唯物主义者，在他们的历史观上也是极纯粹的唯心主义者。"[②]

法国唯物主义者在社会历史观领域中之所以会陷于以上二律背反，根本的原因是他们不懂得辩证法，不了解社会实践的作用。

普列汉诺夫反复指出，18世纪法国唯物主义者一个无可争辩的软弱方面，是他们几乎没有发展的观点。在法国唯物主义者当中，除了狄德罗等个别例外有一些可以为近代伟大的进化论增光的天才见解外，大多数人无论在对自然界的看法和对人类历史的看法上，"都有着这个根本的缺点"。[③] 他们每当遇到自然界和社会历史的发展问题时，都表露出了惊人的薄弱，这种情形不能不使他们的哲学内容非常贫乏。正如普列汉诺夫所说："在关于自然的学说上，这个内容归结为反对二元论者关于物质的片面性的概念；而在关于人的学说上，则局限于无限地重复和稍稍变动洛克的命题：没有先天的观念。不管这种重复在反对过了时的道德的和政治的理论斗争中如何有益，可是它只有在唯物主义者能够应用自己的思想来解释人类精神发展时才能有郑重的科学意义。"[④] 正因为18世纪法国唯物主义者缺乏进化的观点，不懂得辩证法，所以他们就无法弄清楚究竟是社会环境决定人的意见，还是人的意见决定环境，因而也无法搞清楚"环境"和"意见"之间的关系，并给二者的关系以唯物的辩证的说明。普列汉诺夫在谈到法国唯物主义者的这一缺陷时指出：犹如不懂得"先有鸡还

---

① 《列宁选集》第2卷，人民出版社1995年版，第177页。

② 《普列汉诺夫哲学著作选集》第4卷，生活·读书·新知三联书店1974年版，第524页。

③ 同上。

④ 同上。

是先有蛋”一样，“18世纪唯物主义者是无法知道究竟‘公共意见’造成社会环境还是社会环境造成‘公共意见’的。事实上对于不知道抛弃形而上学立场的人，回答这个问题是最困难不过的”。[①]

不了解社会实践在人类社会生活中的作用，乃是18世纪法国唯物主义者陷入上述二律背反的另一个重要原因。从马克思主义的观点来看，人们的社会实践是沟通人的“意见”与其周围“环境”之间的桥梁。只有社会实践才能把人的“意见”同他们周围的“环境”联系起来，也只有在实践的基础上二者才能得到辩证的统一。法国唯物主义者由于不了解社会实践在人们认识世界和改造世界过程中的作用，因而就不可避免地把人的“意见”同“环境”绝对地对立起来，而无法揭示它们之间的辩证关系。马克思在剖析旧唯物主义的局限性时指出，包括18世纪法国唯物主义和费尔巴哈唯物主义在内，都“不了解‘革命的’‘实践批判的’活动的意义”。[②] 他又说：“环境的改变和人的活动的一致，只能被看做是并合理地理解为革命的实践。”[③] 由于法国唯物主义者不了解实践的作用，就不可避免地陷入形而上学机械论和历史唯心主义。

然而，普列汉诺夫在探究18世纪法国唯物主义之所以陷入“人是环境的产物”和“意见支配世界”二律背反的原因时，看法却不够全面。这主要表现在，他虽然正确地指出不懂得辩证法是法国唯物主义的极大弱点，却在一定程度上忽视了它在实践问题上的错误，至少是他没有充分重视18世纪法国哲学的这一重大的缺陷。

普列汉诺夫在揭露18世纪法国唯物主义在社会历史观领域中陷入上述二律背反时，并没有简单地对它加以否定，而是对“人是环境的产物”和“意见支配世界”的命题作出了实事求是的评价。在他看来，这两个命题都包含着部分真理。这是因为，一方面社会环境对人及其观念和意见的确具有决定的作用，人们的意见和观念为什么在这个时代、这个国家和民族是这样，而在另一时代、另一国家和民族又是别样？为什么在同一时代的不同时期会产生很大差别？在阶级社会里相互对立的阶级和社会集团为什么会有截然不同甚至完全相反的意见？这个问题从意见本身是无法得

① 《普列汉诺夫哲学著作选集》第2卷，生活·读书·新知三联书店1961年版，第78页。

② 《马克思恩格斯选集》第1卷，人民出版社1995年版，第54—55页。

③ 同上。

到解释的，只有用社会环境的不同及其变化来说明。从这个意义上，完全可以说人及其意见决定于周围的社会环境，即“人是环境的产物”。另一方面，人们的意见的确对人的活动有重要影响，它能够支配人们从事改造自然和社会的实践活动，从这个意义上，也未尝不可以说“意见支配世界”。法国唯物主义者的错误不在于他们看到了环境对意见的决定作用和意见对环境的支配作用，而在于他们把这两个命题绝对地对立起来。当他们强调“人是环境的产物”时，片面地认为环境就是一切，忽视了人的意见对环境的作用，使自己的观点带有明显的机械论倾向；当他们论证“意见支配世界”时，又极端地夸大人的意见的作用，否定了意见对社会环境的依赖关系，从而陷入了历史唯心主义的迷宫。只有把这两个命题中的真理部分有机地结合起来，而又剔除其片面性和绝对化的观点，才能对社会历史达到真理性的认识。然而，对于法国唯物主义者来说，这无论如何也是难以做到的。

普列汉诺夫指出，尽管法国唯物主义者在社会历史观领域中陷入了上述二律背反，但他们的历史哲学的一些见解在人类历史观发展史上却具有不可忽视的积极意义。在普列汉诺夫看来，在人类认识史上“有各种不同的矛盾”，一类矛盾是由于思维和逻辑的混乱而形成的，这类矛盾就像无花果树一样，对人类认识的发展没有什么积极意义；另一类矛盾则不仅“不窒息人类的思想，不阻滞它的发展”，而是能够推动人类的认识向前发展，而且，这类矛盾对于人类认识的发展“有时推动得这样有力，按其结果说，较之最严整的理论还要有效”。[①] 普列汉诺夫认为，关于这类矛盾，完全可以用黑格尔的话说：“矛盾引导前进”。在他看来，“18世纪法国唯物主义者的矛盾正是属于这类矛盾”。[②] 这是因为，法国唯物主义者在历史观领域中虽然陷入了二律背反而不能自拔，但他们提出了人的意见与社会环境之间的关系这样一个十分重要的问题，尽管他们对于这一问题的解决无能为力，却给人们以启迪并推动着后来的哲学家们去寻求正确的答案。

值得重视的是，普列汉诺夫在剖析法国唯物主义陷于以上二律背反的

---

① 《普列汉诺夫哲学著作选集》第1卷，生活·读书·新知三联书店1959年版，第575—576页。

② 同上。

原因时，还指出了他们僵化的因果观。他说，这些哲学家在社会历史观领域中不可避免地会碰到这样的矛盾：一方面人的意见是社会环境的结果；另一方面意见又是社会环境的这些或那些特性的原因。这个矛盾使法国唯物主义者的观念“格外的混乱”，“因为结果和原因至少当用在社会生活上的时候，对于他们，和对于一切的形而上学家一样，都是固定的、不动的，可以说是僵化的概念”。①

在普列汉诺夫看来，为了使法国唯物主义者从上述重重困难中解脱出来，就必须做到：

“（一）抛弃形而上学的观点，这种观点是排斥一切进化观念的，是以可怜的方式使‘哲学家们’的逻辑概念陷于混乱的。只有在这个条件下，他们才能认识在自然科学和社会科学中究竟是蛋先于动物还是动物先于蛋。”

“（二）必须有一种必然的信心，确认18世纪唯物主义者们所要研究的‘人性’把人类的历史发展解释为无有。我们必须进一步越过自然科学的观点。我们必须站在社会科学的观点上。我们必须了解，社会环境有它自己的发展规律，这规律是完全不依靠那被看成‘有感觉、有理智、有理性的实体’的人的。它本身对人的感情、观念、信念有一种决定性的影响。”②

然而，18世纪法国唯物主义是无法完成这一任务的。只有马克思所创立的包括唯物主义历史观在内的“辩证唯物主义”③，才完成了这一任务。

四　爱尔维修的“一个极有兴味的尝试”

当18世纪法国唯物主义者违背他们历史观的基本观点，说环境就是人的意见毫无意义时，“他们是大大地错误了”；但同样错误的是他们历史观的基本观点，即宣布“意见为任何一个社会环境存在的主要原因”，亦即“意见支配世界”。普列汉诺夫指出，在人的意见与社会环境之间无

① 《普列汉诺夫哲学著作选集》第2卷，生活·读书·新知三联书店1961年版，第79页。
② 同上书，第80页。
③ 同上。

疑存在着相互作用，但科学研究却不能停留在承认二者之间的相互作用上，因为这种相互作用还远远没有揭示社会历史发展的最后动因，因而也不能给社会现象以科学解释。为了弄清社会历史发展的最后动因，揭示社会发展的客观规律，就必须在承认二者之间相互作用的基础上去进一步发现那个既决定社会环境发展又决定人的意见发展的因素。这正是19世纪社会科学所面临的一个重要任务。

其实，在18世纪法国唯物主义者当中，就已经有人试图去发现那既决定社会环境又决定人的意见的因素了。此人就是爱尔维修。

爱尔维修不满意用人的意见和智慧去解释社会发展的观点，也不满意停留在社会环境和人的意见之间的相互作用上。在他看来，人的意见和智慧的发展服从于某种规律，因而必然存在着它们所依赖的某种隐蔽的未知的原因。爱尔维修试图去发现这一原因，“他作出了一个极有兴味的至今尚未得到充分估计的尝试，即以人类的物质需要来解释人类的社会和智慧的发展”。① 他认为，人类的“物质需要”即“肉体需要”，正是这种需要，有力地推动着人的意见、智慧的发展，推动着社会环境的变迁。

爱尔维修从感觉主义出发，认为人人都有自己的“肉体需要”，这种“肉体需要”决定于人的“肉体感受性”。在他看来，人好比一部机器，它为“肉体感受性”所发动，必须做“肉体感受性”所执行的一切事情。用他的话来说，就是人的“肉体感受性乃是人的需要、感性、观念、判断、意志、行动的原则”。②

从“肉体感受性乃是人的唯一动力”③ 这一观点出发，爱尔维修又进一步得出了“利益”是人和社会发展的唯一推动力的结论。他指出，“利益在世界上是一个强有力的巫师”④，如果说自然界是服从运动的规律的话，“那么精神界就是不折不扣地服从利益的规律的”。⑤

爱尔维修试图用人的“肉体需要”和“利益”去解释人的意见智慧和社会的发展，这显然比“意见支配世界”、“意见决定一切”的观点前

① 《普列汉诺夫哲学著作选集》第1卷，生活·读书·新知三联书店1959年版，第579页。

② 《18世纪法国哲学》，北大哲学系编译，商务印书馆1963年版，第499、503页。

③ 同上。

④ 同上书，第503、460页。

⑤ 同上书，第503、406页。

进了一步，其中包含着唯物主义的成分和因素。马克思和恩格斯在《神圣家族》中曾指出：爱尔维修的唯物主义“具有真正的法国性质”，他力图“把他的唯物主义运用到社会生活方面（爱尔维修‘论人’）”。[①] 根据马克思和恩格斯的上述意见，我们可以认为，爱尔维修上述试图用人的“肉体需要”和“利益”去解释人的意见、智慧和社会发展的努力，正是他将自己的唯物主义观点“运用到社会生活方面”的大胆尝试。

然而，普列汉诺夫指出，爱尔维修的这个尝试并没有获得成功，因为他没有真正找到那个既决定人的意见、智慧，又决定社会环境的因素。同样是“肉体需要”，人和动物却有着本质的不同。动物只是占有自然界所产生的东西，为了获取这些东西以满足其自身的“肉体需要”，它们总是使用自己的“自然器官”即牙齿、舌头、四肢等作为工具。动物对其周围环境的适应要依靠它的“自然器官”的转变，即依靠其解剖学构造中所发生的变化。对于人来说，情形就大不相同了，人是生产者，并且在生产过程中使用“人为器官”或“人工器官”即生产工具生产自身所需要的物质资料。这就是说，人类的生存斗争和动物的生存斗争有着本质的区别。既然人类通过生产劳动去获取自身所需要的物质资料，那么，它对周围环境的适应就不像动物那样依靠自己“自然器官”的变化，而是依靠其“人工器官”或“人为器官”即生产工具的变化。在这种变化面前，其解剖学构造的变化就显得没有什么意义了。况且，人类的“需要”是在不断变化的，现代人的需要不同于古代人的需要，古代人的需要又不同于原始人的需要。人类需要的这种变化从需要本身显然是无法得到解释的。所以，为了真正弄清楚那既决定人的意见、智慧又决定社会环境的因素，为了真正揭示社会发展的最后动因和客观规律，正如普列汉诺夫所说：“严格说来，应当考察的并不是人的需要，而是满足这些需要所采取的手段和途径。”[②] 生产活动这种手段和途径，就是人类的物质资料生产活动。在普列汉诺夫看来，尽管爱尔维修以人的“肉体需要”解释意见与环境发展的尝试归于失败，但他的主张不仅闪耀着唯物主义思想的光辉，而且他力图在人的意见和社会环境的背后去发现那决定它们的“第

① 《马克思恩格斯全集》第2卷，人民出版社1957年版，第165页。

② 《普列汉诺夫哲学著作选集》第2卷，生活·读书·新知三联书店1961年版，第162页。

三者”的大胆尝试，却“宛如一个给那些愿意继续法国唯物主义事业的下世纪的思想家们的遗嘱”[①]，给后来的思想家们以启发，从而推动他们进一步去发现社会历史的动力和规律。

五 法国唯物主义的人性论历史观

对18世纪法国唯物主义历史哲学的探讨，使普列汉诺夫得出了如下结论：法国唯物主义者的历史观乃是不折不扣的人性论历史观。

如上所述，在法国唯物主义者那里，“意见支配世界”是他们的历史观的基本观点。所谓“意见支配世界”，实质上也就是人的“理性”支配世界。他们把人的“理性”视为人类社会发展的动力，主张以“理性”为最高审判台，认为只要诉诸理性和通过教育，就能使人类克服各种“迷误”，把历史推向前进。这清楚地表明，从本质上说，法国唯物主义者的历史观属于人性论唯心史观。

普列汉诺夫指出，18世纪法国唯物主义者在同封建专制制度及其思想支柱宗教神学进行不调和的斗争时，以极大的注意力去研究所谓“完善的立法”。他们力图从一切立法和可能有的立法中去发现“最好的立法”，在他们看来，这种立法会使全人类得到最大的幸福，并且可以适用于任何现存社会。所以普列汉诺夫说：“‘完善的立法’领域内的漫游，在霍尔巴赫和爱尔维修的著作中占着相当大的位置。”[②]

法国唯物主义者所说的在“一切可能有的立法中最好的立法”，并不是指“在相对意义上的最好的立法”，即不是在“一定条件下的最好立法”，而是一种“绝对完善的立法”，其优越性不会随着时间和地点的改变而改变。这就使他们撇开了历史，因为在历史中一切都是相对的，一切都以时间、地点和条件为转移。但是，如果忽视了历史，还有什么可以作为他们研究“立法”时的指导线索呢？只能是“人类、一般的人、人的本性”。在他们看来，只要知道了人的本性即人的理性，就很容易发现完善的立法和完善的社会组织了。这就是“法国唯物主义者在社会科学方

① 《普列汉诺夫哲学著作选集》第1卷，生活·读书·新知三联书店1959年版，第579页。

② ［俄］普列汉诺夫：《无政府主义与社会主义》，王荫庭译，生活·读书·新知三联书店1980年版，第11—12页。

面的观点”。[①]

法国唯物主义者认为：“人是一种具有理性和感觉能力的生物；他避免不愉快的感觉而寻求愉快的感觉。他有足够的理性认识什么对他有利和什么对他有害。”因此，在他们看来，讨论最好的立法时，只要依据这个基本原理，就可以凭借推理和善良的意志得出像用数学证明方式所得出的那样确切有据和无可争辩的结论。正如普列汉诺夫所指出：“18世纪的哲学家们不断地讲到‘人性’，以为它可以说明人类的历史，指示出一个‘完善的法制’必须具有的性质。这种思想是一切乌托邦的基础：空想家们在理想中建立一个完善的社会时，总是从人性的观点出发的。”[②]

法国唯物主义者以人性来解释社会的进步和历史的发展，并“把它当做给科学研究多少提供了一个坚固基础的出发点”[③]，这对于神学历史观来说无疑是巨大的进步，但它终究无法对历史作出科学解释。所以，尽管法国唯物主义者的人性论历史观在反对封建专制制度和宗教神学的斗争中起过相当重要的作用，有着自己的光荣历史，然而对于历史这门科学来说，却没有作出什么有价值的贡献，因为用不变的抽象的人性来说明社会生活和解释历史发展，从根本上说排斥了对历史的任何科学解释。

爱尔维修试图用人的“肉体需要”解释社会历史的发展，表面看来似乎是否定了“理性”的作用，放弃了“人性论”的观点，但是，实际上，他的主张仍然是以“人性论”为基础的。这是因为他把“追求快乐”和“避免痛苦”这种“趋利避害”或“趋乐避苦”的欲念视为人类所共同具有的本性，认为正是这种“趋利避害”“趋乐避苦”的本性推动着人们去追求自己的“肉体需要”，从而推动着人类社会的发展。这说明，爱尔维修的历史观仍然没有跳出“人性论”的窠臼，从本质上说，它还是用人们的观念去说明，历史的唯心主义历史观。

普列汉诺夫指出，法国唯物主义者虽然推崇理性，把理性看做是人类的共同本性，以理性作为裁判社会的尺度和推动社会的进步力量，但实际

---

① ［俄］普列汉诺夫：《无政府主义与社会主义》，王荫庭译，生活·读书·新知三联书店1980年版，第11—12页。

② 《普列汉诺夫哲学著作选集》第2卷，生活·读书·新知三联书店1961年版，第162页。

③ ［俄］普列汉诺夫：《无政府主义与社会主义》，王荫庭译，生活·读书·新知三联书店1980年版，第19页。

上他们所说的理性并不是什么全人类的理性，而不过是当时作为社会革新者的资产阶级的理性。他们“闭着眼睛不去看人类发展的历史过程，宣布自己的本性是一般人类的本性，把自己的哲学宣布是适合于所有时代和所有民族的唯一真正的哲学”。[①] 如果法国唯物主义者在自己的研究领域中得出了一些有意义的结论，那是因为他们在一些问题上放弃了自己对“一般人性”的抽象观点，而采取了当时法国第三等级成员经过美化了的人性观点。事实上，法国哲学家经常考虑到第三等级的经济要求和政治要求。“他们的实际标准也就在这里。不过他们是不自觉地利用了这一标准。他们只是通过抽象的领土，绕了很大一道弯之后才达到了这一标准。他们的自觉的手段归根到底总是关于‘人的本性’以及关于最符合这一本性的社会政治制度的抽象议论。”[②] 也就是说，法国唯物主义者所推崇的理性，原本是处于上升时期的法国资产阶级的理性，但它却拐弯抹角地以“一般人性”的姿态呈现在人们的面前。

然而，正如普列汉诺夫所说：“第三等级的理性，更确切地说，企图使自己摆脱旧制度压迫的资产阶级的理性，是经不起落在它身上的严格的历史考验的。”[③] 正是法国哲学家们所推崇的这种抽象的理性，却由于18世纪末法国大革命的骚乱而破灭了。因为法国大革命的实践和历史表明了“人类在自己的历史运动中都服从于他们自己所不懂的、但是又无法抗拒的某些隐蔽力量的作用；每当‘理性’（即是抽象的理智）的力量同这些力量发生矛盾时，这些力量就无情地把它摧毁”。[④] 这种情形告诉人们，“理性”并不是人类社会进步的原动力。在这种无法抗拒的隐蔽力量面前，理性的灵光黯然失色了。于是，揭示在社会生活和人类历史进程中起决定作用的力量，探寻历史发展的真正动因和规律，就成为法国唯物主义者遗留的任务，从而也就成了19世纪有作为的哲学家们的一个重要目标。

---

① 《普列汉诺夫哲学著作选集》第4卷，生活·读书·新知三联书店1974年版，第451页。

② ［俄］普列汉诺夫：《无政府主义与社会主义》，王荫庭译，生活·读书·新知三联书店1980年版，第13页。

③ 《普列汉诺夫哲学著作选集》第4卷，生活·读书·新知三联书店1974年版，第450页。

④ 同上书，第451页。

六 法国唯物主义的宗教观和伦理观

普列汉诺夫认为，法国唯物主义者的宗教观和伦理观在他们的历史哲学中占有极为重要的地位，也是他们全部哲学体系的重要组成部分，因此，他在评述霍尔巴赫和爱尔维修的哲学思想时对此给以特别的关注。

法国唯物主义的一个重要特点是战斗的无神论。列宁曾指出，18世纪老无神论者所写的那些泼辣的、生动的、有才华的政论，机智地公开地抨击了当时盛行的僧侣主义。这些政论在唤醒人们的宗教迷信方面，往往要比充斥在我们出版物中的常常歪曲马克思主义的文字更适合千百倍，因为这些文字枯燥无味，仅仅是转述马克思主义，几乎完全没有选择适当的事例来加以说明。霍尔巴赫就是这一时期战斗无神论的杰出代表。

霍尔巴赫认为，人类因愚昧、偏见而陷于错误，因错误而陷于不幸，而在一切偏见中，“最根深蒂固、最不祥的是宗教”，因此，他就“不倦地攻击宗教”。①

在霍尔巴赫之前，启蒙主义思想家伏尔泰曾对宗教进行过批判。他反对天主教的精神统治，特别是反对天主教关于启示、奇迹等种种教条和迷信，认为宗教蒙昧主义是人类“理性”的大敌，社会黑暗的根源。在他看来，整个教会的历史无非是一连串胡作非为、抢劫和谋杀的肮脏历史。他痛斥教皇是“两足禽兽”，鼓吹要用“理性”照亮人们的头脑，使他们认清教会的罪恶，同教会和教皇作斗争。然而，伏尔泰只是反对宗教的统治，并不主张消灭宗教，他认为宗教有约束平民、维护社会秩序的作用，应予保留，甚至说，即使没有上帝，也要捏造出一个上帝来。和伏尔泰不同的是，霍尔巴赫不仅无情地揭露了宗教的危害，而且提出了消灭宗教神学的主张。他指出：“宗教神学乃是人们的利益要求彻底加以消灭的谬误。健全的哲学应当引为己任的，主要的就是去消灭这些谬误。我们不必害怕这种哲学会产生骚乱和革命。”② 正因为霍尔巴赫和伏尔泰在对待宗教的态度上有上述差别，所以普列汉诺夫说，伏尔泰在反对宗教的斗争中“对‘最高实体’（即上帝）加以宽容，只是试图使他理智起来”，他要

---

① 《普列汉诺夫哲学著作选集》第2卷，生活·读书·新知三联书店1961年版，第72页。

② ［法］霍尔巴赫：《自然的体系》，管士滨译，商务印书馆1964年版，第299页。

想方设法用永恒的、由“哲学家们”传译出来的自然规律来限制上帝的权力，从这个意义上说，“他在宗教问题上是立宪派”。而法国唯物主义者，特别是霍尔巴赫在宗教问题上则是“热烈的共和派”，他们“早在那位好博士吉尔奥丹（法国医生，执行死刑的机器断头台的发明者）之前，就把上帝送上了断头台”。[①] 普列汉诺夫还指出，法国唯物主义者痛恨上帝就像痛恨仇敌一样，恣意专横、凶暴残忍的专制君主和犹太人的耶和华一样，使他们作为市民的高贵的感情激动起来，他们激昂地进行反抗这个残暴的统治，“正因为他们事实上是最高统治者压迫之下的牺牲品”。

霍尔巴赫留下了一系列反对宗教神学和宣传唯物主义、无神论的不朽著作。《自然体系》《袖珍神学》《神圣的瘟疫》等，可视为其代表作。

霍尔巴赫首先揭露了宗教的反动作用，他指出：“宗教的唯一作用就在于：它束缚了人的理性，使它无法认识人的一切正确的社会关系、真正的义务和实在的利益，只有驱散宗教的烟雾和怪影，我们才会发现真理、理性与道德的泉源和应当促使我们为善的实际动机。”[②] 在他看来，我们对各种宗教教条和宗教原则研究得越多，“我们就越相信它的唯一目的就在于保卫暴君和僧侣的利益，而危害社会的利益”。[③]

霍尔巴赫对神权和君权的关系也作了解剖。他一方面认为，在一个国家里树立了神权和君权这两种不同的权力，而“以神本身为依据的宗教权力，几乎永远驾凌于君主之上”，自从世界成了基督教的天下以来，“君主就只不过是教士的第一号奴隶，只不过是执行教士命令、为教士复仇的刽子手”[④]；另一方面又指出，那些地上的专制君主总是“把自己与神明等同起来，行使着无上的绝对权力”，在这里，神被用来为暴政的放肆行为作辩护，封建统治者往往“以神的名义去作出罪恶和伤天害理的行为，从天上来的恫吓变成了支持那些向凡夫俗子发号施令的人纵欲的工具”。[⑤]

霍尔巴赫还对宗教产生的根源作了较为深入的分析。他指出，宗教的

---

① 《普列汉诺夫哲学著作选集》第2卷，生活·读书·新知三联书店1961年版，第72—73页。

② 《西方哲学原著选读》（下卷），北大哲学系编译，商务印书馆1963年版，第202页。

③ 同上。

④ 《18世纪法国哲学》，北大哲学系编译，商务印书馆1963年版，第557、536页。

⑤ 同上。

产生最初是根源于人们的愚昧无知以及由此产生的对无知事物和现象的恐惧。在他看来，是人创造了神而不是神创造了人，由于人缺乏对自然力量的认识，于是便设想自然界受一些看不见的力量的支配，并且总是把人间的苦难看成天怒的标志。他认为“上帝的存在是一切宗教的基础”，而这正是“一切宗教中最不幸的东西”①，因为崇拜上帝无异于“崇拜人的想象创造的虚构物，或者简直就是崇拜乌有的东西”。② 其实，宗教所称颂的上帝不过是“一个独夫，一个民贼，一个什么都干得出的暴君”。③

霍尔巴赫的战斗无神论的一个突出的特色，是他对宗教和教会的伪善残忍、荒淫无耻作了无情揭发和辛辣讽刺。他说基督教自诩为道德提供了一个坚不可摇的支柱，其实对于人们来说它乃是分裂、狂暴、罪行的来源；它借口给人民带来和平，其实只是给他们带来了仇恨、不和与战争。他写道：“我们怎么能够安然地尊敬一个我们认为野蛮的、能够给我们定罪的上帝呢？”“一个为自己百分之九十九的儿女安排下无限长期的、残酷的刑罚的上帝，是没有人能够对他存丝毫爱慕的。”他呼吁：“神学家啊，作出‘按照你们的原则，上帝要比最坏的人坏万倍’的结论吧。”④

普列汉诺夫在考察了霍尔巴赫关于宗教的一系列论述之后指出，霍尔巴赫的这些话“简直就是倒转过来的博胥埃！”⑤ 博胥埃是17世纪的法国神学家和作家、社会学家、天主教反动势力的理论家，著有《世界史漫谈》等。所以普列汉诺夫说：如果说《世界史漫谈》的作者博胥埃“深信宗教把一切安排得尽善尽美”的话，那么《自然体系》和《袖珍神学》的作者霍尔巴赫则“相信宗教把一切安排得恶劣之至”。他指出：“这一个区别，是人们在一个世纪中间对于历史哲学方面所得到的唯一的进步。”⑥ 这个进步的“实践后果是巨大的”，但它“对于历史事实的了解却毫无帮助”。因为法国哲学家们无法走出二律背反的圈子之外：一方面他们说人是社会环境的产物，因此必须到教育中去寻找人们罪恶和德行的主要来源，去寻找充满人们头脑的错误和真理的主要来源，去寻找人们可

① ［法］霍尔巴赫：《健全的思想》，王荫庭译，商务印书馆1963年版，第28页。
② 同上书，第23页。
③ ［法］霍尔巴赫：《自然体系》，管士滨译，商务印书馆1962年版，第550页。
④ 《普列汉诺夫哲学著作选集》第2卷，生活·读书·新知三联书店1961年版，第73页。
⑤ 同上书，第74—75页。
⑥ 同上。

以嘉许或排斥的习惯的主要来源，以及人们的特性和才能的主要来源；另一方面他们又认为社会环境是由“公共意见”造成的，亦即由人造成的，一切社会紊乱的来源在于对最明白的政治原则的无知。“这个基本矛盾，在霍尔巴赫的著作中，和在所有其余的‘哲学家’的著作中一样，以不同的形式不断地反复出现”。[①]

普列汉诺夫在考察法国唯物主义者的宗教观时，还指出了值得人们重视的一种现象，即同样也是唯物主义者，但英国唯物主义者同法国唯物主义者相比，对待宗教的态度却大不一样。“英国唯物主义者们是和古老的犹太上帝相友善的。他们对于他只有‘爱的情感’和‘尊敬’。”[②]

究竟是什么原因使他们产生了上述差别呢？普列汉诺夫认为其所以会产生上述差别，是因为英国唯物主义者“恰恰生活在另外一些社会关系中”。如果说法国唯物主义者讨伐上帝是为了反对封建专制制度，那么英国唯物主义者之所以对上帝友善和尊敬则是为了维护英国的君主专制制度。普列汉诺夫说，由相同的元素按不同的比例结合而成的两个物体并不带有相同的化学性质，关于这一点任何一个化学家都不会感到奇怪；但是当人们注意到在社会结构颇为类似的不同的国家里，相同的观念并不带有相同的色彩，也不得出相同的实际结论时，却觉得奇怪了。其实，“观念的运动只是反映着社会运动，观念运动所开辟的不同的途径，所不断采取的种种方式，正是适应着社会运动中力量的不同结合情况。思维的方式永远依存在的方式而定”。[③] 普列汉诺夫在一篇论文中写道：“上帝在英国是立宪君主，因为他是统治而不是治理；在法国，他不仅治理而且是‘暴君’；在德国，他是一个善良的父亲，尽力给自己的孩子们以与实际生活相适应的好的道德教育。这样的一些极不相同的身份的老犹太人在上述的三个国家的社会条件中是应当加以区别的。”[④] 他在《唯物主义史论丛》的一条注释中又说：相同的思想在两个怀着不同的实际目的的人嘴里，常常有着完全不同的意义。依霍尔巴赫看来，在任何国家里，真正的宗教都是刽子手的宗教，其实，霍布斯所说的话也没有什么两样，“但是这个思

① 《普列汉诺夫哲学著作选集》第2卷，生活·读书·新知三联书店1961年版，第73、75页。

② 同上。

③ 同上书，第73—74页。

④ 同上书，第838页。

想对于这两个人的哲学的意义却是多么不同!"①

显然，普列汉诺夫的这些意见已经超出了对法国哲学家宗教观的讨论，而具有较高层次的方法论意义。

普列汉诺夫也非常重视法国唯物主义的伦理观，尤其是爱尔维修的伦理观。他对爱尔维修伦理思想的考察是很有深度的。

在18世纪法国唯物主义的伦理观中，爱尔维修的伦理思想居极为重要的地位。爱尔维修把"人的幸福"视为哲学的研究对象，他说："哲学家研究人，对象是人的幸福。"

爱尔维修的伦理观是以他的唯物主义感觉论为理论基础的。马克思、恩格斯指出，在爱尔维修的哲学中，"感性的印象和自私的欲望，享乐和正确理解的个人利益，是整个道德的基础"。②

爱尔维修从唯物主义感觉论的原则出发，认为人的一切心理活动都是肉体感受性的结果，肉体感受性乃是人的道德原则的基础。在他看来，人的快乐和痛苦都是肉体感受性的表现，它分为两类，一类是肉体的痛苦和快乐，一类是记忆中的痛苦和快乐。而后者不过是前者的延续和弱化，所以，归根到底也是肉体的痛苦和快乐。爱尔维修认为，追求肉体的快乐和避免肉体的痛苦是人人皆有的天性，人生来就有"趋乐避苦"的本能，这种本能在生物学上称做"自我保存"，在伦理学上就叫做"自爱"。他说："人是能够感觉肉体的痛苦和快乐的，因此他逃避前者，寻求后者。就是这种经常的逃避和寻求，我称之为自爱。"③ 他把这种"自爱"看做是"使我们整个成为我们的东西"，认为"这种以肉体的感受性为基础的爱，是人人共有的。不管人们的教育多么不同，这种感情在他们身上永远一样。在任何时代，任何国家，人们过去、现在和未来都是爱自己甚于爱别人的"。④ 他从"自爱"的本性出发来说明利益，认为利益是个人和社会的唯一推动力，在他看来，"个人利益是人们行为价值的唯一而且普遍的鉴定者"。⑤ 这就是爱尔维修伦理思想中的"利己主义"原则。

---

① 《普列汉诺夫哲学著作选集》第2卷，生活·读书·新知三联书店1961年版，第73—74页。

② 《马克思恩格斯全集》第2卷，人民出版社1957年版，第165—166页。

③ 《18世纪法国哲学》，北大哲学系编译，商务印书馆1963年版，第503、501、460页。

④ 同上。

⑤ 同上。

普列汉诺夫在评价爱尔维修的伦理思想时，着重指出他的“利己主义”具有“双重任务的意义”。他说：人们曾经指责法国唯物主义者宣扬利己主义，这是很错误的。其实，法国唯物主义者经常宣扬“美德”，而且是用奔放的热情去宣传“美德”的。他认为，“利己主义”的问题对于法国唯物主义者来说具有双重任务的意义：

“一，人的一切都归结为感觉，这是他们关于人的全部议论的基础。人的本性力求避免不愉快的感觉和寻求愉快的感觉。然则人们有时居然为了某种思想的胜利，归根到底即为了使自己的伙伴得到快感而忍受最大的痛苦，这种情况又是怎样发生的呢？

二，既然人的一切都归结为感觉，则如果使他生活在一个人的利益和其他人的利益有矛盾的社会环境中，他就会损害自己的伙伴。能够使普遍的利益同个别人的利益协调一致的那种立法制度应该是怎样的呢？

在这里，在这个双重任务中包含着18世纪唯物主义伦理学的全部意义。”①

普列汉诺夫所说的18世纪法国唯物主义“利己主义”的双重任务的意义，概而言之是指：其一，利己主义和利他主义的关系是什么？怎样从利己主义过渡到利他主义？其二，利己主义与社会公共利益的关系是什么？怎样使利己主义与社会公共利益结合起来？

那么，法国唯物主义者是怎样解决这些问题的呢？

爱尔维修从利己主义的原则出发，试图把个人利益与公共利益结合起来。他把人们所追求的利益分为三类，即个人利益、小集团利益、公共利益（或称国家利益）。在他看来，人首先追求的是个人利益，只要不违反公共利益，这种追求个人利益的行为就是合理的。他还要求人们正确理解个人利益，主张把个人利益和公共利益结合起来，指出：“道德的人乃是使这种或那种行为合乎人道、符合公共利益的人。”② 可是，人的本性是利己的，怎样才能把个人利益和公共利益结合起来呢？除了以理性克制之外，还必须依靠法律。爱尔维修把法律视为道德的后盾，他指出，公共利益“是人类一切美德的原则，也是一切法律的基础”。③ 应当指出，爱尔

① ［俄］普列汉诺夫：《无政府主义与社会主义》，王荫庭译，生活·读书·新知三联书店1980年版，第32页。

② 《18世纪法国哲学》，北大哲学系编译，商务印书馆1963年版，第526、463、527页。

③ 同上。

维修把个人利益与公共利益结合起来的努力是以个人利益为出发点的。在他看来，“国家是它的所有公民组成的”，而公共的幸福则是“由所有的个人幸福组成的”。①

至于由利己主义向利他主义的过渡，也是以利己主义为基础的。在法国唯物主义者看来，既然国家是由公民组成的，公共幸福是由所有个人的幸福组成的，那么人们为了使自己达到幸福就需要有别人的帮助，而帮助别人达到幸福则正是为了利己主义的实现。

普列汉诺夫批评了法国唯物主义者伦理学思想中的形而上学观点。他指出：“马克思的唯物主义的辩证方法的优越性，在涉及解决‘道德’方面问题时表现得最清楚，在这一类问题面前，18世纪的唯物主义是无能为力的。但是为了正确地理解这种解决办法，我们必须首先从形而上学的偏见里解放出来。”②

普列汉诺夫说，法国唯物主义者虽然也承认“一切道德的基础是社会幸福”，但是由于他们“不善于从进化论的观点考察道德问题”，所以无法解释“社会的幸福为什么以及怎样成为该社会中占统治地位的道德的基础”的。他们企图证明，“甚至从个人利益的观点出发，也是以尊重社会幸福为好”，但是，他们的常识却无论如何也无法使他们“从个人主义的功利主义的逻辑迷宫中走出来”。③ 在他们看来，“甚至最英勇的自我牺牲行为也只不过是合理的利己主义的一种特殊形式”。④ 因此，他们始终无法科学地解释人是怎样产生热爱真理、自我牺牲、英雄主义这类道德行为的。普列汉诺夫指出，按照“历史进化论”的观点，道德进化过程的发生常常是个人所不知道的，“个人遵守自己社会或者自己阶级的道德的要求，就好像遵守具有宗教的或者形而上学的规则的绝对道德的规条那样。而指使着个人去进行这种或那种行动的，是社会关系的客观逻辑，而不是个人的主观理智”。可是，18世纪的法国哲学家们由于对历史的进化论毫无观念，因而“就只能求助于他们称之为理智的东西”。⑤ 在普列汉

① 《18世纪法国哲学》，北大哲学系编译，商务印书馆1963年版，第526、463、527页。

② 《普列汉诺夫哲学著作选集》第2卷，生活·读书·新知三联书店1961年版，第193页。

③ 同上书，第508页。

④ 《普列汉诺夫哲学著作选集》第4卷，生活·读书·新知三联书店1974年版，第47页。

⑤ 《普列汉诺夫哲学著作选集》第2卷，生活·读书·新知三联书店1961年版，第508页。

诺夫看来，事实上，理智所起的作用比其在特定的社会习惯和社会关系的影响下形成的情感所起的作用小得多。他强调："个人的行为是社会习惯的结果，社会习惯则不是在理智的影响下形成的，而是由于社会的历史发展而形成的。"①

尽管如此，法国唯物主义者所提出的功利主义的道德观的积极意义是不容忽视的，它是近代功利主义学派的杰出代表，不仅在启蒙运动中有深远的影响，而且在反对宗教神学和封建专制制度的斗争中起过重要的作用。他们力图把道德和利益联系起来并视利益为道德之基础的思想，无疑包含着唯物史观的因素。当然，从科学的观点来看，"这样的历史唯物主义还是非常幼稚的"。②

---

① 《普列汉诺夫哲学著作选集》第4卷，生活·读书·新知三联书店1974年版，第48—49页。

② 同上。

第十四章

普列汉诺夫论黑格尔哲学

在普列汉诺夫丰富的哲学史论著中，最富有光彩的部分，是他对黑格尔哲学的研究。他对黑格尔哲学的剖析，无论就其见解之精辟，内容之深刻，逻辑之严密和文字之优美来说，都是屈指可数的，足以令人折服。

普列汉诺夫之所以对黑格尔哲学怀有极大的兴趣，其主要原因有二：

一是黑格尔哲学曾经对俄国先进的知识分子产生过无与伦比的影响，而后来人们对它又极端蔑视，这种严重的反差现象，使得普列汉诺夫认为有必要对黑格尔哲学作出科学的评价。关于黑格尔哲学在俄国先进知识分子中的巨大影响，普列汉诺夫在《尼·加·车尔尼雪夫斯基》的导言中写道："尼古拉时代的俄国先进人士在他们的文学和政治见解方面是以黑格尔哲学作为出发点的。在某个时期内，这位著名的德国思想家曾像彼得堡的皇帝一样是俄国的专制君主。区别仅仅在于：黑格尔的专制权力只在人数不多的少数哲学小组中得到承认，而尼古拉的权力则'从寒冷的芬兰岩壁延伸到炎热的考尔希达'（普希金的诗句——引者注）。"① 但是，随着时间的推移，黑格尔哲学在俄国的命运发生了巨大变化。如果说在19世纪三四十年代黑格尔哲学在俄国知识界还保持着很大影响的话，那么到了50年代一些人对它就漠不关心了，进入60年代人们甚至把它宣布为"不值得为之浪费时间的'形而上学'"而加以抛弃。普列汉诺夫则不同于这类浅薄之辈，他始终把黑格尔哲学看做"革命的代数学"，倾注了巨大的精力对它进行研究，以匡正人们对它的误解和曲解。

二是由于黑格尔哲学的"合理内核"对马克思主义哲学的诞生有极大的影响，特别是对唯物史观的创立有直接的影响。为了理解马克思的科

---

① 《普列汉诺夫哲学著作选集》第4卷，生活·读书·新知三联书店1974年版，第18页。

学历史观，就应该弄清楚“直接先行于马克思而出现的哲学和社会科学已经得到了什么结果”。[①] 特别是弄清楚作为唯物史观直接理论前提的黑格尔哲学得到了什么积极的结果。

普列汉诺夫对黑格尔哲学的论述主要集中在《黑格尔逝世60周年》《论一元论历史观之发展》《唯物主义历史观》《别林斯基与合理的现实》和《从唯心主义到唯物主义》等论著之中。其中《黑格尔逝世60周年》是他为纪念黑格尔逝世60周年而写的长篇论文。该文发表后，恩格斯给予很高的评价，他在1891年12月3日给考茨基的信中写道：“普列汉诺夫的这篇论文好极了。”[②] 普列汉诺夫知道这个评语之后，曾写信给恩格斯说：“有人转告我，您对考茨基谈到我论黑格尔的文章，曾经说过一些夸奖的话。如果这是确实的话，我就不再希求其他的称赞了。我的全部希望只是要做一个够格成为马克思和您这样的老师的学生的人。”[③] 普列汉诺夫的上述著作，至今仍是我们研究黑格尔哲学的重要文献。

一 辩证的方法是现代唯物主义从黑格尔哲学遗产中获得的最主要的科学工具

黑格尔哲学是德国唯心主义哲学的集大成者，是彻底的唯心主义一元论，但是它的“合理内核”——辩证法思想却具有划时代的意义。

恩格斯在评价黑格尔哲学思想时指出，黑格尔从“绝对观念”出发，构造出了一个庞大的哲学体系，由于这个体系的需要，他常常“不得不求救于强制性的结构”。在他那里，这个体系的全部内容被宣布为“绝对真理”，这无疑是黑格尔哲学中最保守的一面，并且蒙上了一层神秘主义的色彩。但是，黑格尔哲学的唯心主义体系和强制性的结构，仅仅是他的哲学这个建筑物的“骨架和脚手架”，“人们只要不是无谓地停留在它们面前，而是深入到大厦里面去，那就会发现无数的珍宝，这些珍宝就是在

① 《普列汉诺夫哲学著作选集》第1卷，生活·读书·新知三联书店1959年版，第676页。

② 同上书，第895页。

③ 同上。

今天也还保持充分的价值”。[①] 在这些极有价值的珍宝中，最重要的就是他的辩证法思想。它不仅是马克思主义哲学的重要理论来源，而且是这一哲学得以创立的必不可少的工具。正如普列汉诺夫所说：“辩证方法是德国唯心主义的继承人、即现代唯物主义从德国唯心主义的遗产中获得的一项最主要的工具。”[②]

普列汉诺夫认为，自然哲学乃是黑格尔哲学的薄弱方面，黑格尔的功绩最主要的还“应该在哲学和历史的各种不同的领域中去寻找”。[③] 所以，普列汉诺夫没有一般地去研究黑格尔的哲学，而是把注意力放到了他的历史辩证法思想方面。

对于黑格尔的历史辩证法思想，恩格斯有极高的评价。他在《卡尔·马克思〈政治经济学批判〉》中指出：黑格尔是“第一个想证明历史中有一种发展、有一种内在联系的人，尽管他的历史哲学中有许多东西现在在我们看来十分古怪，如果把他的前辈，甚至把那些在他以后敢于对历史作总的思考的人同他相比，他的基本观点的宏伟，就是在今天也还值得钦佩”。[④]

恩格斯甚至把黑格尔的历史辩证法思想誉为“宏伟的”“划时代的历史观”，并且指出正是“这个划时代的历史观是新的唯物主义观点的直接的理论前提”。[⑤] 列宁在《哲学笔记》中也多次指出，黑格尔的一些关于社会历史问题的见解“接近了历史唯物主义”，“已经有历史唯物主义的萌芽”。或者说“历史唯物主义，是在黑格尔那里处于萌芽状态的天才思想的一种应用和发展”。[⑥] 普列汉诺夫则指出，黑格尔无论在历史、法律、宗教、哲学方面，还是在文学、艺术、美学等方面，都力求找出贯穿于这些不同领域中的发展线索，他在社会科学中的地位，“首先决定于他对一切社会科学的现象是从生成的过程的观点，即从这些现象的发生和消灭的

① 《马克思恩格斯选集》第4卷，人民出版社1995年版，第219页。

② 《普列汉诺夫哲学著作选集》第1卷，生活·读书·新知三联书店1959年版，第494页。

③ 同上书，第654页。

④ 《马克思恩格斯选集》第2卷，人民出版社2012年版，第12页。

⑤ 同上书，第12—13页。

⑥ 《列宁全集》第38卷，人民出版社1959年版，第344、348、202页。

观点去观察的”。[①]

总之，黑格尔的巨大功绩，就在于他第一次把自然的、历史的和精神的世界，特别是人类社会历史描写成为一个过程，即把它描写为处在不断地运动、变化、转变和发展的过程中，并力图揭示这种发展的内在联系。

普列汉诺夫指出：只要我们把黑格尔的历史辩证法思想同他的前辈们作一番历史的比较，就可以清楚地看出它的“划时代”意义。18 世纪法国唯物主义无论在自然哲学和历史哲学领域中，几乎完全没有发展的观点，每当碰到关于自然界和社会历史的发展问题时，便暴露出了他们的惊人的肤浅和薄弱。由于法国哲学在发展问题上的无能为力，就不能不使它的内容非常贫乏，因而也使它难以抵挡唯心主义的进攻而不能不让位于唯心主义。18 世纪末所开始的唯心主义的反动，正是对法国唯物主义缺乏发展观点的惩罚。到了 19 世纪上半叶，唯物主义本身已经“陷于那为大家认为过时了的、最后埋葬了的体系的地位”。在这个时期，“唯心主义不仅复活了，而且得到了空前的、真正光辉的发展”。[②] 这种复活了的唯心主义就是以黑格尔为代表的辩证唯心主义。同 18 世纪法国唯物主义者相比，19 世纪空想社会主义者在发展的问题上的确有了明显的进步，在他们对社会历史问题的许多见解中，时常闪耀着辩证思考的火花。然而，由于这些空想社会主义者毫无例外地都在拼命地追求一种对于一切时代和一切民族来说都是唯一的、最好的、至善至美的社会制度，都在拼命地追求一种永恒的正义，这就暴露了他们发展观点的不彻底性，说明他们还缺乏那种坚定地站在历史观点上的那种本领。因为他们所追求的那种完美无缺的社会制度和永恒的正义之类，同辩证发展的观点是不相容的。黑格尔则和他的前辈们大不相同，他在一切领域中都坚持辩证发展的观点，“他的辩证发展观点的真实意义和革命性质，就在于它永远结束了以为人的思维和行动的结果具有最终性质的看法”。在黑格尔看来，人类历史也和人的认识一样是不断变化和发展的，永远也不会达到尽善尽美的理想状态，完美的社会和完美的国家只存在于冥冥幻想之中。“黑格尔称那些不能理解现象的发展过程，迫使得自己和别人都以为现象是僵化的，无联系的，

---

① 《普列汉诺夫哲学著作选集》第 1 卷，生活·读书·新知三联书店 1959 年版，第 471 页。

② 同上书，第 620 页。

不能转化的思想家（不论唯物主义者或唯心主义者）的观点为形而上学的观点。他以辩证法来和这种观点对立，辩证法正是在现象的发展，因之，在其相互联系中研究对象。”① 用这种辩证的观点去观察人类社会生活和历史现象，黑格尔得出了如下结论：人类社会也和其他现象一样，处于一种由低级到高级的发展过程，在这个过程中，一切依次更替的社会制度都是暂时的阶段。一方面，社会发展的每一个历史阶段都是必然的，因而这个阶段对于它所由以发生的那个时代和条件来说都有它存在的理由；另一方面，这个阶段对它自身内部逐渐发展起来的新的、更高级的条件来说，它又不得不让位于更高的阶段，而这个更高的阶段同样也是暂时的。黑格尔在解释社会历史现象时所坚持的上述辩证发展观点，正是他的历史哲学之所以比前人高明之处，它的“划时代”意义就在这里。

在黑格尔之前，许多哲学家和历史学家往往以偶然性来说明社会现象和解释人类历史；黑格尔则不然，他不把历史看做被无数偶然现象所支配的杂乱无章的混合体，而是力图透过社会生活的许许多多纷繁复杂的偶然现象去发现历史运动的必然性，找出其内在的联系。例如，他在《历史哲学》中谈到罗马帝国的历史时曾指出，威震四海的罗马帝国的主权之所以成了恺撒一个人的私产，“这种重要的变迁不能看做是偶然机会；这是必然的——为社会环境所造成的”。他批评了西塞禄用偶然因素来解释罗马帝国历史变迁的错误观点，说西塞禄等人“把恺撒的统治看做是一桩偶然的事情，以为整个的局面都系于恺撒的个性”，从而把罗马共和国的腐败完全归罪于恺撒一人，认为“只要把这个人除掉了，共和国便能在事实上恢复过来”，这种看法是非常错误的。在黑格尔看来，“罗马共和国之所以灭亡，并不是由于恺撒降生这种偶然事件——这种灭亡自有它的必然性”。② 恩格斯十分欣赏黑格尔透过偶然现象揭示历史演变内在联系的思想。他指出，根据黑格尔的观点，人类的历史已经不再是乱七八糟的一堆统统应当被这时已经成熟了的哲学理性的法庭所唾弃并最好尽快被人遗忘的毫无意义的暴力行为，而是人类本身的发展过程，而思维的任务现在就在于通过一切迂回曲折的道路去探索这一过程的依次发展的阶段，

① 《普列汉诺夫哲学著作选集》第 1 卷，生活 · 读书 · 新知三联书店 1959 年版，第 628 页。

② ［德］黑格尔：《历史哲学》，王造时译，商务印书馆 1962 年版，第 356—358 页。

并且透过一切表面的偶然性揭示这一过程的内在规律性。普列汉诺夫完全同意恩格斯的意见。他认为，黑格尔承认偶然性让位于规律性，也就承认了偶然性让位于必然性，这正是他的辩证思维的优越性的表现。当黑格尔哲学强调“到某种不以人的人性为转移的力量中去找寻历史运动的解释时，就给予科学一种任务，即按照规律去解释历史现象”。[①] 这样一来，“就给科学留下了广阔的余地”。[②]

在黑格尔以前，许多哲学家和历史学家往往把历史人物的个人“动机”看做历史发展的原动力。黑格尔不赞成这种观点。在他看来，不论是历史人物的表面动机还是背后的真实动机，都不是历史发展的最终原因，因为在这些动机的后面还有更为深刻的原因，对于这些更加深刻的原因必须作深入的探究。普列汉诺夫将黑格尔的上述观点同法国唯物主义作比较时指出：从前的“唯物主义的‘哲学家们’把人类历史只看成或多或少的贤明有德的人和多数很不贤明很不道德的人的有意识的行为。辩证唯心主义是在初看之下只表现无秩序的偶然现象、只表现一场个人情感和个人意图的无止境的斗争的地方，理解到一种必然性存在。”他还说，黑格尔的历史哲学认为历史发展的动力既不在人的“意见”“理性”“动机”之中，也不在“人性”之中，而是在它们之外，这说明黑格尔不仅力求揭示历史运动的规律性，而且企图到某种不以人的意识和意志为转移的客观力量中去找寻历史发展的最终原因，尽管这个问题在黑格尔那里并未得到真正解决，而且，也正是在这个问题上充分暴露了他的历史哲学的唯心主义本质。然而，他企图到某种不以人的意识或意志为转移甚至也不以“人性”为转移的客观力量中去发现历史动因的见解，无疑是深刻的，无论在当时和后世都产生了积极的影响，并为唯物史观的创始人所肯定。

普列汉诺夫指出，黑格尔的历史辩证法思想对于他那个时代甚至在他以后的社会科学的一切领域，都产生过巨大的影响。它给宗教、美学、法学、政治经济学、历史学以及文学艺术和哲学等领域的研究工作以巨大的影响，使它们产生了全新的面貌，而且，在所有的上述领域中，几乎“没有一个杰出的工作者，在自己的发展上及对自己学科的新观点上不是

---

① 《普列汉诺夫哲学著作选集》第1卷，生活·读书·新知三联书店1959年版，第490页。

② 同上。

获益于黑格尔的”。[①] 恩格斯之所以把黑格尔的历史观誉为“宏伟的”“划时代的历史观”，其根本原因就在于此。

这里要着重指出的是，黑格尔的历史辩证法思想作为他的全部辩证法思想的一个组成部分，不仅对促进当时社会科学的进步起了重要作用，而且对唯物史观的创立产生了直接的影响。恩格斯对此作过充分的肯定，他说：“唯物主义历史观及其在现代的无产阶级和资产阶级之间的阶级斗争上的特别应用，只有借助于辩证法才有可能。”[②] 普列汉诺夫也指出：“对历史作唯物主义的解释，要以辩证的思维方法为前提。”[③]

他又说：“辩证方法应用在社会现象上，就造成了一个全盘的革命。我们可以毫不夸张地说，我们靠这个方法得到了把人类历史当做一个有规律的过程的看法。”[④] 这是19世纪理论思想的最伟大的成就之一。

当然，也必须看到，黑格尔毕竟是一个唯心主义的辩证论者。他虽然承认人类历史是沿着辩证发展的途径前进的，并力图到某种客观力量中去寻找历史的动因；然而他却未能在历史运动内部找到这个动因，而是在历史运动的外部即在高居于历史运动之上的“世界精神”“民族精神”归根到底在“绝对观念”中找到了所谓历史发展的动因，又把它“输入”到历史中去。所以，恩格斯说：“黑格尔把历史观从形而上学中解放了出来，使它成为辩证的，可是他的历史观本质上是唯心主义的。”[⑤] 一般地说，黑格尔并不否定“理性”这一概念，但他所说的“理性”同18世纪法国唯物主义者所讲的“理性”是不同的。普列汉诺夫在《唯物主义历史观》中看到了这个区别，他指出：按照黑格尔这位伟大思想家的观点，历史不过是普遍精神在时间中的发展，历史哲学就是依据理性来考察历史的，它按照事实本身的样子来看待事实，它加给事实的唯一思想就是“理性支配世界”。普列汉诺夫说，这无疑会使人们想起认为意见或理性支配世界的18世纪法国哲学家，但实际上黑格尔对这个思想的理解却完

① 《普列汉诺夫哲学著作选集》第1卷，生活·读书·新知三联书店1959年版，第643页。

② 《马克思恩格斯文集》第3卷，人民出版社2009年版，第495—496页。

③ 《普列汉诺夫哲学著作选集》第1卷，生活·读书·新知三联书店1959年版，第494页。

④ 《普列汉诺夫哲学著作选集》第2卷，生活·读书·新知三联书店1961年版，第143页。

⑤ 《马克思恩格斯文集》第9卷，人民出版社2009年版，第388页。

全不同。“在黑格尔看来，支配历史过程的理性是不自觉的理性——不外是支配历史运动的规律的总和。至于说到18世纪法国哲学家认为是历史运动动力的人的思想、意见，黑格尔在大多数情况下都把它们看做是受生活方式，换言之，社会制度决定的。”① 在黑格尔那里，支配人类历史的“理性”，既不是个别人头脑中的“理性”，也不是什么“公共意见”，而是存在于人的头脑之外和历史运动之外的某种客观“理性”，他把这种支配历史的“理性”称做规律。普列汉诺夫进一步指出，黑格尔所说的支配历史运动的客观存在的理性和规律，实际上就是他的“绝对观念”，他写道：“在黑格尔看来，绝对观念的发展是整个世界发展的基础。最后说来，他对全部人类历史也是用这一观念的发展来解释的。但是这一绝对观念又是什么呢？这一点费尔巴哈曾很好地指出：这只是思维之人格化的过程。原来，一般的世界发展，尤其是历史的发展，可以由人类思维的规律来解释。”② 既然如此，在黑格尔的历史哲学中，“绝对观念”的逻辑特性就成了历史运动的根本原因和第一推动力，这样，黑格尔就“扔掉历史的基础，并自愿地使自己根本不可能找到历史运动的真正原因”。

由于黑格尔的辩证法具有明显的唯心主义性质，所以马克思的唯物主义就不能在唯心主义的外貌下来利用他的辩证法，而必须首先使他的辩证法“摆脱它的神秘的外壳”。正如普列汉诺夫所说，尽管马克思同黑格尔一样在人类历史中看到不依人的人性为转移的合乎规律的过程，尽管马克思和黑格尔一样对一切现象都在它产生和消失的过程中去考察，尽管马克思同黑格尔一样不满足于对历史现象作形而上学的、空洞无物的解释，最后，尽管马克思也和黑格尔一样致力于寻求社会生活中一切作用着和相互作用着的力量之间的普遍的统一的源泉，但是，马克思不是像黑格尔那样在“绝对精神”中去寻找这种源泉，而是在经济的发展中去发现这种源泉，这就使他的辩证法与黑格尔的辩证法有原则的区别。他指出：“只要辩证方法发生根本的变化，就是说，只要黑格尔的唯心主义辩证法让位于马克思、恩格斯的唯物主义辩证法，辩证方法就能够成功地运用于研究社

---

① 《普列汉诺夫哲学著作选集》第2卷，生活·读书·新知三联书店1961年版，第744页。

② 《普列汉诺夫哲学著作选集》第3卷，生活·读书·新知三联书店1962年版，第43—44页。

会发展的有规律的进程。”①

普列汉诺夫对黑格尔与“人性论”历史观之间的关系的分析是饶有趣味的。他指出，在黑格尔之前或者与他同时，一些哲学家和历史学家常常以“人性”去说明历史，18 世纪法国唯物主义者、19 世纪空想社会主义者和复辟时代的法国历史学家都是这样。黑格尔则不然，他不赞成用“人性”去解释历史。他在探寻历史发展的动力时“认识到人性是一个很不能令人满意的虚构”，认为历史运动的动力“在人以外”，“人只是服从这个推动力不可抗拒的冲击”。②

他在《历史哲学》一书中“嘲笑资产阶级空想主义者力求设计出一种可能有的政体中最好的政体”，并且“很好地理解到‘人性’观点的缺陷”。因此，他“不在人性之中而在人性之外寻找历史发展的动力”。这对人类历史和现实生活的研究来说“是很大的进步”。③ 然而，黑格尔终究是一个唯心主义者。他虽然不赞成用“人性”解释历史，却没有从历史运动的客观进程中去发现历史发展的动力，而是在“世界精神”“民族精神”归根到底即在“绝对观念”中找到了这种动力。可是，在黑格尔那里，所谓“世界精神”“民族精神”和“绝对观念”，“无非是人类思维过程的抽象”④，既然如此，在他的历史哲学中，“观念”的逻辑特性、理性之类就成了一切事物和现象发展的原因，从而也就成了历史运动的最终动力。这样，黑格尔在自己的历史哲学的思辨中，就无异于从前门赶出了“人的本性”，却又“从后门放进了旧日法国启蒙者的女伴，即人的本性，不过她穿着适合于肃穆端庄老成持重的德国哲学界的服装”。⑤ 犹如把空气从大门赶出去，它又会从窗口飞进来，这种情形告诉人们，黑格尔虽然力图摒弃其前辈和同辈用“人性”解释历史的错误观点，但实际上他的唯心主义历史观却使他拐弯抹角地接近了甚至以不同的形式重复了他们的观点。

---

① 《普列汉诺夫哲学著作选集》第 4 卷，生活·读书·新知三联书店 1974 年版，第 807 页。

② 《普列汉诺夫哲学著作选集》第 2 卷，生活·读书·新知三联书店 1961 年版，第 163 页。

③ ［俄］普列汉诺夫：《无政府主义与社会主义》，王荫庭译，生活·读书·新知三联书店 1980 年版，第 20—21 页。

④ 同上书，第 21 页。

⑤ 同上。

尽管如此，黑格尔关于人类社会辩证发展的观点和他力图到人的头脑之外和人性之外去寻找社会历史发展动力和规律的思想，对于历史观的发展特别是对于唯物史观的创立还是有重要的积极意义的。就是黑格尔历史哲学的失足之处，也从反面给人以启迪，它说明，关于人类社会发展的动力和规律，既不应从人们的头脑和人性中去寻找，也不能从“绝对观念”“世界精神”“民族精神”中去寻找，而必须从历史自身的矛盾运动中去寻找。普列汉诺夫说得好：“历史的运动，只有当它不用逻辑，而用社会关系的发展，主要是用经济关系的发展来加以解释的时候，才变成可以理解的。”为了给科学地解释社会历史过程铺好一条正确的道路，“研究工作者们必须与各种形式的唯心主义诀别，而转变到唯物主义的观点上来。马克思和恩格斯就是这样做的”。①

二 黑格尔的历史哲学是他无意中和不自觉地送给唯物主义的贡物

18 世纪法国唯物主义者曾把社会历史发展的动力归结为人的“意见”。19 世纪空想社会主义者和复辟时代的法国历史学家不满意这样的解释，主张用人们的财产关系去说明历史。但是，不论 18 世纪法国唯物主义者，还是 19 世纪空想社会主义者或复辟时代的法国历史学家，都没有真正找到历史发展的动力，他们或者在人的“意见”和“环境”之间兜圈子，或者在“人的天性”和“财产关系”之间兜圈子，至多是停留在人的“意见”与“环境”、“人的天性”与“财产关系”的相互作用上。黑格尔则同他们大不相同，他不满意仅仅用“相互作用”的观点去看问题，认为要想真正认识社会生活和了解人类历史，就必须超出相互作用的观点，找出那既决定人的意见又决定社会环境、既决定人的天性又决定财产关系的“第三者”。普列汉诺夫对黑格尔哲学的这个特点看得很清楚，他说：“辩证唯心主义越过了形而上学家不能越过的这道界限。它把相互作用的关系的两个方面不看成是‘直接给予’的，而看成是‘一个第三

① 《普列汉诺夫哲学著作选集》第 3 卷，生活·读书·新知三联书店 1962 年版，第 44 页。

者、更高者的两个环节，这个更高的第三者就是概念'。"[1] 黑格尔以斯巴达的风俗和宪法的关系为例指出，如果我们把斯巴达的风俗看做它的宪法的结果，反过来又把它的宪法看做它的风俗的结果，尽管这种看法不无道理，然而却不能给人以最后的满足，因为按照这种看法既不能掌握它的风俗，也不能掌握它的宪法，而要同时掌握这两个方面，只有把它们以及其余一切表现斯巴达民族生活与历史的特殊方面都认为是以"概念"为依据的。在他看来，如果人们只从"相互作用"的观点上去观察问题，事实上是不会得到什么成效的，因为单单应用"相互作用"的观点去看问题，既无法弄清相互作用关系本身，也无法理解相互作用着的两个方面。为了理解相互作用关系，就应该"在某种新的、'更高级的'、也就是在某种既能决定它们本身的存在、又能决定它们互相作用的可能性的东西里去寻求它们的解释"。[2] 那么，究竟到哪里去找这种新的、更高级的东西呢？黑格尔回答说，应当到"民族精神"中去寻求这种东西。在他看来，人类社会的全部历史乃是"普遍精神的表述和实现"，普遍精神亦即绝对精神的运动是通过几个阶段完成的，它的每一个阶段都和其他阶段不同，所以都有它一定的特殊的原则。在人类历史发展进程中，这种原则便是一种特别的民族精神，而民族意识和民族意志的一切方面包括民族精神的实现，都在民族精神的特性中具体地表现出来；民族意识和民族意志在民族的宗教、民族的政治制度、民族的伦理、民族的法律、民族的风俗以及民族的科学、艺术和技术等各个方面都打下自己的烙印，所有这些特殊方面的特性，都要从民族精神的共同特性中去找到说明。或者说："某一民族的全部历史"是它的民族精神的"实现"，这种民族精神也就是它的"特殊理念"，"而每个个别民族的理念乃是绝对理念发展中的一个阶段"。[3] 这当然是彻头彻尾的历史唯心主义观点。不过，这种唯心主义观点不是那么直白地表露出来，而是经过了黑格尔的精心的论证。所以普列汉诺夫说："黑格尔对于整个世界历史的观点是浸透着最精巧的唯心主义的。"[4]

---

① 《普列汉诺夫哲学著作选集》第 2 卷，生活·读书·新知三联书店 1961 年版，第 145 页。

② 《普列汉诺夫哲学著作选集》第 1 卷，生活·读书·新知三联书店 1959 年版，第 465 页。

③ 同上书，第 663、476 页。

④ 同上。

但是，正如恩格斯所说，黑格尔的历史哲学的一个重要特点，是其形式是唯心的，而内容是现实的。也就是说，当黑格尔用“绝对观念”“世界精神”“民族精神”去解释历史从而把历史看做“绝对观念”自我发展的体现时，他的观点是唯心主义的，但当他对社会历史作具体的说明时，他所讨论的问题又是现实的，不论在经济、政治、法律、道德等领域中都是如此。

这个特点，使黑格尔的历史哲学显现出了明显的矛盾。一方面他的历史哲学从本质上说是唯心主义的，他对历史的解释无不受其唯心史观的制约；但另一方面，他每次叙述到历史上的任何一个伟大民族时，都显示出了他的知识的全面性和深刻的洞察力，在许多方面都作出了富有教益的光辉论述。普列汉诺夫在《黑格尔逝世60周年》一文中写道：黑格尔的这些“真正光辉而且极有教益的叙述”，简直使人迷惑了，当你阅读了他的《历史哲学》之后，会使你“几乎忘记了你是在同一个唯心主义者打交道”，从而使你心甘情愿地“承认他确实是‘按照历史的真象去对待历史’，承认黑格尔是严格遵守他自己的规则：‘坚守历史主义的、经验的基地’”①。

黑格尔的历史哲学的内容之所以是“现实的”，一个重要的原因就是他对社会生活和历史现象的解释十分重视社会“财产关系”的作用。在他看来，“财产关系”亦即“市民社会”乃是各个国家和民族社会生活的基础，对于许多社会历史现象的解释应当到“财产关系”中去寻求答案。他自己在说明一些社会历史现象时正是这样做的。例如，他在谈到家庭的产生时认为家庭的出现同原始民族经济的发展有着不可分割的联系，它是原始民族社会经济发展到一定阶段的产物；他在探究国家问题时强调国家的产生与社会贫富的悬殊和阶级存在之间的密切关系，指出在一个现实的国家和一个现实的政府成立以前，必须先有阶级区别的发生，必须贫富两阶级成为极端悬殊；他在分析斯巴达衰落的原因时认为财产关系的极端不平等是促使它走向衰落的根本原因；他在谈到古希腊城市内部各个党派之间的斗争时指出，这类斗争乃是古希腊社会阶级矛盾的表现，它不过是该社会经济发展和各阶级之间经济利益矛盾发展的结果；他在论及中世纪城

① 《普列汉诺夫哲学著作选集》第1卷，生活·读书·新知三联书店1959年版，第478页。

市发展和演变的历史时，一方面要求把城市的历史当做市民与僧侣、贵族之间斗争的历史，另一方面又要求把这种历史当做公民中各个阶层之间相互斗争的历史，亦即“富有的市民同普通人民”之间的斗争的历史；他在谈到宗教改革时虽然首先把它归之于一种“普遍精神”，但接着就指出关于一个民族的宗教观点和在这个民族中发生的一切解放运动也包括宗教改革运动在内，都必须从这个民族的经济活动中去寻找说明。[①] 总而言之，黑格尔在具体地论述各个国家和民族的历史时，是非常重视“财产关系”在社会生活和历史演进过程中的作用的。正如普列汉诺夫所说：黑格尔“在历史哲学上的不变手法是：开始几句援引绝对理念的属性的模糊的话，以后——更展开的和当然是更令人心服的指明所述民族的财产关系的性质和发展，实质上说来，在后一类的解释中已经没有丝毫唯心主义的东西了”。[②] 这样的评价显然失之过分，但用普列汉诺夫的这些话作为恩格斯关于黑格尔的历史哲学“形式是唯心的，内容是现实的”这一论断的注释，不能不认为是恰当的。

那么，作为唯心主义集大成者的黑格尔，在坚持用“绝对观念”“世界精神”“民族精神”去解释历史时，为什么还要诉诸“财产关系”，用“财产关系”去说明社会生活和历史现象呢？对此，普列汉诺夫作出了十分精彩的分析。他反复指出，当黑格尔用“绝对观念”“世界精神”“民族精神”这类精神现象去解释社会生活和说明历史现象时，他就不可避免地会遇到极大的难以克服的困难。在这种情形下，他便不得不暂时背离自己的唯心主义观点而乞援于“财产关系”，希图用“财产关系”去说明问题。换言之，当黑格尔用唯心主义观点去解释历史而大碰其壁，感到此路不通时，“就是他自己似乎也不满意于他所获得的结果，而常常不得不从朦胧不清的唯心主义的峰顶降落到经济关系的具体地基上来”。[③] 十分有趣并且值得人们深思的是，每当黑格尔乞援于经济关系，用人们的财产关系去说明问题的时候，财产关系即人们的经济关系也就确确实实能够使他“从唯心主义的暗礁处脱离开来”，“原来这是因为，经济关系本来

---

① 《普列汉诺夫哲学著作选集》第 1 卷，生活·读书·新知三联书店 1959 年版，第 482、433 页。

② 同上书，第 665 页。

③ 同上书，第 188 页。

就是决定全部历史进程的第一性的东西”。[1] 也正是在这种情形下，黑格尔这位唯心主义大师的唯心主义历史哲学，“却向我们暗中指出了唯物主义的历史观”；[2] 或者说，“一位最大的唯心主义者似乎抱定目的要为唯物主义扫清道路”。[3] 这清楚地说明，“黑格尔的唯心主义哲学本身就包含着足以证明唯心主义站不住脚的最好的、完全无可辩驳的证据”。[4]

上述情形告诉我们，黑格尔作为一位唯心主义哲学大师，从总体上说，他当然只能用唯心主义观点去观察历史，他虽然凭借自己的天才，运用辩证的方法给社会历史的解释增添了某些科学的性质。然而，辩证的唯心主义终究是不能给历史以真正科学说明的。而当黑格尔在上述事实面前被迫不得不面向社会财产关系，不得不从社会经济关系中来寻找他用唯心主义观点所无法得出的正确答案时，在他对社会历史的一些见解中，也就理所当然地包含着被他自己所坚决反对的唯物主义观点。正是在这个意义上，普列汉诺夫说“黑格尔的历史哲学是他无意中和不自觉地送给唯物主义的贡物”。[5]

普列汉诺夫指出，黑格尔一向对唯物主义哲学抱着十分轻蔑的态度，他常常说唯物主义无真理可言，“唯心主义乃是唯物主义的真理”。然而，当黑格尔用他所构造出来的“精巧的唯心主义”去解释历史感到无能为力而不得不求救于经济关系的时候，就意味着唯心主义已经把他引入了“死巷”。这清楚地说明，“唯心主义就是在黑格尔的强有力的精巧的手中”，也显得“软弱无力和毫无作用”了。他不得不求助于经济关系的事实，向人们宣告了他羞羞答答、扭扭捏捏地并且很不情愿地在“唯心主义贫乏的”自供状上签了字，“似乎是默不作声地承认：实质上，事情完全相反”，唯物主义乃是唯心主义的真理”。[6] 所以，普列汉诺夫说，“黑格尔这样相当经常地转向经济”，就给他的《历史哲学》“带来了唯物主

---

① 《普列汉诺夫哲学著作选集》第 1 卷，生活 · 读书 · 新知三联书店 1959 年版，第 488 页。

② 同上书，第 482 页。

③ 同上书，第 483、477 页。

④ 同上。

⑤ 《普列汉诺夫哲学著作选集》第 2 卷，生活 · 读书 · 新知三联书店 1961 年版，第 509 页。

⑥ 《普列汉诺夫哲学著作选集》第 1 卷，生活 · 读书 · 新知三联书店 1959 年版，第 490、665 页。

义因素”，不仅如此，也给他的其他领域的见解，例如美学等，“带来了唯物主义因素”，可惜黑格尔派左翼的一些作家，包括大名鼎鼎的赫尔岑在内，没有注意这一点，他们“没有看出黑格尔的这些唯物主义‘堕落’的巨大成果”。[①] 常常有人责备黑格尔“为了有利于自己的体系而任意安排历史事实和其他事实”，普列汉诺夫指出，既然他始终是个唯心主义者，他对待事实材料就不可能完全没有一点任意行为，但是，黑格尔犯的这类错误比其他的唯心主义体系建立者毕竟要少一些。普列汉诺夫还批评有些人未读过黑格尔的《历史哲学》，却说他在这本书中始终没有像他自己所说的那样：站在具体的、历史的基础上，他认为这是很错误的；相反，黑格尔是经常这样做的，而每当他这样做时，“他的历史哲学的见解就阐明了人类历史发展的许多重要问题”。[②] 普列汉诺夫接着说：“这种情况在我们心目中会有相当的重要意义，要是我们记得，最初是黑格尔主义者的马克思和恩格斯，后来成了历史唯物主义理论的创始人。”[③]

普列汉诺夫十分欣赏黑格尔力图用财产关系去说明历史的观点，认为这一观点说明，在他的历史哲学里已经包含着历史唯物主义的因素，或者说已经接近了唯物史观，为唯物史观的创立提供了重要的理论材料。然而，“黑格尔在这里接近的唯物主义乃是完全没有发展的、初生的唯物主义”，而“一到需要解释某种财产关系从何而来时，就马上重新转入唯心主义了”。[④] 这就表明，在财产关系起源问题面前，黑格尔也如同19世纪空想社会主义者和复辟时代历史学家一样完全无能为力。在他看来，财产关系决定于某种“更高级的”东西，而这种“更高级的”东西应当到“民族精神”最后应当到“绝对精神”中去找。不难看出：“黑格尔对于整个世界历史的观点是浸透着最精巧的唯心主义的”。[⑤] 正是由于这个原因，“当历史同普遍精神的概念不相矛盾并且同普遍精神的发展‘规律’不相矛盾时，就‘按照历史的真象’去对待历史；黑格尔就‘坚守历史

① 《普列汉诺夫哲学著作选集》第4卷，生活·读书·新知三联书店1974年版，第793页。

② 《普列汉诺夫哲学著作选集》第3卷，生活·读书·新知三联书店1962年版，第736页。

③ 同上。

④ 《普列汉诺夫哲学著作选集》第1卷，生活·读书·新知三联书店1959年版，第665页。

⑤ 同上书，第467页。

主义的、经验的基地’。可是如果历史不仅同普遍精神的发展‘规律’相矛盾，并且简直越出了这种假设的发展情况的常轨时，历史就是黑格尔的逻辑所不考察的一种东西了，这种历史是不必去注意的。表面看来，对待历史的这种态度，最低限度应该使黑格尔免于自相矛盾。但是事实上得到的结果不是这样。黑格尔完全没有避免掉矛盾”。[①] 这样，黑格尔就为同他的前辈一样“也陷入了迷魂阵”：用社会制度来说明思想状况，又用思想状况来说明社会制度。

三 黑格尔的地理环境学说

在地理环境学说发展史上，黑格尔占有重要的地位。他的地理环境学说独具特色，构成了地理环境学说发展史上的一个重要阶段。

普列汉诺夫指出，关于地理环境与社会发展的关系问题，有一个古老的二律背反：孟德斯鸠从特定的地理环境条件只能产生特定的社会制度出发，得出了地理环境决定人类社会发展的结论；与此相反，伏尔泰则从同一种地理环境条件可以产生不同的社会制度出发，断言地理环境对人类社会的发展不起作用。孟德斯鸠只看到了问题的一个方面，显然夸大了地理环境的作用；伏尔泰则只看到问题的另一个方面，忽视了地理环境对人类社会的重要作用。他们各执一端，陷入了无法克服的矛盾之中。

黑格尔对于克服上述二律背反作出了自己的贡献。他既反对“地理环境决定论”的观点，又对地理环境的作用给以极大的重视。他在自己的《历史哲学》一书中单列一节，对地理环境的作用问题作了深入的论述。他指出：“我们不应该把自然界的意义估计得太高或者太低；伊奥尼亚的温和的气候固然大大地有助于荷马的诗的优美，可是这个温和的气候并不能单独产生荷马，而且它并没有再产生其他的荷马；在土耳其人统治下，就没有出现过任何诗人。”[②]

普列汉诺夫对黑格尔关于地理环境对社会生产力部门分布具有重

---

① 《普列汉诺夫哲学著作选集》第 1 卷，生活·读书·新知三联书店 1959 年版，第 478 页。

② ［德］黑格尔：《历史哲学》，王造时译，商务印书馆 1962 年版，第 123 页。

要影响的论述极为欣赏，并对此作出了很高的评价。他说，关于地理环境对于人类社会发展的意义，在黑格尔之前和黑格尔之后，都有很多人予以关注，但是，不论在他之前和在他之后的研究者，都常常陷入如下的错误，即仅仅局限于探究人们周围的地理环境在心理方面和生理方面对人的影响，而完全忽视了地理环境对社会生产力状况，并通过生产力状况而对人类的全部社会关系以及人类的整个思想上层建筑的影响。“至于黑格尔，就不仅在个别方面，并且在问题的整个提法上都完全避免了这种严重错误”。[①] 这正是黑格尔的地理环境学说比“地理学派”的高明之处，也是他在地理环境学说发展史上的主要贡献。

黑格尔把世界历史的地理基础分为三种不同类型，认为在这三种地区由于地理环境条件不同，生产力部门的分布也大不一样，与此相联系，这些地区居民的生产方式和生活方式也就有很大的区别。

一种地区是干燥的高地及其广阔的草原和平原。这里盛行着畜牧业。居住在这一地区的居民过着“家长制的游牧生活”，游动性很大，没有什么法律关系，他们集好客性与掠夺性于一身，常常大群地集合起来，像暴风雨般地侵袭文明国家。

另一种地区是巨川大河流经的平原流域。如中国的黄河流域和长江流域，印度的恒河、印度河流域，埃及的尼罗河流域，巴比伦的幼发拉底、底格里斯河流域。这里盛行着农业。由于农业生产需要人们严格按照季节进行有条不紊地工作，于是便产生了土地所有权和法律关系。在这些地区产生了伟大的帝国，形成了规模宏大的国家，居住在这一地区的居民惰性很大，他们安土重迁，闭塞成性，不善于利用自然界提供给他们的各种手段相互联系。

第三类地区是与大海直接相连的沿海地区。这里盛行商业和手工业。在这些地区，无论经济和文化都比前两类地区发达，相比之下人类意识的发展也达到了较高的程度。居住在这一地区的居民由于长期从事商业和航海活动，勇敢而又机敏。普列汉诺夫在自己的著作中大段地援引了黑格尔的以上论述，并且予以肯定，认为黑格尔的见解注意到了地理环境对生产

① 《普列汉诺夫哲学著作选集》第 2 卷，生活 · 读书 · 新知三联书店 1961 年版，第 485 页。

力的影响并通过生产力制约人们的社会生活。

普列汉诺夫还肯定了黑格尔用地理环境的影响来解释原始社会之间存在着不同程度不平等现象的意见。黑格尔曾指出，古代希腊东南方的阿契卡省，在梭伦以前，各个居民层如平原居民、丘陵地居民和海滨居民之间的差异之所以产生，是由于他们居住的地理条件的不同。在普列汉诺夫看来，黑格尔的意见是有道理的。他说：的确，地区的不同以及由此而来的职业的不同会对原始社会的经济发展起巨大的作用，但令人遗憾的是，在现代研究这些问题的学者中，一直没有重视和利用黑格尔的这些见解。①

尽管黑格尔的上述意见并不都是正确的，而且在他的观点中也多多少少地流露出了轻视东方民族的错误观点，但他强调地理环境对生产力部门分布具有重要影响并通过这种影响进而对社会发展起作用，是应当得到充分肯定的。所以普列汉诺夫说，黑格尔提出了“地理环境的伟大历史意义的非常正确的观点”。②

普列汉诺夫在肯定黑格尔地理环境学说贡献的同时，也看到了他的唯心主义观点给其地理环境学说带来的局限性。他指出，由于黑格尔把历史运动的最终原因归结于观念，把地理环境看做“民族精神”活动的“场地”，因而就使他无法得出“应该得出的有益结论”。“只有唯物主义者马克思”才在批判地改造黑格尔上述思想的基础上“充分地作出了这种结论”。③

普列汉诺夫认为，地理环境通过对生产力的影响制约人类社会的发展，这是马克思主义地理环境学说的一个基本观点。这一观点是在吸取了黑格尔的合理思想基础上形成的，可以说后者与前者之间存在着理论渊源关系。普列汉诺夫正是运用这一观点对“地理环境决定论”作出了深刻的批判。在他看来，“地理环境决定论”的错误主要的还不在于用变化缓慢或相对不变的地理环境去说明变化较快的社会历史，而在于一味地强调地理环境直接决定人们的心理特性和生理特性，并通过心理特性和生理特性决定社会的性质，而忽视了地理环境直接影响生产力，并通过生产力进

① ［德］黑格尔：《历史哲学》，王造时译，商务印书馆 1962 年版，第 480—488 页。

② 《普列汉诺夫哲学著作选集》第 3 卷，生活·读书·新知三联书店 1962 年版，第 184 页。

③ 同上。

而影响社会的发展。

前面，我们曾经谈到普列汉诺夫不仅强调地理环境通过生产力对社会发展起作用，而且指出生产力的发展状况决定地理环境作用的变化。正是从这一观点出发，他对黑格尔的下述观点提出了批评。黑格尔在谈到不同地理环境条件的不同作用时指出：海洋和河流使人们接近，山岳则使人们分离。普列汉诺夫指出，黑格尔没有看到地理环境作用的变化及其与生产力状况的关系。他说："不过海洋使人们接近只有在生产力发展到较高的阶段上；而在生产力较低的阶段上，据拉采尔的公正意见，海洋却大大地阻碍了被它所隔离开来的各个部落间的关系。"① 普列汉诺夫接着指出，无论如何也不容置疑的是：地理环境的特性愈是复杂，则它对生产力的发展就愈是有利，正如马克思所说，不是土地的绝对肥力，而是它的差异性和其自然产品的多样性，形成社会分工的自然基础，并通过人所处的自然环境的变化，促使他们自己的需要、动力、劳动资料和劳动方式的多样化。

普列汉诺夫对黑格尔的地理环境学说的剖析，不仅对于我们了解黑格尔的历史哲学非常重要，而且对深入研究马克思的地理环境学说也有不可忽视的价值。

四　黑格尔关于自由与必然的学说

同重视黑格尔的地理环境学说一样，普列汉诺夫也非常重视他关于自由与必然的学说。

普列汉诺夫认为，关于自由与必然的问题，是一个"旧而永新"的问题。其所以说它"旧而永新"，是因为：一方面它在人类认识史上曾经是一个为人们反复探讨和争论不休的古老问题，另一方面历史的发展又总是以这种或那种方式把这个古老问题提到人们的面前，要求哲学家们对它作出新的回答。

前面，我们曾经谈到关于自由与必然的问题有一个古老的二律背反，即要么把意志自由推崇为绝对，否认客观必然性，要么只承认客观必然性

① 《普列汉诺夫哲学著作选集》第 3 卷，生活・读书・新知三联书店 1962 年版，第 195 页。

而否定意志自由。普列汉诺夫指出，在社会历史领域里，把人的意志自由推崇为绝对，从而否认历史发展的客观必然性，必定导致唯心史观，在马克思以前社会科学之所以“没有能够而且也不能够成为确切的科学”，一个重要的原因是排斥了历史的必然性即规律性，而历史的必然性和规律性乃是科学地解释一切社会现象的基础，排斥了它，就不可避免地妨碍了社会科学的发展。这种观点在米海洛夫斯基等俄国民粹派理论家那里以“惊人的鲜明性”表现了出来。与此相反，只看到客观必然性而否定了人的意志自由，则势必走向历史机械论，沿着这条道路滑下去，就不可避免地会导致“宿命论”和“无为主义”，因为历史机械论所得出的结论只能使人们俯首听从必然性的摆布而无所作为。例如霍尔巴赫说过：“人走到尽头，从生到死，没有片刻得到自由。”这是典型的机械论观点。普列汉诺夫在引述霍尔巴赫的话后接着写道：“可是，人们一天不知道这个必然性如何能创造人的自由，人们就一天不可避免的必须是一个宿命论者。”①不论是历史唯心论还是历史机械论，在自由和必然的关系问题上都各执一端，陷于片面性和绝对化的错误。

普列汉诺夫认为，黑格尔对克服自由与必然问题上的上述二律背反作出了极大的贡献。他说，19 世纪是各种伟大发现极为丰富的时代，“其中最伟大的一个发现就是把自由当做必然性的产物这样一种看法”②，而这个伟大的发现首先应归功于谢林和黑格尔。

在普列汉诺夫看来，对于自由与必然的辩证理解，最困难的要算是社会历史领域了。太阳的升落和人们的社会关系之间没有任何联系，所以我们把它当做一种自然现象跟人的自觉意向对立起来，在这里，人们的自觉意向同它没有任何因果联系。但是，社会历史现象就不一样了。历史是人创造的，既然如此，人们的自觉意向就不能不是历史运动的一个因子。这就大大增加了社会历史现象本身以及人们对于这些现象的认识的复杂性。正是由于这个原因，在社会历史领域中对自由与必然问题的解释比之自然领域要困难得多。普列汉诺夫指出，在哲学史上，德国唯心主义哲学家谢林曾力图在社会历史方面解决自由与必然的关系问题。在谢林看来，“自

① 《普列汉诺夫哲学著作选集》第 2 卷，生活·读书·新知三联书店 1961 年版，第 207 页。

② 《普列汉诺夫哲学著作选集》第 4 卷，生活·读书·新知三联书店 1974 年版，第 452 页。

由中应该有必然性"，人的自由活动不仅不排斥必然性，相反，它以必然性为自己的前提。普列汉诺夫十分重视谢林的上述观点，他说按照谢林的意见自由只能作为某种必然的亦即合乎规律的历史发展的结果而出现，因此，对于必然的合乎规律的历史发展进行研究，就应当成为人们获得自由的首要任务。

普列汉诺夫还进一步指出："谢林的这一思想在黑格尔的著作中得到了彻底的和详尽的发挥。"① 黑格尔认为，世界历史就是人们对自由认识的进步，但这种进步是我们应当在其必然性中去理解的那种进步。在他看来，自由乃是对必然的认识，而必然性则只是在它没有被了解的时候才是盲目的。恩格斯和普列汉诺夫对黑格尔的见解评价甚高。恩格斯认为在人类思想史上黑格尔是第一个正确地叙述了自由和必然关系的哲学家。普列汉诺夫则说：黑格尔的历史哲学力图去发现那作为自由之保证的历史必然性，而发现历史必然性就意味着人们能够自觉地作用于历史过程，并使自己由偶然性的玩物变成它的主人。他认为，黑格尔的这些深刻见解"给有思想的人们开辟了异常广阔和令人欣慰的前景"，使他们"恢复了对人类才能的力量的信心"。② 黑格尔的突出贡献就在于，他克服了那种把自由与必然绝对对立起来的形而上学观点，对它们的关系给以辩证的理解。这就使得当时那些有思想的人士认识到他的哲学"对于知识和生活中所有巨大问题都将迅速予以回答，解决一切矛盾，并开阔人类自觉生活的一个新时代"。③

当然，普列汉诺夫也指出，尽管黑格尔在克服自由与必然的二律背反方面作出了很大贡献，但他毕竟是一个唯心主义者。他"只能借助于绝对精神，亦即借助于一种虚构，来把自由与必然结合起来"。④ 换言之，黑格尔虽然主张自由与必然的统一，但他所说的这种统一乃是在唯心主义基础上的统一。而且，正是因为他是唯心主义者，所以他"不能适当地利用自己的天才思想"。⑤ 在人类认识史上，马克思和恩格斯批判地吸取

---

① 《普列汉诺夫哲学著作选集》第2卷，生活·读书·新知三联书店1961年版，第41页。

② 《普列汉诺夫哲学著作选集》第4卷，生活·读书·新知三联书店1974年版，第453页。

③ 同上。

④ 《普列汉诺夫哲学著作选集》第3卷，生活·读书·新知三联书店1962年版，第42页。

⑤ 同上书，第43、45页。

了黑格尔的合理思想，运用辩证的唯物的观点揭示了自由与必然的辩证统一，从而使人们有可能掌握自由与必然的辩证法，“来研究‘活的生活’，来科学地解释社会的人的一切活动”。[①]

① 《普列汉诺夫哲学著作选集》第3卷，生活·读书·新知三联书店1962年版，第43、45页。

第十五章

普列汉诺夫论费尔巴哈哲学

在欧洲哲学史上，费尔巴哈的突出贡献就在于他结束了唯心主义在哲学领域中的长期统治，“使唯物主义重新登上王座”。[①] 费尔巴哈哲学不仅在近代欧洲哲学史上产生过巨大的影响，而且对于马克思主义哲学的创立也起过重要的作用。这就不能不使普列汉诺夫对它抱有浓厚的兴趣。

普列汉诺夫对费尔巴哈哲学的论述集中在《唯物主义史论丛》《伯恩施坦与唯物主义》《马克思主义的基本问题》《战斗唯物主义》《尼·加·车尔尼雪夫斯基》和他为恩格斯《费尔巴哈与德国古典哲学的终结》一书俄译本第一版所写的“序言”（译者的话）和“注释”等论著中。在这些著作里，普列汉诺夫对费尔巴哈哲学的论述，有许多精彩的见解，也有某些败笔。但不论前者还是后者，至今对于我们深入了解和研究费尔巴哈的哲学思想仍有重要的价值。前者能给人们以启迪，后者则可使人们有所借鉴。

一　费尔巴哈哲学与18世纪法国唯物主义

近几年，我国学者曾对普列汉诺夫关于费尔巴哈哲学同18世纪法国唯物主义关系问题的论述提出了批评，认为普列汉诺夫虽然是一位卓越的哲学史家和马克思主义理论家，但他对费尔巴哈哲学的见解却不能令人满意。这主要表现在他把费尔巴哈的哲学思想看做是法国唯物主义的翻版，认为它的一切优点和缺点都同法国唯物主义者一模一样，丝毫没有越出后

① 《马克思恩格斯文集》第4卷，人民出版社2009年版，第275页。

者的范围。上述批评的主要依据有二：其一，普列汉诺夫在《伯恩施坦与唯物主义》一文中曾一再强调，费尔巴哈的“一双脚都是站在法国唯物主义的立场上的”，“费尔巴哈不知道，他是18世纪的唯物主义在19世纪的真正恢复者；他是这一唯物主义的一切长处和一切短处的代表”。[①]其二，普列汉诺夫虽然把费尔巴哈的唯物主义看做马克思唯物主义哲学的一个重要理论来源，例如他认为“马克思最初是一个黑格尔主义者，后来才转到费尔巴哈的观点。他从黑格尔承袭了辩证方法，而从费尔巴哈承袭了唯物主义”。[②] 然而，他在《论一元论历史观之发展》《唯物主义历史观》和《唯物主义史论丛》等专门论述唯物史观理论来源的重要著作里，只考察了18世纪法国唯物主义、复辟时代的法国历史学家、19世纪空想社会主义和黑格尔哲学同唯物史观之间的理论渊源关系，却几乎完全忽略了费尔巴哈。而这后一点同前一点是密切相关的，既然他把费尔巴哈哲学仅仅看做是法国唯物主义的翻版，那么他在考察唯物史观的理论来源时也就自然要去追溯原本，而无须在“翻版”上下工夫了。由此可见，普列汉诺夫虽然在形式上对费尔巴哈哲学的意义估计较高，但在实质上却评价很低，因为他没有看到费尔巴哈哲学比法国唯物主义有什么新贡献以及它本身的特殊意义。

应当承认，对普列汉诺夫的上述批评是有一定道理的，费尔巴哈唯物主义与18世纪法国唯物主义同属于旧唯物主义，它们之间的确有共同之处。对此，马克思的《关于费尔巴哈的提纲》和恩格斯的《路德维希·费尔巴哈和德国古典哲学的终结》，都有所论述。但是，费尔巴哈之所以成为费尔巴哈，费尔巴哈哲学之所以成为费尔巴哈哲学，自然有其所独有的特点。那么，费尔巴哈唯物主义不同于一般唯物主义特别是不同于18世纪法国唯物主义的特点是什么呢？最主要之点就在于他的唯物主义是人本主义的唯物主义。费尔巴哈哲学是以自然为基础的关于“人”的学说，正如他自己所说：“新哲学将人连同作为人的基础的自然当做哲学唯一的，普遍的，最高的对象。”[③] 也就是说，费尔巴哈哲学的突出特点是他

---

① 《普列汉诺夫哲学著作选集》第2卷，生活·读书·新知三联书店1961年版，第399、400、760页。

② 同上。

③ ［德］《费尔巴哈哲学著作选集》（上卷），荣震华、李金山译，商务印书馆1964年版，第184页。

从唯物主义的自然观出发，力图用以自然为基础的人去解决近代哲学中所长期争论不休的思维与存在的关系问题。费尔巴哈哲学的主要贡献和最大影响，是他把以自然为基础的人提到了首位。他用以自然为基础的人对抗与否定黑格尔的绝对理念，使唯物主义哲学重新登上了“王座”，从而恢复了它的权威；他用以自然为基础的人对抗与否定基督教的“上帝”，用对人自身的崇拜取代了对“上帝”的崇拜，从而坚持了唯物主义无神论；他从以自然为基础的人出发去观察社会和国家，阐发社会伦理思想，尽管在这一领域中他最终还是陷入了历史唯心主义，但他的许多思想在当时乃至后世都有很大的影响。总之，费尔巴哈的唯物主义是人本主义的唯物主义而不是什么别的形态的唯物主义，正是这个特点使它同18世纪法国唯物主义区别开来，也正是这个特点使他越出了18世纪法国唯物主义的范围而前进了一大步，尽管它和法国唯物主义同属于旧唯物主义的范畴。可以说，费尔巴哈哲学的一切优点和缺点，都是同它的人本主义唯物主义这个特点紧密相连的。普列汉诺夫在论述费尔巴哈哲学时虽然也看到了它的这个特点，例如，他在谈到车尔尼雪夫斯基的人本主义唯物主义思想时说他的这一思想直接来源于费尔巴哈，并且指出车尔尼雪夫斯基几乎是完全用费尔巴哈本人的话来解释人本主义原理的，但是，他在考察费尔巴哈哲学与法国唯物主义的关系时，却着重强调了二者的完全一致性而忽视了费尔巴哈人本主义唯物主义的特点。这种片面性，使他得出了费尔巴哈的完全“站在法国唯物主义立场上”并且是这一唯物主义“一切长处和一切短处的代表”的极端性和绝对化的结论。

当然，说普列汉诺夫完全抹杀了费尔巴哈唯物主义与法国唯物主义之间的差别，也并不完全符合事实。普列汉诺夫曾经指出：“费尔巴哈对于18世纪的法国唯物主义者是很轻视的”，在费尔巴哈看来，把德国唯物主义说成是导源于霍尔巴赫的《自然体系》或导源于拉·美特里的“麦蕈馅饼”①，那是再错误不过的了。普列汉诺夫甚至还认为费尔巴哈在一些问题上曾脱离过法国唯物主义，并且指出：“费尔巴哈脱离法国唯物主义是值得大大注意的，因为这种脱离不仅是他自己的世界观的显著特点，而

① 《普列汉诺夫哲学著作选集》第2卷，生活·读书·新知三联书店1961年版，第899页。

且也是马克思、恩格斯的世界观的显著特点。”① 然而，令人遗憾的是，费尔巴哈究竟在哪些方面脱离了法国唯物主义，他的哲学的显著特点是什么，以及为什么说他的世界观的显著特点也是马克思、恩格斯的世界观的显著特点，这些问题在普列汉诺夫那里或者没有下文，或者没有说清楚。

概而言之，普列汉诺夫在考察费尔巴哈哲学与法国唯物主义的关系时，过分地强调了它们之间在解决思维与存在的关系这个哲学基本问题上的共性，而在一定程度上忽视了费尔巴哈唯物主义的个性；或者说，普列汉诺夫虽然也在一定程度上看到了费尔巴哈唯物主义的个性，但却没有对它给以重视，因而也没有对它作进一步的阐述。这不能不说是一个缺陷。

二 费尔巴哈哲学与唯物史观

普列汉诺夫在研究费尔巴哈哲学的过程中，十分重视考察它同马克思主义哲学的关系。他反复强调：“费尔巴哈是马克思的直接的哲学前辈，而且在很大的程度上还奠定了马克思和恩格斯的世界观的哲学基础。”②

普列汉诺夫指出，费尔巴哈的人本主义常常被一些人当做一种异常不明了和不确定的东西来对待，新康德主义者朗格就是这样。朗格在他的《唯物主义的历史和现在对它的意义的批评》一书中，“极力散布对唯物主义实质及其历史的谬见，完全否认费尔巴哈的‘人道主义’是唯物主义学说”。③ 他的观点无论在俄国或其他国家从事费尔巴哈研究的人当中都深有影响，就连俄国文学家别尔林也逃脱不了这种影响，从而把费尔巴哈的人本主义哲学看做是一种“非‘纯粹的’唯物主义”。普列汉诺夫在援引了恩格斯在《路德维希·费尔巴哈与德国古典哲学的终结》一书中论证费尔巴哈哲学是“纯粹的唯物主义”的那一大段话之后写道：“马克思和恩格斯都把费尔巴哈看做一个唯物主义者。固然，恩格斯指出了费尔巴哈的不彻底性，但是这并没有妨害恩格斯承认费尔巴哈哲学的基本原理

---

① 《普列汉诺夫哲学著作选集》第 2 卷，生活·读书·新知三联书店 1961 年版，第 410 页。

② 《普列汉诺夫哲学著作选集》第 3 卷，生活·读书·新知三联书店 1962 年版，第 138 页。

③ 同上。

是纯粹唯物主义的。”[①] 在普列汉诺夫看来，关于主体和客体统一的学说、思维和存在统一的学说，“是同样为费尔巴哈和马克思及恩格斯所固有的”[②]，费尔巴哈关于这一问题的见解和论据，“不但为马克思和恩格斯所熟知和深思，并且无疑地在极大的程度上帮助他们制定自己的宇宙观”。[③]

普列汉诺夫还批评了一种看法，即认为马克思和恩格斯不再成为费尔巴哈的信徒之后便抛弃了费尔巴哈的哲学观点，而建立了与费尔巴哈的世界观完全不同的世界观。按照这种意见，谁要是不同意上述观点，他就夸大了费尔巴哈对马克思的影响。普列汉诺夫认为，“这是一个极大的错误”。在他看来，马克思和恩格斯自从不再成为费尔巴哈的信从者以后，“并没有停止吸取费尔巴哈哲学观点中的极大的一部分”，这从马克思批评费尔巴哈的《关于费尔巴哈的提纲》里可以得到很好的证明。他指出，事实上马克思的提纲“并没有排除费尔巴哈哲学的基本论点，它们只是改正了这些论点；而且主要的是要求比费尔巴哈更彻底地应用这些论点去解释人的周围现实，尤其是解释人们自己的活动”。普列汉诺夫强调：马克思和恩格斯的唯物主义是比费尔巴哈的唯物主义更加发展的学说，但马克思和恩格斯的唯物主义观点是在费尔巴哈哲学的内在逻辑所指示的同一方向上发展起来的。“所以，谁如果不努力弄明白到底费尔巴哈哲学的哪一部分加入科学社会主义创始人的世界观中作为一个构成要素，那他就永远不能完全明白马克思和恩格斯的这些观点，尤其是这些观点的哲学方面”。[④]

那么，究竟费尔巴哈哲学中的哪一部分加入了马克思主义创始人的世界观并成为这一世界观的构成要素呢？毋庸置疑，是他的唯物主义观点。正如普列汉诺夫所说，马克思在创立自己的哲学时从黑格尔那里继承了辩证方法的同时，又从费尔巴哈那里继承了唯物主义。

既然马克思主义哲学同费尔巴哈的唯物主义之间有着如此密切的理论渊源关系，那么普列汉诺夫在考察唯物史观理论来源的那几本重要哲学著作中，为什么只是论述了18世纪法国唯物主义、复辟时代的法国历史学

---

① 《普列汉诺夫哲学著作选集》第3卷，生活·读书·新知三联书店1962年版，第139、147、151页。

② 同上。

③ 同上书，第139、147、151页。

④ 同上书，第154—155页。

家、19世纪空想社会主义和黑格尔哲学同唯物史观之间的思想联系而唯独不提费尔巴哈呢？除了上面谈到有些学者所指出的原因，即普列汉诺夫把费尔巴哈哲学看做法国唯物主义的翻版以外，还可以从以下两个方面探讨这个问题。

第一，普列汉诺夫在上面提到的那些论述唯物史观理论来源的著作中把人类社会发展的动力问题视为历史哲学即历史观的研究对象，他是环绕社会发展的动力这个中心来揭示以往的历史观与唯物史观之间的理论渊源关系的。他在考察这个问题时之所以忽略了费尔巴哈，或许同他认为费尔巴哈没有直接回答历史发展的动力问题有关。同时，普列汉诺夫还认为，马克思创立唯物史观是从批判黑格尔的法权哲学开始的，“他所以能够这样做，只是因为批评黑格尔的思辨哲学的工作早已为费尔巴哈所完成了”。①

第二，普列汉诺夫虽然承认马克思在创立自己的哲学时“从费尔巴哈那里承袭了唯物主义”，肯定了费尔巴哈哲学同马克思主义哲学之间存在着理论渊源关系，但在他看来，这种理论渊源关系主要的还不是在历史观领域内，而是集中地表现在对哲学基本问题的回答上。这也是他在考察唯物史观理论来源时之所以忽略了费尔巴哈的一个原因。

费尔巴哈哲学与马克思的唯物史观之间究竟有没有理论渊源关系，这不仅是唯物史观理论来源研究的一个重要问题，也是费尔巴哈哲学研究中的一个重要问题。这里，我们想用较大的篇幅谈谈对这个问题的看法，因为它同普列汉诺夫对费尔巴哈的研究有一定的联系。

关于费尔巴哈哲学与唯物史观之间的理论渊源关系，一向是被学术界所忽视的一个问题。近几年，对这一问题的探讨虽然有了某些进展，但总的说来仍然是一个较为薄弱的环节。

谈到马克思主义哲学的理论来源，自然是就这一哲学的整体而言的，既包括辩证唯物主义，也包括历史唯物主义。然而，令人遗憾的是，过去人们虽然较为普遍地承认费尔巴哈的唯物主义是马克思主义哲学的一个重要理论来源，但是在考察唯物史观理论来源时却极少甚至根本不提费尔巴哈哲学。其理由是费尔巴哈的历史观是彻头彻尾的唯心主义的历史观，既

---

① 《普列汉诺夫哲学著作选集》第3卷，生活·读书·新知三联书店1962年版，第145页。

然如此，它当然也就同马克思的唯物史观之间不存在什么理论联系了。也就是说，人们虽然承认费尔巴哈哲学是马克思主义哲学的理论来源，但是却往往把这种理论渊源关系仅仅限定在自然观方面，而在历史观领域中，则断然否认它们之间存在着理论联系。

毫无疑问，费尔巴哈的历史观是唯心主义的历史观，正如马克思和恩格斯所说："当费尔巴哈是一个唯物主义者的时候，历史在他的视野之外；当他去探讨历史的时候，他绝不是一个唯物主义者。在他那里，唯物主义和历史是彼此完全脱离的"。[①] 这说明，费尔巴哈的唯物主义哲学同以往的一切旧唯物主义哲学一样，具有其自身不可克服的不彻底性，它只能是半截子唯物主义。但是，这并不意味着在费尔巴哈的历史哲学中没有任何值得吸取的合理思想，没有任何历史唯物主义的萌芽和因素；更不等于说马克思和恩格斯在创立自己的科学历史观的过程中没有从费尔巴哈那里吸取过任何有价值的思想。事实上，如同费尔巴哈对马克思本人的影响是多方面的一样，他的哲学思想对于马克思主义哲学的形成所产生的影响也是多方面的。具体地说，就是费尔巴哈的唯物主义哲学不仅对于马克思的辩证唯物主义世界观的形成有重要影响，而且对于他的唯物主义历史观的形成也有不可忽视的作用。

大家都承认马克思主义哲学是一个不可分割的有机统一整体，即"一整块钢铁"。按照这个前提，既然承认在马克思主义哲学这一整块钢铁中辩证唯物主义和历史唯物主义不能截然分割开来，那么就应当合乎逻辑地得出结论：费尔巴哈哲学对马克思主义哲学的影响也是不能截然分割开来的。换言之，即不应把费尔巴哈哲学对马克思主义哲学形成的影响仅仅限定在自然观方面，或仅仅限定在辩证唯物主义方面，而根本否定它对唯物主义历史观的创立所产生的影响。这自然是顺理成章的事情。

那么，费尔巴哈哲学和唯物史观之间的理论联系表现在哪里呢？它们之间的理论联系主要表现在以下几个方面：

首先，费尔巴哈的唯物主义哲学在马克思从唯心主义到唯物主义的转变过程中起过很大的作用，费尔巴哈对思维与存在关系问题的唯物主义解决，为马克思科学地阐明社会意识与社会存在的关系问题，亦即用

---

① 《马克思恩格斯文集》第1卷，人民出版社2009年版，第530页。

唯物主义的基本原则科学地解决社会历史观的基本问题提供了理论前提。

关于这一点，我们只要回顾一下马克思的思想演变进程和马克思主义哲学的形成过程就可以看得很清楚。

在费尔巴哈哲学登上历史舞台以前，在德国思想界占统治地位的是黑格尔的思辨哲学。它对德国思想界的影响广泛而深刻，几乎遍及意识形态的各个领域，并已大大超越了国界。青年时代的马克思曾对黑格尔哲学抱有浓厚的兴趣，他最初涉足哲学领域时就醉心于黑格尔哲学而成为一个黑格尔主义者。由于黑格尔哲学自身所固有的内在矛盾，到了19世纪30年代末，这个影响久远的哲学体系终于解体了。右翼黑格尔分子竭力用基督教的正统思想来解释黑格尔哲学，力图使它为德国当时的政治制度辩护；左翼黑格尔派即所谓青年黑格尔派则在反对宗教神学和封建势力的斗争中力图突破和摆脱黑格尔的保守体系，得出政治上的激进结论。青年黑格尔派一方面反对黑格尔把宗教和理性、哲学混为一谈，对宗教采取了批判的态度，另一方面在政治上否认普鲁士王国是绝对理念在国家中的最高体现，主张改变德国的现存政治制度，为争取自由和进步而斗争。这是整个青年黑格尔派上升时期的思想倾向，同时，大体上也可以说是当时已经成为青年黑格尔派成员的马克思的思想倾向。包括马克思在内的青年黑格尔派虽然极力反对黑格尔哲学的保守体系，但由于他们在哲学上受了唯心主义的严重束缚而始终未能摆脱黑格尔哲学的影响，这就不能不使他们对黑格尔哲学的批判显得软弱无力，未能击中其要害之处。而且，尽管他们企图克服黑格尔哲学自身所包含的内在矛盾，然而却始终没有找到克服这一矛盾的途径。

正在这时，费尔巴哈的《基督教的本质》一书出版了。它的面世，一下子就消除了上述矛盾。费尔巴哈对黑格尔思辨唯心主义和宗教神学的猛烈而又尖锐的批判，使长期遭受到压抑的唯物主义哲学重新得到了恢复和发扬。

费尔巴哈认为，自然界不依赖于任何哲学而存在，它是人类这个自然界的产物所赖以生存的基础。在他看来，在自然界之外是不存在任何事物的，人们凭自己的宗教幻想所制造出来的“最高存在物”，只不过是人们自己所固有的本质的虚幻反映。由于费尔巴哈高举唯物主义大旗对黑格尔的思辨唯心主义和宗教神学进行了无情的批判。“魔法被解除了；‘体系’

被炸开了。"[①] 这在当时的德国思想界的确起了巨大的解放作用。恩格斯在回忆当时的情景时写道："这部书的解放作用，只有亲身体验过的人才能想象得到。那时大家都很兴奋：我们一时都成为费尔巴哈派了。"[②] 他还说，马克思曾经怎样热烈地欢迎费尔巴哈的这些新观点，而这些新观点又是如何强烈地影响了马克思，这可以从《神圣家族》这部著作中看出来。恩格斯的这些话，生动而又真实地描绘了费尔巴哈哲学在马克思从唯心主义到唯物主义的转变过程中有多么大的影响。

从马克思的《1844 年经济学哲学手稿》和马克思、恩格斯合著的《神圣家族》以及马克思 1844 年 8 月给费尔巴哈的信中对费尔巴哈及其哲学的一系列评价，我们可以进一步看到费尔巴哈哲学对马克思的强烈影响。马克思在《手稿》中写道："只是从费尔巴哈才开始了实证的人道主义和自然主义的批判。费尔巴哈越不喧嚷，他的著作的影响也就越扎实、深刻，广泛而持久；费尔巴哈著作是继黑格尔的《现象学》和《逻辑学》以后包含真正理论革命的唯一著作。"[③] 马克思和恩格斯在《神圣家族》中指出，费尔巴哈对黑格尔哲学的批判大大地超出了施特劳斯和鲍威尔，不论是施特劳斯还是鲍威尔，他们在批判黑格尔哲学时都没有摆脱它的影响，都没有完全越出黑格尔的思辨范围，"只有费尔巴哈才是从黑格尔的观点出发而结束和批判了黑格尔的哲学。费尔巴哈把形而上学的绝对精神归结为'以自然为基础的现实的人'，从而完成了对宗教的批判。同时也巧妙地拟定了对黑格尔的思辨以及一切形而上学的批判的基本要点"[④]。由于费尔巴哈用具体的和现实的人的生活代替了思辨哲学的抽象，才彻底地揭露了黑格尔哲学体系的秘密。马克思和恩格斯还强调说，是谁揭露了黑格尔哲学的秘密呢？是费尔巴哈。是谁摧毁了概念的辩证法即仅仅为哲学家们所熟悉的诸神的战争呢？是费尔巴哈。是谁不用"人的意义"而是用"人"本身来代替包括"无限的自我意识"在内的破烂货呢？还是费尔巴哈，而且仅仅是费尔巴哈。[⑤] 马克思和恩格斯对费尔巴哈的上述评价，无疑是对费尔巴哈哲学的高度赞扬。马克思在 1844 年 8 月致费尔巴

① 《马克思恩格斯选集》第 4 卷，人民出版社 1972 年版，第 218 页。

② 《马克思恩格斯文集》第 4 卷，人民出版社 2009 年版，第 275 页。

③ 《马克思恩格斯文集》第 1 卷，人民出版社 2009 年版，第 112 页。

④ 《马克思恩格斯全集》第 2 卷，人民出版社 1957 年版，第 117—118 页。

⑤ 同上。

哈的信中对他的《未来哲学原理》和《基督教的本质》也作出了类似的评价。他认为，尽管费尔巴哈的这些著作篇幅并不算大，但其意义却无论如何要超过当时德国的“全部著作”。他还指出，费尔巴哈的著作“给社会主义提供了哲学基础”，而共产主义者“也就立刻这样理解了”他的著作。①

这里必须指出，马克思和恩格斯的上述论著，无论是《手稿》还是《神圣家族》和致费尔巴哈的信，都属于他的早期著作，亦即人们通常所说的还不成熟的马克思主义著作。在这些早期著作中，由于马克思和恩格斯还没有彻底摆脱费尔巴哈的影响，因而明显地表现出了对费尔巴哈及其哲学评价过高的倾向。但是，正是这些过高的评价，恰好说明了费尔巴哈对他们的重要影响，显示出了费尔巴哈哲学在马克思从唯心主义向科学唯物主义转变过程中的重大作用。列宁在《拉萨尔〈爱非斯的晦涩哲人赫拉克利特的哲学〉一书摘要》中指出：“马克思在1844—1847年离开黑格尔走向费尔巴哈，又进一步从费尔巴哈走向历史（和辩证）唯物主义。”② 列宁的这一论断，再清楚不过地肯定了费尔巴哈哲学是马克思从黑格尔的思辨唯心主义走向辩证唯物主义和历史唯物主义的桥梁和中间环节。这一论断说明，列宁在论述费尔巴哈哲学对马克思的影响时，非但没有把历史观排除于视野之外，相反，而是强调马克思正是通过费尔巴哈“走向历史唯物主义”。列宁之所以着重强调这一点，乃是因为对于马克思主义哲学来说，唯物主义的历史观是它的最重要的组成部分，也可以说是它的核心，没有历史唯物主义也就没有马克思的科学唯物主义。按照这个道理，如果否定了费尔巴哈哲学和唯物史观之间的理论联系，而一般地去谈论它是马克思主义哲学的理论来源，那么费尔巴哈同马克思主义哲学之间的理论联系就有落空的危险。

费尔巴哈哲学之所以对马克思从唯心主义到唯物主义的转变产生如此重要的影响，一个重要的原因是费尔巴哈在批判黑格尔思辨唯心主义和宗教神学的过程中，以唯物主义原则解决了思维与存在的关系问题。

在费尔巴哈以前，黑格尔曾力图对思维与存在的关系问题作一元论的说明，但他所坚持的一元论乃是唯心主义的一元论，因而他对这一问题的

① 《马克思恩格斯文集》第10卷，人民出版社2009年版，第13页。

② 《列宁全集》第55卷，人民出版社1990年版，第293页。

说明是建立在唯心主义基础之上的。黑格尔以客观精神亦即客观的逻辑思维范畴为本原和主体，这个客观精神在自身的辩证发展过程中外化为自然和人，而后又通过人复归于精神。十分明显，在黑格尔那里，关于思维与存在之间的统一性不过是在思维的范围内实现的。费尔巴哈批判了黑格尔思辨唯心主义观点，以唯物主义原则与之相对抗。费尔巴哈指出，黑格尔的逻辑学不过是“理性化和现代化了的神学”，或者说是“化为逻辑学的神学”。在他看来，黑格尔所极力推崇的客观精神即绝对观念，不过是人的本质和思维。因此，费尔巴哈认为应当把黑格尔哲学颠倒过来，即不是从抽象的精神出发，而应当从真正感性存在着的人出发。费尔巴哈在唯物主义人本主义的基础上解决了思维与存在的统一性问题。他指出，思维和存在的关系只能是这样的：存在是主体，思维是宾词；思维是从存在来的，然而存在并不来自思维，存在的根据只能在它自身之中。在费尔巴哈看来，人是自然界长期演化的结果，自然界只是发展到人出现时才产生思维，也才有思维与存在的对立和统一。因此，他强调人是思维与存在统一的基础，他写道：“思维与存在的统一，只有在将人理解为这个统一的基础和主体的时候，才有意义，才有真理。”①

费尔巴哈对思维与存在关系的唯物主义解决，对于马克思以唯物主义的原则正确阐明社会意识与社会存在的关系问题即正确解决历史观的基本问题有重要的意义，它为后者提供了理论基础。关于这一点，普列汉诺夫看得很清楚，他指出：“不是思维自身决定着存在，而是存在自身决定着思维。这个思想是费尔巴哈全部哲学的基础。这个思想也被马克思和恩格斯当做唯物史观的基础。”②

当然，也必须指出，费尔巴哈虽然以唯物主义原则解决了思维与存在的统一性问题，并且强调人是二者统一的基础，然而他却不懂得实践活动的意义，不懂得思维与存在的统一性是在人的社会实践的基础上实现的。费尔巴哈所理解的感性客体实际上是同人的实践活动无关的，是没有经过人的实践作用过的客体，而他所理解的人的认识同客体的关系，也仅仅是一种感性的直观。马克思在《关于费尔巴哈的提纲》里劈头就指出了费

① ［德］《费尔巴哈哲学著作选集》（上卷），荣震华、李金山译，商务印书馆1964年版，第181页。

② 《普列汉诺夫哲学著作选集》第2卷，生活·读书·新知三联书店1964年版，第155页。

尔巴哈的这个缺点，他指出，从前的一切唯物主义包括费尔巴哈的唯物主义一的主要缺点是：对事物、现实、感性，只是从客体的或者直观的形式去理解，而不是把它们当做人的感性活动，当做实践去理解。对于费尔巴哈哲学来说，这个批评是切中要害的。正是由于费尔巴哈不懂得人的社会实践在人们认识和改造世界过程中的重要作用，因而也就使他无法把唯物主义贯彻到底，而不能不在历史观领域中陷入唯心主义。而马克思对费尔巴哈唯物主义这一主要缺点的批判，则成为唯物主义发展中的新阶段的起点，并导向唯物主义的历史观。

其次，费尔巴哈与唯物史观的理论联系还表现在，他的唯物主义人本主义对于马克思转向现实的人的研究特别是转向对现实的人的社会关系的研究，曾起过一定的积极作用，而这正是马克思走向历史唯物主义的一个重要环节。

马克思指出："人的本质不是单个人所固有的抽象物。在其现实性上，它是一切社会关系的总和。"① 马克思的这一重要思想的提出是以唯物史观为理论基础的，同时又是唯物史观的一个重要结论。在考察马克思的上述思想和费尔巴哈唯物主义人本主义的关系时，我们首先必须看到，马克思的论断是在批判费尔巴哈把人看做是感性实体和生物学上的"类"这一抽象观点的基础上提出来的，它同费尔巴哈从人本主义出发对人的本质所作的解释是有本质区别的；但另一方面也应当指出，倘若不是割断历史看问题，就应当承认，马克思在转向对现实的人的研究过程中，又从费尔巴哈的唯物主义人本主义哲学那里接受了某些影响，得到了一定的启发，尽管后来他大大超出了费尔巴哈，同他的人本主义实行了决裂。

在费尔巴哈以前的欧洲哲学史上，不少哲学家曾对人的本质问题作过探讨，提出过各种见解。启蒙主义思想家把"理性"看做人的本质，黑格尔则认为人的本质是人的抽象的精神活动，即"自我意识"。由于黑格尔的影响，青年黑格尔派也未能突破黑格尔关于人的本质的框框，他们大都把人的本质视为"自我意识"。

费尔巴哈是首先起来用唯物主义人本主义对抗黑格尔的"自我意识"说的哲学家。他明确指出，旧哲学的出发点是这样一个命题："我是一个抽象的实体，肉体是不属于我的本质的"；而新哲学则以另一个命题为出

① 《马克思恩格斯文集》第1卷，人民出版社2009年版，第505页。

发点："我是一个实在的感觉的本质，肉体总是我的自我，我的实体本身"。也就是说，费尔巴哈反对黑格尔把人的本质说成是"自我意识"，而是将人看做活生生的感性实体。马克思和恩格斯对费尔巴哈的上述思想予以肯定，他们在《神圣家族》中指出，费尔巴哈揭露了黑格尔的唯心主义体系，"用'人'本身来代替包括'无限的自我意识'在内的破烂货"。马克思在《手稿》中则认为，费尔巴哈的"伟大功绩"之一，是"创立了真正的唯物主义和现实的科学，因为费尔巴哈使人与人之间的社会关系成了理论的基本原则"[①]。如前所述，《手稿》乃是马克思的早期著作，在这部著作里，马克思的某些观点仍然保留着费尔巴哈的印记，而且，马克思对费尔巴哈的上述肯定性的评价也不无过头之处，然而，正是这些评价可以使人们清楚地看到，马克思在转向对现实的人的研究过程中曾在多大的程度上获益于费尔巴哈。

费尔巴哈的唯物主义哲学和在他以前的唯物主义哲学相比，既有共同性，又有差别性。其共同性表现在它们都属于旧唯物主义，都具有旧唯物主义的局限性，都没有把唯物主义原则贯彻到社会历史领域中去；其差别性突出地表现在费尔巴哈的唯物主义是人本主义的唯物主义，或者说是唯物主义的人本主义。这正是费尔巴哈的唯物主义哲学具有特殊价值和它在唯物主义发展史上占有特殊地位之所在，也是他的唯物主义哲学之所以比以往的唯物主义对马克思更有影响的一个重要原因。

从总体上说，费尔巴哈的人本主义哲学未能对人的本质问题作出科学解释，这是因为他没有找到从他自己所极端憎恶的抽象王国通向活生生的现实世界的道路。"他紧紧地抓住自然界和人；但是，在他那里，自然界和人只是空话。无论关于现实的自然界或关于现实的人，他都不能对我们说出任何确定的东西"。[②] 然而，这并不意味着费尔巴哈的人本主义哲学没有什么有价值的东西，也不等于说马克思没有从中吸取过任何合理思想。例如，费尔巴哈关于"孤立的、个别的人，不管是作为道德实体或思维实体，都未具备人的本质，人的本质只是包含在团体之中，包含在人与人的统一之中"的思想，就已经具有关于人的社会性观点的萌芽和因素，不能说它对马克思关于人的本质的界定没有积极的影响。

---

① 《马克思恩格斯全集》第 42 卷，人民出版社 1979 年版，第 158 页。

② 《马克思恩格斯选集》第 4 卷，人民出版社 2012 年版，第 247 页。

马克思和恩格斯合著的《德意志意识形态》，首次系统地阐明了历史唯物主义的基本原理，标志着他们的哲学思想已经进入了成熟时期。在这部著作里，马克思、恩格斯专门清算了费尔巴哈的错误思想，同他的人本主义哲学实行了彻底决裂。但值得人们注意的是，在这部标志着历史唯物主义创立的划时代的著作中，即使马克思、恩格斯在系统批判费尔巴哈的错误观点时，也仍然承认，“费尔巴哈比‘纯粹的’唯物主义者有巨大的优越性：他也承认人是‘感性的对象’”。①

再次，费尔巴哈哲学与唯物史观之间的理论联系还表现在他的异化学说对马克思的异化理论的形成有不可忽视的影响，而马克思则借助于自己的异化理论揭示了资本主义制度下资本和劳动的阶级对立的实质及其历史性，并从分析异化劳动和私有制之间的关系出发，进一步阐明了共产主义是资本主义生产方式发展的必然结果，形成了生产劳动在整个人类社会生活及其历史发展中具有决定作用的思想，为唯物史观的创立奠定了基础。

在马克思以前的德国古典哲学中，对异化问题的探讨不自费尔巴哈始。黑格尔就曾对异化现象作过相当深入的考察，提出了颇有价值的见解，并且大量地使用了异化这一概念。然而，黑格尔的异化思想是建立在唯心主义基础之上的，其中有不少神秘的色彩。黑格尔所讲的异化，从本质上说，不过是绝对观念辩证发展的一种形式。在黑格尔之后，费尔巴哈对异化问题的探讨进入了一个新的阶段。他不同意黑格尔的异化说并揭露了它的唯心主义实质。在费尔巴哈看来，黑格尔所说的绝对观念的存在，乃是一种诡辩，因为在黑格尔那里，所谓存在不过是一种存在的概念，而不是什么真正的感性的存在。费尔巴哈反对黑格尔把异化归结为绝对观念的异化，而是把异化这一现象同人的本质联系起来，提出了宗教异化说，亦即人的本质异化说。费尔巴哈认为，在宗教神学的统治之下，宗教把人的本质歪曲了，使人的本质发生了异化，而对宗教的批判，正是为了恢复在宗教统治下被歪曲和异化了的人的本质，使人性得以复归。费尔巴哈的宗教异化说，在当时的历史条件下无疑具有深刻的内容，这个学说曾对马克思产生过很大的影响。这种影响，我们同样也可以在马克思的《手稿》中看得很清楚。例如，马克思在这部著作中所阐明的异化劳动理论就是以承认有一个理想化的、不变的、共同的“人的本质”为前提的，并且把

① 《马克思恩格斯选集》第1卷，人民出版社2012年版，第157页。

这种“人的本质”作为衡量社会制度进步与否的标准。仅就这一点来说，也应当承认马克思曾经接受过费尔巴哈关于人的本质异化说的影响。

当然，在承认马克思的异化理论同费尔巴哈人的本质异化说之间存在一定思想联系的同时，我们也必须看到，从费尔巴哈的人的本质异化说到马克思的异化劳动说是一个质的飞跃，后者不仅大大超过了前者，而且与前者有质的区别。第一，马克思在《手稿》中所阐发的异化劳动理论论述了生产劳动是人区别于动物的根本标志，是人类自身和人类社会存在与发展的基础，揭示了人类实践活动的基本内容和重要作用，这在相当大的程度上克服了费尔巴哈直观性的缺陷；第二，马克思的异化劳动理论阐明了人的本质的社会性，在很大的程度上克服了费尔巴哈把人的本质仅仅归结为自然属性的缺陷；第三，马克思的异化劳动理论从劳动产品和劳动者、生产活动和劳动者相异化出发，揭露了私有制社会中劳动者与剥削者之间的阶级对抗关系（即人与人相异化），明显地超出了费尔巴哈关于人的本质异化的观点；第四，马克思的异化劳动理论强调在资本主义社会中，异化是一种广泛的、普遍的社会现象，它遍及资本主义社会的政治、经济、文化等各个领域，这就突破了费尔巴哈宗教异化说的局限性；第五，马克思在他的异化劳动理论中运用存在决定意识的唯物主义一般原理去研究和分析社会现象，接近甚至在某些方面达到了社会存在决定社会意识、经济基础决定上层建筑等唯物史观的基本观点，同费尔巴哈相比，这更是质的飞跃；第六，马克思的异化劳动理论坚持从社会自身寻找历史发展的动力，认为社会革命是私有制自身矛盾运动的必然产物，它揭示了资本主义制度下劳动和资本之间的对立，指出了无产阶级是实现共产主义的基本阶级力量，在一定程度上说明了历史辩证发展的客观规律，这更是费尔巴哈所无法相比的。尽管马克思的上述思想在《手稿》中有的地方还表述得不够明确，有的观点也有含混不清之处，但上述思想的提出，已使历史唯物主义初具规模，为进一步建立唯物史观科学理论体系打下了基础。

通过以上的考察，我们可以看到，马克思的异化劳动理论是他创立唯物史观的一个重要环节，这一理论又同费尔巴哈的宗教异化说之间存在着一种复杂的关系。它既是对后者的否定，又是对后者的继承，是对后者的扬弃。对于后者的否定，说明二者之间有原则的区别；对后者的继承，则说明它们之间存在着一定的思想联系。

以上，我们用较多的文字论述了费尔巴哈唯物主义与唯物史观之间的理论联系，其目的无非是说明费尔巴哈的唯物主义也是历史唯物主义的一个重要理论来源，而普列汉诺夫在《唯物主义史论丛》《论一元论历史观之发展》《唯物主义历史观》等专门论述唯物史观理论来源的著作中，忽视了费尔巴哈，这是一个明显的缺陷。

不过，也应当指出，普列汉诺夫上述缺陷的存在，大体上说，乃是1901年以前的事情。后来，情况发生了变化。特别是他在1907年写作《马克思主义的基本问题》时，似乎意识到了上述缺陷，比较注意地了揭示费尔巴哈哲学与唯物史观之间的理论联系。普列汉诺夫指出，尽管在社会历史领域中费尔巴哈也和18世纪法国唯物主义者一样依然是一个唯心主义者，因而在这个领域中马克思和恩格斯不得不利用当时的社会科学成果尤其是复辟时代法国历史学家所积累的理论材料建造新的理论体系，“但在这里费尔巴哈的哲学还是给他们一些宝贵的指示”[①]。费尔巴哈说，“艺术、宗教、哲学和科学，都不过是人的本质的表现”。可见，“人的本质”包含着一切思想体系的解释，或者说这些思想体系的发展是由人的本质的发展来决定的。那么，什么是人的本质呢？费尔巴哈回答说，“人的本质不过是人和人的共同性、统一性”。普列汉诺夫指出，费尔巴哈的“这种回答是很不确定的。我们在这里看到了费尔巴哈再也不能前进的一个界限”。但是，“这个界限不但把马克思和费尔巴哈区分开来，而且证明马克思同费尔巴哈的接近”[②]。因为，一方面必须看到马克思创立的唯物史观恰恰是在这个界限之外开始的，但另一方面马克思的新发现又吸收了费尔巴哈人本主义哲学的合理因素。正是在这个意义上，普列汉诺夫说：“《费尔巴哈论纲》第六条说，人的本质就是一切社会关系的总和。这比费尔巴哈自己所说的要确定得多了。但是马克思的世界观和费尔巴哈哲学的密切的发生学上的联系在这里是比别的地方暴露得更加明显了。”[③]普列汉诺夫在给1910年德文版《马克思主义的基本问题》所写的一条注释还表达了以下的见解：根据费尔巴哈的意见，“人的实体”是由历史造成的，例如他说：“我只是当做一个主体来思想的，这个主体是历史所熏

① 《普列汉诺夫哲学著作选集》第3卷，生活·读书·新知三联书店1962年版，第156页。

② 同上书，第150—157页。

③ 同上。

陶的，是跟整体、族类、世界史的精神联合在一起的；我的思想并不是直接在我的独特的主观上有自己的起始和根据，这些思想的起始和根据也就是世界史本身的起始和根据。”普列汉诺夫在援引了费尔巴哈的这番话后写道：“这样，我们看到，费尔巴哈就已经有了唯物主义历史观的萌芽了。”①

三　费尔巴哈哲学与马克思的认识论

普列汉诺夫在考察费尔巴哈的哲学思想时，还注意到了他的唯物主义同马克思主义认识论之间的关系。

首先，普列汉诺夫指出，费尔巴哈对思维与存在关系的唯物主义解决不仅为唯物主义的反映论提供了哲学基础，他的合理思想也被马克思和恩格斯吸收到他们的认识论之中。

费尔巴哈认为，在思维与存在的关系问题上，思维不是存在的原因，而是存在的结果，或者更确切地说，是存在的本性。在他看来，客体不仅是人们可以感觉到的对象，也是感觉的基础和必要条件。客观世界不但在我的身外，而且也在我本身内部，在我的皮肤之内。一般说来，存在的规律同时也就是思维的规律。普列汉诺夫在转述了费尔巴哈的上述观点后指出，费尔巴哈是这样讲的，恩格斯同杜林争论的时候也是这样讲的，虽然有时用了不同的语句。“费尔巴哈哲学中的这样重要的一个部分永远被吸收到马克思和恩格斯的哲学里去。从这里就可以看出来了。”②

其次，普列汉诺夫也看到了马克思的认识论与费尔巴哈认识论之间的区别。

他指出，根据费尔巴哈的意见，人在思考一种事物以前，就体验到它的作用，直观到它，感觉到它，马克思在《提纲》中则批评了费尔巴哈的上述观点，认为它的主要缺点是对事物、现实、感性，只是从客体的或者直观的形式去理解，而不是把它们当做人的感性活动，当做实践去理解，不是从主观方面去理解。普列汉诺夫还进一步指出，马克思不仅批评

① 《普列汉诺夫哲学著作选集》第3卷，生活·读书·新知三联书店1962年版，第158页。

② 同上书，第145页。

了费尔巴哈的上述观点，还指出了费尔巴哈的认识论之所以会有这样的缺点，是因为他在《基督教的本质》一书里只是把理论活动看做人的真正的活动。换言之，费尔巴哈认为我们的“我”只是因为受客体的影响才认识了客体，马克思反驳了这种观点，他指出，我们的“我”正是因为自己对客体的影响才认识了客体。普列汉诺夫写道：马克思的思想是完全正确的；浮士德早就说过：“事业在先。”那些为费尔巴哈作辩护的人会说，在我们作用于事物的过程中，之所以能够认识事物的本性，只是因为事物作用于我们，这说明感觉先于思维，人们总是先感觉到事物的本性，然后才想到它们。普列汉诺夫指出，马克思并不否认这一点，问题不在于感觉先于思考这个不可争辩的事实，而在于“推动人去思考的主要是人在作用于外界过程中所体验到的那些感觉。而且因为这种对外界的作用是受生存竞争所驱使，所以马克思的认识论是跟他对于人类文化史的唯物主义观点有着密切联系的”[①]。无怪乎马克思在《资本论》中说：人在作用于外部自然界的时候，他便改变了自己的本性。普列汉诺夫认为，“这个原理只有在马克思的认识论的照耀之下才能显出它的全部深刻的意义”[②]。

普列汉诺夫在揭示费尔巴哈的认识论与马克思主义认识论的区别之后写下了如下的一段文字：“不过我们还应承认，马克思的认识论是直接从费尔巴哈的认识论发生出来的，或者要是你愿意的话，也可以说马克思的认识论实际就是费尔巴哈的认识论，只不过因为马克思做了天才的修正而更加深刻化罢了。”[③]《普列汉诺夫哲学著作选集》的编者指出，普列汉诺夫在这里“犯了一个错误，他认为马克思的认识论同费尔巴哈的认识论相似，而忘记了它们之间的本质差别”[④]。如果我们全面地考察一下普列汉诺夫的有关论述，就不能不指出，上述批评的根据是不充分的。因为如上所述，事实上普列汉诺夫不仅没有“忘记”二者之间的区别，而且对这个区别作出了自己的阐述。普列汉诺夫强调了马克思的认识论对费尔巴哈认识论的“天才的修正”，并且指出：“这个天才的修正是由‘时代精神’所提示的。马克思和恩格斯的世界观所形成的那个时代的社会潮流，

① 《普列汉诺夫哲学著作选集》第5卷，生活·读书·新知三联书店1984年版，第146、147、807页。

② 同上。

③ 同上。

④ 同上。

就在这种从主体起积极作用方面来观察客体和主体相互关系的欲望中表现出来了。1848 年革命那时已经近在眉睫了。"①

但是，7 年以后，普列汉诺夫对费尔巴哈的认识论特别是对他的实践观的评价却发生了很大的变化。他在 1915 年脱稿的《从唯心主义到唯物主义》这一长篇论文中写道：马克思曾指出，人的思维是否具有客观的真理性，这并不是一个理论的问题，而是一个实践的问题，人应该在实践中证明自己思维的真理性，即自己思维的现实性和力量，亦即自己思维的此岸性。其实，"从费尔巴哈那里，我们也可以发现同样的思想，用费尔巴哈的话说，唯心主义的基本缺点在于'它仅仅从理论的观点来考察世界的客观性和主观性、现实性和非现实性的问题，而世界之成为论断的对象，只是因为它起初成了愿望的对象'"。② 普列汉诺夫接着说，不错，费尔巴哈写这两句话的时间是在马克思的上述言论之后 20 年左右，但时间的先后未必有什么意义，"因为关于哲学理论脱离实践活动对哲学理论有致命影响的思想是与费尔巴哈哲学的整个精神完全符合的"③。普列汉诺夫唯恐人们弄不懂他的意思，还特地为这番话加了一个注解。他写道："我认为我有义务指出：在我的小册子《马克思主义的基本问题》中并不是完全这样来叙述马克思和费尔巴哈在上述方法论题上的关系。我想，现在我把这种关系阐述得比较正确了"④。普列汉诺夫的这个注解极为重要，他以鲜明的语言告诉人们：7 年前他在《马克思主义的基本问题》中说费尔巴哈的主要缺点是不懂得实践是认识的基础，而马克思的《提纲》对他的批评是完全正确的，而 7 年以后他在《从唯心主义到唯物主义》中则认为，现在看来，这样的认识应该修正了。怎样修正呢？普列汉诺夫明确指出，必须承认费尔巴哈在实践的问题上也和马克思具有"同样的思想"，只有这样来认识马克思和费尔巴哈的关系，才"比较正确"。这是一个重大的转变。

正是基于这种转变，普列汉诺夫对他在 7 年前认为马克思在《提纲》中说得"完全正确"的话提出了批评。他写道："马克思指责费尔巴哈不

---

① 《普列汉诺夫哲学著作选集》第 3 卷，生活·读书·新知三联书店 1984 年版，第 146 页。

② 《普列汉诺夫哲学著作选集》第 3 卷，生活·读书·新知三联书店 1962 年版，第 776 页

③ 同上。

④ 同上。

了解‘实践批判’活动，这是不对的。费尔巴哈是了解它的。”① 《普列汉诺夫哲学著作选集》第3卷的编者对此批评说：“普列汉诺夫没有对马克思和费尔巴哈之间在实践观点本身上的巨大的质的差别给以应有的注意，反而指责马克思在这个问题上对费尔巴哈观点的批评，这是错误的。在马克思看来，实践是人们的革命的、具体历史的、社会生产的、改造自然和社会生活的活动，在实践过程中人们本身也发生变化。而在费尔巴哈看来，实践是感性的直观，带有生物学的、反历史的性质。费尔巴哈不了解物质的、革命实践的活动对认识和一般历史的作用。马克思主义所提出的新的实践观点，是与唯物主义历史观不可分离地联系着的。”②

那么，怎样看待普列汉诺夫对自己观点的上述修正呢？怎样看待他对马克思的上述批评呢？以及与此相联系，怎样看待《普列汉诺夫哲学著作选集》的编者对普列汉诺夫上述观点所作的评价呢？

对此，我国学术界的看法是不一致的。一种意见认为普列汉诺夫对自己原有观点的修正是一种倒退，他对马克思的批评是错误的，而《普列汉诺夫哲学著作选集》编者对他的批评则是正确的。另一种意见则认为普列汉诺夫的上述修正是一种进步，是用列宁在《唯物主义和经验批判主义》中的观点修正了自己过去的看法，他对马克思的批评是正确的，而《普列汉诺夫哲学著作选集》的编者对他的批评则是错误的。两种意见各有各的根据，对于促进人们对这一问题的深入探讨，都有其积极的意义。不过，笔者认为马克思在《论纲》中对费尔巴哈的批评特别是对他的实践观的批评是切中要害的，因而普列汉诺夫对自己原有观点的修正，即从赞成马克思对费尔巴哈的批评转向反对这一批评，不是什么进步，而是一种倒退。如果说像我们前面所指出的那样《普列汉诺夫哲学著作选集》的编者对他在《马克思主义的基本问题》中所阐述的观点提出的批评失之片面的话，那么，在这里情形就不一样了，他们对普列汉诺夫的批评基本上是正确的，因为这时的普列汉诺夫的确忽视了马克思的实践观同费尔巴哈实践观的区别。尽管普列汉诺夫在批评马克思的那段话之后紧接着就说：“马克思说得对，费尔巴哈用来解释‘宗教的本质’的那

① 《普列汉诺夫哲学著作选集》第3卷，生活·读书·新知三联书店1962年版，第776页。

② 同上书，第882—883页。

个‘人的本质’的概念，缺点在于抽象。这是不可避免的。只要做到用唯物主义来解释历史，费尔巴哈就可以消除自己学说中的这个缺点，虽然他在理论上对唯物主义历史观也有模糊的但却相当强烈的需要。”① 然而，他却忘记了，费尔巴哈之所以始终未能达到历史唯物主义，而马克思则成了唯物史观的创始人，其原因之一，就在于他们的实践观是不同的。

应当指出，普列汉诺夫上述理论错误的出现不是偶然的。他的《从唯物主义到唯心主义的转变》完成于 1915 年。这时，在政治上他已经从马克思主义者彻底演变为孟什维克的思想领袖了。我们有理由认为，他在理论上对费尔巴哈某些错误观点的容忍和让步，甚至有意无意地抹杀马克思同费尔巴哈基本观点的区别，这种情形的产生同他政治上的演变不是什么偶然的巧合。如果说它既是后者在理论观点上的表现，又是后者的一个重要的思想根源，或许更合适一些。

---

① 《普列汉诺夫哲学著作选集》第 3 卷，生活·读书·新知三联书店 1962 年版，第 776—777 页。

第十六章

普列汉诺夫论别林斯基的哲学思想

维萨里昂·格里哥也维奇·别林斯基（1811—1843）是俄国杰出的革命民主主义者。普列汉诺夫把他誉为"俄国启蒙主义者的始祖"[①]，列宁则称他是俄国19世纪上半叶人民解放运动中"平民知识分子的先驱"。

普列汉诺夫对别林斯基的哲学思想和文艺思想作过深入研究，其主要论著有《别林斯基与合理的现实》《维·格·别林斯基》《论别林斯基》《维·格·别林斯基的文学观点》等。在这些论著中，《别林斯基与合理的现实》与《维·格·别林斯基》，是普列汉诺夫关于别林斯基研究的代表作。

一　别林斯基与黑格尔哲学

普列汉诺夫在研究别林斯基哲学思想的过程中，十分重视他的哲学思想与黑格尔哲学之间的联系。他曾把别林斯基哲学思想发展的整个过程概括为"四幕剧"，并且指出，这"四幕剧"的头三幕可以加上这样的标题。(一) 抽象的理想和费希特主义；(二) 在黑格尔哲学的"绝对"的结论的影响下，同"现实"调和；(三) 反抗"现实"，并且部分地过渡到具体的黑格尔的辩证观点。而第四幕则是从同唯心主义完全决裂和转变到费尔巴哈的唯物主义的观点的开始的。然而，在这最后一幕的头几场演过之后，死神之手就落下了幕布。[②] 从这个过程可以看出，黑格尔哲学对

① 《普列汉诺夫哲学著作选集》第5卷，生活·读书·新知三联书店1984年版，第255页。

② 《普列汉诺夫哲学著作选集》第4卷，生活·读书·新知三联书店1974年版，第592页。

别林斯基的重大影响。这是普列汉诺夫在探究别林斯基的“哲学世界观”的过程中之所以花费相当多的精力去考察他的哲学思想同黑格尔之间的关系的一个重要原因。

普列汉诺夫认为，别林斯基思想的发展经历了两个完全不同的时期，即同俄国当时现实的妥协时期（或称调和时期）和反抗俄国当时现实的时期（或称反抗时期）。19 世纪 30 年代末是他同俄国现实的调和时期，在这一阶段，由于俄国反动势力的严酷统治和群众革命斗争处于低潮，使得别林斯基看不见人民群众的伟大力量，找不到消灭反动的农奴制度的正确道路，因而曾在 1837 年至 1839 年期间一度表现了对俄国现实的妥协态度。到了 19 世纪 40 年代初期，情况发生了很大变化。这时的别林斯基，结束了他同俄国现实的妥协时期，转而进入了对俄国现实采取坚决反抗的时期，从此便开始了他一生中的光辉时代。普列汉诺夫指出，在别林斯基思想发展的这两个阶段里，不论是他对俄国现实的妥协时期还是反抗时期，他同黑格尔哲学的关系都非常之密切。

关于“妥协时期”的别林斯基和黑格尔哲学的关系，19 世纪末的俄国思想界曾有过各种议论。按照民粹派理论家米海洛夫斯基的意见，别林斯基和俄国现实的妥协完全是由于他接受了黑格尔哲学的影响造成的；但在伏伦斯基看来，他同俄国现实的妥协则与黑格尔哲学完全无关。普列汉诺夫指出，不论米海洛夫斯基和伏伦斯基在哲学和社会学方面的“造诣”，有多么深，也不论他们的意见在当时“如何有权威”，然而“我们却不同意他们的看法”。①

普列汉诺夫首先反对米海洛夫斯基把别林斯基同俄国现实的妥协完全归罪于黑格尔哲学。普列汉诺夫认为，黑格尔在他的《法哲学原理》序言里，的确写下了以下名言：“凡是现实的都是合理的，凡是合理的都是现实的。”而别林斯基在同俄国现实妥协时期也确曾受到黑格尔这一名言的很大影响。但是，在普列汉诺夫看来，黑格尔的这句话却远不像某些人所说的那样，“是最顽固的保守主义的哲学表现”。按照黑格尔的逻辑，并不是所有现实存在的东西都是合理的，现实性在其展开的过程中表现为必然性，现实的属性高于简单的存在，只有必然的东西才是现实的、合理

① 《普列汉诺夫哲学著作选集》第 4 卷，生活・读书・新知三联书店 1974 年版，第 447 页。

的；偶然的存在，因为它不具有必然性，尽管它也是一种存在，却不具有现实性，也不具有合理性。也就是说，在黑格尔那里，“凡是现实的都是合理的，凡是合理的都是现实的”命题，不仅不是最顽固的保守主义哲学的表现，而且相反，它充满了辩证思考的精神。因此，普列汉诺夫指出，黑格尔哲学“从本质上说，确实是进步的真正的代数学，虽然与他同时代的进步人士并不总是意识到这一点。”[①] 普列汉诺夫还指出，有些人之所以把黑格尔的上述命题视为保守主义哲学的表现，一个重要的原因是因为他们不熟悉黑格尔的述语。就别林斯基来说，由于他本人不懂德文，而且又是通过那个著名的“哲学门外汉”巴枯宁去了解德国古典哲学特别是黑格尔哲学的，这就使他难以从本来的意义上理解黑格尔的命题所包含的辩证法思想，而错误地认为世界上现存的一切都是现实的，因而也都是合理的。这就是别林斯基同俄国现实妥协的理论基础。正是在这一思想的指导之下，别林斯基在一个时期内不加区别地把俄国社会关系的现实跟黑格尔上述命题中所说的“现实”等同起来，并且错误地认为它是“合理的”，从而采取了同它妥协的态度，甚至像他自己所说的那样，由于“意识到和观察到”俄国现实生活的合理性而感到快乐。他在1839年10月写给巴枯宁的信中说道：“我现在看着我以前那么轻视的现实，当我意识到现实的合理性，看到不能从现实中抛弃任何东西，并且在现实中对任何东西也不能加以非难和驳斥时，真叫我高兴得心花怒放。”[②] 由于别林斯基错误地理解了黑格尔的命题，加之这一时期他在哲学上排斥了否定的思想，忽视了否定在事物发展进程中的重要意义，因而就使他在这一时期曾经对那些反对和批评俄国现实的意见抱有反感情绪。他甚至认为，在俄国，政治斗争没有任何意义，俄国的全部希望在于普及教育并使全体公民在道德上做到自我完善。在他看来，假使俄国人都能达到这种自我完善，到那时，即使不用任何政治力量，也会使自己的国家变成世界上最幸福的国家。普列汉诺夫在剖析了别林斯基的上述思想后指出：别林斯基的这些看法“完全不是黑格尔的观点”[③]。因此，如果像米海洛夫斯基那样把别林斯基同俄国现实的妥协完全归咎于黑格尔哲学，那是不符合事实

---

① 《普列汉诺夫哲学著作选集》第4卷，生活·读书·新知三联书店1974年版，第55页。

② 同上书，第471页。

③ 同上书，第468页。

的，也是不正确的。

那么，同俄国现实妥协时期的别林斯基是否像伏伦斯基所说的那样同黑格尔哲学“完全无关”呢？普列汉诺夫对此也作出了否定的回答。

普列汉诺夫指出，黑格尔哲学无疑有丰富的、精彩的辩证法思想，但同时也应看到，黑格尔又宣称自己的哲学是绝对真理的体系。可是，假若黑格尔掌握了绝对真理的体系，那么世界精神自我认识的目标就完全达到了，因而它的前进运动也就失去了任何意义。这样一来，企图把握绝对真理体系的野心就使黑格尔的哲学体系和辩证法思想发生了不可调和的矛盾。还必须看到，黑格尔企图把握绝对真理的野心会使他在社会生活方面成为一个保守主义者。因为，按照黑格尔的逻辑，一切哲学都是时代观念的表现，既然黑格尔自己宣称他已经找到了一个与时代相符合的“绝对的”社会制度，那么这种社会制度就不过是绝对真理的客观表现。可是，在黑格尔看来，绝对真理是不会陈旧的，因而，一切要改变那表现绝对真理的社会制度的意愿，都是对这个“圣物”的凌辱，都是对世界精神的大胆反抗。尽管在这种绝对制度中也可能会有某些局部的改进，但一般说来，这种制度是永恒的和不可动摇的，正如被这个制度所表现的绝对真理之永恒和不可动摇一样。所以，普列汉诺夫说，黑格尔这位19世纪上半叶的深邃的思想家毕竟是“自己时代和自己国家的儿子”，当时德国的社会状况，“对于安静地从理论上研究世界事变进程这一工作倒很合适，不过对于实际应用从理论中得到的结果这一点来说，却很不合适。勇敢的理论家在实际方面却常常是最和平的庸俗人物。就是在黑格尔和歌德那样伟大人物身上也有不少庸俗习气”。[①] 如果说青年时代的黑格尔还同情过法国大革命的话，那么到后来他“对自由的热爱”就逐渐削弱了，同现存制度“和平相处”的意愿则大大加强了。在普列汉诺夫看来，黑格尔哲学的保守的一面在他的《法哲学》里表现得最为突出。在这一著作中，黑格尔的许多思想的深度虽然令人感到惊异，但也正是在这里，他使自己的哲学和普鲁士的保守主义调和起来的努力比其他地方表现得更加明显。黑格尔为《法哲学》所写的序言对“合理的现实”所作的解释已失去了辩证法的光辉，而完全不像他在《逻辑学》的论述中所具有的那种意思

① 《普列汉诺夫哲学著作选集》第4卷，生活·读书·新知三联书店1974年版，第456页。

了。在这时的黑格尔看来，谁要是了解现实性，谁要是发现了隐藏在它里面的理性，谁就不会反对它，而会同它调和起来。这时，他虽不反对自由，却认为自由不是表现在它同现存事物的争执中，而是表现在它同现存事物的协调中。他反对不是出于官方的一切进步意图，认为凡是现存的都是“必然的”，因而也都是“合理的”；谁反对现存的东西就会被宣布为反对理性。这样，黑格尔便“从一个细心思考人类历史发展并且得出了前进运动是世界精神的本质这一结论的思想家，变成了一个容易激怒的和可疑的保守者”①。而每当人们在挖掘旧制度的大厦作出新努力时，他就大呼“救命”。普列汉诺夫对黑格尔的上述保守主义倾向作了分析之后写道：“由此可以得出结论，假使黑格尔关于一切现存的合理性的学说被许多人理解得完全不正确的话，那么，这首先是他自己的过错，因为他给了这一学说以很奇怪的而且是完全非辩证的解释，而且宣称当时的普鲁士社会制度是理性的化身。”②

通过以上的考察，普列汉诺夫指出，如果黑格尔的这些观点同别林斯基在妥协时期对俄国现实的看法作一番比较，人们就会惊奇地发现，“它们是完全相同的”。也就是说，妥协时期的别林斯基完全领会了“表现于《法哲学》序言中的黑格尔哲学的那种精神”③，而且，甚至还可以这样说，别林斯基从黑格尔哲学中所吸取的保守精神，竟比“他的朋友中的任何一个人都更为充分”。这是因为：“‘愤怒的维萨里昂’（指别林斯基——引者注）比冷静的德国思想家要急躁得多，因此，也就达到了黑格尔从来没有谈到过的那种极端程度”。④

所有这些都清楚地说明，伏伦斯基认为别林斯基同俄国现实的妥协和黑格尔哲学“完全无关”，是不正确的。

尽管米海洛夫斯基和伏伦斯基对于别林斯基在妥协时期与黑格尔哲学的看法存在着分歧，但他们都不仅认为别林斯基的调和观点是完全错误的，而且也都坚信他没有什么“哲学才能”。例如伏伦斯基就说别林斯基“不善于从复杂的哲学定理中作出独立的逻辑结论以应用在政治问题和民

① 《普列汉诺夫哲学著作选集》第 4 卷，生活·读书·新知三联书店 1974 年版，第 459 页。

② 同上。

③ 同上书，第 477 页。

④ 同上书，第 476、444、447 页。

政问题上去”。又说：“系统的思想是别林斯基所不擅长的。”[①] 米海洛夫斯基则认为别林斯基只是一个“真理的伟大殉教者”，至于他在当时所发表的那些“哲学的和‘精神——政治的’观念”，除了胡说外再没有任何别的东西了。[②]

普列汉诺夫对米海洛夫斯基和伏伦斯基的上述观点提出了异议。他明确指出，妥协时期的别林斯基在哲学和政治方面发表过许多见解，这些见解不仅说明别林斯基是一个很有思想的人，而且直到现在仍然还值得那些想寻找正确观点来引起周围现实的人们充分重视。普列汉诺夫说他对别林斯基的“哲学才能”持有“特殊的见解”。在他看来，别林斯基作为一个杰出的思想家具有对“理论真理”的巨大鉴别能力，这种鉴别能力虽然不是经过系统的哲学教育发展起来的，但它完全正确地给他指出了当时社会科学家所面临的最重要的任务。事实证明，别林斯基是俄国曾经“活跃于文学领域中的最高级的哲学组织者之一”。[③]

关于别林斯基与黑格尔哲学的关系，普列汉诺夫指出他接受黑格尔哲学的影响有一个复杂的过程。青年时代的别林斯基曾强烈地反对俄国的现实，他反对农奴制，完全站在农奴一边，他曾经为抽象的社会理想而对俄国的现实表现了“狂暴的仇恨”。这时，他向往“抽象的英雄主义”，但由于看不见人民群众的力量和找不到改变现实的正确道路，极端痛苦地意识到“自己等于零”。当时，摆在别林斯基面前的一方面是抽象的社会理想，另一方面是具体的俄国的社会现实，两者之间存在着无法调和的矛盾。这就不能不使别林斯基感到沉重和苦恼。正在这时，费希特的哲学给了别林斯基以很大的影响，它使他相信，“理想的生活正是现实的、肯定的、具体的生活，而所谓现实的生活，则是否定，幻想，渺小、空虚”。[④] 这样，在别林斯基那里，“抽象的理想和具体的现实之间的痛苦的矛盾得到了所寻求的哲学的解

① 《普列汉诺夫哲学著作选集》第 4 卷，生活·读书·新知三联书店 1974 年版，第 476、444、447 页。

② 同上书，第 476、444、447 页。

③ 同上书，第 466 页。

④ 同上书，第 463—464 页。

决：即把对立的一方化为零”。[①] 换言之，就是把抽象的理想看做现实，而把具体的现实看做“幻影”。

然而，当别林斯基把现实宣布为“幻影”之后，并未能使他真正从痛苦和疑虑中解脱出来。因为现实生活虽然被宣布为幻想的、渺小的和空虚的，但幻想与幻想之间却有所不同。为什么在法国的社会生活中有过一些他所热烈同情的现象而在俄国却没有呢？或者说为什么法国的“幻影”不同于俄国的“幻影”呢？费希特哲学没有也不可能对此作出回答。这就不能不使别林斯基告别费希特而转向黑格尔。

当别林斯基接触到黑格尔哲学以后，他就立即被这一哲学的巨大吸引力折服了。正如他自己所说，黑格尔哲学在他面前展示了一个“新的世界”，它使他从痛苦的矛盾中得到解脱并为之倾倒。具体地说，就是黑格尔关于“凡是现实的都是合理的，凡是合理的都是现实的”名言，使别林斯基放弃了把现实视为“幻影”的观点，转而认为“现实”一词对他来说如“上帝”一词一样具有同等重要的意义。如果说别林斯基在前一时期曾用把任何与理想相矛盾的现实宣布为“幻影”的方法，去解决使他感到苦恼和困惑的“抽象理想”和“具体现实”之间的矛盾的话，那么，现在他却把任何同现实相矛盾的理想宣称为“幻影”了。在普列汉诺夫看来，尽管别林斯基此时所采用的仍然是把相互矛盾双方中的一方“化为零”的方法，而这种方法又是不正确的，但这并不妨碍他的哲学思想同前一时期相比大大地前进了一步。

在别林斯基思想发展的这一阶段上，他的确接受了黑格尔哲学中保守主义的影响而表现了同俄国现实的妥协，但是他又同社会生活中的理性主义进行了斗争。普列汉诺夫写道：社会现象是从其本身按照内在的必然性辩证发展起来的。凡是自身并不含有原因而产生于某种与它不相干的外部的一切东西，只不过是幻影。这就是别林斯基用来与过去一个世纪所传来的对社会生活的理性主义观点相对立的那些见解。在普列汉诺夫看来，别林斯基的见解比理性主义的观点要严肃得多，因为理性主义的社会观没有为科学地解释社会现象留下任何余地。普列汉诺夫还指出，当别林斯基把历史看做必然的因而也是符合规律的过程的时候，他显示了“巨大的真

① 《普列汉诺夫哲学著作选集》第4卷，生活·读书·新知三联书店1974年版，第463—464页。

理感”，正是在这一场合，“俄国的社会思想以别林斯基为代表第一次以天才的勇敢精神着手去解决那个如我们所已看到的吸引了19世纪最优秀的思想家的任务”。[①] 他由此得出结论说：“别林斯基在30年代末的理论真理感，已经比米海洛夫斯基以及和他相似的现时的可敬的社会学家的理论真理感要强得多。”[②] 但奇怪的是，米海洛夫斯基等人在别林斯基那里除了所谓“哲学胡说”之外，竟看不到任何别的东西。

别林斯基同俄国现实的妥协，只是一种暂时的现象。不久，他就进入了自己一生中的黄金时代，即反抗俄国现实的时期。在这一时期，别林斯基已经成为俄国历史舞台上的一个“坚决的革命家”了。

关于反抗俄国现实时期的别林斯基同黑格尔哲学的关系，在当时俄国的思想界也有不同的看法。一些人认为，反抗现实时期的别林斯基已经“告别了黑格尔”，“完全同黑格尔哲学分手了”。但是，在普列汉诺夫看来，实际情况“完全不是这样”。他指出，在这一时期，别林斯基的确曾对他所崇拜的黑格尔哲学表现了极大的不满，例如，他在1841年3月写给瓦·波·波特金（俄国自由主义政论家）的信中曾写道：“我很早就已怀疑黑格尔的哲学只是一个契机，虽说是伟大的，但是它的结果的绝对性是毫不中用的。”[③] 而且，宁可死，也不同这些结果妥协。他甚至还公开宣布向黑格尔的“哲学帽子鞠躬”告别，表示了同黑格尔哲学的决裂。然而，这是否意味着别林斯基完全抛弃了黑格尔的哲学思想呢？普列汉诺夫对此作出了否定的回答，他认为，如果以为这一时期的别林斯基完全抛弃了黑格尔哲学，“这是一个大错”，“实际上，他放弃的只是它的保守的一面，现在他已经完全领会了它的更深刻的意义，也就是领会了作为‘革命的代数学’”[④]。别林斯基宣布向黑格尔哲学鞠躬告别，只是表明他由“‘绝对真理’的宣传者的黑格尔转到辩证论者的黑格尔”[⑤]。“他只是把黑格尔哲学的一个方面和它的另一个方面对立起来”，他所抛弃的只是黑格尔的“绝对真理”的结论，却把他的辩证法思想提到了第一位。或

① 《普列汉诺夫哲学著作选集》第4卷，生活·读书·新知三联书店1974年版，第479页。

② 同上。

③ 同上书，第601、530、488页。

④ 同上。

⑤ 同上。

者用另一种说法就是：别林斯基向黑格尔哲学帽子鞠躬告别，“只意味着我们的批评家（即别林斯基）由‘右的’学派转变为左的学派，学会了黑格尔体系的辩证法性质并抛弃了它的绝对结论”。而且，也只有在这个时候，别林斯基“才成为真正的黑格尔主义者”。[①]

那么，别林斯基为什么要向黑格尔的哲学帽子鞠躬告别呢？普列汉诺夫指出，这是因为“绝对的黑格尔哲学不能回答使他感到痛苦的社会和历史问题”。[②] 众所周知，黑格尔哲学自身存在的根本矛盾，是这一哲学的辩证法性质同它要获得绝对真理称号的奢望之间的矛盾。当黑格尔本人宣布自己是“绝对真理的预言者”并和德国的现实调和之后，他就背叛了发展的观点，而承认“必然性”不过是“理性”，这无异于宣布了自己哲学的破产。正是这种破产，使别林斯基感到不满和气愤。从黑格尔的绝对真理的观点来看，历史运动的权利变成了普鲁士容克地主剥削农民的权利，而当时的普鲁士也成了“最完善的国家”。当别林斯基从和俄国现实妥协时期转到坚决反抗俄国现实时期并完全站到被压迫者方面之后，他向黑格尔哲学的“绝对真理”体系鞠躬告别就成为必然的了。

在反抗俄国现实时期，别林斯基在哲学上由过去忽视“否定”概念转而十分重视这一概念。这是因为他对俄国现实反抗的斗争实践迫切“需要发展否定的思想”[③]。如果说妥协时期的别林斯基在自己思想的发展过程中，由于崇拜黑格尔的“绝对”哲学而忽视了“否定”概念的话，那么在反抗现实的时期，他便把黑格尔哲学的辩证方面“提到了第一位”，即“着手发挥‘否定的概念’”，因为正是这一概念构成了“黑格尔著名辩证法的灵魂”[④]。

按照黑格尔的辩证法思想，人类历史的发展是一个合乎规律的过程。如同宇宙间任何事物和现象都从它自身产生出后来否定它的那些力量一样，任何一种社会制度本身也都会产生出破坏它自身和用新制度代替它自己的那些否定因素。弄清楚这个道理，也就会明白旧制度为什么必定是暂时的、相对的，而不是永恒的、绝对的了。反抗俄国现实时期的别林斯基

① 《普列汉诺夫哲学著作选集》第 4 卷，生活·读书·新知三联书店 1974 年版，第 602、484 页。

② 同上。

③ 同上书，第 491、601 页。

④ 同上。

所肯定和发挥的正是黑格尔的这一辩证思想。难怪普列汉诺夫说，在别林斯基同黑格尔的“绝对哲学”决裂以后，“他仍然是黑格尔的忠实而异常彻底的学生”，但此时，他已经不是那个“把自己的哲学冒充为绝对体系的”黑格尔的学生，而是“在自己的讲演中雄辩地传播辩证法不可战胜的力量的”黑格尔的学生了。①

二　别林斯基是怎样转向费尔巴哈唯物主义的

别林斯基是怎样从黑格尔的唯心主义转到费尔巴哈唯物主义的呢？普列汉诺夫认为，直到1898年他写《论别林斯基》的时候，人们对于这一转变还弄不大清楚，因为能够说明这一转变的材料在当时实在太少了。但是，在普列汉诺夫看来，如果不理解别林斯基的这一转变，就难以全面了解别林斯基的哲学思想。因此，他还是力图从他当时所掌握的不多的材料中，勾勒出别林斯基这一转变的过程。

普列汉诺夫认为，别林斯基从唯心主义向费尔巴哈唯物主义的转变，大约是在1842—1846年之间实现。据巴·安年可夫的回忆录介绍，别林斯基是从他的一个在彼得堡的朋友为他翻译的费尔巴哈著作的一些章节中初次对费尔巴哈的思想有所了解的。费尔巴哈对黑格尔唯心主义哲学所作的唯物主义批评，使别林斯基目瞪口呆，以至于失去了他一向所具有的那种提出问题的能力。可惜的是在安年可夫的回忆录里没有注明确切的年代，甚至连一点暗示也找不到。对此有确切记载的是1842年波特金写给别林斯基的信中所提到的费尔巴哈对中世纪及宗教的批判。这封信至少可以说为别林斯基最初了解费尔巴哈哲学思想提供了比较可靠的时间。普列汉诺夫指出，在别林斯基1843年的著作里，有一些篇幅和说法可以印证他已经受到了费尔巴哈思想的某些影响。例如，别林斯基曾经表示，无论是经验主义（抽象的），还是唯物主义，都是片面的，同样是背离真理的：“真理在于使这两个极端的自由调和。”普列汉诺夫写道：“我们大概可以承认这一段话是在费尔巴哈的影响下写成的，费尔巴哈虽然是一个地

① 《普列汉诺夫哲学著作选集》第4卷，生活·读书·新知三联书店1974年版，第614页。

道的唯物主义者，那时他却喜欢把自己的哲学说成是消除唯物主义和唯心主义各自所特有的片面性的这两者的一种综合。"① 在普列汉诺夫看来，1842 年至 1846 年可以说是别林斯基由黑格尔唯心主义到费尔巴哈唯物主义的转变时期。当然在此期间他也曾有过从费尔巴哈唯物主义回到黑格尔唯心主义的短暂的反复。但真正标志别林斯基这一转变的是他在 1846 年所写的论文：《1846 年俄国文学一瞥》。普列汉诺夫认为，在这篇重要论文中，"别林斯基是作为一个坚定的费尔巴哈的信徒发表意见的"。②

对于别林斯基究竟在哪些方面接受了费尔巴哈哲学的影响而转到唯物主义观点上来，普列汉诺夫没有作全面的考察，他只是就别林斯基对"现实"的看法说明了他哲学观点的转变。

前面我们曾经谈到，别林斯基在他的"费希特主义"时期曾像"浪漫主义者"一样为了理想而背弃现实，但自从他接受了黑格尔哲学的影响起，便开始认为背弃现实就是要变成空虚而可怜的幻影。因此，他开始要求思想家和艺术家以极其关注的态度对待现实。例如，在《1840 年的俄国文学》这篇论文中，他就赞扬《钦差大臣》是"以现实的逼真感使人毛骨悚然的"作品。以后，他在自己的一些论著中也屡屡强调文学要接近生活和现实，而且把它看做这一时期俄国文学成熟的直接原因。像作为辩证法者的黑格尔一样，别林斯基认为，与现实作斗争不应像浪漫主义者那样离开现实而转入理想的领域，而要仔细地研究现实，根据现实来同现实作斗争；与此同时，别林斯基也如同唯心主义者黑格尔一样，把现实看做绝对精神自我发展的体现，因而认为艺术家在如实描写现实的时候，不限于简单地摹写它，而是要用一般意义的光辉来照亮它，从而使他的描绘比事实在照片中更忠实于自己。这就是黑格尔主义时期别林斯基对"现实"的看法。

但是，到了 1846 年，别林斯基在《1846 年俄国文学一瞥》中，就对自己过去谈论得很多的"现实"这一概念有了新的看法。这时，在别林斯基心目中的现实，已经不再是在黑格尔哲学影响下他所坚持的那个"现实"的概念了，而变成了"完全新的概念"，也就是变成"费尔巴哈

① 《普列汉诺夫哲学著作选集》第 4 卷，生活·读书·新知三联书店 1974 年版，第 646、648 页。

② 同上。

关于现实的概念"① 了。

普列汉诺夫指出，费尔巴哈同那些以不信任的态度对待外部感觉之见证的唯心主义者相反，断定如果我们关于物体的表象依靠这一见证，那么它们就会完全是真实的。按照费尔巴哈的意见，人们最初之所以没有看到事物的本来面目，是由于它被人们的幻想歪曲了，像他们通过臆想的三棱镜所感到的那样。因此，人们必须去除幻想的成分回到感性事物，亦即对现实的事物进行感性的、亦即不歪曲的、客观的直观。他认为，哲学的任务并不是背弃感性的亦即现实的事物，而是接近这些事物，从我们的表象中驱逐幻想的成分。费尔巴哈对哲学任务的这一看法，在别林斯基这一时期关于文学任务的看法中得到了体现。普列汉诺夫指出，当别林斯基批评乔治·桑的小说是用空想代替存在着的现实，迫使艺术去描绘仅仅存在于他想象中的世界时，以及当他把忠实地描绘现实看做适合于艺术的唯一任务时，他的"现实"的概念就完全转向费尔巴哈了。

普列汉诺夫认为，费尔巴哈对"现实"的唯物主义解释，无疑比黑格尔的观点大大前进了一步。当黑格尔说现实的合理性时，他所强调的是现实的发展的规律性，他的伟大功绩在于他是在现象的发展中来考察一切现象的，这是应当充分肯定的辩证的观点，但是，黑格尔是通过唯心主义三棱镜来看现象，从而把现实的运动看做是受绝对观念运动的制约的。费尔巴哈恰恰在这一点上打破了黑格尔的三棱镜，用唯物主义的清醒的眼光去看现实，与黑格尔相比，这自然是一大进步。遗憾的是，费尔巴哈却在抛弃黑格尔唯心主义观点的同时也抛弃了他的辩证论，使他的哲学蒙上了一层明显的启蒙色调。别林斯基在接受费尔巴哈哲学的同时，也未能避免这种启蒙主义观点的影响。比如，辩证论者总是把人的意图、趣味看做是社会发展辩证过程的产物。因此，在这种意图里正确地表现了某种必然性；而启蒙主义者则相反，他们总是要求主体从自己理智的观点出发宣读自己对客观现实的判决，在艺术上即要求艺术对生活现象宣布判决。别林斯基也像一切启蒙主义者一样，一方面提出应忠实地描绘现实，另一方面又提出在诗人的图画里应当有思想，用诗人对生活的某些看法去影响读者，给读者指出某种方向。因此，普列汉诺夫指出，当别林斯基说美学的

---

① 《普列汉诺夫哲学著作选集》第 4 卷，生活·读书·新知三联书店 1974 年版，第 651 页。

任务不在于决定艺术应当是什么，而在于决定艺术是什么时，他是一个辩证论者；当他要求艺术正确描绘现实并且要求艺术应给予读者对生活某些看法，指出一定方向时，他是一个启蒙主义者，因为在启蒙主义者看来，真实地描绘现实，最终还是为了给人们指出为理性而消除现实的缺点在哪里。在这一点上，就连熟知黑格尔辩证论的别林斯基也未能逃脱，以至于说出了上面那段带有浓厚的启蒙主义色彩的话。

三 别林斯基与空想社会主义

别林斯基在向黑格尔的哲学帽子鞠躬告别，回到了对俄国“现实”的否定以后，他曾以其特有的热情埋头研究社会主义学说。但是这种研究只持续了几年，在40年代的后半期，他就对社会主义学说发生了怀疑，并且和它“诀别”，甚至在他生命的最后几年的通信中表达了他对这种社会主义学说的愤怒心情。

别林斯基所说的社会主义是怎样的一种社会主义，以及为什么别林斯基如此迅速地否定了社会主义呢？普列汉诺夫曾作了很好的分析，他指出，当时的社会主义学说的唯一的缺点就是没有坚定地站在历史的观点上的那种本领，正是由于这一缺点，这种社会主义学说才被后来的人们称做“空想社会主义”。别林斯基正是看到了这种社会主义的这一空想缺点而与它决裂的。

别林斯基曾经将黑格尔哲学中合乎规律的发展思想运用于分析俄国的现实，确立了否定俄国现实的思想。他痛恨当时的俄国现实，他已经看到现存的俄国社会制度和政治制度不可能是永恒的，它只有暂时的过渡的意义，历史的运动必然会使新的社会制度去替代它。但是，怎样把他的否定思想变为现实呢？在别林斯基经过对当时社会主义学说的认真研究之后，认为建立在抽象地否定现存制度基础上的空想社会主义是无济于事的，因为它没有给他提供任何材料来论证否定的思想，而他所需要的是寻找到否定俄国现实的具体而确定的基础和力量。

那么，到哪里去寻找这一基础和力量呢？当时，俄国有些人寄希望于俄国的农民自下而上的斗争。然而，别林斯基却清醒地意识到，他曾经无比同情过的俄国农民所固有的软弱性是无法胜任这一历史使命的。因此，当他与空想社会主义“诀别”的时候，就把目光投向资产阶级，注意研究资产阶级的历史作用，并且在它的身上看到了历史运动的代表人。别林斯基在《安年柯夫和他们的朋友》一文中曾明确地表达了这个看法。他指出，法国的整个未来掌握在资产阶级手中，一切进步都取决于它。这说明，别林斯基从法国大革命中看到了俄国的曙光。在他看来，俄国社会发展的内部过程在贵族阶级还没有变成资产阶级以前是不会开始的。普列汉诺夫说，如果把别林斯基的观点译成我们现在的语言，那我们就会说，“别林斯基比那时的空想社会主义者更好地懂得西欧资本主义的历史作用，而且预料到了它对消除我们旧时代的‘宗法制的生活方式’的巨大重要性”。①

从《维·格·别林斯基》这篇论文中，我们可以看到，普列汉诺夫是颇为赞赏别林斯基关于资本主义的历史作用的观点的。他认为，别林斯基的新观点远远超出了空想社会主义者的思想。空想社会主义者只看到了资本主义的害处，却没有觉察到它的革命的方面，没有看到它的重要历史作用，而别林斯基则与那时的空想社会主义者不同，他不仅看到了西欧资本主义的历史作用，而且预料到它对消除俄国旧时代的“宗法制的生活方式”具有重要的意义。不仅如此，普列汉诺夫甚至还认为，别林斯基的这一思想也高出于后来六七十年代的革命平民知识分子的思想。

可是，怎样在俄国发展资本主义呢？怎样实现从“宗法制的生活方式”向资本主义的转变呢？普列汉诺夫认为在这一点上别林斯基走向了另一个极端。空想社会主义者在否定资产阶级历史作用的同时，把人民理想化了，而且他们所理想化的不是那由于人民的社会经济状况而在它内部所包含的发展的能力，而只是从过去遗传下来的那些令人同情的性格。但别林斯基却在指出俄国农民的软弱性的同时，否定了由于他们的经济状况而决定的进步方面，否定了人民在变革社会现实中的作用。在别林斯基看来，俄国社会力量的对比决定了要否定俄国的现实，只能是自上而下的，而不可能是自下而上的。他在《彼得堡和莫斯科》一文中曾表示，俄国一切进步的东西都是由于政府的倡议而不是由于人民的倡议而出现的。他对人民会出来向俄国可悲的现实提出抗议这一点上不抱任何希望。因此，他只好把视线转向沙皇政府，寄希望于出现一个进步的明

① 《普列汉诺夫哲学著作选集》第 4 卷，生活·读书·新知三联书店 1974 年版，第 540 页。

主，正如他自己所说，“俄国需要新的彼得大帝”。在他看来，尼古拉一世迟钝、凶狠、仇恨人民的一切前进的运动，寄希望于他是不行的；但彼得一世却既不迟钝也不仇恨进步现象，是他把俄国从沉睡中唤起。有人批评别林斯基的这一观点是主观社会学。普列汉诺夫不同意这样的批评，他认为从根本上说，别林斯基的这一观点同主观社会学是没有共同之处的，因为，别林斯基是企图在现实的（具体的）基础上论证自己的否定观念而提出的上述观点，只是由于他在人民中间没有找到独立运动的保证，才被迫承认俄国社会的发展只能自上而下，而不能自下而上地进行。

普列汉诺夫的这一分析是有道理的。具体地说，别林斯基的观点在以下两个方面异于主观社会学。第一，别林斯基的这一观点是以对俄国现实的否定为前提的。而这一否定概念又是以社会生活本身合乎规律的发展为依据的；第二，他认为，甚至彼得大帝本人的活动也应服从于整个经济现实的要求与法则，而不应违背它。

普列汉诺夫认为，别林斯基的一个大错误是他否定了农奴和无产者的作用。他指出，别林斯基在意识到资本主义的历史作用和重要性以后，陷入了另一个极端，即他“不仅不承认俄国农奴，而且也不肯承认法国无产者有历史自动性的能力。这是一个大错误”。[①] 不过，从普列汉诺夫后来所发表的一些论著中可以看出，他似乎是又修正了他对别林斯基否定农奴和无产者的作用的批评。他在 1911 年写的《维·格·别林斯基诞生百年纪念》一文中曾说，别林斯基“兴高采烈地欢迎无产阶级反对资本主义压迫的斗争的开始。他把他有时称之为人民的无产阶级看做是法国最先进的阶级”。他还援引并充分肯定了别林斯基关于欧仁·苏的小说《巴黎的秘密》所写的论文中的一段话：“人民的力量还是薄弱的，但是只有它保存着民族生活的火焰和在‘有教养的社会’阶层中已经熄灭的信念的生气勃勃的热情。”在普列汉诺夫看来，即使别林斯基确有上述错误，“但是这个错误和他的新观点中所含有的那个真理相比完全是微不足道的”。[②] 因为，在反对空想社会主义的时候，别林斯基的思想毕竟是“朝

① 《普列汉诺夫哲学著作选集》第 4 卷，生活·读书·新知三联书店 1974 年版，第 540—541 页。

② 同上书，第 541—542 页。

着当时的西方革命思想已开始走的同一个方向走去”。①

普列汉诺夫认为，别林斯基在他生活的最后日子里的最大贡献，就是他“对于抽象的、空想的理想的否定，是发展否定的观念的意图，而以社会生活本身合规律的发展为根据”。② 他指出，但令人遗憾的是，“还没有任何一人从这一方面来看别林斯基”，但这个方面“现在对于我们比其余一切人更为重要，因为在俄国那些力图在具体的基础上论证自己的否定的人，同那些抽象理想的代表人物和捍卫者”之间的斗争，“直到现在还没有结束”。③

普列汉诺夫对别林斯基上述思想进行剖析的基础上指出，真正能够回答别林斯基一切理论需要的是马克思和恩格斯的革命的科学的社会主义。这种社会主义不仅以社会历史发展的过程论证了否定的观念，而且论证了在现代社会中无产阶级是最活跃和最有思想的部分，只有它才是肩负起变革俄国现实这一重要历史任务的社会力量。

四　别林斯基历史观的局限性

普列汉诺夫对别林斯基哲学思想和历史观的考察，使他看到别林斯基的历史观点既闪耀着辩证法的光辉，又具有启蒙主义思想的特点。而且，越是接近他生命的晚期，这两种观点之间相互关系的变化就愈大，其启蒙主义观点就越占优势。因此，别林斯基常常被称做俄国启蒙主义的鼻祖。

前面已经提到，别林斯基在反对空想社会主义时抛弃了抽象的理想，看到了资本主义的历史作用，甚至说在俄国贵族没有变成资产阶级以前，俄国国内的发展过程是不会开始的。普列汉诺夫认为，在这一点上，天才的别林斯基感觉到的东西不仅高于空想主义者，而且还是一些俄国民主主义者长期所不能理解的。因此，在普列汉诺夫看来，就别林斯基清醒地看到资本主义的进步作用，承认阶级斗争是西欧社会发展最主要的力量，承认资本主义在俄国的发展是不可逾越的历史进程而言，他是一个辩证论者。从这个意义上说，他已经接近了唯物史观的大门。然而，一旦当别林

① 《普列汉诺夫哲学著作选集》第4卷，生活·读书·新知三联书店1974年版，第541—542页。

② 同上。

③ 同上书，第542页。

斯基的注意力由理论领域转向实践领域时，西欧社会生活的一些问题就愈来愈被“俄国现实的问题”排挤出了他的视野。“可是我们已经看到，在分析俄国的现实时，（由于我们社会关系的异常不发达）辩证法已经不听他使唤了，于是他转向主观历史唯心主义观点，即转向启蒙运动者的观点”。①

别林斯基的启蒙主义观点主要表现在关于改变俄国现实的动力问题上。如前所述，别林斯基认为俄国的现实不同于西欧，阶级力量的对比关系使俄国社会的进步只能依靠沙皇政权自上而下的改革。他期待出现一个具有善良意愿的政府和首领，但在现实生活中，彼得大帝式的人物是极少的，尼古拉一世不仅不会致力于社会改革，相反是仇视一切进步力量的。因此，别林斯基就又寄希望于文学与教育的发展，期望通过教育与文学创造一个好的社会风尚，形成一种舆论，为等级间的内部接近开辟道路。为了发展文学和教育，别林斯基主张不能触怒沙皇政府，以免它对文学和教育采取不利措施。因此，别林斯基不同情甚至指责那些反抗沙皇政府的过激行动。这样，在别林斯基的历史观中就出现了尖锐的矛盾。对于西欧，他认为社会的进步推动力是阶级斗争；而在俄国，他却把社会进步的全部希望寄托于文学和教育，特别是寄托于教育的成就上，这正是 18 世纪典型的启蒙主义观点。

普列汉诺夫指出，别林斯基思想上的这种启蒙主义倾向，是同他接受费尔巴哈哲学的影响密切相关的。他写道：“马克思、恩格斯的唯物主义是浸透了辩证法的，而在 18 世纪法国启蒙运动者的唯物主义中，辩证法的成分是完全不足道的。在费尔巴哈的唯物主义哲学中，辩证法的成分虽然不像在法国启蒙运动者那里那样，但也是微弱的，然而别林斯基在同黑格尔的绝对唯心主义决裂以后，所醉心的正是这一哲学。”②

① 《普列汉诺夫哲学著作选集》第 4 卷，生活·读书·新知三联书店 1974 年版，第 638 页。

② 同上书，第 644 页。

第十七章

普列汉诺夫论车尔尼雪夫斯基的哲学思想

尼古拉·加甫利洛维奇·车尔尼雪夫斯基是19世纪俄国伟大的革命民主主义者、杰出的唯物主义哲学家和美学家。普列汉诺夫把他誉为俄国启蒙运动的“始祖”，革命民主主义激进派“公认的领袖”和革命青年的“魁首”，说他把在俄国“传播真理、科学和艺术的崇高观念”看做是自己一生“唯一的目的”[①]。列宁在《唯物主义和经验批判主义》一书中则说：“车尔尼雪夫斯基是唯一真正伟大的俄国著作家，他从50年代起直到1888年，始终保持着完整的哲学唯物主义的水平，能够摒弃新康德主义者、实证论者、马赫主义者以及其他糊涂虫的无聊的胡言乱语。”[②]

普列汉诺夫对车尔尼雪夫斯基怀有特殊的感情。这是因为，车尔尼雪夫斯基无论在政治思想、哲学思想还是美学思想方面，都对普列汉诺夫产生过极大的影响。当年轻的普列汉诺夫还是一个革命民主主义者的时候，他对车尔尼雪夫斯基的崇拜简直达到了狂热的程度。他广泛地阅读了车尔尼雪夫斯基的政治、哲学、经济学、美学和文学方面的著作，如饥似渴地从中吸取营养。车尔尼雪夫斯基的这些著作，尤其是《怎么办?》，对他走上革命的道路起了很大的作用。正如普列汉诺夫自己所说：“我自己的思想发展是在车尔尼雪夫斯基的极大影响下完成的。”[③] “马克思和车尔尼雪夫斯基成了我最喜爱的作者”，他们“培育着我，发展我在各个方面的

---

① 《普列汉诺夫哲学著作选集》第4卷，生活·读书·新知三联书店1974年版，第127、135页。

② 《列宁选集》第2卷，人民出版社1972年版，第368页。

③ 《普列汉诺夫哲学著作选集》第4卷，生活·读书·新知三联书店1974年版，第433页。

智慧”。[①]

由于车尔尼雪夫斯基在俄国近代史上占有特殊的重要地位，同时也由于他的革命民主主义思想和唯物主义哲学思想与美学思想曾对普列汉诺夫产生过巨大影响，所以普列汉诺夫十分重视对这位伟大革命民主主义者及其思想的研究。《普列汉诺夫全集》主编梁赞诺夫写道：“可以毫不夸大地说：普列汉诺夫几乎是从在喀山广场第一次发表演说开始，一直到他的生命终止，总是一往情深地研究车尔尼雪夫斯基。”[②]

在对车尔尼雪夫斯基的研究中，普列汉诺夫尤其重视他的哲学思想和美学思想。他一生写下了许多论述车尔尼雪夫斯基哲学观点和美学观点的论著，这些论著中的主要篇章被收入20世纪50年代末由苏联科学院哲学研究所编辑并由苏联社会经济书籍出版社出版的《普列汉诺夫哲学著作选集》第4卷和第5卷中。其中，发表于1890年的《尼·加·车尔尼雪夫斯基》，比较全面地阐明了车尔尼雪夫斯基的世界观；发表于1894年的《〈尼·加·车尔尼雪夫斯基〉导言》是普列汉诺夫为该书德文版所写的导言，主要介绍了车尔尼雪夫斯基从事革命活动和理论活动与文学活动的社会历史环境。恩格斯对《尼·加·车尔尼雪夫斯基》的出版很感兴趣，他在1898年5月写给普列汉诺夫的信中说：“感谢您寄来您的车尔尼雪夫斯基一书，我迫不及待地等待着它。”[③] 此后，普列汉诺夫又于1897年发表了《尼·加·车尔尼雪夫斯基的美学理论》，这是他论述车尔尼雪夫斯基美学思想的一部重要著作，不过，1897年《新语》杂志首次发表该文时只刊登了它的前半部分，直到1905年，这篇文章才在普列汉诺夫的《20年间》文集中完整地刊印出来。为了迎接车尔尼雪夫斯基逝世20周年（1909年），普列汉诺夫又重新对这位思想家作了研究，并于1909年发表了他的长篇论著《尼·加·车尔尼雪夫斯基》。这部著作大大地扩充了他在1890年和1894年发表的同名论文及其导言的内容。列宁曾仔细地阅读了普列汉诺夫的这一新著，写下了详细的摘录和批注，这就是后来收入《列宁全集》第38卷“读书批注”栏中的《格·瓦·普列汉诺夫“尼·加·车尔尼雪夫斯基”》。

---

① 梁赞诺夫：《普列汉诺夫全集》第5卷，编者说明。

② 同上。

③ 《普列汉诺夫哲学著作选集》第4卷，生活·读书·新知三联书店1974年版，第886页。

一　车尔尼雪夫斯基与费尔巴哈哲学

普列汉诺夫在考察车尔尼雪夫斯基的哲学思想时首先追溯了19世纪俄国哲学的状况，揭示了他的哲学思想同费尔巴哈哲学的血缘关系。

19世纪初，黑格尔哲学在俄国先进知识分子中曾享有很高的声誉。当时，一些先进的知识分子对黑格尔哲学产生了极大的兴趣，他们崇拜它，迷恋它，因而使黑格尔哲学在他们当中具有至高无上的权威。如果说19世纪30年代和40年代黑格尔哲学在俄国知识界还保持着很大影响的话，那么到了50年代，人们对它就表示冷淡了，而到了60年代，则进而把它宣布为“不值得为之浪费时间的‘形而上学’”而加以抛弃了。但是，车尔尼雪夫斯基却不同于那些浅薄之辈，他对黑格尔仍很尊敬，并且潜心研究过德国哲学史。不过，他同年轻的别林斯基有很大的不同，如果说年轻的别林斯基所崇拜的是黑格尔哲学，那么使车尔尼雪夫斯基为之倾倒的则是大名鼎鼎的唯物主义哲学家费尔巴哈。

关于车尔尼雪夫斯基哲学思想同费尔巴哈哲学之间的血缘关系，普列汉诺夫写道：“费尔巴哈是车尔尼雪夫斯基在哲学方面的老师”，车尔尼雪夫斯基则是费尔巴哈的信徒，而且，“无论如何，他一直到自己生命的结束始终是费尔巴哈的信徒”。在车尔尼雪夫斯基的心目中，费尔巴哈这位哲学大师一点也不比黑格尔差；费尔巴哈的哲学思想极大地吸引着车尔尼雪夫斯基，使他对这位老师抱有深挚的崇敬。①

普列汉诺夫认为，他之所以说车尔尼雪夫斯基是费尔巴哈的忠实信徒，并不是出于自己的主观臆断，而是对车尔尼雪夫斯基和费尔巴哈的哲学观点作了比较之后提出的，这一论断也可以在车尔尼雪夫斯基的著作中找到充分的根据。

普列汉诺夫指出，对于车尔尼雪夫斯基的哲学思想产生决定性影响的是费尔巴哈的《基督教的本质》一书。正是这一使当时的思想界为之震惊的名著，使车尔尼雪夫斯基成了费尔巴哈的追随者。普列汉诺夫在1909年发表的《尼·加·车尔尼雪夫斯基》一书的第一篇第一章“车尔

① 《普列汉诺夫哲学著作选集》第4卷，生活·读书·新知三联书店1974年版，第175、262页。

尼雪夫斯基和费尔巴哈”中援引了车尔尼雪夫斯基本人的一大段自述：19世纪40年代的后期，“当他（即车尔尼雪夫斯基本人——引者注）最后获得了读黑格尔著作原文的机会的时候，他就开始对这些论著加以研究。黑格尔的原作远不及他根据俄国人的解说所期待的那样使他喜欢。原因是，俄国的黑格尔信徒是用黑格尔左派的精神来阐述他的体系的。原作中的黑格尔，比黑格尔体系的俄国解说者黑格尔更像17世纪的哲学家，甚至像经院学家。读他的著作是令人厌烦的，因为要形成一种科学的思想方法，读他的著作显然是徒劳无益的。正在这时，费尔巴哈的主要著作之一偶然落到了这个渴望形成这样一种思想方法的青年手里。他成了这位思想家的追随者；他勤奋地再三阅读费尔巴哈的著作，一直到生活上的需要使他不能潜心于科学研究工作的时候。”① 普列汉诺夫认为，“这段话仿佛是车尔尼雪夫斯基的一篇哲学言行录，它向我们说明，一般的德国哲学，特别是费尔巴哈哲学，在他的世界观的发展史上具有多么重大的意义”。②在普列汉诺夫看来，费尔巴哈对车尔尼雪夫斯基的影响比其他任何一个哲学家都大得不可比拟。正是这位伟大的哲学家“为车尔尼雪夫斯基的整个世界观提供了哲学基础”。③

费尔巴哈哲学不仅对车尔尼雪夫斯基的哲学观点深有影响，而且对他的美学思想的影响也极大。车尔尼雪夫斯基自己就说，约莫在开始阅读费尔巴哈著作之后的6年，他感到自己可以“应用费尔巴哈的基本思想来解决知识领域内某些未经他的宗师探讨的问题”了。于是，他便运用从费尔巴哈哲学中得出来的结论来解释艺术和美学。他的《艺术与现实的美学关系》，“就是一个应用费尔巴哈思想来解决美学的基本问题的尝试”。车尔尼雪夫斯基写道：在《艺术与现实的美学关系》这本书中，“作者决不自以为说出了什么属于他个人的新的意见。他只希望做一个应用在美学上的费尔巴哈思想的解说者”。④

由此可见，费尔巴哈哲学对车尔尼雪夫斯基的影响有多么巨大。

---

① 《车尔尼雪夫斯基全集》（上卷），商务印书馆1963年版，第135页。

② 《普列汉诺夫哲学著作选集》第4卷，生活·读书·新知三联书店1974年版，第219、176页。

③ 同上。

④ 同上书，第220页。

二　车尔尼雪夫斯基的唯物主义哲学思想

作为费尔巴哈的信徒，车尔尼雪夫斯基在哲学上始终坚持了唯物主义的基本原则。他同当时在俄国流行的形形色色的唯心主义流派，诸如新康德主义、实证主义、基督教哲学等，进行了不调和的斗争，并且在斗争中把赫尔岑和别林斯基所创立的俄国唯物主义哲学系统化了，从而对俄国唯物主义哲学的发展作出了巨大贡献。

普列汉诺夫在论述车尔尼雪夫斯基的唯物主义哲学思想时，主要强调了以下几个方面：

（一）车尔尼雪夫斯基的唯物主义思想在他的“人本主义”中表现得最为明显，最为突出

车尔尼雪夫斯基在他那篇著名论文《哲学中的人本主义原理》中对“人”作了如下的解释，他写道：“这个原理是要把人看做只具有一种本性的生物，而不应该把人的生命切成属于各种不同本性的几半，应该把人的活动的每个方面看做是从头到脚都包括在内的、人的整个机体的活动，而如果这个活动是人的机体的某个特殊器官的特殊机能，那么，就应从这个器官和整体的天然联系来考察这个器官。”[①] 普列汉诺夫认为，车尔尼雪夫斯基的上述观点同费尔巴哈完全一致，他正是用费尔巴哈的语言来解释“人本主义原理”的。

在普列汉诺夫看来，“人类机体的统一性的观念乃是车尔尼雪夫斯基哲学的基础”，正是这一观念使车尔尼雪夫斯基成了任何一种二元论的坚决反对者。用车尔尼雪夫斯基自己的话来说就是：哲学所看到的人类机体同自然科学所制定的关于人类机体统一性的思想，是哲学对人类生命及其全部现象的观点的原则；生理学家、动物学家和医学家的观察，消除了一切关于人的二元论的思想。在他看来，科学已经证明，在人身上是看不到二元论的东西的，因为人身上所发生和表现出来的一切都仅仅起源于他的实在的本性，所以，人没有什么脱离其实在本性的其他本性。车尔尼雪夫斯基认为，以往许多研究道德科学的思想家由于轻视“人本主义原理”

---

① 《普列汉诺夫哲学著作选集》第 4 卷，生活・读书・新知三联书店 1974 年版，第 223 页。

而使得他们的理论丧失了其优点，但亚里士多德和斯宾诺莎属于例外，虽然他们当时都没有使用这一术语来说明他们的哲学观点。普列汉诺夫对此评论说：车尔尼雪夫斯基其所以把斯宾诺莎归入以往赞同人本主义原理的少数哲学家之列，显然是受了费尔巴哈的影响，因为费尔巴哈就曾经"正确地认为斯宾诺莎是现代唯物主义的摩西"；至于车尔尼雪夫斯基说亚里士多德的哲学与费尔巴哈的学说有血缘关系，"这实际上是犯了错误"，因为"亚里士多德接近唯心主义者，远甚于接近唯物主义者"。[①]《普列汉诺夫哲学著作选集》第4卷的编者对普氏关于亚里士多德哲学思想的看法提出了批评，认为他的上述意见"不能完全确切地说明亚里士多德的哲学观点。亚里士多德哲学的基本特征是在唯物主义和唯心主义之间动摇不定"。[②]

人的本性的统一，并不妨碍人的机体中存在两种不同的现象即物质方面的现象和精神方面的现象。那么，这两种现象之间究竟是什么样的关系呢？物质现象和精神现象的存在是否会推翻人的本性统一的原理呢？车尔尼雪夫斯基对后一个问题作出了否定的回答。在他看来，那种认为承认人的机体中存在物质现象和社会现象就否定了人的本性统一原理的观点是没有什么根据的，因为世界上没有一个物体只有一种属性，相反，每个物体都显示出各种各样的现象，为了判断这些现象，人们便把它们归入不同的种类，给每一种类冠以性质名称，因此，每个物体便具有多种不同的性质和属性了。车尔尼雪夫斯基在否定上述意见的同时，也就回答了人的机体中存在的物质现象和精神现象的关系问题，他把精神现象归结为人的机体的一种属性，所以普列汉诺夫说，在这里又一次显示出了车尔尼雪夫斯基的哲学观点跟费尔巴哈哲学的完全一致。根据费尔巴哈的学说，人的机体是主体，而人的思维则是主体的属性，因为进行思维的并不是从前唯心主义哲学所援引的那种抽象的存在物，而是现实的存在物即人的身体。

可是，人的机体又是什么呢？车尔尼雪夫斯基认为，"它是一个非常复杂的化学组合，而这种组合又处于非常复杂的过程中，这一过程就是人

① 《普列汉诺夫哲学著作选集》第4卷，生活·读书·新知三联书店1974年版，第225、919页。

② 同上。

们所说的生命。尽管这个复杂过程的某些部分和方面迄今仍未得到很好的说明，但科学的发展已经证明，在统一的人的机体中，心理和生理、灵魂和肉体这两个方面是不可分割的，它们构成了人的机体的统一整体，其中，人的心理现象是由生理现象决定的，它不过是人的机体活动的结果。例如，欢乐的源泉一定是人的机体对外界物体的某种活动”。普列汉诺夫考察了车尔尼雪夫斯基的上述意见之后，予以充分的肯定。他指出，车尔尼雪夫斯基的意见完全是针对二元论而发的，不管人们对所谓心理现象的研究是怎样的薄弱，但我们现在已经有把握地说，把“心理现象”归结为一种“特殊实体”的思想是错误的，因为这种所谓的“特殊实体”是不存在的。也就是说，车尔尼雪夫斯基关于人的机体统一性的见解说明了物质现象不依赖精神现象而存在，精神现象则是由物质现象派生出来的。这是车尔尼雪夫斯基从费尔巴哈那里继承下来并且始终坚持的唯物主义哲学的基本原理。“这个原理像一条红线一样贯穿着车尔尼雪夫斯基的整篇论文。”①

（二）同18世纪法国唯物主义者和费尔巴哈一样，车尔尼雪夫斯基也把人看做是周围环境的产物，他甚至以人道主义精神来对待那种人性堕落的表现，反对唯心主义仅仅把它看做应当严惩的“恶的意志”

车尔尼雪夫斯基认为人的一切都取决于社会习惯与周围环境，因为社会习惯是在周围环境的影响下形成的，所以归根到底人们的一切行为都取决于环境。因此，他主张当人们谴责某一个人有罪时，就应该“首先必须仔细看一下，究竟是他犯了您谴责他的那种罪过，还是环境和社会习惯有罪过”。他说道：② 请您好好地看一下吧，当您谴责某人有罪时，“也许完全不是他的罪过，而只是他的不幸”。

有人曾指责车尔尼雪夫斯基的这些言论是在替道德败坏现象做辩护，普列汉诺夫不同意这样的指责。在普列汉诺夫看来，对车尔尼雪夫斯基的上述指责表面看来似乎颇有道理，但实际上这只是证明了指责者自己“不明事理”。他认为，车尔尼雪夫斯基的上述观点一方面来源于费尔巴哈，同时也接受了西欧空想社会主义者特别是欧文的影响。正如“人是

① 《普列汉诺夫哲学著作选集》第4卷，生活·读书·新知三联书店1974年版，第227页。

② 同上书，第233页。

环境的产物”这个命题曾经是18世纪法国唯物主义社会革新要求的理论表现一样，车尔尼雪夫斯基的上述见解乃是他的革命民主主义思想和空想社会主义思想的理论表现。因为他正是从“人是环境的产物”这一命题出发，得出了变革俄国黑暗的、极不合理的社会现实的革命结论。因此，它同为道德败坏作辩护的行径是南辕北辙，毫无共同之处。普列汉诺夫指出，其实，早在19世纪40年代马克思就谈到了这个问题。他援引了马克思和恩格斯在《神圣家族》中如下的话：“既然从唯物主义意义上来说人是不自由的，就是说，既然人不是由于有逃避某种事物的消极力量，而是由于有表现本身的真正个性的积极力量才得到自由，那就不应当惩罚个别人的犯罪行为，而应当消灭犯罪行为的反社会的根源，并使每个人都有必要的社会活动场所来显露他的重要的生命力。既然人的性格是由环境造成的，那就必须使环境成为合乎人性的环境。”① 普列汉诺夫认为，车尔尼雪夫斯基的上述意见是“很接近于马克思所代表的那个学派的实际结论的”。② 这样的评价是否过分，还可以进一步讨论，但它却是对那些指责车尔尼雪夫斯基为道德败坏作辩护的“不明事理”的人所作出的明确回答。

既然人的性格是环境的产物，那么应该怎样回答人的本性是善的还是恶的这个问题也就显而易见了。人的本性既不是善的，也不是恶的，它的善或恶是由不同的环境造成的。那么，人怎样才能成为善良的人，从而使不善良的人在世界上成为罕见的呢？车尔尼雪夫斯基回答说：心理学认为缺乏满足需要的手段是暴露恶的品质的根源，人差不多只是在不得不靠剥夺别人的东西来使自己得到满足时才做坏事。按照车尔尼雪夫斯基的意见，如果社会这样地组织起来，使人们对食物的需要在相当大的程度上得到满足，那么单凭这一点就至少得消灭目前社会中所存在的全部恶行的十分之九。普列汉诺夫认为，车尔尼雪夫斯基关于道德哲学基础的唯物主义观点，也像在任何其他地方一样“是完全忠实于费尔巴哈的”。费尔巴哈在给自己的全集所写的序言中说道：“恶不是潜藏在人的头脑里或心里，而是潜藏在人的胃里”，“有一个女犯人说，我感觉到恶的念头怎样从我

① 《马克思恩格斯文集》第1卷，人民出版社2009年版，第335页。

② 《普列汉诺夫哲学著作选集》第4卷，生活·读书·新知三联书店1974年版，第235页。

的胃里产生出来。这个女犯人是现代人类社会的一幅写照。某些人拥有他们贪馋的嘴所想吃的一切东西，另一些人则一无所有，甚至连他们的胃所必需的食物也没有。人类的一切罪恶和痛苦，甚至头脑和心的疾病，都是由此产生的"。①

三　车尔尼雪夫斯基哲学中的"唯物主义辩证法的萌芽"

普列汉诺夫指出，当那些对黑格尔哲学"一窍不通"的先生们诸如米海洛夫斯基及其同道者只是轻蔑地耸耸肩膀把黑格尔哲学当做"形而上学"加以抛弃的时候，车尔尼雪夫斯基却反其道而行之。他虽然信奉费尔巴哈的唯物主义学说，但对黑格尔哲学也非常重视，并作出了高度评价。"他不仅在对黑格尔哲学表示最深挚的敬意方面，也在对黑格尔体系采取批判态度方面，追随费尔巴哈的榜样。"② 普列汉诺夫十分欣赏车尔尼雪夫斯基说过的一段"与恩格斯关于黑格尔哲学的两重性的评论非常相似"的并且令人"鼓掌喝彩"的话："黑格尔的原则是非常有力、非常宽广的，可是结论却狭窄而渺小；尽管他有巨大的天才，这位伟大的思想家却只有力量说出一般的观念，但是要不屈不挠坚持这些原理，从这些原理合乎逻辑地发出一切必然的结论来的力量，却还不够。""而且，他不仅不能从他的原则作出结论，——就是原则本身，他也没有完全了然于胸，在他还是模糊不清的。"③

然而，车尔尼雪夫斯基对黑格尔辩证方法的评述却是不能令人满意的。他虽然正确指出，辩证法实际上和"一般的、抽象的箴言"完全不同，这种方法代替了以前关于对象的片面的概念，变成了完整而全面的研究，在现实中一切都取决于地点和时间的条件等，但是却把"迫使思想家全面地观察对象的那种现实的关注态度看做辩证方法的主要特征"。普列汉诺夫认为车尔尼雪夫斯基的这个意见"是不正确的"。诚然，对现实的关注态度是正确思维的必要条件，但是，"辩证方法的特征首先和主要

---

① 《普列汉诺夫哲学著作选集》第4卷，生活·读书·新知三联书店1974年版，第236页。

② 同上书，第262页。

③ 同上书，第263页。

的在于：它是从现象本身中，而不是从研究者的这种或那种同情和反感中，去寻找决定这种现象发展的力量的。辩证方法的一切主要的优点都可以归结为这一点”。[①] 也就是说，辩证法按其本性来说是唯物主义的，而要充分理解它的唯物主义本性，就必须弄清楚它的力量在于认识概念的进程决定于事物的进程。因此，思想家的主观逻辑必须遵循他所研究对象的客观逻辑。而车尔尼雪夫斯基在论述辩证法的主要特征时恰恰忽视了这个主要之点。在普列汉诺夫看来，认识到必须全面地观察事物，还远不等于认识到这种观察的进程应该完全决定于事物本身发展的逻辑，而一个研究者如果还没有完全认识到这“第二个真理”，那么即使在他对事物采取最关注的态度和对它进行全面研究的时候，他仍然很容易成为一个唯心主义者。

普列汉诺夫指出，车尔尼雪夫斯基在哲学上是一个唯物主义者，他把主要力量放在了主体与客体的关系问题上，并对此作出了唯物主义的回答。然而，他对以唯物主义的观点对待主体与客体关系的研究者应当遵循什么样的方法问题，却较少关心。这就使他虽然认识到了辩证方法的重要意义，但并没有理解它的主要优点。普列汉诺夫由此得出结论：车尔尼雪夫斯基在哲学上坚持了唯物主义原则，在某些方面也表现出是一个“卓越的辩证论者”，但是在他的哲学观点中，只表现出了“唯物主义辩证法的萌芽——诚然，这是充分具有生命力的萌芽”。[②] 这与费尔巴哈对他的影响是有很大关系的，因为费尔巴哈也具有同样的观点。在人类认识史上，只有马克思和恩格斯才消除了这个缺点，使最新的唯物主义成为辩证的唯物主义，从而也使辩证法成为唯物主义的辩证法。不过，尽管车尔尼雪夫斯基有以上缺点，但无论如何在他的哲学观点中“已经有唯物主义辩证法的富有生命力的萌芽了”。[③] 他在《对反对村社土地占有制的哲学偏见的批判》一文中的如下一段话就是有力的证明。他写道：“形态的不断交替，一定内容或倾向所产生的形态，由于该种倾向的加强，该种内容的高度发展，而在永恒不断地被否定，——谁了解这个伟大、永恒而普遍的规律，谁惯于把这个规律应用于任何现象，……啊，他就会多么平心静

---

① 《普列汉诺夫哲学著作选集》第 4 卷，生活・读书・新知三联书店 1974 年版，第 264—265 页。

② 同上书，第 266 页。

③ 同上。

气地迎接那种引起别人惊慌不安的遭遇!"① 这样,"他会毫不惋惜已经过去的事物,并且要说:听便吧,任凭怎样,我们终归会有时来运转的日子的!"②

车尔尼雪夫斯基对黑格尔的"思维的辩证法"抱有好感,他认为黑格尔的"思维的辩证法"乃是用来"防止为了讨好个人的愿望和偏见因而想脱离真理的企图的必要手段"。在他看来,对于事物和现象的一般的、抽象的议论是不能令人满意的,每一种事物都有它本身的意义,因此人们就应当按照它所凭以生存的环境来判断它。这个规则可以用以下公式表现出来:"抽象的真理是没有的,真理总是具体的。"③ 车尔尼雪夫斯基给这段话所作的注释中,清楚地表达了这一思想。他写道:"例如,'雨是好还是坏呢?'——这个问题是抽象的;要对它作肯定的回答是办不到的:有时雨能够带来好处,有时候即使少,也能带来坏处;应当问得明确一点:'当谷物播种完毕以后,在接连5小时中,降下一场大雨,——这雨对谷物有好处吗?'——只有在这种场合,回答才能是明白而且有意义的:'这种雨是十分有益的。'"④ 普列汉诺夫在引述了这段话后指出:"由此可见,在对现实予以一定注意的情况下,甚至像战争是有益还是有害这种看来很简单的问题,也不能借助于某种简单的、完全抽象的假设来解决。一切都以地点和时间的条件为转移。这是完全正确的。"⑤

四　车尔尼雪夫斯基的认识论

在认识论上,车尔尼雪夫斯基坚持了唯物主义反映论的原则,对当时广泛流行的康德主义、实证主义和不可知论进行了批判。

普列汉诺夫在谈到车尔尼雪夫斯基的认识论时,特别重视他1885年发表在《俄罗斯通报》上的《人类知识的性质》一文和他写于1888年但

① 《普列汉诺夫哲学著作选集》第4卷,生活·读书·新知三联书店1974年版,第266、267、63页。

② 同上。

③ 同上。

④ 同上书,第63页。

⑤ 同上。

直到1906年才同读者见面的《艺术与现实的美学关系》一书的第三版序言[①]。列宁在《唯物主义和经验批判主义》的“第四章第一节的补充：车尔尼雪夫斯基是从哪一边批判康德主义的?”里面，对这篇序言的认识论意义也作出了很高的评价。

车尔尼雪夫斯基在《人类知识的性质》这篇论文中首先指出经验批判主义者的观点是荒谬的，按照他们的观点，人们所知道的只是我们关于对象的表象而不是对象本身，因此我们始终不知道我们关于对象的表象是否与这些对象相似。车尔尼雪夫斯基把这种认识论叫做“幻想主义”，认为这种“幻想主义”的观点必然会导致否认人的机体的实在性。他从逻辑方面解释了这种理论的起源，说它是用抽象的实体、“自我”代替了人，即代替了物质的有机体。

那么，为什么当时的许多自然科学家会倾向于这种认识论呢？车尔尼雪夫斯基认为，这是由于专门从事哲学研究的学者对他们的影响。可是，为什么当时的许多哲学家都持有这种“幻想主义”呢？车尔尼雪夫斯基在自己的文章里没有正面回答这个问题。但普列汉诺夫认为这个问题“极有趣味”，他在车尔尼雪夫斯基的《哲学中的人本主义原理》中找到了作者回答这个问题的间接答案。

车尔尼雪夫斯基认为，不仅政治理论，甚至哲学体系也总是在社会关系的压倒一切的影响下形成的，而且，每一个哲学家都是为了在他当时的社会上占优势而进行斗争的某一个政党的代表。例如，康德所属的政党想用革命的方法在德国树立自由，但又鄙弃恐怖主义手段；费希特稍微前进了一些，因为他连恐怖手段也不害怕了；谢林所代表的政党是一个被革命吓倒了的政党；黑格尔则是个中庸的自由派。凡此种种，都清楚地说明哲学体系无不浸透着它的体系的创立者所属的那些政党的精神。普列汉诺夫十分赞赏车尔尼雪夫斯基的这一观点，他说：“我们对车尔尼雪夫斯基在这里所说的话只能补充下面这一点：决定哲学思想方向的政治斗争本身，不是为了某些抽象的原则而进行的，而是在相互斗争的政党所属的那些社会阶层的需要和意向的直接影响下进行的。”[②] 在普列汉诺夫看来，车尔

① 《车尔尼雪夫斯基全集》(上卷)，商务印书馆1962年版，第133—141页。

② 《普列汉诺夫哲学著作选集》第4卷，生活·读书·新知三联书店1974年版，第272页。

尼雪夫斯基是不会反对这个补充的，正是由于这个缘故，就有权推测，他也把哲学状况同哲学家的阶级地位联系起来，或者说，车尔尼雪夫斯基也很可能认为目前哲学“幻想主义”的广泛流行，“同如今绝大多数哲学家作为思想家为之服务的那个社会阶级的衰落有着因果关系”。[1] 这自然是普列汉诺夫对车尔尼雪夫斯基观点的引申，但这个引申对于认识“经验批判主义”的社会根源来说，无疑是十分重要的。

五　车尔尼雪夫斯基的历史观

车尔尼雪夫斯基的唯物主义思想在他的社会历史观方面也有所表现，但整个说来，他的社会历史观仍属于唯心主义的。

（一）普列汉诺夫在考察车尔尼雪夫斯基的历史观时指出，在他对社会历史的看法中包含着某些值得肯定的唯物主义因素。例如，车尔尼雪夫斯基对人类社会生活的“物质方面”的因素予以重视。车尔尼雪夫斯基所说的社会生活的“物质方面”指的是什么呢？在普列汉诺夫看来，他所说的这些“物质方面”的因素不仅包括“人和自然的关系”，也不仅包括他强调自然界对于人类社会生活“起着极其重要的作用”，而且也包括社会经济生活在整个人类社会生活中具有决定作用的思想。车尔尼雪夫斯基在谈到土地所有制与法权的关系时，就曾经在一定的程度上表达了这个看法。他指出，在游牧民族那里，个人的土地所有制是不能令人满意的，因为它使人受到束缚而不符合人们的需要；在它们那里，只有公社（部落、氏族等）才保持着自己地区的境界，而这些地区是归它的全体社会成员共同所有的，个人并没有各自的土地。但是，在农业民族那里，情况就完全不同了，农业生产使个人的土地所有制成为完全必要的了。由此可见，土地与部落法权以及后来所产生的土地与国家法权的联系，始于人类的游牧状态。普列汉诺夫认为，车尔尼雪夫斯基的这些见解，“再正确不过地指出了各民族生活的物质方面对这种生活的其他方面的决定性影响”。[2] 当然，车尔尼雪夫斯基在这里所说的，也许只是“经济”和“政

---

① 《普列汉诺夫哲学著作选集》第4卷，生活·读书·新知三联书店1974年版，第272页。

② 同上书，第295页。

治"之间的联系。但普列汉诺夫指出："阐明了这种联系，也就理解了所谓社会制度的主要特征。而当我们把社会制度理解为社会经济发展的结果时，也就能容易地理解'经济'对人们的思想和感情的影响。"① 事实上，车尔尼雪夫斯基已经看到了或者至少是在某些方面看到了人们的思想发展也是由"社会中人们的利益冲突即由这些社会的'经济'所制约的"。

这个看法可以在他发表于1861年的《国民经济原理》中找到。车尔尼雪夫斯基说，我们随便举一个人类集团来说，它的思想方式总是受到关于它的利益的概念的启示，不论这些概念是正确的还是错误的。比方说，大多数法国人认为莱茵河边界是法国天然的和必要的边界；大多数英国人认为拿破仑第一想毁灭毫无过错的英国，而英国只是为了自卫才与拿破仑打仗；大多数德国人认为法国对莱茵河边界的贪求是不公正的；而大多数意大利人则觉得把萨瓦从意大利那里夺走是一件非正义的事情。那么，为什么会产生上述的观点上的分歧呢？车尔尼雪夫斯基回答说："这只不过是由于民族利益（当然，都是些虚假的，但被那个民族认为是真实的利益）对立的缘故。"不仅如此，车尔尼雪夫斯基还运用这一观点对不同经济学说的发展和更替作了说明。普列汉诺夫在列举了他对上述观点的一系列阐明和论证之后写道："不是意识决定存在，而是存在决定意识，车尔尼雪夫斯基把这个构成费尔巴哈哲学基础的原理，应用于解释经济科学史、政治学说史甚至哲学史。车尔尼雪夫斯基看到，在社会存在中，有些相互对立的因素，他还看到，这些相互对立的社会因素的斗争怎样引起和决定理论观念的相互斗争。"② 事情远不止如此，普列汉诺夫认为车尔尼雪夫斯基不仅看到了任何一种科学的发展是由相应的社会现象的范畴的发展所决定的，而且还理解到相互对立的阶级斗争一定会在社会的全部内在历史中打下自己的深刻烙印。车尔尼雪夫斯基在谈到现代欧洲史的内部动力时就曾指出，地租的利益是同利润及工资的利益相对立的，因此，在反对享有地租的等级时，中等阶级和普通人民永远是同盟者；同样，利润的利益同工资的利益也是相对立的，只要资本家等级和劳动者等级结成的联盟在同获得地租阶级的斗争中占了上风，中层等级与人民的斗争就成为历

① 《普列汉诺夫哲学著作选集》第4卷，生活·读书·新知三联书店1974年版，第295页。

② 同上书，第298页。

史的主要内容。普列汉诺夫对车尔尼雪夫斯基的上述见解甚为欣赏并作出了很高的评价，他说："在这儿，我们这位作者的观点和马克思、恩格斯的观点异常一致。"[①] 在他看来，车尔尼雪夫斯基的上述论断，乃是给他的老师费尔巴哈唯物主义思想加上的"光辉的附录"。

（二）普列汉诺夫在肯定车尔尼雪夫斯基历史观方面所包含的唯物主义因素的同时，强调了就总体而言他的历史观仍然是唯心主义的历史观，在历史观领域内他仍然是一个唯心主义者，这一点和费尔巴哈的影响有极为密切的关系。

作为车尔尼雪夫斯基的老师，费尔巴哈虽然在唯心主义占据统治地位之后恢复了唯物主义的应有权威，但是他的唯物主义并不是"现代唯物主义"（即辩证唯物主义），而是属于旧唯物主义。普列汉诺夫认为，一般地说，费尔巴哈的唯物主义还只是"现代唯物主义的第一步"，或者说只是为现代唯物主义"提供了某些前提"。在费尔巴哈的世界观中，"构成现代唯物主义的力量和光荣的那个历史的方面还没有得到发展"。[②] 这种情形，不能不对车尔尼雪夫斯基产生严重的影响。

车尔尼雪夫斯基的确对人类社会历史的发展提出了一些颇有价值的见解，但是正如普列汉诺夫所说，他的那些天才思想的闪光并没有得到彻底的发挥，也没有形成体系；在这些见解之外，人们可以清楚地看到在他那里还有许多陈旧的、完全被科学所抛弃了的观点。也就是说，在这一方面，车尔尼雪夫斯基并未能补救和纠正他的老师的缺陷和错误；费尔巴哈没有加以发展的那个方面即历史观方面，在车尔尼雪夫斯基那里依然没有得到发展。因此，车尔尼雪夫斯基本人并不具备唯物主义的历史观，就是在靠了他自己的天才智慧已经接近唯物史观的那些地方，也往往表现出十分幼稚的形式。

在普列汉诺夫看来，车尔尼雪夫斯基的历史唯心主义观点主要有以下表现：

1. 他过分地夸大了人们关于利害打算的意见，甚至在那些必须用人们所没有意识到的经济发展的力量去解释历史事件的地方，也用人们的利

---

① 《普列汉诺夫哲学著作选集》第4卷，生活·读书·新知三联书店1974年版，第299页。

② 同上书，第45页。

害打算去解释这些事件。普列汉诺夫说，骤然看来，车尔尼雪夫斯基的这些解释可能使人产生这样一种想法，即在他自己的历史理论方面是站在唯物主义立场上的，但如果仔细地研究一下，就可以看到事情恰好相反。“谁要是在人们的历史活动中只看到有意识的打算的影响，那么他就还远没有理解经济的全部力量和全部意义。”[①] 实际上，经济的影响甚至扩大到那些根本谈不上什么有意识的打算的人们的行为和不同社会阶级的习惯之中。从历史唯物主义的观点来看，人们的一切社会关系、一切道德习惯和一切思想倾向，都是在经济发展的这种盲目力量的直接或间接的影响下形成的，就连人们的各式各样的利害打算以及人们的各种利己主义的表现，也都是由这种盲目力量决定的。因此，决不能把人的有意识的利害打算说成是社会发展的首要动力。车尔尼雪夫斯基过分地夸大了人们关于利害打算的意见在社会发展进程中的作用，“这样的历史观是与最新的唯物主义学说相矛盾的”。[②] 如果一定说它是历史唯物主义，那么就应当补充一句：“这样的历史唯物主义还是非常幼稚的。”[③]

2. 车尔尼雪夫斯基虽然清楚地理解到阶级斗争在社会历史发展进程中的意义，但是他对社会进步所持的观点最终却陷入了历史唯心主义。他的这一观点比较集中地体现在他为基佐的《欧洲文明史》俄译本的出版而写的《论罗马灭亡的原因》这篇论文里。他在这篇论文中极力反对西罗马帝国是由于它内部无力继续发展和外族入侵带来了进步的种子而导致灭亡的意见，认为全部问题在于智力的发展。在他看来，社会的进步是以人的智力发展为基础的，在他关于社会进步的全部公式中，“全部问题都被归结为知识的数量和传播，在这里，他甚至连想也没想自问一下，知识的历史是否依赖于文明国家的社会关系史”。[④] 普列汉诺夫说，罗马帝国之所以在同“蛮族”的斗争中软弱无力，是由于它的经济发展进程所造成的，而不是由于智力方面的原因。罗马帝国的经济发展消灭了曾经构成它的力量的小农阶级，小农的土地融合成为居住着成群奴隶的“大地产”；奴隶来自各地，属于不同的部落，说着不同的语言，是一群乌合之众，当然绝不会考虑罗马帝国的利益。相反，在日耳曼民族那里，保证村

① 《普列汉诺夫哲学著作选集》第4卷，生活·读书·新知三联书店1974年版，第48页。
② 同上书，第49页。
③ 同上。
④ 同上书，第53页。

社全体成员安居乐业和使他们具有独立精神和战斗精神的那种氏族制度还很巩固，而这些民族之所以强大有力，也应当归功于这种制度。简而言之，当罗马帝国接近灭亡时，在它那里占统治地位的是“把它的抵抗力量降至最低限度的那种经济关系”。相反，“当时日尔曼人的制度却使他们的攻击力量达到最大限度”。[①] 这就是罗马帝国灭亡的根本原因。

普列汉诺夫在作了上述分析之后指出：如果我们在解释各个国家的历史命运时，仅限于对这些国家的“进步”和对这些国家中知识积累的数量作抽象的考察，“那么我们就永远不能理解譬如说希腊史，因为在希腊，最文明、最‘进步’的国家都相继退出舞台，而让位给越来越不文明和不‘进步’的国家”。那么，用什么来解释这种现象呢？普列汉诺夫回答说：“应该用希腊的经济关系，主要是土地关系的发展进程来解释。”[②] 可是，车尔尼雪夫斯基恰恰忘记了罗马历史学家的那句名言：“大地产毁灭了意大利。”

3. 在车尔尼雪夫斯基的历史观中，偶然性占有很广泛的地位。他虽然继斯密——李嘉图学派之后清楚地阐明了当代经济制度的性质、规律和趋向，但在他看来，甚至“经济制度也是历史偶然性的产物”。[③] 例如，他认为在西欧，经济生活就是建立在征服、没收之类的偶然性因素的基础之上的。普列汉诺夫说，没有什么人否定西欧历史有过征服和没收一类的现象，但是这种现象同样也存在于印度和中国。可是，这些国家的经济制度无论过去或现在都与现代欧洲的经济制度有着极大的区别。这些区别是由什么造成的呢？显然不是征服、没收等现象，因为这些现象不仅远不能决定社会经济发展的方向，相反，它们本身的形式以及它所产生的社会后果倒是由社会经济发展的方向所决定的。由于印度或中国的经济发展方向和进程不同于中世纪和近代欧洲，所以在那里征服及其一切社会的后果也就不同于欧洲。

普列汉诺夫指出，既然车尔尼雪夫斯基把征服看做历史上存在的各种经济生活形式的原因，那么他当然不可能认为研究这些经济生活方式有什么重大的价值了。这说明在这个问题上，车尔尼雪夫斯基同“现代的唯

---

① 《普列汉诺夫哲学著作选集》第 4 卷，生活 · 读书 · 新知三联书店 1974 年版，第 56 页。

② 同上书，第 57 页。

③ 同上。

物主义的辩证论者”抱着“完全不同的看法”。

在剖析了车尔尼雪夫斯基历史观的唯物主义因素和唯心主义本质之后，普列汉诺夫指出，车尔尼雪夫斯基的历史观点和社会观点显然是不能令人满意的，谁要是还想保持他的这些观点，谁就是一个十分落后的人；但是，在谈到这一点的时候我们不能忘记，车尔尼雪夫斯基毕竟是生活在各方面都很落后的国家里，这个国家由于自己非常落后，常常使西欧社会科学的新发现及其发展趋势同它处于一种隔离状态而完全达不到那里，这种情形不能不极大地妨碍他的发展。车尔尼雪夫斯基虽然和马克思有着相同的阅历，即他也是从黑格尔过渡到费尔巴哈的，但是，马克思对费尔巴哈哲学进行了根本的改造，而车尔尼雪夫斯基却毕生是费尔巴哈的信徒，他始终未能越出费尔巴哈哲学的界限。然而，普列汉诺夫公正地指出，现在，我们站在马克思的立场上，可以对车尔尼雪夫斯基的理论观点与实际活动计划中的某些东西加以指责和批判，但是不应忘记，对于车尔尼雪夫斯基的时代和他的国家来说，他的理论观点，甚至于就连我们现在认为是非常错误的那些观点，也是极为重要的。因为在当时的历史条件下，他的这些理论观点激发了俄国的思想，并且把俄国的思想推上了它在前一时期未能走上的前进道路。车尔尼雪夫斯基作为俄国“启蒙运动最杰出的代表”和唯物主义哲学大师和美学大师，他的一生不仅对发展俄国革命民主主义运动作出了巨大贡献，而且奠定了唯物主义哲学在俄国近代史上的坚实基础，开创并构成了俄国文学史上的“整整的一个时代”。[①] 不难看出，在对车尔尼雪夫斯基及其理论观点的评价上，普列汉诺夫又一次熟练地运用了历史主义的观点和方法。

① 《普列汉诺夫哲学著作选集》第4卷，生活·读书·新知三联书店1974年版，第25页。

附　录

作者主要论著目录

一　个人专著、合著、教材、辞书等

1.《唯物史观与哲学史——普列汉诺夫哲学史研究评述》，河北人民出版社 1992 年版。

2.《普列汉诺夫与唯物史观》（二人合著），河北人民出版社 1984 年版。获首届北方 13 省市优秀图书一等奖。

3.《历史唯物主义原理》（三人合著），北京大学出版社 1982 年版。

4.《社会历史的科学探索》（四人合著），中国政法大学出版社 1990 年版。

5.《历史唯物主义原理》新编本（主编之一，部分撰稿），北京大学出版社 1992 年版。获北京市第三届优秀科研成果一等奖。

6.《历史唯物主义教程》（主编之一，部分撰稿），北京大学出版社 1999 年版。获教育部优秀教材二等奖。

7.《马克思主义哲学史》（8 卷本）第 4 卷撰稿人之一，北京出版社 1994 年版。8 卷本获中宣部第六届“五个一”工程奖、首届国家社科基金优秀科研成果一等奖。

8.《第二国际若干人物的思想研究》（特邀撰稿人），人民大学出版社 1994 年版。该书为国家社科基金项目。

9.《新编哲学大辞典》（副主编、辩证唯物主义部分主编兼撰稿人），山西教育出版社 1993 年版。

10.《社会历史观大辞典》（副主编、社会意识部分主编兼撰稿人），山东人民出版社 1993 年版。

二　论文

1.《唯物史观与方法论》，《太行学刊》1988 年创刊号。

2. 《再论唯物史观的方法论意义》,《晋阳学刊》1989 年第 1 期。
3. 《18 世纪法国唯物主义与唯物史观——关于唯物史观理论来源的思考之一》,《马克思主义理论来源论丛》第 12 期。
4. 《19 世纪空想社会主义与唯物史观——关于唯物史观理论来源的思考之二》,《济宁师专学报》1989 年第 3 期。
5. 《基佐、米涅、梯叶里的历史哲学与唯物史观——关于唯物史观理论来源的思考之三》,《社会科学研究》1992 年第 1 期。
6. 《费尔巴哈哲学与唯物史观——关于唯物史观理论来源的思考之四》,《历史唯物主义研究》1987 年第 2 期。
7. 《黑格尔的历史哲学与唯物史观——关于唯物史观理论来源的思考之五》,《河北学刊》1988 年第 2 期。

以上 5 篇作为一组论文，获北京大学优秀论文二等奖。

8. 《略论马克思主义地理环境学说及其发展》,《晋阳学刊》1990 年第 3 期。
9. 《地理环境作用的再认识》,《山西师大学报》1990 年第 2 期。
10. 《论普列汉诺夫的地理环境学说》,《历史唯物主义论丛》第 5 期。
11. 《评斯大林的地理环境学说》,《云南社会科学》1988 年第 6 期。
12. 《不应把地理环境对社会发展不起决定作用的命题简单化》,《首都师大学报》1989 年第 1 期。
13. 《论社会意识的层次性和社会心理》,《历史唯物主义论丛》第 13 期。
14. 《论哲学与社会心理》,《学术界》1989 年第 2 期。
15. 《马克思主义理论教育与社会心理》,《河南大学学报》1989 年第 6 期。
16. 《论马克思主义的自由观》,《历史唯物主义研究》1987 年第 1 期。
17. 《一定条件下生产关系决定生产力质疑》,《湖北社会科学》1988 年第 4 期。
18. 《普列汉诺夫与马克思主义哲学》,《马克思主义来源论丛》第 16 辑。
19. 《普列汉诺夫与马克思主义美学》,《马克思主义来源论丛》第 19 辑。
20. 《论普列汉诺夫的“五项因素公式”》(上、下),《山西师大学报》1984 年第 2、3 期。
21. 《普列汉诺夫对马克思主义社会意识学说的贡献》(上、下)《山西师大学报》1987 年第 1、2 期。

22. 《普列汉诺夫与哲学史》,《北京社会科学》1990 年第 2 期。
23. 《再谈普列汉诺夫与哲学史》,《北京社会科学》1992 年第 1 期。
24. 《普列汉诺夫论人的意志自由与历史必然性》,《教学与研究》1988 年第 2 期。
25. 《普列汉诺夫论宗教》,《青海社会科学》1983 年第 6 期。
26. 《普列汉诺夫与哲学史方法论》,《外国哲学论文集》第 11 辑。

后　　记

这本文稿，是旧作《普列汉诺夫与唯物史观》（与王秀芳教授合著）、《唯物哲学史——普列汉诺夫哲学史研究述评》及若干论文主要内容的集结。此次出版做了部分增补与删改。全书分为总论和上、下篇，着重论述了普列汉诺夫在唯物史观和哲学史这两个方面的重要贡献。关于对普氏马克思主义美学思想的论述，则由同我一起研究普氏哲学思想的合作者王秀芳教授完成。她的专著《美学·艺术·社会——普列汉诺夫美学思想研究》的出版，使普氏对马克思主义哲学的三大突出贡献，以相对完整的面貌呈献给了读者。

这里要说明的是：本文稿下篇的普氏论18世纪法国唯物主义和黑格尔哲学，同上篇的18世纪法国唯物主义与唯物史观、黑格尔历史哲学与唯物史观，在涉及历史观方面的内容上有某些重复。作者此次未做过多的删节，本意是想让读者在单独阅读某一部分时可见其全貌，但这毕竟是一缺憾，希望读者见谅。

由衷地感谢丛书编委会和丰子义、王东、聂锦芳教授及其他诸位教授对拙著出版的支持、关心与帮助。对出版社和责任编辑的大力支持和辛勤劳作，在此也一并鸣谢。

李清崑

2014年10月于燕园